브리타니아
게르마니아
수페리오르
갈리아
갈리아 트란스알피나
일뤼리쿰
갈리아
키스알피나
이탈리아
히스파니아
사르디니아
시킬리아
아프리카
누미디아
마우레타니아

플루타르코스 시대까지의 로마제국의 영토 확장

플루타르코스의 모랄리아

교육 · 윤리 편

플루타르코스의 모랄리아

교육 · 윤리 편

허승일 옮김

서울대학교출판문화원

왜 플루타르코스의 모랄리아인가

로마의 평화! 팍스 로마나(pax Romana)는 로마제국의 5현제 시대(서기 96~180년)를 일컫는 말이다. 5현제는 세습에 의해서가 아니라 제국에서 가장 지혜롭고 덕망 있는 인물을 모셔와 추대된 황제들이었다. 이것은 1~2세기 로마제국의 시민 윤리도덕이 건전했다는 좋은 증거이며, 그 밑거름은 훌륭한 교육에 있었다고 해도 과언이 아니다. 이를 우리는 역사가이며 전기 작가, 수필가이며 연설가, 중기 플라톤주의자로 잘 알려진 플루타르코스(라틴명 Lucius Mestrius Plutarchus)라는 인물을 통해서도 엿볼 수 있다.

플루타르코스는 46년경(정확히 45년과 50년 사이)에 헬라스의 카이로네이아 명문가의 아들로 태어나 120년경(정확히 119년과 127년 사이)까지 74세를 산 것으로 추정된다. 고향에서 중등 교육을 마친 그는 66~67년에 아테나이에 가서 고등 교육을 받는다. 그의 스승 암모니오스는 아리스토텔레스 철학에 정통하여 소요학파로 알려져 있지만, 실은 플라톤 학파에 속해 있던 인물이었다. 그래서 플루타르코스는 플라톤의 중기 아카데미 학파, 아리스토텔레스의 소요 학파, 제논의 스토아 학파, 에피쿠로스의 쾌락주의 학파 등 각종 철학 이론을 폭넓게 배웠다. 그러나 그는 당시의 스토아 학파의 극단론과 에피쿠로스 학파의 극단적 학설을 배격하고 그 나머지 학파의 철학 이론을 수용하여 이른바 '절충주의'의 대중 철학을 수립한다. 그렇지만 그에게 대 스승은 어디까지나 '신격'인 플라톤이었다.

플루타르코스는 철학 외에도 당시 고등 교육의 핵심이라 할 수사학을 연마했다. 소위 '제2차 소피스트 운동'(약 60~260년경)의 시기에 인기가 있었던 '가상연설'(假想演說)의 연습 과정을 통해 당시 문학, 역사, 철학에 정통하게 되었을 뿐만 아니라 음악, 생물, 의학 등 오늘날의 사회과학, 자연과학 등의 전인교육(全人教育)을 받아 인문 · 사회 · 자연 세계에 대해 두루 해박한 지식을 쌓게 된다. 그러는 가운데 아테나이 시민권을 갖게 되며, 주변에 많은 친구와 지인이 생겼다. 교육을 마치고 헬라스, 이탈리아, 이집트, 터키 등 지중해 연안 지역을 두루 여행하여 견문도 넓힌다.

그렇지만 플루타르코스가 청장년 시절의 대부분을 보낸 곳은 로마였다. 80년대 초반 잠시 아테나이에 체류한 적은 있지만, 70~80년대를 거쳐 90년대 초까지 그는 로마에서 살았다. 일반 시민에게 대중 철학을 강연하고, 또 헬라스의 수사학을 가르치는 일반 교사로서 맹활약을 한다. 그의 교육 레퍼토리는 다양했는데, 헬라스어로 강의해 달라는 로마 시민들의 요구에 응하다 보니 굳이 라틴어를 배울 필요는 없었다고 한다. 그에게는 100여 명이 훨씬 넘는 후원자와 친구, 지인들이 생기는데, 로마의 세 황제도 그의 후원자였다. 네로 황제는 헬라스 여행 중에 그를 만났고, 트라야누스 황제와 하드리아누스 황제는 그와 각별한 사이였다. 트라야누스 황제는 그에게 로마의 콘술 신분을 나타내는 휘장 등 온갖 장식품을 하사했다고 하며, 하드리아누스 황제는 신빙성은 떨어지는 얘기지만, 그를 아카이아 속주 총독으로 임명했다고 한다. 더욱이 두 황제는 델포이 신탁을 재생시키려고 신전을 복원하는 주된 역할을 그에게 맡겼다. 그밖에도 플루타르코스는 로마의 유력 귀족들과도 깊은 친분 관계를 맺고 있어서, 그의 로마 시민권 보호자인 콘술 플로루스에게서 메스트리우스라는 씨족명을 받아 루키우스 메스트리우스 플루타르쿠스라는 새 이름으로 로마 귀족으로 대우를 받게 되고, 또 콘술 소키우스에게는 『영웅전』을 써서 바칠 만큼 돈독한 관계였다. 지인 가운데에는 시리아의 망명 군주도 있었다.

플루타르코스는 92년경에 로마를 떠나 고향으로 가서 학교를 세워 후학들을 본격적으로 가르치게 된다. 이때 설립된 학교 도서관에는 오늘날 전해 오지 않는 희귀본들을 비롯하여 많은 장서가 갖춰져 있었다고 전해진다. 한편 그는 이웃 델포이에서 죽을 때까지 신탁을 관리하는 사제직도 맡게 된다. 이렇게 플루타르코스에게는 문필가로 위명을 떨치게 될 시간이, 그것도 최소한 25년 이상의 귀중한 시간이 그에게 주어졌던 것이다. 그런데 최근에 플루타르코스가 수십 년간 로마에서 산 게 아니라, 실은 로마를 한두 차례, 그것도 단기간에 걸쳐 여행했을 뿐이고, 그의 일생 대부분은 고향과 그 근처인 델포이에서 보냈다는 새로운 설명이 나오고 있다("Plutarch," *Wikipedia, the free encyclopedia* 및 *Stanford Encyclopedia of Philosophy* 참조). 그랬다면 고향에서의 그의 교육과 집필 시간은 우리가 생각하는 것보다 훨씬 더 많았을 것이다.

어쨌든 그는 고향에 학교를 세워 후학을 가르치며 델포이 신전의 사제로 지내게 되는 95년경부터 죽을 때까지 장장 25년이 넘는, 아니 어쩌면 최근의 설명처럼 중장년의 귀중한 시간 거의 전부를 교육과 문필 활동에 전념하는 황금 시대를 보낸 셈이다. 그렇다면 그는 절충주의 대중철학자로서뿐만 아니라 명강의를 하는 연설가로서 맹활약을 펼쳤던 시기에 즐겨 이용했던 내용을 위주로 하여 다작을 한 것만은 틀림없는 사실인데, 그는 도대체 어떤 책들을 얼마나 썼을까? 마침 그의 작품 목록이 전해오고 있다. 그의 아들 람프리아스가 아버지 책들의 목록을 정리해 내놓았다고 하여 '람프리아스 카탈로그'라고 불리는 목록이 있는데, 위작(僞作)으로 실제로는 3~4세기에 만들어진 것으로 추측된다. 여기에 227개의 작품 목록이 들어 있고, 오늘날 그중 약 2/3만 남아 있다. 그러나 카탈로그에 들어 있는 책 목록 중에는 없고, 거기에 빠져 있는 책들이 실제로 남아 있는 경우도 있다.

227개의 작품 목록은 크게 두 범주로 『모랄리아』 *Moralia*와 『영웅전』 *Βίοι Παράλληλοι* Bíoi Parállēloi, *Vitae*으로 나뉜다. 『영웅전』은 헬라스와 로마에서 활약상이 비슷한 사람을 골라 한 사람씩 짝을 지어 대비시켜 그들의 영웅적인 '행동'을 부각시킨 책이다. 이보다 앞서 저술된 『모랄리아』는 주로 서양 고대의 지식인과 영웅호걸들의 '생각', 즉 정신세계를 묘사하고 있다. 당시 플루타르코스의 생각은 헬라스인과 로마인이 모두 상호 협조하며 로마제국을 건설했으니, 다 같이 동등하게 도우며 살아야 한다는 것이었다. 『모랄리아』는 헬라스어로 『에티카』 Ἠθικά, Ethica란 이름으로 되어 있었지만 일찍이 라틴어 *Moralia*가 관행적으로 쓰이게 되었다. 현재 전해져 남아 있는 78편의 에세이와 연설문에는 『영웅전』에 들어갈 수 없는 모든 것 — 교육, 문학, 윤리, 정치, 수사학, 철학, 종교, 음악, 생물, 의학 등 오늘날 문사철(文史哲) 위주의 인문학과 사회과학, 자연과학 등 전 학문 분야에 해당되는 내용 — 이 들어 있다. 그렇기 때문에 그의 저술들은 로마제국 시대에는 말할 것도 없고, 중세와 르네상스기를 거쳐 오늘날까지 커다란 영향을 끼치고 있다. 셰익스피어나 몽테뉴의 주요 저작이 이에 힘입고 있음은 널리 알려진 사실이며, 특히 오늘날 포스트모던 역사의 원조로 추앙되는 프리드리히 니체도 이른바 '기념비적 역사'에 플루타르코스의 저술들에 나오는 영웅들의 행동과 사상을 모범의 사례로 들고 있을 정도이다.

근대에 들어와서 헬라스어 원문은 이미 1500년대 중엽부터 프랑스의 아뮈요, 영국의 노스 등에 의해 유럽에서 각국어로 번역되어 읽히게 되었는데, 대개 『영웅전』의 역서가 나온 지 10여 년 정도가 지나면 『모랄리아』 번역서도 뒤따라 나오기 마련이었다. 그러나 우리나라에서는 1960년대에 『영웅전』 번역서만이 나왔을 뿐이다. 그래서 본 옮긴이는 이번에 『모랄리아』 78편의 글 중에서도 제일 난해하다는 평이 나 있지만 가장 유익하다고 생각이 되는 「젊은이는 시가를 어떻게 들어야 하는가」(여기서 시가(詩歌)에는 비극도 포함됨)를 비롯하여 「자유인의 자식은 어떻게 교육해야 하는가」, 「철학자들의 강의는 어떻게 들어야 하는가」, 「아첨꾼과 친구는 어떻게 구별할 수 있는가」, 「덕을 쌓는 사람은 어떻게 알아볼 수 있는가」 등 5편의 에세이를 일차로 번역하여 내놓게 되었다. 20여 년 전 기원전 2세기 그라쿠스 형제 시대 이전의 로마 공화정의 황금 시대를 낳게 했던 로마 시민들의 윤리도덕을 다룬『키케로의 의무론』의 번역서를 출간했던 당시의 심정과 같이, 오늘날 특히 우리나라 젊은이들의 교육과 윤리도덕의 함양은 물론 일반 지식인들의 자아 성찰에 조금이라도 기여했으면 하는 바람이 있어서이다.

이 번역서에는 재미있고 유익한 고사(故事)가 많이 나오는데, 일례로 견유 학파 디오게네스의 경우가 그렇다. 일반적으로 어렵다고 회자되는 플라톤의『국가』와『법률』편 등의 저서 내용이 아주 재미있고도 쉽게 소개된다. 게다가 비극 시인 아이스퀼로스, 소포클레스, 에우리피데스 등 서양 고전 작가들의 작품과 단편으로 전해 오는 수많은 글을 통해 서양 고대 세계에 살았던 인물들의 숨결을 들을 수도 있다. 또 우리는 헤로도토스나 호메로스의 저서들을 통해 과거의 생생한 역사적 사실들을 접할 수 있는 기쁨도 누릴 수 있다. 사실 본 옮긴이는 여지껏 호메로스의『일리아스』와『오뒷세이아』를 처음부터 끝까지 완독한 적이 한 번도 없었다. 중간에서 끊기곤 했는데, 동양의『삼국지』와 같은 재미가 없었기 때문이었다. 그런데 플루타르코스의 이 에세이들을 번역하다 보니, 호메로스의 서사시가 그렇게 재미있을 수가 없었다. 아킬레우스는 그저 용감한 장수로만 알고 있었는데, 플루타르코스의 눈을 통해 보니, 아가멤논에 비해 나약한 겁쟁이로 묘사되고 있지 않는가! 여자 문제로 분노한 아킬레우스에게 여러 사람이 몰려가서 아가멤논과 다시 화해하고 다 같이 트로이아를 정복하러 가자고 아무리 설득해도 듣지 않던 그가 오뒷세우스의 단 한 마디 말을 듣고는 분기충천(憤氣衝天)하여 참전하게 되는데, 그 한 마디가 바로 소포클레스의 전해져 오지 않는 비극의 한 단편에 나오는 말이 아닌가! 19세기 영국의 낭만주의 시인인 존 키츠가 채프만이 번역한 호메로스의 서사시들을 하룻밤 사이에 읽고 읊은 14행의 시 후반부가 내 가슴에 와 닿고 있었다.

그때 나는 감동했노라.
어떤 천체의 감시자가 자기 시계 안으로
한 개의 새 유성이 헤엄쳐 들어오는 것을 본 것과 같이.
아니 장대한 코르테즈가 다리엔의 한 산꼭대기에서 침묵한 채
— 그의 모든 부하들은 미친 듯 놀라 서로 바라보고 있는 가운데 —
독수리 같은 눈으로 태평양을 응시하고 있었던 것과 같이.

이 조그마한 번역서를 내는 데에도 많은 분들의 도움을 받았다. 우선, 이번에도 나의 아내 이기남의 윤문과 남매의 성원에 힘입었음이 컸음을 고백하지 않을 수 없다. 천성이 워낙 게으르고 우둔함이 도를 넘어 육체와 정신이 극도로 지쳐 있을 때마다 그래도 용기를 북돋아 준 것은 가족 사랑이었다. 또 정말 바쁜 중에도 헬라스어 원문에 정통한 안재원 서울대학교 HK연구교수의 조언과 교정이 이 번역서의 가치를 높여 주고 있다고 해도 과언이 아니다. 정기적으로 키케로의 라틴어 문집을 읽을 때마다 번역의 애로를 풀어 가는 데 큰 실마리를 제공해 준 김덕수 교수와 박사과정에 있는 김기훈 군 등 제자들에게도 고마움을 느낀다. 그리고 예상 외로 번역이 지지부진할 때 일본에서도 아

직 번역하지 못한 난해한 책이라고 하면서 본 번역서의 출간에 박차를 가하게 했던 서울대학교출판문화원 형난옥 전 운영본부장의 격려에 진심으로 감사의 마음을 전하고 싶다.

2012년 5월 27일
군포 서재에서
허 승 일

차례

일러두기

---

1. 이 번역서는 서울대학교 중앙도서관에 소장되어 있는 헬라스어 원전 *Πλουταρχοσ*, *Plutarchi Chaeronensis quae supersunt omnia*, Tibingae: Impensis Joannis Georgii Cottae, 1791~1801, Vol. 7, pp. 1~268과 헬라스어 · 라틴어 대역본 Frebericus Duebner, *Plutarchi Scripta Moralia, Graece et Latine*, Pariis, Editore Ambrosio Firmin Didot, 1841, pp. 1~102를 텍스트로 삼고, 기타 서양 현대 각국어로 된 주석본 등 각종 관련 참고도서와 번역서들을 유효적절하게 이용했다. 독자들이 쉽게 구할 수 있는 책으로서는 헬라스어 원문과 영문 대역본이 들어 있는 Loeb Classical Library의 Plutarchos, *Moralia*(trans. by F. C. Babitt, 1927), 제1권을 권한다.

2. 플루타르코스의 『모랄리아』 본 번역서의 난외(欄外)에 나와 있는 13A, B, C ……와 같은 기호는 19세기 프랑스인 H. Stephanus가 붙인 것으로서 '스테파누스 쪽수'(Stephanus pages)라 부르는 것인데, 책의 쪽수와 문단 구분을 표시한 것이다. 예를 들어, 13A는 인용문 13쪽 A문단을 보라는 것으로, 찾아보기에 아주 편리하다. 참고로 본 번역서의 역주에 나오는 플라톤, 『국가』, 537B나 플라톤, 『법률』, 729C도 마찬가지이다.

3. 그리스(Greece), 그리스인(Greeks)은 헬라스, 헬레네스의 영어 명칭이다. 엄격히 따지면 헬라스(Hellas, *Ἑλλάς*)가 오늘날의 참된 국가 명칭이고, 헬

레네스(Hellenes, Ἕλληνες)가 그 국가 구성원들이라 해야 옳다. 고대에도 역시 이 용어들은 사용되었다. 그리스인들이라는 영어 명칭은 그라이코이(Graikoi)라고 하는 라틴어에서 유래했는데, 이에는 두 갈래 설명이 있다. 한 설명은 아리스토텔레스가 물의 증발, 기후 현상, 지진, 해일 등을 논한 『지구과학론』 *Meteorologica*, I xiv에서 데우칼리온(프로메테우스의 아들로서 아내 퓌라와 함께 홍수에서 살아남아 인류의 조상이 됨)의 대홍수가 도도나 지역과 아켈로스 강 유역인 고대 헬라스에서 발생했는데, 여기에 셀리족과 지금은 헬레네스라고 부르지만 전에는 그라이키라고 불렸던 사람들이 거주하고 있었다고 한 데서 그 이름이 처음 나오고 있다. 그리고 기원전 264/3년에 제작된 파로스 연대기(Marmor Parium, Parian Marble)에 "지금으로부터 1257[년] 전, 아테나이에서 암피티온이 왕이었을 때, 데우칼[리온]의 아들 헬렌(Hellen)이 [프티]오티스의 왕이 되었고, 그리하여 예전에 '그라이코스인들'(Graikoi)이라고 불렸던 자들이 '헬레네스'라고 불렸고, ……"라는 비문에 입각하여, 아리스토텔레스가 언급한 그라이코스인들의 존재 시기를 기원전 1521/0년이라고 추정해 볼 수 있다. 어쨌든 아리스토텔레스가 헬라스인으로서는 최초로 에페이로스의 도리아인의 한 소 부족을 그라이코이(*Γραικοί*, Graikoi)라고 부른 적이 있었다고 하여 여기서 후일 라틴어 명칭이 유래하게 되었다는 설명이다. 다른 설명은 독일의 고전 역사가인 게오르그 부솔트의 근대 학설로서, 보이오티아 해안가의 한 소도시인 그라이아(*Γραῖα*, Graea) 또는 Graia에서 기원전 9세기에 이탈리아 중부에 쿠마이 식민시를 건설한 후 현지의 라틴인들과 처음 마주쳐 자기네들은 그라이에서 온 사람들, 즉 그라이코이라고 소개했고 이에 따라 라틴인들도 그 후 그들을 그렇게 부르게 되었다는 데에서 유래했다는 설명이다. 기원전 1500년대 후반의 기원설과 기원전 9세기의 기원설에 대해서는 정밀한 연구가 요청되는 바이지만, 이 두 설명 모두가 기원전 13/2세기의 트로이아 전쟁을 소재로 한 호메로스의 두 서사시에 나오는 영웅호걸들을 라틴어 그라이코이에서 유래한 그리스인들이라 번역하는 것이 적절치 못함을 보여준다고 생각한다. 당시 그곳에 살았던 사람들은 델포이 신탁과 같이 종교, 언어를 공통으로 하는 지역을 헬라스로 불렀고, 자신들을 문명으로 개화된 헬레네스라고 호칭했던 반면에 이방인들을 야만인인 바르

바로스(βάρβαρος)라고 불렀다. 호메로스의 서사시들에 나오는 아르고스인(Ἀργίτες), 다나오스인(Δαναοί), 아카이아인(Ἀχαιοί)은 헬라스인들을 호칭하는 말로, 아르고스인은 아르고스라는 정치적 함의에서, 다나오스인은 부족 명칭에서, 아카이아인은 뮈케네를 중심으로 아이올리아인들에 의해 보충된 부족의 명칭에서 유래한 것이었다. 그러나 무엇보다도 저자인 플루타르코스가 『모랄리아』 텍스트에 헬라스, 헬레네스라는 용어를 쓰고 있다는 점에 무게를 두어야 한다고 생각한다. 그래서 본 번역서에서는 그리스나 그리스인들이라는 번역어 대신에 헬라스, 헬라스인, 아르고스인, 다나오스인, 아카이아인이라는 용어를 사용했다. 또 희랍(希臘)은, 그것이 헬라스의 한자어 표기인 까닭에, 헬라인 또는 헬라어라는 말은, 이런 의미의 헬라(Hella)라는 단어 자체가 서양 고대 세계에는 전혀 존재하지 않았기 때문에 배제했음을 밝혀둔다.

4. 헬라스와 로마의 인명 번역어 명칭도 약간 설명의 필요성을 느낀다. 로마인의 경우, 티베리우스 셈프로니우스 그라쿠스(Tiberius Sempronius Gracchus)라는 이름이 나올 때, 개인명, 씨족명, 가문명을 순서로 일컫는 것이다. 그러니까 셈프로니우스 씨족 출신의 그라쿠스 가문에 속하는 티베리우스라는 개인을 말한다. 또 대 카토나 라일리우스 현자와 같이 표기하여 동명이인을 나타내거나 별명을 첨가하기도 한다. 그러나 헬라스의 경우는 다르다. 대개 시노페 출신의 디오게네스처럼 어느 지역 출신임을 명기하거나 펠레우스의 아들 아킬레우스처럼 혈통을 명기함으로써 동명이인을 차별화하여 나타낸다. 한편 시노페 출신의 디오게네스를 그의 특성이 돋보이는 개처럼 산 철학자, 즉 견유 학파의 창시자 디오게네스라고 표기하기도 한다. 그 밖에 외눈박이 안티고노스, 여동생을 사랑한 프톨레마이오스, 프톨레마이오스 1~7세나 디오뉘시오스 1세, 2세 등으로 쓰기도 한다. 그런데 플루타르코스는 전 저서에 걸쳐 대부분 디오게네스, 프톨레마이오스 또는 디오뉘시오스 등등 단 하나의 이름으로 표기하고 있기 때문에 혼동되어 텍스트의 원의를 제대로 이해하는 데 어려움이 많은 게 사실이다. 그래서 본 옮긴이는 가급적 간단하게, 경우에 따라서는 고사까지 곁들여 약간 길게 일일이 역주를 달아 독자들이 문맥을 파악하는 데 편하도록 했다. 그리고 원전에 충실하게 헬라

스 시대의 인명에 대해서는, 가령 데모크리투스(Democritus) 대신 데모크리토스(Democritos)로 하였다. 또 인명에 나오는 -y-를 한글로 표기할 때에는 -i-의 발음과 구별하기 위해 -위-로 표시했다. 디오뉘소스, 디오뉘시오스, 퓌타고라스와 같은 경우이다.

5. 번역어의 일관성 원칙하에 현재 영어로 통용되는 단어들도 가급적 헬라스어 원어로 통일을 기하고자 했다. 박물관(museum, 즉 뮤즈 여신들이 숭배되는 장소란 뜻), 음악(music), 오락(amusement)은 모두 9명의 뮤즈(Muse) 여신에게서 유래하는 단어들로서 뮤즈가 우리에게는 무척 익숙해져 있는데, 이를 굳이 무사(musa, 복수는 무사이 musai)로 번역한 것도 모두 그 때문이라고 이해해 주었으면 한다. 또한 원전대로 이집트를 아이귑토스, 이솝을 아이소포스, 스파르타를 스파르테, 마케도니아를 마케돈, 시실리를 시켈리아로 했는데, 생소함을 없애기 위해 처음 몇 차례는 역주를 달거나 괄호를 넣어 이를 상기시키기도 했다.

6. 본 옮긴이는 독자들의 이해를 돕기 위해 플루타르코스의 윤리도덕관과 교육론이라는 해설문을 붙이고, 5편의 에세이 각 서두에 약간의 소개문과 사진이나 그림, 그리고 장마다 내용의 요약 글을 소제목 형식으로 써넣었다. 그리고 가급적 독자들의 이해를 돕기 위해 필요할 때마다 과감하게 역주를 상세히 달았으며, 또 본문 앞뒤에 지도를 넣었는데, 이를 대조하면서 글을 읽으면 적지 않은 도움이 되리라 생각한다.

해설:
플루타르코스의 윤리도덕관과 교육론

플루타르코스는 중기 플라톤 학파 철학자이다. 그는 플라톤의 영혼론을 바탕으로 자신만의 고유한 도덕론을 설파한다. 선과 악은 혼재하며 선과 악 자체에도 크고 작음의 등급이 있다는 게 바로 그것이다. 그에 따르면, 철학을 공부하는 목적이 궁극적으로는 인간이 도덕적인 삶을 영위해 나가는 데 있으며, 철학 공부는 따라서 실천적 삶에서 그 완성에 이른다. 윤리 이론과 도덕 개념들이 사변적이고 이론적인 논의 수준에 머문다면, 그것은 인간 본성에 비추어 보건대 의미 없는 공론(空論)에 불과하다는 것이 철학에 대한 그의 생각이다. 아무리, 이론적 체계가 잘 짜여 있다 해도, 그 체계 안에 머문다면 그것은 실패작이라는 소리이다. 이런 생각을 바탕으로 그는 특히 스토아 학파와 에피쿠로스 학파의 극단론을 강력하게 비판한다.

스토아 학파를 옹호하면서도 오직 그 윤리설 중 극단론을 비판하는 그의 논지는 이러하다. 스토아 학파는 인간의 궁극적인 목적은 행복에 두며, 행복은 자연/인간본성과 일치해야 달성된다고 하면서도 유일의 덕은 선하게 되는 것이라고만 인정하는 자기모순을 안고 있다는 것이다. 게다가 소요 학파도 선한 것으로 인정하는 건강, 재산, 아름다움처럼 우리에게 좋은 모든 것들도 때로는 선할 수도 있고 때로는 악할 수도 있다고 하면서 전적으로 무시되고 있으며, 더 나아가 스토아 학파의 가장 결정적인 흠은 선인은 절대로 악인이 될 수 없고, 악인은 절대로 선인이 될 수 없다는 그 극단론 때문이라는 것이다.

또 플루타르코스가 일반적인 에피쿠로스의 윤리설을 수용하면서도 강력하게 배격하는 것이 바로 그 학파의 극단적인 윤리설인데, 쾌락이 최고선이고 고통이 최고악이라는 그들의 유명한 그 주장 때문이다.

반면에, 플루타르코스는 플라톤 철학만이 행복을 가져다 준다고 하면서, 아리스토텔레스처럼 인간은 덕을 쌓아야 한다고 강하게 주장한다. 그러면서 그는 덕이 두 개의 상반된 감정 중 좋음의 극치에 있을 때라고 보고 있다. 두려움이 없다면 조국을 위해 싸울 때처럼 용기라는 덕은 생겨날 수가 없기 때문에, 덕은 어떤 감정이 없을 때는 존재할 수가 없으므로, 이런 의미에서 감정은 덕을 이루는 데 이성의 동반자라는 것이다. 이렇듯 덕은 감정이 이성에 의해 안내되는 상태이기 때문에 덕은 어떻게 감정을 올바르게 추스르는가 하는 훈련을 요구한다. 여기서 그의 교육론이 자연스레 개진된다. 당시 악인은 절대로 선인이 될 수 없다는 스토아 학파의 견해(에픽테토스와 세네카의 윤리설 참조 바람)를 무시하고, 그는 덕 쌓기의 진전은 가능하며(덕 쌓기론), 그래서 악인도 선인이 될 수 있다는 의견을 내놓는다. 이 덕 쌓기의 훈련은 부모와 교사들에 의해 우리 주변 사람들의 덕의 행위들의 모범을 본뜨거나 여러 도시국가의 법률에 의해, 또 철학, 시, 역사를 공부시킴으로써 진행된다는 것이다. 그는 플라톤을 따라 교육 · 윤리의 관점에서 시를 평가하며(시가론, 청강론), 더 나아가 그 교육의 입장에서 여러 교육론(자식 교육론, 아첨꾼론)을 개진한다. 그리하여 덕을 쌓게 된다면 인간의 육체적인 기본 욕구를 만족시킬 뿐만 아니라 명상적인 지식 탐구의 생활이나 종교의식에 참여하는 생활 등을 통해 행복해질 수가 있다고 그는 교육의 중요성을 강조하고 있다. 요컨대 그는 교육을 통해 인간은 신과 유사한 생활까지도 가능하다고 보았던 것이다.

자유인의 자식은 어떻게 교육해야 하는가

Περὶ τῆς τῶν ἐλευθέρων παίδων ἀγωγῆς

이 에세이의 제목은 *Περὶ τῆς τῶν ἐλευθέρων παίδων ἀγωγῆς*, Peri tes ton eleutheron paidon agoges 또는 *Περὶ παίδων ἀγωγῆς*, Peri paidon agoges(라틴어로는 *De educatione puerorum libellus* 또는 약칭의 *De liberis educandis*)로서 「자유인의 자식은 어떻게 교육해야 하는가」이다. 이 제목에 대해서는 두 가지 예비적인 설명이 필요하다. 첫째, 서양 고대 헬라스인과 로마인들은 인간은 자유인 아니면 노예로 태어난다고 생각했다. 물론 노예가 해방되어 자유를 얻으면, 그 자식들은 자유인에 속하게 된다. 이 에세이는 바로 이 모든 자유인 출신의 자식에 대한 교육을 논하고 있는 것이다. 둘째, 여기서 *παίς*, pais를 '자식'이라는 번역어로 썼지만, 엄격하게 말하면 아들인 '소년'을 말한다. 에세이의 내용을 읽다 보면 딸인 소녀 교육에 대해서는 한 마디도 나오지 않는데, 이에 대해서는 놀랄 필요가 없다. 왜냐하면 당시에는 소년만이 나이가 차면 성인식을 치르고 로마 시민이 될 수 있었기 때문이다.

또 이 에세이의 초반에 유아 교육에 대한 어머니 역할의 중요성과 글의 말미에 짤막하게 아들들의 교육을 위해 나이 들어 글공부를 하게 되었다는 한 여인에 대한 소개문이 나오긴 하지만, 주로 아들의 교육을 전담한 것은 아버지였다. 그래서 이 에세이의 글을 굳이 풀이하자면 '자유인 태생의 아들들을 아버지들은 어떻게 교육할 것인가' 하는 내용이 될 것이다. 대개 영역본의 제목을 *The Education of Children*으로 달고 있기 때문에 이를 '아동교육론'이라 하기 쉬운데, 아들딸 구별 없이 낳아 부모가 함께, 아니 좀 더 구체적으로 말해, 아버지의 무관심 속에 주로 어머니가 아동들의 교육을 전담하다시피 하는 오늘날의 현실에 입각해서 보면 오해의 소지가 많다. 그래서 옮긴이는 '자식은 어떻게 교육해야 하는가'라는 제목을 붙였지만, 내심으로는 이 에세이가 특히 아버지들이 자기 아들들을 어떻게 교육할 것인가 하는 내용으로 차 있음을 염두에 둘 것을 당부하고 싶다.

이 에세이는 19세기 한때 플루타르코스의 위작(僞作)이라는 논란이 있었다. 글의 내용, 문장투, 문법과 언어상의 근거들을 들어 그것은 플루타르코스의 한 제자의 습작일 가능성이 높다는 것이었다(Ziegler, K., 1951, "Plutarchos," in *Realencyclopädie der klassischen Altertumswissenschaft*, Vol. XXI. 1, Stuttgart, pp. 809~811 참조). 그렇지만 오늘날 이 에세이는 플루타르코스의 젊었을 때의 저작이냐 아니면 그의 제자나 어느 누군가가 글을 써놓고 그의 이름을 갖다 붙인 위작이냐 하는 것을 떠나서 대체로 그 시대의 교육관을 시의 적절하게 나타내고 있는 것만은 확실한 것으로 이해되고 있다. 더욱이 이 에세이는 몽테뉴의 『수상록』 모델이 되었을 정도로 후세에 큰 영향을 끼쳤음을 상기할 필요가 있다. 이 에세이의 끝 부분에 나오는 알렉산드로스 대왕의 친할머니 에우뤼디케의 자식에 대한 교육 열의는 오늘날 우리에게도 신선한 것으로 다가온다.

에페소스의 켈소스 도서관 안에 있는 아레테 여신상. 도서관 하단 왼쪽의 소피아 여신상 다음에 나오는 것이 아테네 여신상이다.

서론: 자유인으로 태어난 자식 교육에 대하여

1 자유인으로 태어난 자식 교육에 대해 무엇을 논할 수 있는지, 그들이 자랄 때 건전한 성품을 갖도록 교육이 무슨 이점을 제공할 수 있는지 생각해 보세. 1A

부모의 불순이 아이들에게 미치는 영향

2 우선, 부모와 자식의 관계에 관한 얘기로 말문을 여는 게 좋을 듯한데, 나는 훌륭한 자손을 둘 B
부모가 되기를 원하는 이들에게 창녀나 첩과 같은 여인들과 함부로 동거하는 일을 삼가라고 권하고 싶네. 왜냐하면 아버지 쪽이든 어머니 쪽이든 태생이 좋지 않은 사람들은 자신의 천한 출신에 대해 지울 수 없는 수치감을 지니기 때문이지. 뿐만 아니라 이는 일생 그들을 따라다니면서 그것을 이용하길 원하는 자에게 곧바로 비난과 모욕의 화젯거리를 제공해 주네. 비극 시인 에우리피데스[1]는 지혜롭게도 이렇게 읊고 있네.

가문의 주춧돌이 잘못 놓이면,

---

1 Euripides(circa 480~406 BC): 고전 시대 아테나이의 아이스퀼로스, 소포클레스와 더불어 3대 비극 시인 중의 마지막 작가로 그의 작품 95개 중 『메데이아』, 『박코스의 여신도들』 등 18~19개가 완전한 것으로 전해져 오고 있으며, *Telephos*, *Sisyphos* 등 16개 정도는 단편들로 남아 있다.

후손은 꼭 불행해지는 법.[2]

반면에, 아주 보물처럼 여겨지는 것이 고귀한 태생인데, 이러한 사람은 자기의 마음을 자유롭게 표출할 수 있어, 후손을 적자(嫡子)로 낳기 원하는 사람들이 가장 중요하게 생각하는 점
C 이지. 사물의 속성상, 혈통이 근본적으로 천하거나 가문을 위장하는 사람들은 늘 의기소침(意氣銷沈)한 상태에 있게 되는데, 비극 시인 에우리피데스는 이를 매우 적절히 선언하고 있다네.

남자란 비록 대담할지라도
어머니나 조상의 불명예를 알게 될 때는
언제나 노예처럼 되는 법.[3]

훌륭한 양친을 가진 아이들은 물론 그 때문에 기쁨과 긍지로 가득 차 있네. 아무튼 사람들은, 테미스토클레스[4]의 아들인 클레오판토스가 종종 많은 사람에게 자기가 원하는 것을 항시 아테나이 사람들이 동의해 주었는데, 자기가 원하는 것이 무엇이든 그의 어머니 역시 원했고, 어머니가 원하는 것은 무엇이든 테미스토클레스 역시 원했고, 테미스토클레스가 원하는 것은

---

2 Euripides, 『격분한 헤라클레스』 *Hercules Furens*, 1261.

3 Euripides, 『힙폴뤼토스』 *Hippolytos*, 424.

4 Themistocles(circa 524~459 BC): 아테나이의 정치가이며 장군으로서 살라미스 해전의 영웅이다. 그는 부인 아르키페와의 사이에서 세 아들을 두었는데, 클레오판토스는 셋째 아들이다. 플라톤은 그를 가장 뛰어난 기사(騎士)라고 평했다.

무엇이든 모든 아테나이 사람들이 원했기 때문이라고 선언했다 고 말한다네. 라케다이몬인들[즉, 스파르테인들][5]이 자기들의 왕인 D
아르키다모스[6]를 벌금형에 처했을 때 보여준 고귀한 정신에 대해 한 마디 칭찬하는 것 역시 지극히 당연하네. 왜냐하면 왕은 시민에게 장대한 왕이 아니라 소인의 왕을 주겠노라고 제안하면서 단신의 여인을 왕비로 삼으려고 했기 때문이지.

남편의 음주가 후손 생산에 미치는 영향

3 우리 조상이 간과하지 않은 한 가지에 대해 말해 주겠네. 무엇인가 하면, 자손을 위해 부인에게 다가가는 남편은 술을 전혀 마시지 않거나 아주 조금 마셨을 때에만 그렇게 해야 한다는 것이지. 왜냐하면 아버지가 취중에 어쩌다가 낳게 된 아이들은 술을 좋아하기 십상이고 과음을 하기 때문
이라네. 그러므로 디오게네스[7]는 감정적이면서 정신 나간 한 젊 2A

---

5 플루타르코스는 아티카어로 스파르테(Σπάρτη Spartē)라는 말을 쓰고 있지만, 도리아어로는 스파르타(*Σπάρτα*)이므로 스파르타라는 말을 사용해도 무방하다. 본시 스파르테를 건설한 이는 라케다이몬(*Λακεδαίμων*) 왕인데, 왕비인 스파르타의 이름을 따서 그렇게 불렀다고도 한다. 그래서 플루타르코스는 텍스트에서 라케다이몬인들이라는 용어를 사용하고 있는데, 이는 스파르테인들과 같은 뜻이다.

6 Archidamos II: 기원전 476년에서 427년까지 스파르테를 통치했던 왕이다. 그는 실제로 키가 작은 왕비를 맞아 아게실라오스 2세 왕을 낳는다.

7 Diogenes of Sinope(412 or 404~323 BC): 시노페 출신의 헬라스 철학자로서 견유 학파의 창시자이다(Diogenes the Cynic). 그는 아테나이에서 극빈을 덕으로 삼고, 시장터의 통나무 속에서 개와 함께 먹고 자는 거지 생

은이를 보고,

> 젊은이! 자네를 가질 때 자네 아버지는 분명 술에 취해 있었을 것이네.

라고 말했지.

출생 문제에 대한 나의 견해가 너무 많았는데, 이제부터 교육에 대해 얘기하기로 하겠네.

'탁월함'을 성취하기 위해서는 천성, 학습, 연습의 세 가지가 하나로 이루어져야 한다.

4 '탁월함'(ἀρετή arete — 헬라스어, virtus — 라틴어)[8]

활을 했으며, 알렉산드로스 대왕이 햇볕을 가린다고 하여 비켜 줄 것을 요구하는가 하면, 대낮에도 정직한 사람을 찾는다고 램프를 들고 다녔던 것으로 유명하다. 그는 생을 코린토스에서 마감하지만, 그가 남긴 고사(故事)가 많다. 특히 그의 견유 학파에서 후에 제논의 스토아 학파가 창시된다.

8 '아레테'(헬라스어 *ἀρετή*, 라틴어 비르투스 virtus)는 원래 인간이 지니고 있는 잠재력을 십분 발휘하여 나타내는 '탁월함'/'출중함'을 의미한다. 적 앞에서의 용기, 뛰어난 지식, 정의의 구현, 절제와 같은 인내도 포함된다. 기원전 5세기 소피스트인 프로디코스에 의해 소개되고 있는 아레테 여신의 일화는 매우 유익하다. 헤라클레스 앞에 나타난 악의 여신 카키아(*Κακία*)는 부와 쾌락의 길을 갈 것을 권유하지만, 처녀로 분장한 정의 여신의 딸이자 화합 여신의 자매인 아레테 여신은 그에게 영예와 악과의 투쟁의 생활을 할 것을 제안하자, 그는 아레테의 길을 택했던 것이다. 아리스토텔레스도 청소년들의 교육에서 장차 그들의 생활에 유익한 것들을 가르쳐야 한다고 하면서 마음, 육체, 영혼에서의 아레테의 생활의 중요성을 강조한 바 있다. 그래서 신체 단련은 체육관에서, 지적 훈련은 연설이나 수사학, 기초 학문에서, 정신적 또는 영혼의 훈련은 음악이나 미

에 관해 예술과 학문에 대해 일반적으로 논의되는 바를 이야기 하겠네. 즉, 완벽하게 올바른 행동을 하기 위해서는 천성(φύσις, physis), 이성(λόγος, logos), 습성(ἔθος, ethos)의 세 가지가 하나로 이루어져야 한다는 것이지. 이성은 학습을 의미하고, 습성은 부단한 연습을 의미하네. 처음 시작은 천성에서 비롯되어, 다음 학습의 진전이 이루어지며, 마지막에 계속해서 반복하는 연습으로 마무리되는데, 이 모든 것이 결합하여야 절정을 이루게 되지. 그러나 이 중 한 가지만 부족하더라도, 탁월함은 그만큼 제대로 발휘되지 못하네. 왜냐하면 학습이 없는 천성은 눈이 없는 것과 같고, 천성이 없는 학습은 불완전하며, 둘 다 없는 연습은 효과가 없기 때문이지. 농사를 지을 때 우선 제일 먼저 토양이 좋아야 하고, 두 번째로 농부는 기술이 있어야 하며, 세 번째로는 종자가 온전해야 하는 것과 같이, 천성은 토양에, 선생은 농부에, 말로 하는 조언과 교훈은 종자에 비유되네. 나는 이 세

B

C

덕의 항목에서 행해졌다.

아레테를 뜻하는 라틴어 비르투스(virtus)는 라틴어 'vir', 즉 남자로서 발휘할 수 있는 탁월함을 의미한다. 보통 4추덕이라 하여 이에는 4개의 덕목이 언급되는데, 이에 대해서는 『키케로의 의무론』(허승일 옮김, 서광사, 2011)에 잘 설명되어 있다. 4추덕의 첫째는 지식(scientia)으로 여기에는 지혜(sapientia)와 예지(prudentia)가 포함된다. 둘째는 정의(iustitia)인데, 이와 짝이 되는 것이 바로 선행(beneficentia)이다. 셋째는 용기(fortitudo)로 만용과는 구별되어야 한다. 넷째는 인내(temperantia)로 관용, 절제, 중용으로 나타난다. 知, 義, 勇, 忍, 이 네 가지 덕의 우선순위를 매긴다면 義, 知, 忍, 勇이 될 것이다. 왜냐하면 국가가 위급할 때 은거하여 진리를 탐구한다는 것은 사람의 도리가 아니며, 독재자도 용기를 발휘하는 것을 종종 볼 수 있기 때문이다.

특성이 모든 인류 중에 저명한 퓌타고라스[9], 소크라테스[10], 플라톤[11], 그리고 영원한 명성을 얻은 사람들 영혼 속에서 함께 만나 완전한 결합을 이룬 것을 강조하고자 하네.

그런데 만약 하늘이 이 모든 특성을 어느 한 사람에게 부여했다면, 그것은 행운이고 신의 은총의 증표라 하겠지. 그러나 만약 천부적인 재능을 선물로 부여받지는 못했어도 학습의 기회를 얻어 탁월함에 이르는 올바른 길을 찾아갈 수 있는 사람들이 있다 하세. 그런데 그가 천성의 부족함은 메울 수 없고 또 그 이상 더 어찌해 볼 도리가 없다고 생각한다면, 그가 큰 잘못을, 아니 전적으로 잘못을 저지르고 있음을 일깨워야 하네. 왜냐하면 노력하지 않음은 훌륭한 천부적 재능을 살리지는 못하지만, 교육은 부족한 재능을 계발하기 때문이네. 쉬운 일들은 무
D 관심한 자들이 놓치지만, 어려운 일들은 주도면밀한 실천을 통해 성취되기에, 만약 매일매일 관찰되는 많은 결과에 대해서 직접 말한다면, 노력과 노고가 얼마나 효과적이고 생산적인 일인

9 Pythagoras of Samos(circa 570~495 BC): 이오니아 사모스 섬 출신의 헬라스 철학자로, '퓌타고라스 정리'로 더 알려진 수학자로서 유명하다.

10 Socrates(circa 469~399 BC): 고전 시대의 아테나이의 헬라스 철학자로서 서양철학의 아버지로 불린다. 그가 직접 쓴 저술은 없고, 제자인 플라톤의 대화 편들과 크세노폰의 글, 그리고 아리스토파네스의 희극을 통해 널리 알려지게 되었다.

11 Platon(428/427~348/347 BC): 고전 시대의 헬라스 철학자, 수학자이다. 소크라테스의 제자로서 36편의 철학 대화 편의 작가이며, 아테나이에 서양 세계에서 고등 학문 최초의 제도라 할 아카데미아 학당을 세웠다. 아리스토텔레스의 스승이기도 한 그는 서양철학의 초석을 쌓은 사람으로, 서양의 철학은 결국 '플라톤에 대한 일련의 주석 달기'에 불과하다는 찬사를 받고 있다.

지를 누구나 이해하게 되네. 물방울이 떨어지면 바윗돌이 패이
고, 놋쇠는 손이 닿으면 닳고, 전차 바퀴의 가장자리 테는 힘이
가해져 한 번 휘면 무슨 수를 써도 원상으로 회복할 수 없기 때
문이네. 배우들이 사용하는 굽은 장대는 펼 수가 없는데, 참으
로 공을 들여 만든 인공의 형태가 원래의 자연적 형태보다 우
월하게 된 거라네. 이런 것들이 잠재적 근면성을 보여주는 유일
한 것들은 물론 아니네. 수많은 다른 예들을 보세. 토질이 본래
좋은 한 뙈기의 땅이라도 돌보지 않으면 점점 황폐해지지. 본래 E
토질이 좋으면 좋을수록, 태만 때문에 돌보지 않게 되네. 그러
면 그 땅은 더욱더 못 쓰게 되지. 여기 접근하기가 쉽지 않아 더
못 쓰게 된 거친 또 다른 한 뙈기의 땅이 있는데, 잘 가꾸어 경
작하면, 그 땅은 곧장 알찬 수확물을 내놓게 되네. 나무들이 버
려져 돌보지 않으면, 굽어져서 성장하지 않고 과실을 맺지도 않
네. 그렇지 않은 나무가 어디 있는가? 하지만 나무들이 올바로
재배되기만 하면, 열매를 맺고 그 열매는 익어 가지. 태만과 사
치와 병에 의해서도 손상되지 않고 끝내 쇠약하게 되지 않는 그
런 신체상의 힘이 어디 있는가? 반면에 사람들이 스스로 운동
하여 단련한다면, 힘이 굳세어지지 않는 약한 육체가 어디 있는
가? 망아지일 적에 잘 길든 말치고 기수에게 고분고분하지 않 F
은 말이 어디 있으며, 반면에 길들여지지 않은 채 야생마로 남
아 있는 말치고 날뛰지 않는 말이 어디 있는가? 가장 사나운 동
물들이 길들어 노동에 이용되는 경우를 우리는 많이 보게 되는
데, 도대체 우리는 왜 놀라는가? 테살리아인 중에 평화를 가장
사랑하는 사람이 누구냐는 질문을 받은 한 테살리아인은 이렇
게 대답했네.

전쟁에서 지금 막 돌아온 사람이죠.

3A 라고. 그러나 왜 이 문제를 장황하게 토론해야 하는가? 성품이란 오래 지속된 습성이기 때문이네. 그래서 누군가가 성품의 덕목들을 습성의 덕목들로 부른다면, 그가 크게 틀린 것은 아니네. 이 점에 대해선 한 가지 예를 더 들고 논의를 끝내도록 하겠네.

라케다이몬인들[즉, 스파르테인들]의 입법가(立法家)인 뤼쿠르고스[12]는 한 배에서 난 강아지 두 마리를 아주 다른 방식으로 길렀는데, 한 마리는 장난이 심하고 탐식하는 똥개로, 또 한 마리는 냄새 맡고 쫓아서 사냥하는 개로 키웠네. 그 후 라케다이몬인들[즉, 스파르테인들]이 함께 모였을 때 그는 말했지.

B 라케다이몬인들이여!

살아감에 있어서,

진실을 배우고 훈련하며, 교육하고 인도하는 일이야말로 최고의 탁월함인 덕의 함양에 가장 중요한 것입니다.

지금 곧 이 점을 여러분께 분명히 밝히려고 합니다.

그는 즉시 두 마리 개를 방면하고 직접 개들 앞에 음식 접시

12 Lycurgos(800?~730 BC?): 스파르테의 전설적인 입법가이다. 델포이의 아폴론 신탁에 따라 군사 국가 스파르테를 건국했다고 하는데, 성문법이 아니라 '큰 말씀'(Great Rhetra)을 통해서였다. 그의 공교육제도인 '아고게'와 공동식사제도인 '쉬시티아'에 대해서는 허승일, 『스파르타 교육과 시민생활』(삼영사, 1998)을 참조 바람. 그리고 이 이야기는 『모랄리아』, 225F에도 나온다.

하나와 토끼 한 마리를 놓았네. 한 마리 개는 토끼를 쫓아 달려가고 또 한 마리는 음식 접시를 향해 달려갔네. 라케다이몬 사람들은 아직도 그의 행동이 무엇을 뜻하는지, 두 마리 개를 보여주는 의도가 무엇인지 깨닫지 못하고 있었네.

> 이 개들은 한 배에서 태어났지만, 서로 다른 훈련을 받아 결과적으로 한 마리는 탐식하는 개가 되었고 다른 한 마리는 사냥개가 되었습니다.

습성과 생활양식에 대해서는 이 정도로 충분하다고 생각하네.

어머니들은 자신의 아이들에게 젖을 먹여야 하고, 유아교육을 잘하도록 해야 한다.

5 다음 순서의 주제는 젖 먹이기이네. 어머니들은 자기 아기들을 직접 젖을 먹여 키워야 한다네. C
왜냐하면 어머니들은 훨씬 생기 있는 애정과 더 큰 보살핌으로, 온 마음을 바쳐 속담대로 아이들의 손톱[13]까지 사랑하며 젖을 먹이기 때문이지. 그러나 양모와 유모는 보수에 끌린 것이기 때문에 불성실하고 강요된 것이지. 어머니들이 자기가 낳은 아이들을 젖을 먹여 키워야 한다는 사실은 자연을 보면 역시 분명해지는데, 이를 위해 자연은 생명을 탄생시킨 모든 동물에게 먹

---

13 키케로, 『친지들에게 보낸 서한』 *Ad familiares*, I. 6 "어릴 때부터"(a teneris unguiculis)라는 말이 나온다.

이의 원천으로 젖을 제공해 왔기 때문이네. 자연은 또한 선견지명(先見之明)이 있어, 어머니들에게 두 개의 젖가슴을 만들어 주어 쌍둥이를 낳게 되면 그들이 두 개의 영양원을 가질 수 있도록 했기 때문이지. 하지만 이 모든 것을 제쳐 두고라도, 어머니들은 자기 아이들에게 한층 더 따듯하게 다가가 어머니의 애정
D 을 보이는 데 마음을 써야 하네. 나는 맹세컨대, 이 두 가지가 자연의 이치에 어긋난다고 생각지 않네. 왜냐하면 젖 먹일 때에 연대감은 애정으로, 어미와 새끼를 함께 묶어 주는 끈이기 때문이지. 그래, 사나운 짐승들조차도 젖 먹일 때 어미와 새끼를 멀리 떼어 놓으면 분명 서로 그리워하지.[14] 그래서 내가 말했듯이 어머니들은 가능하다면 자기 아이들을 직접 챙겨 돌보도록 해야 하네. 그러나 만약 몸이 쇠약하기 때문에(이런 일은 흔히 일어나지만), 또는 아이들을 더 많이 낳으려고 서두르기 때문에 아이들을 돌볼 수 없다면, 양모나 유모를 아무렇게나 되는 대로 선택
E 해서는 안 되고, 가능한 한 좋은 사람을 선택해야 하네. 우선 무엇보다도 품성이 헬레네스다워야 하겠지. 왜냐하면 출산 직후에는 곧 아이들의 사지가 뒤틀리지 않고 곧게 성장할 수 있도록 아이들의 사지를 제대로 만져 줄 필요가 있는 것처럼, 처음부터 아이들의 성품을 제대로 잡아 주는 것이 필요하기 때문이네. 아이들은 천진난만하고 감수성이 예민하지. 그래서 그렇게 마음이 여릴 때 가르치는 것들이 그들 깊숙이 주입되네. 하지만
F 굳어 버린 것은 부드러워지는 데 여간 힘든 것이 아니지. 부드러운 밀랍에 인장을 찍으면 선명하게 각인되는 것처럼, 아이들

14 크세노폰의 『퀴로스의 교육』 *Cyropaedia*, ii. l. 28에서 인용.

은 어릴 때의 가르침이 그들 마음속에 깊은 인상을 남기네. 그래서 내게는 저 유명한 플라톤도 유모들에게 아주 적절한 충고를 한 것으로 보이네. 즉, 아이들에게 이야기를 해 줄 때조차도 어쩌다가 아이들의 마음이 어리석음과 타락으로 채워지는 일이 생겨나지 않도록 시작부터 이야기 소재를 마구잡이로 선택하지 말라고 말이네.[15] 시인 포킬리데스[16] 역시 경탄할 만한 충고의 말을 했지.

> 어릴 적에 가르쳐야 하느니,
> 고귀한 행위들의 이야기는.[17]

아이들의 시종은 헬레네스로 선정해야 한다.

6 빼놓아서는 안 될 또 다른 대목이 있네. 젊은 주인의 시종으로, 혹은 말동무가 될 사람을 고를 때는, 비교적 젊고, 무엇보다도 성품이 건전해야 하며, 물론 헬레 4A
네스이어야 하고 언어가 분명해야 하네. 그래서 아이들이 교양 없는 이방인들과 천박한 성품의 사람들에 의해 오염되지 않도록 하고, 그들의 품위 없는 행동을 흉내 내지 말도록 해야 하네.

---

15 플라톤, 『국가』, 377E.

16 Phocylides of Miletus(560 BC경에 출생): 헬라스의 격언 시인으로 메가라의 테오그니스의 동료이다.

17 Theodor Bergk, 『헬라스 서정시인들』 *Poetae Lyrici Graeci 1843*[이하 베르크, 『헬라스 서정시인들』로 표기], Vol. 2, p. 71, 448(단편 13).

속담 만드는 사람들이 이 점을 아주 잘 말해 주지.

절름발이와 살면, 절뚝거리는 걸 배우게 되나니.

자식을 훌륭하게 키우기 위해선 덕성을 갖춘 최고의 교사를 선정해야 한다.

7 아이들이 시중드는 사람이 필요한 나이에 이르면, 이들을 고를 때에는 아주 세심한 주의를 해야 하네. 그래야만 무심코 자기 아이를 전쟁포로로 잡혀 온 노예나 이방인들 또는 뜨내기에게 맡기지 않게 되네. 오늘날, 많은 사
B 람의 일반 관행은 아주 웃기다네. 농장의 관리, 선박의 선장, 상점의 관리, 이자 관리를 함에는 가장 신뢰하는 노예를 집사로 임명하네. 하지만 술고래와 대식가로서 어떤 종류의 일에도 무용지물로 알려진 아무 노예에게나 자기 아이를 데리고 가 책임져 달라고 하면서 부탁하기 때문이지. 그러나 훌륭한 시종은 아킬레우스[18]의 수행원이었던 포이닉스[19] 같은 성품을 가진 사람이어야 하네.

지금 나는 내가 여태껏 말한 어떤 것보다도 더 중요하고 가

18 Achilleus: 호메로스의 『일리아스』의 주인공으로서 최강의 전사로 트로이아 전쟁의 헬라스 측 영웅이다. 그의 약점은 발뒤꿈치라 하여 '아킬레스건'의 유래로 널리 알려져 있다.

19 Phoenix: 아킬레우스의 소년 시절부터 그의 시종이며 교사였다. 참고로 서양 고대 헬라스 로마 세계의 인성 교육에 대한 옮긴이의 글 『서울사대논총』 68(2004)을 보기 바람.

치 있는 대목을 말하고자 하네. 아이를 위해 실생활에 추문이 없고, 예의범절에 어긋남이 없으며, 경험이 최고인 선생을 찾아 모셔야 하는데, 올바른 교육을 받는 것이 모든 선의 원천이고 C
뿌리이기 때문이지. 농부가 막대기를 옆에 세워 어린 식물들이 곧게 자라도록 하듯이, 유능한 교사는 교훈과 훈계를 옆에 세워 어린아이의 성품이 올바르게 성장하도록 돕네. 오늘날 아주 경멸받아 마땅한 아버지들이 더러 있지. 무지 때문인지, 무경험 때문인지는 몰라도, 사전에 누가 선생이 될 만한지 알아보지도 않고 자기 아이를 경험도 없고 믿음이 가지 않는 사람에게 넘겨준다네. 이것이 그들이 잘 몰라서 한 일이라면, 그리 웃을 일은 아니네. 하지만 정말 말도 안 되는 경우는 지금부터네. 때로는 심지어 특정 교사들의 무경험과 비행까지 알고 있고 또 타인에게서 그러한 사실을 들어서 알고 있으면서도 아버지들은 그런 자들에게 자기들의 아이들을 맡기는데, 도대체 그 이유가 무엇일까? 어떤 이는 자기를 기쁘게 하는 아첨꾼의 말에 넘어가기 D
때문이지. 친구의 강요에 못 이겨 호의를 베푼다고 생각해서 그렇게 하는 이도 있다네. 그의 행동은 이런 사람과 다를 바가 없네. 즉, 병마에 시달리고 있는 사람이, 자기 생명을 구할 지식이 있는 사람인 줄 알면서도 그를 거절하고, 오히려 친구에 대한 호의로 경험이 없어 자기를 죽음으로 몰고 갈 사람을 택하는 사람, 또는 친구의 강요에 못 이겨 가장 유능한 선장을 해고하고 최악의 선장을 받아들이는 바로 그런 사람이네. 맙소사! 아버지 E
라는 사람이 자기 아이의 교육에 대해 생각하는 것보다 도와달라고 강요하는 사람을 만족시키는 일에 더 신경을 쓰다니! 옛날에 소크라테스가 가끔 아주 적절하게 말하지 않았던가! 가능하면 도시의 가장 높은 곳에 올라가 소리 높여 이렇게 외치라고.

> 인간들이여, 어디로 가는 겁니까? 돈을 버는 데만 온갖 신경을 다 쓰고,
> 정작 그걸 남겨줄 아들들은 별로 생각 안 하는 그대들이여.[20]

이 말에 덧붙이고 싶은 것은, 이런 아버지들은 자기의 구두만 생각하고 자기의 발에는 전혀 주의를 기울이지 않는 것과 거
F 의 같은 행동을 한 것이네. 그렇지만 많은 아버지가 아이들을 미워함은 물론 돈에 대한 애착심 때문에 큰 교육비 지급을 피하기 위해 임금을 지급할 가치가 전혀 없는 헐값인 무지한 사람을 찾아 자기 아이들에 대한 교사로 선정하지. 그런 이유로 아리스팁포스[21]는 이성과 감성 양쪽 다 결여된 아버지를 세련되고도 실로 아주 슬기롭게 꾸짖었네. 어떤 사람이 자기 아이를 가르치는 데 비용이 얼마나 들겠느냐고 물었을 때, 아리스팁포스는 대답했지.

> 천 드라크마가 드네.

5A 그러자 그 아버지가 외쳤네.

---

20 플라톤, 『클레이토폰』 *Cleitophon*, 407A.

21 Aristippos of Cyrene(circa 435~356 BC): 퀴레네 학파 철학의 창시자이다. 소크라테스의 제자였지만, 인생의 목적은 환경을 자신에 적응시키고 역경과 불운을 잘 통제함으로써 쾌락을 추구하는 데 있다고 가르쳤다.

맙소사! 얼마나 엄청난 값의 요구인가? 천 드라크마면 노예 한 명을 살 수 있겠네.

그러면 자네는 두 명의 노예를 소유하겠지. 자네 아들과 자네가 산 노예 말이네.

대체로 사람들은 아이들에게 오른손으로 음식을 먹도록 습관들이기 위해 아이가 왼손을 내밀면 그를 꾸짖으면서도, 아이들이 올바르고 적절한 가르침의 말을 듣게끔 사전의 배려를 하지 않는다면, 그것은 어리석은 일 아니겠는가!

자, 이제 나는 이 감탄할 만한 아버지들이 자기 아이들을 나
쁘게 키우고 서툴게 교육했을 때 무슨 일이 일어나는지 말해 보
겠네. 자기 아들들이 성인으로 등재되었는데, 건전하고 질서 있
는 생활을 마다하고 무모하고 비열한 쾌감에 빠져 교육이 아무
소용이 없게 되었을 때, 아버지들은 자기 아들들에 대한 교육
임무가 잘못되어 왔음을 후회하고 자신의 잘못에 대해 고뇌하
지. 왜냐하면 그들 중 더러는 아첨꾼과 기생충 같은 사람, 분명 B
치 않은 가문의 혐오스러운 사람, 부도덕하고 응석받이인 젊은
이들과 사귀고, 또 더러는 고급매춘부와 창녀들의 몸을 자유롭
게 사고 비싼 비용을 지출하는 것을 자랑스러워하는가 하면, 또
어떤 아들들은 식도락(食道樂)에 빠지고, 또 다른 아들들은 도박
과 환락에 빠져 파멸하고, 더러는 결국 간통이나 떠들썩한 술잔
치 같은 거친 악행에 전념하고 오직 쾌락만을 위해 언제든지 인
생을 헛되게 보내려고 하기 때문이지. 그러나 만약 이 아들들이 C
더 높은 교육을 받았다면, 그들은 이런 악습에 젖어들지 않았을

것이고, 적어도 다음과 같은 디오게네스[22]의 교훈을 얻게 되었을 것이네. 거칠지만 상당히 진정성 있는 충고의 말이지.

> 어느 매음굴에든 들어가 배우라,
> 그곳엔 돈이 들어가는 것과 돈이 들어가지 않는 것의
> 차이가 없다는 것을.[23]

덕을 쌓고 행복하게 되려면 부나 건강보다는 좋은 교육과 올바른 훈련을 시켜야 한다.

8 그런데 간단히 나는 [충고라기보다는 신탁(神託)이라 부르는 것이 적절한 것을] 말해 보겠네. 요약하면, 이 모든 것들의 시작, 중간, 그리고 끝은 좋은 교육과 올바른 훈련이라고 말이네. 거듭 말하지만 이것이야말로 덕을 쌓고 행복에 이르도록 안내하고 도움을 준다고 말일세. 이것과 비교해 볼 때, 다른 모든 이점은 인간적이고 사소한 것들이어서 우리의 지대
D 한 관심을 끌 만한 가치가 없지. 좋은 가문의 출생은 훌륭한 것이지만, 조상의 덕으로 돌려야 할 이점이네. 부(富)는 중요하게 여겨지지만, 행운의 소지품일 뿐이니, 왜냐하면 종종 행운은 부를 가진 사람에게서 빼앗아 예기치 않은 사람에게 선물로 주기 때문이네. 게다가 큰 부는 그 돈주머니에 화살을 겨누는 사람들—천한 노예나 약탈자들, 무엇보다 가장 비열하게 그것을 손에

---

22 견유 학파의 창시자.

23 아테나이오스, 『현자들의 저녁 식사』 *Deipnosophistai*, IV. 48(158F).

넣으려는 사람들에게까지 바로 그 과녁이 되지. 더군다나 명성은 대단하나 덧없고, 미는 높이 평가되나 단명하고, 건강은 값진 재산이긴 하나 언제 잃을지 모르지. 강한 체력은 많은 감탄을 자아내지만, 병과 노령에 쉽게 먹이가 되네. 대체로, 누군가 E
가 전적으로 자기 체력만을 자랑한다면, 유감스럽게도 잘못 판단하고 있다고 알려주게. 인간의 체력이란 생존하는 다른 동물의 힘보다 얼마나 미약한가! 예를 들면 코끼리, 황소, 사자들 말일세.

그러나 이 세상 모든 것 중에서 교육(*παιδεία*, paideia)만이 영구하고 신성한 것이지. 인간 본성의 두 가지 요소가 모든 것 위에 군림하는 최상의 것인데, 바로 심성(*νοῦς*)과 이성(*λόγος*)이지. 그러나 심성은 이성을 통제하네. 그래서 이성은 심성의 하인인 셈이지. 행운이 개입할 수도 없고, 중상모략에도 흔들림이 없으며, 병이 공격할 수도 없고, 노령에도 손상받지 않는 것이 바로 심성이라네. 심성만이 연륜이 더해져도 젊어지고, 시간은 그 밖에 모든 것을 빼앗아 가지만 노년에는 지혜를 더해 주기 때문이지. 다시 말해, 전쟁은 급류처럼 모든 것을 휩쓸고 가지만 교육만은 빼앗아 갈 수 없네. 데메트리오스[24]가, 도시국가 메가라의 사람들을 전부 노예로 만들고 그 도시 건물들을 불태우고 나서, 메가라의 철학자 스틸폰[25]에게 잃어버린 게 더 없느냐고 묻자 스틸폰은 대

24 Demetrios I(337~283 BC): 마케돈 왕(294~288 BC)이었다. 그는 외눈박이 왕 안티고노스의 아들로 폴리오르케테스(포위공격자)라고도 불렸다.

25 Stilpon(circa 360~280 BC): 메가라 학파의 헬라스 철학자이다. 그의 윤리관은 견유 학파와 스토아 학파의 것과 가까웠는데, 그의 유명한 제자가 스토아 학파의 창시자인 제논이었다.

답했지.

아니, 천만에. 전쟁은 아레테[즉, 덕]를 손상할 수 없는 법.

6A 소크라테스의 다음 답변이 스틸폰의 말과 완전히 조화를 이루며 일치되는 것처럼 보이는데, 누군가가(고르기아스[26]인 것 같지만) 위대한 왕[27]에 대한 그의 생각이 무엇이며 위대한 왕은 행복한 사람인지 물었을 때 그는 말했지.

나는 위대한 왕이 아레테(*ἀρετή*, 즉 덕)와 교육(*παιδεία*) 문제에 대해 어떤 입장을 취하고 있는지 모르겠네.[28]

그의 생각은 행복이란 이런 것들에 달려 있지, 우연한 이점들에 달려 있지 않다고 보는 것이지.

---

26 플루타르코스는 플라톤의 『고르기아스』 편을 연상한 것 같다.

27 Archelaos I: 페르디키아스의 아들로서 기원전 413년에서 399년까지 마케돈의 왕이었다. 그는 국가 행정, 군사, 상업의 개혁을 한 능력 있는 통치자였으며, 문화와 예술 옹호가로서 정평이 나 있었고, 특히 비극 시인 에우리피데스를 왕궁으로 초대한 것으로 잘 알려져 있다. 그러나 플라톤은 선인인 소크라테스와는 정반대로, 이 왕을 악인의 전형으로 대비하고 있다.

28 소크라테스가 폴루스의 질문에 대해 언급한 답변이다. 플라톤, 『고르기아스』 *Gorgias*, 470E. 키케로, 『투스쿨룸에서의 대화』 *Tusculanal Disputationes*, v. 12 참조.

{ 저질 연설가의 말을 듣지 말도록 아이들을 단속하고, 임기응변식의 즉흥연설은 성인이 될 때까지 자제하며, 연설은 교양미와 즐거움이 있도록 해야 한다. }

9 방금 내가 아이들 교육보다 사람들에게 당장 더 중요한 것은 아무것도 없다고 충고했듯이, 거듭 말하지만 그들은 썩지 않은 건
전한 교육에 매달려서 자기 아이들을 가능한 한 무의미한 공개
강연장에서 빠져나오도록 해야 하네. 대중을 즐겁게 하는 것은 B
현자들을 불쾌하게 만들기 때문인데, 에우리피데스는 내 말을
입증하듯이 이렇게 말한다네.

> 나는 군중을 설득시킬 재능은 없으니,
> 친구들과 함께할 때 더 현명해지고,
> 소수의 사람들과 함께할 때 더 지혜롭게 되지.
> 바로 이런 것, 현자들은 경시하니
> 군중 앞에서 말하는 것이 더 잘 어울리는 사람들[즉, 소피스트들]을.[29]

내가 관찰한 바로는, 일반대중의 호의를 얻으려는 방법으로
늘 연설하는 사람들은 일반적으로 자신들의 삶을 자제하지 못
할 뿐만 아니라 쾌락을 좋아하는 것으로 드러나네. 그들이 다른 C
사람에게 쾌락을 제공한 때 그들은 명예로운 것을 무시하면서
종처럼 쾌락과 사치스런 취미를 만족시키는 것 위에 올바르고
건전한 것을 두려고 하지 않고 유쾌한 것 대신 절제하는 과정을

29 『힙폴뤼토스』 *Hippolytos*, 986.

좀처럼 추구하지 않기 때문이네. 더욱이, 왜 아이들이 [이런 연설의 방법을 배워야만 하는가?][30]

> 좋은 일은 하기가 어렵다.[31]

라는 격언에 따라, 되는 대로 말하거나 행동하지 않는 것은 좋은 일이기 때문이네.

즉석에서 하는 연설은 재빠르고 솜씨 있는 것으로 평가받지만, 시작을 어떻게 하고 어디서 끝을 내야 하는지 모르는 사람의 자질도 드러나게 하지. 그러나 다른 모든 잘못은 일단 제쳐놓더라도, 순간적인 충동으로 연설하는 사람들은 한계를 무시하고 다변으로 되는 지겨움에 빠지게 되네. 이에 반해서 심사숙
D 고하면 연설이 지나치게 길어지는 것을 막을 수 있지. 페리클레스[32]는 아테나이 시민의 부름을 많이 받았지만,

> 그 이야기는 전해 내려와 우리가 들어 알고 있는 것인데,[33]

---

30 필사본의 누락된 부분인데, 아마 이런 의미가 담겼으리라.

31 플라톤, 『크라튈로스』 *Cratylos*, 257E 참고.

32 Pericles(circa 495~429 BC): 페르시아 전쟁과 펠로폰네소스 전쟁 기간 사이 아테나이의 황금 시대의 출중하고 영향력이 있던 정치가, 웅변가, 장군이었다. 특히 기원전 461~429년 사이에는 스트라테고스(장군) 회의 의장으로서 아테나이의 정치를 주도했는데, 이때 유명한 파르테논 신전이 건립되었다.

33 Demosthenes, 『연설문』 *Orations*, 23(아리스토크라테스를 공격하는), 66, p. 641.

준비가 안 됐다[34]고 하면서 자주 그들의 호출에 응하지 않았네. 페리클레스의 정책의 열렬한 추종자였던 데모스테네스[35] 역시 이 같은 방법을 썼지. 아테나이인들이 그에게 자문을 요구했을 때 만류하며,

> 난 아직 준비가 안 됐네.

라고 말했네. 이것은 아마 진짜가 아니고 전해 내려오는 가상의 얘기겠지. 그러나 메이디아스[36]를 공격하는 연설에서 그는 분명히 숙고의 유익함을 보여주고 있네. 아무튼 그는 말하기를,

> 아테나이 시민들이여, 나는 이 문제에 대해 많은 생각을 했습니다. 그리고 최선의 능력을 다해 연설을 준비했음을 부인하지 않겠습니다. 그가 과거에도 그랬고 현재에도 나를 공격한 것 때문에 여러분에게 그것에 대해 내가 말하려 하는 것에 유의하지 않았다면, 나는 비참하고 비열한 사람이 될 것이기 때문입니다.

---

34 플루타르코스, 『페리클레스의 생애』 *Life of Pericles*, vii 참조.

35 Demosthenes(384~322 BC): 유명한 헬라스의 정치가이며 고대 아테나이의 제일의 연설가로, 특히 마케돈의 필립포스 대왕을 공격한 연설가로서 유명하다.

36 Meidias(기원전 4세기에 활동): 아테나이의 상당한 재산가이며 세력가로서 데모스테네스의 숙적이었다. 그는 두 차례에 걸쳐 데모스테네스를 공격했는데, 처음 기원전 361년에는 그의 집을 빼앗고, 그다음 기원전 354년에는 대 디오뉘소스 제전의 축제에서 그에게 폭력을 휘둘렀다. 이에 맞서 데모스테네스는 기원전 353년에 『메이디아스를 공격함』이라는 고소장을 쓰게 되었다. Demosthenes, 『연설문』, 21(메이디아스를 공격하는), 191, p. 576.

E 라고 했지. 그러나 나로서는, 임기응변식의 즉석연설은 완전히 버려야 한다거나 또는 적당한 경우에 하지 말라고 역설하는 것이 아니라 약처럼 조심해서 써야 한다는 것이네. 정말 성년기에 이를 때까지 즉석에서 연설하는 것이 조금도 옳지 않다고 생각하는 것은 아니네. 그의 능력이 확고하게 확립되었을 때 기회가 오면, 그때에는 연설을 어느 정도 자유롭게 실습하기에 적합

F 하다는 것이네. 왜냐하면 오랫동안 족쇄에 채워져 있던 사람들이 방면된 후에도 오래도록 계속 묶여 있던 습관 때문에 자유롭게 걸을 수 없고 또 걷는 것에 자신이 없는 것처럼, 오랫동안 연설을 거의 억제했던 사람들도 이와 같네. 그래서 즉흥 연설을 할 필요가 있을 때도 그들은 전과 똑같은 표현 방식을 고수하지. 그러나 여전히 젊은이들이 즉흥 연설을 하도록 내버려 두는

7A 것은 가장 두서없는 나쁜 이야기를 초래하게 되네. 사람들이 한 가련한 화가의 이야기를 하는데, 그 화가는 아펠레스[37]에게 그림 하나를 보여주면서 말했지.

> 이 그림을 순식간에 그렸소.

그러자 아펠레스가 한 대답은,

> 당신이 그렇게 말하지 않아도 그 그림이 급하게 그려진 것을 아네.
> 나는 다만 당신이 비슷한 그림을 더 그리지 않은 것에 놀랄 뿐.

---

37 Apelles of Kos(기원전 4세기에 활약): 고대 헬라스의 유명한 화가. 알렉산드로스 대왕의 초상화를 그렸다.

이었네.

(원래의 주제로 돌아가서) 내가 충고하는데, 누구나 과장되고 신
파조의 어투를 피하도록 항상 주의해야 하듯이, 다른 한편으로
는 평범하고 저속한 어투도 피하도록 주의해야 하네. 과장된 말 B
씨는 공직 생활을 하는 사람에게 부적절하고, 메마른 어투는 너
무 인상적이지 못하네. 그러나 신체가 건강해야 할 뿐만 아니라
힘이 세야 하듯이, 연설 또한 허물이 없어야 할 뿐만 아니라 활
기가 있어야 하지. 왜냐하면 신중을 기해야 하지만 대담성도 물
론 지녀야 하기 때문이네. 공교롭게 정신적 성향에 관해서도 나
는 같은 의견인데, 사람은 오만불손해서도 안 되지만 소심하고
기가 죽어서도 안 되네. 전자는 건방짐으로, 후자는 비굴함으로
귀결되기 때문이네. 항상 모든 일에는 중용을 추구하는 것이 예
술적이고 멋이 있는 법이지.

나는 아직도 교육에 관한 내 의견을 피력하고 있는 중이지
만, 말하고 싶은 것이 몇 가지 더 있네. 첫째, 나는 일련의 짧은
문장들로 구성된 담론의 연설은 세련됨이 부족한 큰 증거로 보
고, 둘째, 실제로 이런 연설은 곧 흥미를 잃게 하고 모든 경우
참을 수 없게 한다고 생각하는데, 단조로움이 모든 일에서 지루 C
하고 혐오감을 일으키기 때문이네. 그러나 만사에 다양함은 유
쾌한 것이지. 예를 들면, 눈이나 귀를 즐겁게 해 주는 여흥(餘興)
에서처럼 말이네.

철학은 모든 교육의 머리이자 간판이다. 가능한 한 철학과 정치력을 결합해 혼합시킬 수 있는 사람들을 완벽한 사람들로 간주해야 한다.

10 이제, 자유인 태생의 아이는 청취와 관찰을 통해, 소위 교양 교육의 각 분야 지식 또한 섭렵해야 하네. 하지만 이것들은 부수적으로 취미 삼아 약간씩 맛본다는 생각으로 배워야 한다네(만사에 완벽은 있을 수 없으니까). 그러나 무엇보다도 철학을 제일 중요시해야 하네. 비유로 내 의
D 견을 분명하게 말해 볼 수 있는데, 예를 들어 많은 도시를 여행하고 둘러보는 것도 좋지만 가장 좋은 도시를 골라 거주하는 것이 유익하네. 여기, 철학자 비온[38]의 재치 있는 말도 있지. 구혼자들이 페넬로페[39]에게 접근할 수 없으니까 그녀의 시녀들과 사귀었듯이, 철학에 접근할 수 없는 사람들 역시 아무 가치도 없는 다른 부류의 교육을 받는 데 정력을 소모한다고 말일세. 그러므로 철학을, 말하자면 모든 교육의 머리이자 간판으로 삼을 필요가 있네.

신체를 돌보는 문제에 관한 한, 사람들은 의학과 체육학의 두 가지 학문을 찾아냈네. 의학은 몸에 건강을 심어 주고, 체육학은 몸에 튼튼함을 심어 주지. 그러나 마음의 병에는 철학만이
E 치료 약이네. 그 까닭은 철학을 통하고 철학과 함께해야 명예로운 것과 수치스러운 것, 정의로운 것과 부정한 것, 간단히 말해

---

38 Bion of Borysthenes(circa 325~250 BC): 헬라스 철학자이다. 노예로 팔렸다가 해방되어 아테나이에 온 그는 거의 모든 학파의 철학을 연구했다. 그렇지만 사람들의 우둔함을 풍자하고 종교를 공격하며 철학을 예찬하여 견유 학파적인 비방으로 유명했다.

39 오뒷세우스의 부인.

선택해야 할 것과 피해야 할 것에 관한 지식에 도달할 수 있기 때문이네. 그리고 인간이 신, 부모, 웃어른, 법, 낯선 사람, 관청 당국자, 친구, 부인, 아이, 하인들과 어떻게 관계를 맺어야 하는지에 관한 지식에도 도달할 수 있네. 다시 말하면, 누구나 신들을 경배해야 하고, 부모에게 효도하며, 웃어른들을 존경하고, 법에 복종하며, 관리들에게 순종하고, 친구들을 사랑하며, 부인들을 공손하게 대하고, 아이들에게는 애정을 품으며, 노예들에게 위압적으로 행동하지 않는 것들에 대한 지식이지. 그러나 이 모든 것 중 가장 중요한 것은, 성공할 때 지나치게 기뻐하지 말고 불행할 때 지나치게 상심하지 말며, 더욱이 쾌락으로 방탕하지 말고, 성질을 부려 충동적이고 야비한 언행을 해서는 안 된다는 것이네.

이것들을 나는 철학에서 생기는 모든 이점 중에서 으뜸가는 F
것으로 간주하네. 번영할 때 관대한 마음을 품는 것이 그 사람의 됨됨이를 보여주고, 게다가 시샘을 품지 않는 것이 수양을 쌓은 본성을 보여주는 것이지. 이성으로 쾌락을 억제하는 것이 지혜로운 사람의 징표인데, 모든 사람이 다 자기 정욕을 억누르지는 못하지. 그러나 나는 가능한 한 철학과 정치적 능력을 결합해 혼합시킬 수 있는 사람들을 완벽한 사람들로 간주하네. 그리고 나는 최대(最大)의 선(善)인 다음 두 가지, 즉 공적인 지위에 있을 때 세상에 유익함을 주는 삶, 그리고 철학을 추구하는 가운데 조용하고 아무 번민도 하지 않고 사는 삶, 이 두 가지를 소유할 때 이것들이 확고해진다는 생각으로 기울고 있네.

삶에는 세 가지 형태가 있지. 첫째는 실천적 삶, 둘째는 명상적인 삶, 셋째는 향락적 삶이지. 방탕하며 쾌락에 빠진 향락적

삶은 동물적이고 비천하지만, 실천이 없는 명상적 삶은 유익하
8A 지 않네. 그런데 철학과는 아무 관련이 없는 실천적 삶은 세련미나 멋이 없지. 그러니까 누구나 가급적이면 공직 생활에도 참여하고 기회가 주어지는 한 철학을 잡아 두도록 노력해야 하네. 이런 것이 공인으로서의 페리클레스[40]의 삶, 타렌툼의 아르퀴타스[41]의 삶, 쉬라쿠사이의 디온[42]의 삶, 테바이의 에파메이논다스[43]의 삶이었네. 이들 중 두 사람은 플라톤과 가까운 사이였네만.

B 교육에 대해서는 더 시간을 들여 말할 필요가 없다고 나는 생각하네. 하지만 앞엣것에 추가해서 한마디만 하자면, 이전 작가들의 저술들을 입수하는 데 무관심할 것이 아니라 농업용의 한 벌 농기구처럼 이들 저술을 수집하는 일이 유익하고 아니 오

---

40 앞의 주 32 참조.

41 Archytas of Tarentum(428~347 BC): 고대 헬라스 철학자, 수학자, 천문학자, 정치가이며 전략가이다. 특히 퓌타고라스 학파의 과학자로, 플라톤의 좋은 친구로 정평이 나 있었다. 그는 플라톤이 생각했던 이상 국가에서의 철학자 왕의 모델이다.

42 Dion(408~354 BC): 시켈리아의 쉬라쿠사이(Syrakousai) 참주인 디오뉘시오스 1세의 의형제로서, 일찍이 플라톤의 정치철학에 매료되어 그의 제자가 되었다. 참주 1세를 도와 정치를 하다가 디오뉘시오스 2세 참주 때에는 그에게 간청하여 플라톤 선생을 쉬라쿠사이에 초청하여 한때 철학 정치를 실현하기도 했다. 여러 우여곡절 끝에 참주 2세를 제거하고 자신이 쉬라쿠사이 참주가 되어 통치하기도 하지만 암살당했다. 플라톤, 『크라튈로스』, 257E 참조.

43 Epameinondas(circa 418~362 BC): 테바이의 장군이며 정치가로, 기원전 371년 레욱트라 전투에서 스파르테 군대를 대패시켜 약 10년간 테바이를 헬라스 정치의 주역으로 탈바꿈시켰지만, 얼마 가지 않아 그의 사후 27년 만에 마케돈의 알렉산드로스 대왕에게 주도권을 빼앗기고 만다.

히려 필요하다네. 교육의 필요 도구는 책이고, 우리는 책에 나와 있는 지식의 원천을 찾아 공부할 수 있게 되었기 때문이지.

{ 신체 운동은 군사 훈련과 직결되기 때문에 등한시하지 말아야 하지만, 잠과 피로는 공부의 적이기에 신체 운동량은 제한되어야 한다. }

11 신체 운동을 등한시하는 것 또한 적절치 않은데, 우리는 아이들을 훈련사에게 보내, 신체를 우아하게 하기 위해서뿐만 아니라 체력을 키우기 위해 부지런히 이 방면의 교육을 충분히 받도록 해야 하네. 아이 때 튼튼한 몸이 정정한 노년의 초석이기 때문이지. 화창한 날씨에도 폭풍우에 대비해야 하듯이, 누구나 젊었을 때 노후를 대비해 신체 단련과 자제력을 쌓아 두어야 하네. 그러나 신체의 운동량은 제한을 두어 아이들의 진을 빼 공부하는 데 너무 피곤하지 않도록 해야 하는데, 플라톤의 말에 따르면 잠과 피로는 공부의 적이기 때문이지.[44] 그런데 내가 왜 여기서 이 주제를 꺼낼까? 그 이유는, 이것이 나머지 모든 것보다 더 중요하다고 말하고 싶기 때문이네. 소년들이 창을 던지고 활을 쏘며 사냥하는 연습을 하는 것은 실전을 방불케 하는 전쟁놀이에 대비하려는 것이네. 전투에서,

C

D

패배자들의 물건은 승전자들에게 상으로 제공되는 전리품이기

44 플라톤, 『국가』, 537B.

때문이지.[45]

전쟁은 실내 생활에 젖은 체격 조건으로는 할 수 없네. 군사 훈련으로 단련되어 날씬하게 다져진 병사가 살찐 운동선수들의 무리를 뚫고 돌진한다네.

E 그런데 혹시 이렇게 말하는 사람이 있을지도 모르지.

> 이게 뭐야? 그대는, 자유인 태생의 아이들 교육에 관한 지침서를 주기로
> 약속했었건만, 지금은 분명히 평민의 가난한 아이들 교육을 무시하고,
> 오직 부자들만을 위해 교육 지침서를 내리는 꼴이 아닌가?

이에 답하기는 어렵지 않네. 내가 가장 바라는 것은 나의 교육 계획이 일반적으로 유용했으면 하는 것이네만, 그러나 만약 누군가가 개인 사정이 빈곤해 나의 지침서를 사용할 수 없다면, 그런 사람들은 자기 운을 탓할 것이지 이 조언을 하는 사람을 탓하지 말아야 할 것이네. 가난한 사람들도 물론 자기 아이들에게 최상의 교육을 제공해야 하고 또 할 수도 있지. 하지만 그것이 불가
F 능하면, 분수에 맞게 교육을 해야 하네. 내가 본 논의에 지엽적인 이 문제를 추가한 것은 젊은이들의 올바른 교육을 위한 다른 주제들을 제 순서대로 연관지어 살펴보고자 한 때문이네.

45 크세노폰, 『퀴로스의 교육』, ii. 3. 2.

> 아이들은 구타나 가혹 행위로써가 아니라 칭찬과 꾸중을 번갈아 하며 교육해야 한다.

12 나 역시, 아이들은 격려와 논리로 훌륭한 교육을 받도록 해야지, 분명히 구타나 가혹한 행위로 교육을 시켜서는 안 된다고 주장하는데, 이런 거친 행동들은 자유인 태생 아이들보다는 노예들에게 더 적합하다는 데 확실히 의견이 일치하기 때문이지. 그래서 노예들은 일부는 구타의 고통으로, 일부는 처지가 더 악화될까 봐 자신들의 일에 무감각해지고 벌벌 떨게 되네. 칭찬과 책망은 자유인 태생 아이들에게 어떤 나쁜 벌보다도 더 도움이 되지. 왜냐하면 칭찬은 9A
그들에게 명예로운 것을 행하도록 자극하고, 책망은 수치스러운 일을 못하도록 막기 때문이네.

그러나 꾸지람과 칭찬은 번갈아 가며 하되 여러 가지 방법으로 해야 하네. 아이들에게 꾸지람을 주어 아주 확실하게 수치스러운 것을 알게 하고, 그런 다음에는 칭찬으로 그들의 사기를 북돋아 주는데, 그때를 잘 선택하는 것이 좋네. 이런 경우 유모들을 모방하는 것이 좋은데, 유모들은 아기들을 울게 한 다음 젖을 먹여 편안하게 해 주지. 더욱이 아이들을 칭찬할 때 흥분시키거나 들뜨게 해서는 안 되는데, 아이들은 지나친 칭찬을 받으면 우쭐해지고 버릇이 나빠지기 때문이네.

> 아버지의 의무는 아들에게 숙제 다음엔 휴식을 취하게 하고, 시종과 교사를 감독하며, 아들의 기억력 증진을 위해 노력하는 것이다.

13 젊었을 때에 나는 아이들에 대한 과잉 애정이 아무런 애정도 베 B

풀지 못한 결과를 낳은 아버지들을 보았네. 내 논의를 더 명백
하게 하기 위해 예를 들어 보겠는데, 내가 말하고자 하는 의도
가 무엇인지 알겠는가? 바로 이것이네. 자기 아이들이 모든 일
에서 일등이 되기를 바라는 간절한 마음에서 아버지들은 아이
자신이 도저히 수행할 수 없는 부당한 과제들을 부여하네. 그
래서 아이들을 슬프게 하지. 게다가 또 아이들은 불운한 경험
들 때문에 낙담하여 자기들이 받은 지시에 대꾸조차 하지 않는
C 다네. 식물들도 적당히 물을 주어야 자라는데 계속해 물을 너무
많이 받으면 물속에 잠기는 것과 꼭 같은 이유로, 아이들의 마
음도 적절히 과제를 부여해야 성장하지 과도한 과제를 주면 거
기에 치여 가라앉게 되고 마네. 아이들에게는 계속해서 과제를
풀다가도 좀 숨을 쉴 틈을 주어야 하네.

우리의 삶 전체가 휴식과 일하는 시간으로 구분되어 있다는
점을 명심해야지. 이런 이유로 해서 깨어 있는 시간이 있으면 잠
자는 시간도 있고, 전쟁이 있으면 평화도 있으며, 폭풍만 있는
게 아니라 맑은 날씨도 있고, 왕성한 활동의 시간만 있는 게 아
니라 휴일도 생긴 것이라네. 요컨대, 휴식이 일할 의욕을 북돋아
준다네. 우리는 이 말이 생물계뿐 아니라 무생물계에서도 맞는
다는 사실을 관찰할 수 있는데, 활이나 현금의 줄을 다시 조이기
위해서 우리는 줄을 늦추어 주지. 일반적으로 말해, 육체도 배고
픔과 채움으로 유지되고, 마음은 휴식과 일로 유지된다네.

D 자기 아들들을 시중드는 사람과 교사들에게 맡긴 다음 그들
이 어떻게 가르치는지 자신의 눈으로 직접 보거나 자신의 귀로
직접 들어 확인하지 않는 아버지들은 질책받아 마땅하네. 사실
이 점에서 그들 대부분이 의무를 다하지 못하고 있네. 아버지들

은 이삼일마다 한 번씩 자기 아이들을 테스트해야지, 피고용인의 처분에 맡겨서는 안 되네. 심지어 피고용인들까지도 수시로 임금 결산을 해야 하는 것을 안다면 아이들에게 더 열중하게 되니까 말일세. 이와 관련해, 지켜보는 왕의 눈[46]만큼 말을 살찌게 하는 것은 없다고 말한 말 조련사의 언급에는 정곡을 찌르는 위트가 들어 있네.

무엇보다도 특히 어린 아이들의 기억력을 증진시키기 위해 E
훈련과 연습을 하도록 해야 하는데, 말하자면 이것이 학습의 창고인 셈이기 때문이지. 그것이 신화작가들이 무사(μοῦσα, 복수는 μοῦσαι, moũsai, 영어로는 뮤즈, muse, muses) 여신들의 어머니인 기억의 여신 므네모쉬네[47]를 만든 이유이고, 그로써 이 세상에서 창조와 양육을 위해서는 기억만한 것이 없다고 비유로써 암시했지. 아이들이 천부적으로 좋은 기억력을 갖고 태어났든 정반대로 건망증이든 어느 경우든지 기억력 증진 훈련을 받아야 하는 이유는, 자연이 준 풍부한 재능은 발휘하고 자연이 준 부족분

46 Xenophon of Athens(circa 430~354 BC): 헬라스의 역사가, 군인, 용병, 그리고 소크라테스와 동시대인으로서 그를 찬미한 자이다. 그는 여러 역사책과 소크라테스의 어록 등을 남겼다. 크세노폰, 『경제론』 *Oeconomicus*, 12. 20.

47 Mnemosyne: 헬라스 신화에 나오는 기억의 여신이다. 이 티탄의 여신은 가이아와 우라노스의 딸로 제우스 신과의 사이에서 9명의 무사 딸, 즉 Calliope(서사시), Clio(역사), Erato(애정시), Euterpe(음악), Melpomene(비극), Polyhymnia(찬가), Terpsichore(춤), Thalia(희극), Urania(천문)를 낳는다. 또한 므네모쉬네는 하데스 신의 지하의 세계에서 므네모쉬네 강을 주관하고 있는데, 사람들이 사후에 레테 강의 물을 마시면 과거를 망각하지만, 므네모쉬네 강의 물을 마시면 과거를 기억하게 되었다고 한다.

은 채워야 하기 때문이네. 그래서 일등급 아이들은 다른 아이들보다 뛰어나게 되고, 이등급 아이들은 전의 자신들보다 더 낫게 될 것이네. 헤시오도스[48]는 놀랍게도 이렇게 표현하고 있네.

F 비록 작은 것일지라도 조금씩 자꾸 쌓아 놓으면,
전체는 곧 커지리니.[49]

더욱이 부모들은 기억력을 필요로 하는 저 각 분야의 지침들이 교육뿐만 아니라 생활의 실제 행동에도 적지 않은 기여를 하고 있다는 사실을 망각해서는 안 될 것이네. 과거 활동에 대한 기억은 미래를 위해 충고의 좋은 본보기로서 기여할 것이기 때문이네.[50]

"말은 행동의 그림자."
행동 규칙은, 단순한 생활을 하라, 말하기를 조심하라, 분을 삭여라, 양손을 잘 써라 등임을 명심시키자.

14 더욱이 누구의 아들이든 간에 저급

---

48 Hesiodos: 기원전 750~650년에 활약했던 헬라스의 구술(口述) 시인. 헤로도토스는 헤시오도스와 호메로스를 동시대의 쌍벽을 이루는 시인으로 간주했지만, 아리스타르코스가 호메로스가 시대적으로 앞선다고 주장한 이래 그의 견해가 일반적으로 받아들여지고 있다. 『일과 날』 *Erga kai hemerai*, 『신들의 계보』 *Theogonia* 등 그의 저술은 신화, 농사 기술, 초기 경제사상, 천문학 등의 주요 사료로 이용되고 있다.

49 『일과 날』, 361. 우리 속담으로는 '티끌 모아 태산'.

50 이것은 플루타르코스가 역사의 중요성을 강조하고 있는 언급인데, 불운하게도 그의 역사에 관한 에세이 「역사를 어떻게 구별해 낼 수 있을까?」는 소실되어 전해 오지 않고 있다.

한 비속어를 쓰지 않도록 해야 하는데, 데모크리토스[51]에 따르면,

> 말은 행동의 그림자.[52]

이기 때문이네. 그러고 나서 또한 적절한 조치를 확실하게 취해 10A
그들이 연설할 때 재치 있고 예의 바르게 하도록 해야 하네. 재치 없는 사람들은 으레 환영받지 못하기 마련이라네. 게다가 아이들이 토론할 때 자기주장을 펼치는 데 너무 고집을 피우면 주위 친구들에게 따돌림당하는 것을 피할 수 없네. 승리를 획득하는 방법뿐만 아니라, 승리가 해로운 경우에는 패배에 승복하는 방법까지도 이해하는 것이 좋은 일이지. '카드모스의 승리'[53] 같은 것도 정말 있는데, 이것의 증인으로서 나는 현자인 에우리피데스의 말을 인용하겠네.

---

51 Democritos(circa 460~370 BC): 고대 헬라스 철학자이다. 그는 영향력 있는 소크라테스 이전의 철학자로서 레우키포스의 제자였는데, 우주는 원자로 구성되었다는 원자론의 창시자로서 '근대 과학의 아버지'라고도 불린다.

52 H. Diels, *Fragmente der Vorsokratiker*, ii, p. 87(『소크라테스 이전 철학자들의 단편 선집』, 이정호 외 옮김, 아카넷, 2005, p. 638).

53 카드모스의 승리: 테바이를 건설하기 위해서는 큰 우물이 필요했는데, 이를 괴물인 뱀이 지키고 있었다. 부하들을 보내 뱀을 처치하려고 했지만, 오히려 다 희생되고 말아 결국 카드모스 자신이 직접 뱀을 살해하고 우물을 확보하여 도시를 건설하게 되었는데, 이렇듯 큰 손실을 치르고 승리를 한 것을 카드모스의 승리라 했다. 여기서는 오이디푸스의 두 아들 에테오클레스와 폴뤼네이케스와 카드모스의 후손들이 테바이를 차지하기 위해 서로 죽였기 때문에 승자도 패자도 다 같이 고통을 당했다는 뜻이다.

B 토론에서 두 화자 중 한 사람이 점점 화를 크게 낼 때,
유연하게 행동하는 사람이 더 지혜로운 법.[54]

우리는 이제 이미 언급한 것 못지않게 젊은이들이 더 지켜야 할 몇 가지 행동 규칙들을 정해야겠네. 단순한 생활을 하라, 말하기를 조심하라, 분을 삭여라, 양손을 잘 써라 이런 것들이지. 우리는 이 규칙 하나하나의 중요성을 고려해야 하는데, 예를 들어 설명하면 이해가 더 잘 될 것이네.

먼저, 마지막의 양손을 잘 써라라는 것부터 시작해 보지. 어떤 사람들은 부당한 이익에 손을 대 자기들의 생애에서 일찍 얻
C 은 좋은 명성을 망쳐 놓기도 하네. 스파르테인인 귈립포스[55]의 경우가 그러한데, 그는 돈 가방들을 몰래 풀어 보았다는 이유로 추방을 당했지.

그 밖에, 냉정한 침착성은 분명 지혜로운 사람의 증표라네. 소크라테스는 언젠가, 오만불손한 한 젊은 녀석이 자기에게 발길질했을 때, 구경꾼들이 격분해 그 녀석을 혼내 주려고 격렬하게 움직이는 것을 보고 이렇게만 말했지.

---

54 『프로테실로스』 *Protesilos*에 나오는 대사. Johann August Nauck, 『헬라스 비극 단편 선집, 에우리피데스 편』 *Tragicorum Graecorum Fragmenta Euripides*, 1856, 최종 편집 1889[이하 나우크, 『헬라스 비극 단편 선집』으로 표기], No. 654, p. 565.

55 Gylippos: 기원전 5세기의 스파르테 장군이다. 기원전 414년에 그는 뤼산드로스에게서 위임된 스파르테의 에포로이들에게 보내라는 은화들을 횡령했다. 이것이 발각되자 그는 스파르테를 떠나, 추방의 길에 올랐다. 후에 그는 궐석 재판에서 사형선고를 받았다. 플루타르코스는 *Life of Lysander*, 16(p. 442)에서 본 이야기를 상세하게 설명하고 있다.

> 만일 당나귀가 나에게 발길질했다면, 그대들은 그 보복으로 당나
> 귀에게 발길질하는 것이 적절하다고 생각하오?

그렇지만 그 녀석은 죗값을 치르지는 않았으나, 주위 사람들이 모두 야유 조로 '발차기꾼'이라는 별명으로 부르자 목매달아 자살했네.

아리스토파네스[56]가 희극 『구름』[57]을 내놓고 가능한 모든 수단을 다 동원해 소크라테스에게 온갖 종류의 독설을 퍼붓자, 현장에 있었던 사람 중 하나가 소크라테스에게 말했네.

> 소크라테스여, 당신은 그가 무대 위에서 했던 것처럼 당신에게 D
> 하면
> 분개하지 않습니까?

그러자 그는 대답했네,

> 아니요, 정말로, 그들이 극장에서 나에게 조롱을 퍼부을 때
> 나는 마치 좋은 친구들의 큰 연회에 있는 것처럼 느끼지요.

타렌툼의 아르퀴타스[58]와 플라톤이 했던 것도 이와 아주 유

---

56 Aristophanes(circa 446~386 BC): 고대 아테나이의 희극 작가. 희극의 아버지로 불리는 그의 작품 40개 중의 11개가 남아 있다.

57 원명은 *Νεφέλαι Nephelai*: 소크라테스를 소피스트로 희화화하고 있는 작품으로 유명하다.

58 앞의 주 41 참조.

사한 것임을 알 수 있지. 아르퀴타스는 (그가 장군이었던) 전쟁에서 귀향해 그의 토지가 황폐해진 것을 발견하고, 토지 감독관을 소환해서 말했지.

> 나는 너무 크게 화내지 않네만, 자네는 이것을 미안하게 생각해야 하네.

플라톤은 탐식가이고 뻔뻔스러운 노예 때문에 화가 나자 자기 누이동생의 아들 스페우십포스[59]를 부르고, 그가 물러날 때 말했네.

> 이 녀석을 때려 줘라. 내가 너무 화났으니까.

그러나 이런 행동들은 모방하기가 어렵고 힘들다고 말할 수
E 도 있지. 나 자신이 그 점을 아네. 그러나 이런 사람들의 행동을 가능한 한 기준으로 삼아 우리의 난폭하고도 격렬한 성질을 죽이도록 노력을 해야 하네. 왜냐하면 우리는 경험이나 아량 등 다른 면에서 역시 그들과 비교가 안 되기 때문이네. 그래도 우리가 그들 못지않게 거룩한 신의 사제와 지혜의 횃불을 높이 든 사람이라는 기분이 들려면, 힘이 닿는 한 우리 자신을 위해 이

---

59 Speusippos(circa 408~339/8 BC): 고대 헬라스 철학자로 플라톤의 조카. 그는 플라톤이 세 번째 쉬라쿠사이 여행을 했을 때 그와 동행했고, 디온과 협력하여 디오뉘시오스 2세 참주를 축출했다는 이야기도 전해진다. 플라톤 사후 8년간 아카데미아 학당의 교장으로 있다가 중병으로 자리를 크세노크라테스에게 물려주었다고 한다.

런 행동을 모방하고 또 약간이라도 그런 맛을 맛보도록 시도해야 하네.

다음으로 내가 제기하고서 아직 논의하지 않은 주제, 혀의 통제에 대해 논하겠네. 만약 누군가가 이것이 사소하고 중요하지 않은 의제라는 생각을 하고 있다면, 그는 정말 진리와 동떨어져 있는 사람일세. 왜냐하면 적시의 침묵은 지혜로운 일이고, F
어떤 언설보다도 더 낫기 때문이지. 이것이 바로 왜 옛날 사람들이 비의(秘儀)의 입회 의식들에서 침묵을 지키는 습관을 들임으로써 신의 비밀에서 알게 되었던 저 두려움을 안전한 인간의 비밀 금고로 옮기기 위해, 입회 의식들을 신비에 싸이게 했는지, 그 이유를 나는 알 것 같네. 다시 말해, 침묵을 지키면 아무도 딱한 처지에 놓이지 않기 때문이지. 그러나 수백 명이 떠들어대 보게. 그들 모두가 후회하게 된다네. 재차 말하는 것이지만, 못한 말은 나중에 쉽게 말할 수 있으나, 뱉은 말은 쉽게 주워 담을 수가 없다네. 입을 가벼이 놀려 큰 불행을 당했던 수많 11A
은 사람을 나는 들어 알고 있는데, 한두 가지 대표적으로 언급하고 나머지는 생략하겠네. 프톨레마이오스 필아델포스[60]가 자기 누이인 아르시노에[61]와 결혼할 때, 소타데스[62]가 말했네.

---

60 Ptolemaios II Philadelphos(309~246 BC): '여동생을 사랑한 자'(*Φιλάδελφος* Philadelphos)는 별명이다. 기원전 283년에서 246년까지 아이귑토스의 파라오였다.

61 Arsinoe: Ptolemaios II Philadelphos의 여동생이자 아내.

62 Sotades of Maroneia: 기원전 3세기 말투가 험한 욕설로 유명한 헬라스 시인. 파라오가 독이 든 가시가 박힌 금기된 과일을 먹었노라고 읊었다고도 하는데, 결국 그는 감옥에서 탈출하는 데는 성공했지만 섬에서 잡혀 납으로 된 상자에 갇혀 바다에 던져져 죽었다는 설도 있다. 아테나

폐하, 저 암말을 타고 박차를 가하려 하는 것은 잘못이나이다.

그래서 그는 수년간 감옥에 갇혔었지. 그렇게 시기에 맞지 않는 말을 해 그는 당연한 벌을 받았던 것이고, 그래서 다른 사람들을 웃기고 그는 오랫동안 슬픔에 빠졌던 거지. 이와 쌍벽을 이루는 이야기가 하나 더 있는데, 한층 더 가공할 만한 것이네.
B 소피스트인 테오크리토스[63]가 말하고 고통을 당한 이야기네. 알렉산드로스가 헬레네스들에게 명하여 그가 전쟁에서 귀향하자마자 이방인과 한 전쟁에서의 승리를 위한 감사제를 올릴 수 있도록 진홍색 예복을 준비하고, 모든 도시국가는 인두세를 현금으로 지급하도록 했네. 그때 테오크리토스가 말했지.

이전에는 의혹을 품곤 했는데, 이제야 확실히 알겠군.
이게 바로 호메로스의 '진홍색 죽음'인 것을.[64]

C 그래서 그는 알렉산드로스의 적이 되었네. 또 테오크리토스는 마케돈의 왕인 안티고노스[65]가 외눈박이라고 그의 불구의 몸

이오스, 『현자들의 저녁 식사』, xiv. 13(p. 620F) 참조.

63 Theocritus of Chios: 기원전 4세기 후반기의 소피스트, 연설가, 역사가. 그의 비극적 죽음에 대해서는 "Theocritus the Sophist, Antigonus the One-Eyed, and the Limits of Clemency," *Hermes*, Vol. 118, No. 3, 1990을 참조 바람.

64 호메로스, 『일리아스』 5권 83행 등.

65 Antigonos I Monophthalmus(382~301 BC): 마케돈의 귀족, 장군으로 외눈박이라는 별명이 있었다. 알렉산드로스 대왕 사후 기원전 306년에 왕이 되면서 안티고노스 왕조를 열게 된다.

을 흉보아 왕으로부터 극도의 분노를 사게 되었지. 안티고노스 왕은 군대의 장교였던 그의 조리장 에우트로피온을 테오크리토스에게 보내 자기에게 직접 와서 토의하자고 제의했네. 에우트로피온이 테오크리토스에게 이 전갈을 전하고, 같은 목적으로 여러 차례 방문하자, 그는 불구인 왕의 모습을 흉보고 지금은 일개 조리사가 된 그를 비꼬았네.

> 당신이 외눈박이 왕에게 나를 산 채로 먹이로 바치려고 하는 걸 잘 알고 있소.

그러자 에우트로피온은,

> 그러면 당신의 머리가 붙어 있질 않을 것이오.
> 이런 무모한 말을 하다니!
> 당신의 미친 언행에 대해 벌을 받을 것이오.

그는 즉시 왕에게 보고하고 왕은 사람을 보내 테오크리토스를 죽였지.

이 모든 것 외에도 특히 우리는, 아이들에게 진리를 말하게 하는 것이 가장 신성한 의무임을 알아야 하네. 왜냐하면 거짓말은 노예들에게나 어울리는 것이기 때문이네. 거짓말은 모든 사람이 당연히 증오하는 것이고, 심지어 점잖은 노예들에게도 거짓말은 용서받지를 못한다네.

D 소년의 동성 사랑은 아테나이와 스파르테에서처럼 동성 간 영혼의 교감을 본보기로 삼게 해야 한다.

15 지금까지 나는 젊은이들의 예의 바른 행위와 겸손한 행동에 관해서 논의할 때 어떤 의아함이나 망설임 없이 말했네. 그러나 지금 소개하는 주제에 관해서는 두 의견과 두 마음을 품고 있네. 나는 지금 마치 천칭(天秤) 위에서 어느 한쪽으로도 기울어질 수 없는 이러지도 저러지도 못하는 그런 상태라네. 주제를 소개해야 할지 말아야 할지 커다란 거부감이 나를 사로잡고 있지만, 그래도 나는 용기를 내 얘
E 기를 해야겠네. 그것이 도대체 무엇인가? 그것은 소년들을 동성애자들과 함께 사귀고 함께 시간을 보내도록 허용해야 하는지, 또는 정반대로 사귀지 못하도록 젊은이들에게서 멀리 떼어 놓아야 하는지의 문제이네. 왜냐하면 동성애자 집단을 자기 아들들에 대한 참을 수 없는 신체상의 성접촉 무리라 생각하는, 태도가 엄격하고 완강하고 타협할 줄 모르는 저 아버지들을 고려할 때, 내가 이 모임의 후원자이자 옹호자 입장에 대해서 말한다면 문제가 있다고 생각하기 때문이네. 그러나 소크라테스, 플라톤, 크세노폰[66], 아이스키네스[67], 케베스[68], 그리고 남자들 사

66 앞의 주 46 참조.

67 Aeschines of Sphettus(circa 425~350 BC): 아테나이의 철학자이다. 소크라테스의 절친한 친구이며 제자로, 역사가들은 그를 유명한 동명이인의 연설가와 구별하여 '소크라테스의 아이스키네스'(Aeschines Socraticus)라고 부르기도 한다.

68 Cebes of Thebes(circa 430~350 BC): 소크라테스의 제자이다. 플라톤의 작품 『파이돈』에 진지하게 덕과 진리를 추구하는 대화자의 한 사람으로 등장하기도 한다. 크세노폰은 그가 소크라테스의 영적 서클의 멤버

이의 애정을 인정하고 젊은이들을 학식과 지도력, 덕행을 향해
매진하도록 지도한 모든 남성 집단에 대해 생각할 때,[69] 나는 다 F
시 다른 마음을 갖게 되고 그들의 모범을 따르고 싶네. 에우리
피데스는 그들에게 호감을 갖고 증언할 때 이렇게 말하고 있지.

> 남자 사이에 또 다른 사랑이 있으니
> 청렴하고 순결하고 고귀한 혼의 사랑이.[70]

뿐만 아니라 우리는 진담 반 농담 반이 섞여 있는 플라톤의 언급을 빼놓을 수가 없는데, 그는 품위 있게 처신한 사람들은 자기들이 좋아하는 그 어떤 누구와도 입맞춤할 권리가 있다고 했기 때문이지.[71] 이제 우리는 정말 단순한 외관상의 미모만을

였다고 이야기하고 있다.

69 플루타르코스는 그 대표적인 사례로서 소크라테스와 알키비아데스의 사제지간의 사랑을 떠올린 것 같다. 플라톤의 대화 『향연』 *Symposion*, 215a~222c에는 다음과 같은 내용이 담겨 있다.

> 알키비아데스는 18세 연상의 스승인 소크라테스의 지혜, 덕성, 전쟁터에서의 용감성 등을 극찬하고 나서, 자기가 얼마나 스승을 사랑했는지와 수차례 스승과 통정을 하려고 시도하다가 실패한 사실을 실토한다. "나는 그날 밤 소크라테스와 하룻밤을 지냈지만, 아버지나 큰 형님과 자던 때와 다른 일이 조금도 일어나지 않았습니다." 이에 대한 스승인 소크라테스의 답변은 성적 쾌락보다 더 크고 민감하고 광적인 쾌락은 없지만, 진정한 사제지간의 사랑이라면 이를 승화시켜 이러한 쾌락에 결코 관여해서는 안 된다는 것이었다.

결국, 플라톤이 만든 아카데미아 학당은 이러한 사제지간의 승화된 사랑을 제도화한 것이라 할 수 있다.

70 『테세우스』 *Theseus*에 나오는 대사. 나우크, 『헬라스 비극 단편 선집, 에우리피데스 편』, No. 388, p. 479 참조.

71 『국가』, 468B. 그것도 무공의 상을 받는 데 더 열성이도록 하기 위해서

원하는 사람들은 몰아내야 하지만, 영혼을 사랑하는 사람들은
12A 무조건 받아들여야 하네. 크레테(*Κρήτη*)에서의 이른바 유괴는 물론, 테바이와 엘리스에서 유행하는 따위의 사랑은 피해야 하지만, 아테나이와 라케다이몬[즉, 스파르테]에서 행하는 사랑은 본보기로 삼아야 하네.[72]

이다.

72 플루타르코스의 소년의 동성 사랑에 관한 견해는 전적으로 소크라테스, 그리고 플라톤과 같은 입장이다. 우리나라에서 현재 플라톤의 대화편 『향연』의 이 대목은 오역투성이의 엉터리 번역서가 여러 종이 나와 있는데, 원전에 입각한 가장 정확한 것으로는 최근에 나온 강철웅(정암학당 플라톤 전집, 이제이북스, 2010)의 것을 들 수 있는바, 특히 이 번역서의 182a~182b의 역문과 역주가 실려 있는 pp. 76~78, pp. 185~186을 참조하기 바란다. 본 옮긴이로서 사족을 덧붙이자면, 소년의 사랑을 주로 혼의 교감으로 인식하고 있는 아테나이와 스파르테에서, 스파르테를 떼어내 그것을 육체적 통정으로 알고 있는 엘리스, 테바이, 크레테의 범주에 집어넣은 근대학자 빈켈만(J. J. Winckelmann)과 뷰어리(J. B. Bury)의 학설과 이에 근거한 터무니없는 오역은 이제 이 플루타르코스의 명문에 의거 제대로 정정되어야 할 것이다. 플라톤의 여러 언급과 플루타르코스의 논지에 따라 본 옮긴이는 『향연』의 이 대목을 이렇게 번역해 보았다.

> 실은 어리디어린 소년들을 사랑하지 못하게 하는 법이 또한 있어야 하네…… [182a]
> 게다가 다른 국가들에서는 동성 간의 사랑에 관한 법이 단순하게 규정되어 있어서 파악하기가 쉽네. 하지만 지금 여기[즉, 아테나이]에서, 그리고 라케다이몬[즉, 스파르테]에서는 다양하네 *ὁ δ' ἐνθάδε καὶ ἐν Λακεδαίμονι ποικίλος*[182b]. 엘리스와 보이오티아[즉, 대표적인 곳으로 테바이], 그리고 사람들이 말솜씨가 없는 곳[크레테임이 확실함]에서는 동성 애인을 만족시키는 것은 아름다운 일이라고 단순하게 법이 정해져 있으며, 노소를 가리지 않고 아무도 그게 추한 일이라고 말하지 않을 것이네. 그들이 말하는 데 무능하기 때문에 굳이 젊은이들을 말로 설득하려고 노력하는 번거로움을 겪지 않으려고 그러는 것이라 생각하네. 하지만 사람들이 이방인들의 지배하에 살고 있는, 이오니아의 여러 곳과 다른 많은 곳에서는 그것이 추한 일로 받아들여져 왔네.

아버지들은 성년기의 아들들이 악의 무리에 끼지 않도록 해야 한다.

16 이 문제에 대해선 각자 자기 소신에 따라 의견을 개진할 수 있지만 어린이들의 질서 있고 단정한 행동에 대해서 이야기한 이상, 나는 미성년기를 마감하는 아이들에 대해서 몇 마디 하고 다음으로 넘어가겠네. 나는 나쁜 습관의 도입에 책임 있는 사람들을 옳지 않다고 자주 언급해 왔네. 왜냐하면 그들이 돌보는 사람과 교사들에게 자기 아이들을 맡긴 것이 사실이지만, 그럼에도 불구하고 그들은 젊음의 충동이 고삐 풀린 말처럼 무제한으로 발산하게 내버려 두었기 때문
이지. 자기 아들들이 어린아이들일 때보다 청년이었을 때에, 오 B

이러한 번역은 중기 플라톤주의자인 플루타르코스와 윤리 사상 면에서 거의 같다고 생각되는, 역시 플라톤 추종자인 신아카데미아 학파의 키케로의 소년애에 대한 견해와도 궤를 같이하는 것으로 보아 매우 적절하다는 것이 본 옮긴이의 관견(管見)이다. 키케로는 『국가론』 4, 3~4에서 크레테인, 엘리스인, 테바이인들은 소년들에 대한 사랑을 절제하지 못하고 방종에 흐르고 있지만, 라케다이몬인들, 즉 스파르테인들은 그렇지 않다는 점을 강조하고 있는 것이다. 즉, 그들은 청소년의 사랑에 있어서 모든 것을 허용했지만, 단 한 가지 부적절한 육체적 통정(stuprum)만은 허락하지 않았다는 것이다. 구체적으로 말하자면 그들은 포옹(conplexus)을 하고 동침(concubitus)을 해도 '꽤나 얇은 벽'(tenuis sane murus)이라 할 수 있는, 외투를 사이에 두고서는 허락했는데, 이 말은 옷을 벗지 않은/입은 채 껴안고 같은 잠자리에 드는 것은 허락했다고 새길 수 있는 것이다. 로마의 소년의 사랑 역시 마찬가지로 혼의 교감이었다. 키케로는 『국가론』 4, 4에서 소년이 나체가 되는 것은 수치심의 극치라고 언급하는가 하면, 『의무론』 1.129(옮긴이의 『키케로의 의무론』, p. 97)에서는 "사실 우리 로마 관습에도 다 큰 아들은 아버지와 목욕을 같이하지 않으며, 사위와 장인은 함께 때를 밀지 않는다."고 썼기 때문이다.

히려 더 큰 주의를 기울이고 경계해야 하는데도 말이네. 아이들
의 잘못이 자신들을 돌봐주는 사람들에 대해 조심하지 않거나
교사들을 속이고 그들의 진심을 받아들이지 않는 것과 같은 사
소하고도 또 모두 고칠 수 있는 것들은 누군들 알아차리지 못하
겠는가? 성년(成年) 초기의 부정한 행위들은 흔히 소름 끼치는
사악한 것들이지. 끝없는 폭음, 부모의 돈 훔치기, 도박, 주연,
술 마시기 내기, 어린 소녀들과의 연애 사건, 유부녀들과의 퇴
C 폐 행위들이네. 그러므로 젊은이들의 충동은 조심스레 감독하여
계속 구속하고 삼가게 해야 하네. 혈기왕성할 때는 쾌락으로 낭
비하고 반항적이므로 억제할 필요가 있는데, 이 시절에 고삐를
단단히 잡지 않는 부모들은 분명히 그들의 어리석음으로 아들들
이 비행을 저지르도록 내버려 두는 셈이지. 현명한 아버지들은,
그러므로, 특별히 이 기간 동안 주의 깊게 지키고 방심하지 말아
야 하는데, 교훈으로, 위협으로, 간청으로, 쾌락 때문에 불행에
빠진 남자들의 예라든지, 확고부동함을 통해서 스스로 인정받
고 좋은 평판을 얻은 남자들의 예를 듦으로써 젊은이들이 도리
를 깨우치게 해야 하네. 상을 받으려는 희망과 벌 받는 데에 대
D 한 두려움, 이 두 가지는 말하자면 아레테, 즉 탁월함이 되기 위
한 요소인데, 전자는 남자들에게 명예로운 일을 더 추구하게 하
는 반면, 후자는 천한 행동을 싫어하게 만들기 때문이지.

> 아버지는 아들이 아첨꾼을 멀리하도록 해야 한다.

17 젊은이들이 천한 남자와 사귀지 못하도록 떼어 놓는 것을 일반 규칙으로 삼아야 하는데, 그들이 나쁜 상태에 물들지 않게 하기 위함이네. 퓌타고라스[73] 역시 내가 지금 인용해서 설명하려는 비유의 형태로 이 의무를 명한 바 있지. 왜냐하면 그 비유들은 덕을 획득하는 데 적지 않은 영향을 주는 데 기여하기 때문이네. 예를 보면,

검은 꼬리들이 달린 생선[74]을 맛보지 마라. E

이 말은

언제 해할지 모르니까 속이 컴컴한 녀석들과는 상대하지 마라.

는 뜻.

저울대를 밟고 넘지 마라.

누구나 정의에 최대로 배려를 하고 그것을 범해서는 안 된다

---

73 아테나이오스, 『현자들의 저녁 식사』, x. 77(452D). Iamblichus, *Protrept*, xxi (pp. 131~160). Diogenes Laërtius, *Lives of the Eminent Philosophers/Pythagoras*, 17~18. 플루타르코스, *Life of Numa*, xiv(69C) 참조.

74 특정의 생선 이름.

는 말.

　　뒷박 위에 앉지 마라.

게으름을 피우지 말고 식량을 미리 준비해 두어야 한다는 말.

　　모든 사람에게 손을 내밀지는 말게.

다시 말하면,

　　친구를 쉽게 사귀지 마라.

　　꼭 끼는 반지를 끼지 마라.

이 의미는 구속당하지 않는 생활을 하고 어느 속박에도 매여서는 안 된다는 뜻.

　　쇠 젓갈로 불구덩이를 쑤시지 마라.[75]

다시 말하면,

---

75 『모랄리아』 281A 및 354E, 그리고 *Life of Numa*, xiv(69C) 참조. 여기서 플루타르코스는 쇠 젓갈이라는 말 대신에 '검으로'라는 말로 표기하고 있다.

화난 사람을 건드리지 마라.

정말, 그렇게 하는 것은 잘못이니, 우리는 화가 나 있는 사람에게는 고분고분해야 하네.

네 마음을 상하게 하지 마라.

이 말은,

너무 걱정을 많이 하여 네 영혼에 상처 내지 마라.

는 뜻이네. F

콩에서 손을 떼라.

이 말은,

정치에서 손을 떼라.

라는 의미인데, 옛날엔 정무관들을 공직에서 몰아내는 투표를 할 때 콩을 사용했기 때문이네.[76]

---

76 일종의 소환(ἀποχειροτονία)이다. 아리스토텔레스, 『아테나이인들의 국제(國制)』 *Constitution of Athens*, lxi 참조.

음식을 구정물 통에 넣지 마라.

훌륭한 내용의 연설을 천한 사람에게 하는 것이 부적절하다는 말로, 연설은 사상(思想)의 음식인데 천한 사람은 그것을 더럽히기 때문이지.

경계선에 다다랐으면 돌아서지 마라.

사람들이 임종에 다다라 자기 생애의 마지막 경계선을 볼 때, 사람들은 평온한 마음으로 이 모든 것을 견뎌내고 심약하게 굴어서는 안 된다는 뜻이네.

나는 본 장의 시작에서 제시한 주제로 되돌아가려 하네. 거기서 이미 언급했듯이, 젊은이들은 온갖 종류의 천한 사람에게서 멀리 떼어 놓아야 하는데, 무엇보다도 특히 아첨꾼들을 멀리
13A 해야 하네. 많은 아버지에게 몇 번이고 말한 것을 여기서 다시 반복하겠네. 아첨꾼보다 더 해로운 부류의 사람들은 없네. 뿐만 아니라 이들보다 더 젊은이들을 확실하고도 빨리 더러운 구렁텅이로 굴러떨어지게 하는 자도 없다네. 그들은 아버지들과 아들들을 철저하게 파멸시켜 노년기의 아버지들과 청년기의 아들들을 슬픔으로 몰아넣고서, 쾌락에 매달리게끔 뿌리칠 수 없는 미끼로 자신들의 충고를 받아들이게 하지. 재산 상속을 받을 아들들에게 아버지들은 절주를 권하고, 아첨꾼들은 과음을 권하네. 아버지들은 자제를, 아첨꾼은 방탕을 권하고, 아버지들은 절약을, 아첨꾼들은 낭비를 권한다네. 아버지들은 근면을 권하는데, 아첨꾼들은 이렇게 게으름 피울 것을 권하지.

인생이란 그저 한순간에 지나지 않네.
우리는 살아야 하네. 인생은 생존만이 아니라네.[77]
왜 우리가 자네 아버지의 협박에 떨어야 하는가?
그는 이미 한 발은 무덤에 담그고 있고 머지않아 우리가 그의 관을 어깨에 메고 운구할, 실없는 말을 하는 노인네에 불과한데 말이네.

또 다른 아첨꾼들은 젊은이에게 창녀를 소개하고 유부녀의
몸을 그에게 팔게 해 아버지가 노년을 위해 준비한 재산을 탕진
시키지. 혐오의 대상은 다음과 같네. 이들 족속, 말에서 진실의 C
구석을 전혀 찾아볼 수 없는 친구인 체하는 녀석들, 부자에게는 아첨하면서 빈자를 멸시하는 자들, 젊은이에게는 본능을 드러내 말하며, 그들의 후견인이 웃을 때 이빨을 드러내 싱긋 웃고, 원기가 있는 척 위장하는, 인생에서 사생아 패거리들, 부자의 손짓과 고갯짓에 따라 생존하는 자들, 운명의 장난으로 자유인으로 태어나긴 했지만 스스로 노예의 길을 선택한 자들이네. 그들은 모욕을 받지 않았을 때도 언제나 모욕을 받았다고 생각하는데, 그들이 지닌 목적을 달성하지 못했기 때문이지. 그래서 만약 어느 아버지가 자기 아이들의 훌륭한 양육에 관심이 있다면, 그는 이런 혐오스러운 인간들을 몰아내야 하고, 더욱이 부패하고 타락한 학교 친구들을 몰아내야 하네. 이들 역시 가장

77 어떤 희극에서 개작된 것이 분명하다. T. Kock, *Comicorum Atticorum Fragmenta*, 3 vols. 1880~1889, Leipzig[이하 코크, 『아티카 희극 단편 선집』으로 표기]. 여기서는 작자 미상 편, iii. No. 1392, p. 643 참조.

될성부른 사람들의 본성을 타락시킬 수 있기 때문이지.

{ 아버지는 때로 아들의 어느 정도의 허물은 눈감아 주어야 한다. }

18 자, 이 모든 규칙은 명예와 선한 이익과 관련이 있지만, 이제부터 다룰 내용은 인간 본성에 관
D 한 것이네. 아버지들에 대해 다시 거론해 보겠는데, 나는 아버
지들이 성질나는 대로 너무 가혹하고 엄격해야 한다고 생각하
지 않네. 그래서 그들은 많은 경우 젊은 사람들의 허물은 어느
정도 눈감아 주어야 하고, 자기들도 한때 젊었을 때가 있었음을
상기해야 하네. 의사들이 쓴 약을 단 것과 적당히 섞어 환자들
에게 먹이듯이, 아버지들도 갑작스럽게 꾸짖을 때는 부드러움
을 섞어야 하고, 어떤 때는 자기 아이들의 소망을 들어 주어 조
인 고삐를 약간 느슨하게 하고, 또 어떤 때는 다시 고삐를 조여
E 야 하지. 가장 바람직한 것은 비행(非行)을 침착하게 참고 넘기
는 것이지만 그것이 불가능하면, 때론 화난다 하더라도, 재빨리
냉정해져야 하네. 아버지들이 언짢은 기색을 보이는 것보다는
재빨리 부드러운 얼굴로 대하는 것이 더 좋기 때문일세. 냉담한
비타협 정신은 자기 아이들을 향한 증오심을 적잖이 품고 있다
는 증거이지. 단점을 알아도 모르는 체하는 게 좋네. 아이들이
하는 일을 노인의 침침한 눈으로 보고 둔해진 귀로 들으면 좋고
때로는 봐도 못 본 척하고, 들어도 못 들은 척해야 하지. 친구들
의 허물은 참고 견디면서, 왜 우리 아이들의 허물을 덮어 주는
것에 놀라는가? 노예들이 가끔 아침에 두통으로 고생하는 것을

보지만, 우리는 그들이 술 마신 방탕한 행위를 고백하도록 강요하지 않네.

> 그대는 한때 구두쇠였으나 지금은 잘 베풀지.
> 그대는 한때 화를 잘 냈으나 지금은 잘 용서하지.
> 그가 한때 노예의 도움을 받아 그대를 속였으나
> 그대는 분노를 참으라.
> 그가 한때 들에서 가축의 멍에를 치우고,
> 지난밤 술 냄새를 풍기며 집으로 돌아왔으나
> 모른 척하라.
> 그가 향수 냄새[78]를 풍겨도
> 그대는 한마디도 하지 마라. F

이런 식으로 젊은이는 차츰 일상의 일에 길드네.

결혼은 젊은이에게 가장 안전한 굴레이나, 분수에 맞게 시켜야 한다.

19 자신의 욕망을 억누를 수 없고 충고에 귀가 먹은 아이들은 결혼시키도록 노력해야 하네. 결혼은 젊은이에게 가장 안전한 굴레이기 때문이지. 그러나 출생 가문이나 재산에서 자기 아들보다 크게 높지 않은 여인과 결혼시켜야 하네.

---

78 그 젊은이가 남녀가 뒤섞인 무리의 주연(酒宴)에 다녀왔다는 증거이다.

14A 자기 자리를 지켜라.[79]

라는 격언은 지혜로운데, 자신들보다 지체가 높은 여인에게 장가들면 자신도 모르게 부인의 남편이 되는 게 아니라 부인이 가져온 결혼 지참금의 노예가 되기 때문이네.

아버지의 삶은 거울에 비추듯 아이들의 모범이 되도록 해야 하며, 특히 어머니의 자식 교육은 에우뤼디케의 본을 따라야 한다.

20 조금 더 부언하고 내 제언을 마치려 하네. 아버지들은 무엇보다도 비행을 저지르지 말고 떳떳한 행동을 함으로써 스스로 아이들에게 확실한 모범이 되어야 하네. 그래서 아이들이 아버지의 삶을 거울삼아 들여다봄으로써 수치스런 언행을 하지 못하도록 해야 하네. 잘못을 저지른 아들들을 꾸짖는 것과 같은 잘못에 연루된 아버지들은 자기도 모르게 아들 이름으로 자신을 나무라는 셈이 되기 때문이네.
B 그들이 영위하는 삶이 전적으로 나쁘다면, 자기 아들들은 차치하고라도 심지어 자기 노예들에게까지도 훈계할 수 없지. 게다가 그들은 비행을 저지른 아들들에게 상담역과 훈육자도 되어야 하네. 왜냐하면 어디든지 노인들이 예의를 차리지 않는 곳에

79 Diogenes Laërtius, *Lives of the Eminent Philosophers/Pittacos*, I, 80-1 참조. 여기에는 부와 출생이 비슷한 신부와 결혼할 것인가 아니면 더 나은 신부와 결혼할 것인가 하는 문제가 제기되었을 때, 팽이를 칠 때는 '네 자신의 공간을 확보하라'는 소년의 말을 듣고 모든 것이 비슷한 처지의 신부와 결혼하게 된다는 말이 나온다.

서는, 젊은이들 역시 분명히 아주 수치심 없이[80] 행동하기 때문이네.

그러므로 우리는 우리 아이들의 훈육을 위해 모든 적절한 방책을 쓰도록 노력해야 하네. 그럴 경우 에우뤼디케[81]의 모범을 따르는 것이 좋은데, 에우뤼디케는 일뤼리아 여인으로 철저한 이방인이기는 하지만 인생 뒤늦게 아이들의 교육을 위해 공부를 시작했지. 그녀가 무사 여신들에게 바친 비문은 그녀의 아이들 사랑을 충분히 증언하고 있네.

> 히에라폴리스의 에우뤼디케는 C
> 무사 여신들에게 이 비문을 헌납하노니
> 젊고 건강한 아들들의 어머니였던 그녀,
> 영혼이 배움의 열망으로 차올랐을 때
> 부지런함으로 배움에 이르렀으니,
> 우리의 모든 교훈을,
> 묻힌 여기 비문에 새겨 넣네.

---

80 플라톤, 『법률』, 729C. 또한 플루타르코스, 『모랄리아』, 71B, 144F, 272C에서도 언급됨.

81 Eurydice: 기원전 407년경에 태어난 이방인인 일뤼리아 공주이다. 마케돈의 아뮌타스 3세와 결혼하여 4명의 자녀를 두게 된다. 세 아들은 후에 다 왕이 되는데, 알렉산드로스 2세, 페르디카스 3세, 필립포스 2세이다. 딸은 에우리노에이다. 그러므로 왕비는 필립포스 2세의 아들인 알렉산드로스 대왕의 친할머니인 셈이다. 그런 연고로 왕비는 마케돈 정치 무대에서 중요한 역할을 하게 된다. 그런데 왕비는 당시의 풍습에 따라 구술 문화에는 익숙했지만, 뒤늦게 아이들의 교육을 위해 글을 깨쳐 학문에 열중했다고 전해진다.

내가 제시한 모든 제안을 독자들이 실천에 옮기는 것은 아마도 기원이거나 훈계일 뿐이겠지. 대부분의 제안을 열심히 따르는 것조차도 좋은 운과 매우 주의 깊은 배려가 요구되지만, 이것은 인간의 능력 범위 안에서 성취할 수 있네.

젊은이는 시가를 어떻게 들어야 하는가

Πῶς δεῖ τὸν νέον ποιημάτων ἀκούειν

이 에세이는 플루타르코스가 맏아들 소클라로스와 동년배인 클레안드로스의 아버지이며 친구인 마르쿠스 세다투스에게 보낸 서간문 형식으로 되어 있다. 저작 연대는, 보통 80년대 중반이나 늦어도 80년대 말로 잡고 있다. 이 에세이의 제목은 *Πῶς δεῖ τὸν νέον ποιημάτων ἀκούειν*, Pos dei ton neon poiematon akouein(라틴어로는 *Quomodo adolscens poetas audire debeat*)으로서 「젊은이는 시가를 어떻게 들어야 하는가」이다. '시를 듣는다'는 말은 예컨대 호메로스 같은 시인들이 무대 위에서 『일리아스』나 『오뒷세이아』의 서사시의 시구(詩句)를 육보격(六步格)의 운율(韻律)로 암송하면, 그것을 무대 앞 청중이 듣는다는 그런 뜻이다. 희극이나 비극 같은 드라마도 무대 위에서 상연되는 것을 관중이 듣는다 하여, 서양 고대인들은 비극도 시라고 생각했고, 따라서 비극 작가를 비극 시인이라 불렀다. 그렇기 때문에 이 에세이에는 주로 호메로스, 헤시오도스, 아르킬로코스, 핀다로스, 시모니데스, 테오그니스, 아이스퀼로스, 소포클레스, 에우리피데스, 아리스토파네스와 메난드로스 등의 글에서 따온 풍부한 인용구들이 소개되면서 해설된다. 특히 비극 또는 희극 시인들의 단편으로 전해 오는 문구들은 매우 유익하고 흥미롭기조차 하다.

플라톤은 『국가』에서 호메로스의 서사시들이 유익한 점이 있음도 강조한 것은 사실이지만, 그의 이상 국가에서는 시의 예찬론자인 소피스트 고르기아스에 반발하고 또 시가 특히 젊은이들의 교육에 유해하다고 하여 시인들을 아예 추방했다. 극단론의 이 두 사람의 중간노선을 취하면서도 플라톤에 가깝게, 시가 역사보다 우월하다며 철학과 같은 대열에 올려놓았던 사람은 바로 아리스토텔레스이다. 그러나 플루타르코스의 이 에세이는 아리스토텔레스처럼 시의 본질이나 시의 종류를 논하는 본격적인 글은 아니다. 이 에세이는 구체적으로 에피소드들을 많이 들면서, 젊은이들이 장차 덕 쌓기의 철학 공부를 하기 위한 예비 단계로서 시 공부를 어떻게 제대로 해야 하는지에 역점을 두고 있다.

시는 선인은 물론 악인까지도 함께 다양한 사람들이 등장하며 그들의 생활을 본뜨는 모방예술이다. 그래서 플루타르코스는, 시인들은 거짓말들을 하여 속이고 음란 외설과 복수극 같은 나쁜 이미지들을 제시하기도 한다면서, 플라톤의 『국가론』과 호메로스의 서사시에서 그 사례를 들고 있다. 그렇다고 그가 시들을 전적으로 비난만 하는 것은 아니다. 시는 그것을 어떻게 해석하느냐에 따라 유익하기도 하며 유해하기도 하다는 것이다. 그러므로 시 구절 독해에 머무르지 말고, 시의 거짓되고 우화적·허구적 요소가 가미되어 있음을 알아내 이를 무시해야 하며, 항상 개선된 시의 의미 해석을 선택하도록 하여, 기술적으로 쓰인 비도덕적인 시 구절의 예술적 표현 때문에 사악한 감정을 품도록 하는 속임수에 빠지지 않도록 해야 한다는 것이다. 더 나아가 이러한 나쁜 시구들은 동일 작가나 다른 작가의 다른 시 구절로 상쇄될 수도 있으며, 마지막 수단으로는 보다 상위 윤리 기준에 맞도록 불쾌한 구절을 개선하도록 노력해야 한다고 강조한다. 이렇게 시 공부를 하다 보면 젊은이들은 덕으로 안내되는데, 이것이 철학 교육의 필수 요건이라는 것이다. 한마디로 최선의 시는 변장된 철학에 지나지 않기 때문이라고 그는 강조한다.

시간이 허위와 시샘에서 진리를 구제하다.
프랑스와 레므완(François Lemoyne, 1688~1737)의 자살 직전 그림.

서론: 젊은이들은 허구인 시가를 더 좋아한다. 그러나 시가 속에는 감각적인 쾌락에 빠져 타락할 위험 요소가 있다고 하여 그들의 시가 읽기를 금지해선 안 된다. 시가는 젊은이들을 철학으로 이끌기 때문에 비록 시가가 선악을 동시에 품고 있다 하더라도, 이를 배워 진실한 생각과 허위의 생각을 식별하는 판단력을 키우도록 건전한 충고를 해야 한다.

1 친애하는 마르쿠스 세다투스여, 필록세노스[1]라는 시인은 이렇게 얘기하곤 했네. 고기가 없는 데선 고기가, 생선이 없는 데선 생선이 제일 맛있다고 말일세. 그런데 카토[2]는 입맛이란 마음으로 느끼기보다는 미각으로 느끼는 것이라고 말했다고 하니, 만약 시인의 말이 맞다면, 우리 이 문제를 카토가 말한 미식가들에게 맡기는 것이 어떨까? 철학 이야기들도 마찬가지여서, 비록 젊은이들이 열성적이고 순종적인 청중으로서 강의들을 들으러 왔다 할지라도, 의외로 분명히 전혀 철학적이지 않거나 심지어 전혀 진지한 것 같아 보이지도 않는 이야기들에서 그들은 더 즐거움을 찾게 된다네. 아이소포스[3]의 『우화들』, 시인들의 『꾸민 이야기들』 14E

1 Philoxenos of Cythera(435~380 BC): 주신(酒神) 디오뉘소스를 찬미하는 시인인데, 『향연』의 잔존 단편 가운데에는 시켈리아인들의 사치스런 식탁을 묘사한 것이 있다.

2 Marcus Porcius Cato(234 BC, Tusculum~149 BC): 로마의 정치가. 그의 증손자인 소(小) 카토와 구별하여 켄소르 카토, 현자 카토, 대(大) 카토로 불린다. 그는 '카르타고는 반드시 멸망시켜야 한다'라는 연설로 유명하며 『기원론』, 『농업서』 등의 저서를 남겼다.

3 Aisopos(circa 620~564 BC): 전승에 의하면 그는 몹시 추한 노예 태생이거나 흑인인 에티오피아 출신이었다고 한다. 하지만 매우 총명했기 때문에 자유를 얻어 왕들과 도시 국가들의 조언자가 되었고, 특히 그의 동물들을 통해 사람들의 성격을 잘 나타내고 있는 우화들은 오늘날까지도 많

뿐만 아니라 심지어 헤라클레이데스[4]의 『아바리스』, 아리스톤[5]의 『뤼콘』을 음미하거나, 또 영혼에 관한 철학적 이론들이 신화의 이야기들과 결부[6]될 때에 거기서 젊은이들은 즐거움은 물론
F 영감도 얻는다네. 그러므로 우리는 젊은이들이 먹고 마시는 즐거움을 누릴 때 예절을 지키게 해야 할 뿐만 아니라, 젊은이들이 강의를 듣고 책을 읽는 것과 결부해서도, 풍미로서 즐거움을 주는 것을 절제 있게 사용함으로써 젊은이들로 하여금 그 속에서 유익하고 건전한 것이 들어 있는지 찾아보는 습관을 기르도록 해야 하네. 꽉 닫힌 성문들도 만일 그 중 한 성문을 통해 적

이 읽히고 있다.

4 Heracleides of Pontus(circa 390~310 BC): 플라톤 아카데미아 학당에서 수학한 헬라스 철학자이자 천문학자였다. 기원전 361/0년에 플라톤이 시켈리아로 떠날 때 그에게 학당을 맡겼고, 기원전 339/8년에는 잠시 학당의 교장도 지냈었다. 그는 철학을 위시하여 자연과학, 수학, 음악, 문법, 역사와 시에 관해 저술했는데, 특히 지구가 축 위에서 동에서 서로 24시간마다 한 차례씩 돈다고 주장했다고 하며, 가끔 태양중심설의 발설자로 찬양받기도 한다. 그런데 휘페르보레아 출신의 아바리스는 전설적인 아폴론 신의 사제, 의사, 현인이라는 인물로서, 헤로도토스에 의하면 그는 여행할 때 아폴론 신을 상징하는 활을 들고 아무것도 먹지 않으면서 여행했다고 한다. 헤라클레이데스는 그의 작품 『아바리스』에서 그가 화살 위에서 날았다고 쓴 것으로 전해진다.

5 Ariston of Ceos(circa 225 BC에 활동): 소요 학파 철학자이고, 『뤼콘』은 그가 스승의 은혜에 보답하여 쓴 책이다.

6 플루타르코스는 아마 플라톤의 『고르기아스』, 523 이하에 나오는 '최후의 심판'을 생각하는 것 같다. 즉, 크로노스는 인간이 죽기 전에 옷 입은 채 재판을 하여 착하고 정직한 자들은 축복의 섬으로, 신을 숭배하지 않고 부정직한 자들은 복수와 징벌의 감옥으로 보내도록 했는데, 제우스는 이를 고쳐 죽을 때 모든 편견과 선입관을 없애기 위해 나신의 인간을 나신의 재판관이 심판하도록 했다는 이야기가 나온다.

이 들어오면 그 도시는 함락을 면치 못하게 되는 것과 마찬가지로, 젊은이가 자기도 모르는 사이에 강의에서 들은 것에서 헤어나오지 못하면, 자제력만으로는 다른 감각적인 쾌락에서 젊은이를 구할 수가 없네. 반대로, 이 쾌락이라는 것은 원래 사고(思 15A
考)를 좋아하는 이성적인 사람이 더 빠지기 쉽지. 그런 사람일수록 그 정도가 더 심하니만큼, 쾌락을 그냥 내버려 두면 거기에 빠진 사람이 상하고 타락한다네.

그런데 내 아들 소클라로스와 자네 아들 클레안드로스 같은 또래의 소년이 시 공부하는 걸 막는다는 것은 불가능하고 아마 유익하지도 않겠지. 그러니 녀석들이 길거리보다는 책을 읽을 때 한층 더 단속해야 한다는 생각을 굳게 갖고, 아주 가까이서 녀석들을 지켜봐야 하네. 최근에 기회가 생겨 연설했던 시에 B
관한 몇 가지 생각을 자네한테 써서 보내기로 결심하게 되었지. 청컨대, 자네가 이를 받아들여 숙독하기를 바라네. 만일 시에 대한 몇 가지 생각이 연회 때 술 취하지 않는 약초 열매나 술 취하지 않게 몸에 달고 다니는 자수정이라 불리는 보석처럼 생각된다면,[7] 클레안드로스에게 주게. 그렇게 해서 아들 녀석의 타고난 기질에 미리 대비하게나. 왜냐하면 이 기질은 아무 일 없을 땐 가만히 있다가 무슨 일이 생기기라도 하면 격렬하게 발동하므로 이런 영향들에 더 물들기 때문이지.

7 '유혹의 예방': 약초 또는 열매 씨(플루타르코스, *Symposiacs*, 647B. 아테나이오스, 『현자들의 저녁 식사』, 24C). 껍질이 딱딱한 먹는 열매(플루타르코스, *Symposiacs*, 642C) 또는 술 취하지 않게 목에 거는 보석(플리니우스, 『자연사』 *N. H.* xxxvii. 9, 124).

문어 대가리 속엔
좋은 것이 들어 있지만
나쁜 것 또한 있으니.[8]

그 이유를 사람들은 이렇게 얘기하지. 지중해산 문어를 먹으
면 매우 맛이 있지만, 잠잘 때는 발들을 웅크렸다 폈다 하면서
시커먼 먹물을 뿜으며 달려드는 문어 악몽에 시달리게 되고 이
C 상하게도 잠 못 드는 공상에 빠지게 된다고 말이네. 시학(*ποιητική*
poietike)[9] 영역 역시 비슷하네. 그 속에는 젊은이의 마음을 기쁘
게 하고 또 영양분을 공급하는 많은 것이 있지만, 시를 들을 때
적절한 규제를 받지 못한다면 혼란을 가중시키고 잘못 인도하
는 것들도 아주 많지. 아이귑토스인[10]들의 토지뿐만 아니라 시
의 토양 또한, 그것이 산출해 내는 약초에 대해 이렇게 말들을
하지.

약초를 잘 조제하면 어떤 사람에게는 양약이 되나,
어떤 사람에게는 독약이 될 수도 있는 법.[11]

---

8 E. L. von Leutsch & F. L. Schneidewin, 『헬라스 격언집』 *Paroemiographi Graeci*, I, p. 299 참조. 플루타르코스, 『모랄리아』, 734E. 원문에는 '발이 많이 달린'(*πουλύποδος* poulypodos) 것으로 나오는데, 이를 오징어나 낙지로 번역하기도 하나 문어가 제격이라 생각된다. 지중해산 문어는 맛이 최고일 뿐만 아니라 큰 것은 사람만 하다고 한다.

9 원래는 시 짓기 기술인 작시술(作詩術)이란 뜻이나, 보통 시학 또는 시 예술이라는 번역어로 통용되고 있다.

10 Aigyptos: 이집트의 헬라스어 이름이다.

11 호메로스, 『오뒷세이아』 4권 230행.

시, 그 속에는 사랑, 욕망, 승리를 안기는 대화,

현자의 마음을 사로잡는 권고가 들어 있느니.[12]

정말 시 속에 박혀 있는, 현혹적인 매력의 속임수는 위트가 없는 아주 바보스러운 사람은 알아차릴 수가 없는 법이지. 이것이 다음과 같은 질문을 한 사람에게 시모니데스[13]가 한 답변의 근거라네.

테살리아인들은 왜 당신이 속이지 못하는 유일한 사람들인가요?

오, 그들은 너무 순진해서 내가 속일 수가 없더군.

고르기아스는 비극을 일종의 사기극(詐欺劇)이라 부르면서, 거기서는 속이는 자가 속지 않는 자보다 더 정직하고, 속는 자가 속지 않는 자보다 더 현명하다고 했지.[14] 이타케인들[15]은 귀 D

---

12 호메로스, 『일리아스』 14권 216행.

13 Simonides of Ceos(circa 556~468 BC): 조카인 바퀼리데스와 라이벌인 핀다로스 등과 더불어 유명한 9명의 서정시인 중의 한 사람이다. 그의 시는 시어의 정확한 구사와 연민의 정을 일으키는 것으로 정평이 나 있다. 오늘날에도 테르모필라이 전몰장병을 기리는 비문에 새겨 있는 그의 애가(哀歌) 조의 시구를 볼 수 있다. "그대, 지나가는 이여, 라케다이몬인에게 가서 말하라. 우리 여기 조국의 명에 복종하여 누워 있노라고."

14 Gorgias(circa 485~380 BC): 프로타고라스와 함께 헬라스 소피스트 1세대로 유명한 연설가. 그는 진리가 아닌 것도 진리인 것처럼 속여 청중을 설득해도 된다고 소크라테스와 설전을 벌이기도 했다. 그는 후대의 연설학과 시학에 막대한 영향을 끼쳤기 때문에 플라톤은 아예 그의 국가론에서 시인을 추방하기도 했다. 여기서는 원래 플루타르코스도 플라톤주의자였기 때문에 고르기아스를 곱지 않은 눈으로 비평하고 있음에 유념해야 한다. [그러나 오늘날에는 헤겔의 지적과 포스트모더니즘 원조

를 막을 때에 딱딱한 밀랍(蜜蠟)을 사용했는데, 그렇다면 우리도 이들처럼 우리 젊은이들의 귀를 막아야 하겠는가? 그리고 젊은 이들을 강제로 에피쿠로스 쾌락의 배[16]에 태워 바다로 내보내 시를 피하게 하거나 아예 시를 깨끗이 없애 버리는 길로 배를 몰아가게 해야 하는가? 아니 오히려 우리는 젊은이들을 올바른 이성의 기준에 맞게 거기에 꼭 붙들어 매 두어 그들의 판단을 이끌고 보호해야 하지 않겠는가? 그래서 그들을 해악을 끼칠 쾌락의 수렁에서 벗어나게 해야 하네.

E 아니, 드뤼아스의 그 대단한 아들 뤼쿠르고스조차도[17]

건전한 분별력을 지니지 못했으니, 그는 술에 취해 난폭해진 사람들이 몰려오자 포도나무들 뿌리를 뽑아 버렸는데, 실은 그렇게 하지 말고 그들을 근처에 있는 샘물가로 데리고 가서 물을 먹여, 플라톤이 말하는 것처럼,

---

격인 니체의 주장에 따라 소피스트들에 대한 평가가 매우 긍정적인 면으로 돌아서고 있는 경향이 있기도 하다. 이에 대해서는 좀 길게, 상세하게 쓴 글로, 『다시, 역사란 무엇인가?』(허승일 지음, 서울대학교출판문화원, 2009, pp. 167~186) 참조 바람]

15 『오뒷세이아』 12권 37~101행.

16 Epicuros(341~270 BC): 에피쿠로스 학파의 창시자로 쾌락이 유일의 최고선이고 고통이 최고악이라 주장했다. 이에 대해, 그리고 스토아 학파의 윤리설과의 상이점에 대해서는 『키케로의 의무론』(허승일 옮김, 서광사, 2011)에서는 그 실제를, 『키케로의 최고선악론』(김창성 옮김, 서광사, 1999)에서는 그 원론을 참조 바람.

17 호메로스, 『일리아스』 6권 130행.

> 술기 없는(맑은 정신의) 다른 신[즉, 물]의 교정을 받아 광적인 신 [즉, 포도주 신 디오뉘소스]을 정화하듯이[18]

그들을 순화시켜야 마땅했다는 거지. 술에다 물을 타면 술맛의 유용성을 보존하면서도 동시에 술의 독성을 제거하네. 그러니 F
무사 시신(詩神)들[19]의 포도 넝쿨을 뿌리째 뽑거나 파손시킬 것이 아니라, 신화와 드라마가 대중의 인기를 누리기 위해 대담하고 끈질기게 부추기는 순수한 쾌락을 통해 온통 복잡하고 현란하게 되는 곳에서는,[20] 무사 시신들인 포도나무 넝쿨을 손에 잡고 가지치기를 해서 제 역할을 하도록 해야 하네. 그리고 무사 시신들이 그 후광을 업고 어느 누군가에게 다가가려 하는 곳에서는, 즉 시신들의 언어인 시어(詩語)의 달콤한 유혹이 무익하거나 무위로 돌아가지 않는 곳에서는, 우리는 철학을 끌어들여 시어를 다듬어야 하네. 이는 흰말독풀이 포도 넝쿨 옆에서 자

18 플라톤, 『법률』, 773D.

19 9명의 무사 여신(αἱ μοῦσαι, hai moũsai)은 뭇 신과 인간의 왕인 제우스 신과 기억의 여신인 므네모쉬네가 9일간의 합방 끝에 태어난 여신들이다. Calliope(서사시), Clio(역사), Erato(애정시), Euterpe(음악), Melpomene(비극), Polyhymnia(찬가), Terpsichore(춤), Thalia(희극), Urania(천문)는 각기 역할을 분담했지만, 이것은 후의 일이고 처음에는 아폴론 남신을 대장으로 하여 시를 포함한 문학·역사·철학과 노래와 춤을 포함한 음악과 예술을 총체적으로 주관하는 신들이었다.

20 Theophrastos(circa 371~287 BC): 소요 학파의 아리스토텔레스의 후계자. 그는 식물학과 물리학, 윤리학과 형이상학에 이르기까지 관심의 폭이 넓었는데, 식물학에 대한 저서 『식물들의 탐구』와 『식물들의 상태』 두 권이 남아 있다. 여기서는 『식물들의 상태』 *De causis plantarum*, iii. 1. 5 참조.

라 장차 빛을 포도주에 영향을 끼쳐 그걸 마신 사람들이 잠잘 때 더 상쾌한 기분을 느끼게 하듯이, 시도 그 허구적 창작과 철학의 원리들을 잘 조율하게 되면, 젊은이들이 매력을 느끼고 또 쉽게 배우게 되기 때문이지. 그래서 시는 철학을 탐구하려는 사람들이 기피해서는 안 되네. 오히려 그들은 철학을 시작하는 연습 과정으로서 시를 이용해야 하는데, 재미에서 유익함을 찾고 또 그곳에서 재미라는 유익함이 전혀 없다면 이런 시에는 저항하고 재미없는 것은 과감히 버리는 훈련을 해 두어야 한다네.
16A 이것이 바로 교육의 시작이라네. 소포클레스[21]는 이렇게 말하고 있지.

> 어떤 일이든 시작만 잘하면,
> 기회가 찾아와 모든 일이 순조롭게 끝나게 되는 법.[22]

---

21 Sophocles(circa 497/6~406/5 BC): 헬라스의 3대 비극 시인 중의 한 사람. 10세기의 백과전서인 『수다』*Suda*에 따르면 그는 123개의 비극을 썼다고 한다. *Niobe*, *Phaedra* 등 24편 정도의 단편이 전해져 오고 있지만, 오늘날 온전하게 남아 있는 것은 『오이디푸스 왕』, 『안티고네』, 『엘렉트라』 등 7편뿐이다.

22 나우크, 『헬라스 비극 단편 선집, 소포클레스 편』, No. 747, p. 307.

> 시인들은 거짓말을 많이 해 독자들을 속이는데, 때로는 고의적으로 때로는 무의식적으로 한다. 고의적이라 함은 창작의 구상, 극적 효과, 허구의 등장인물들을 통해서이고, 무의식적이라 함은 비록 진지하기는 하나 올바르지 않은 생각의 표현을 통해서이다. 시인들이 재미없는 사실보다는 허구를 많이 취급하는 것은 독자의 즐거움을 크게 하기 위해서이다. 그러므로 시가 속에 나오는 허구의 명백한 불합리성은 거부되어야 하며, 시인들이 신들이나 죽은 자들에 관해 말하는 것을 문자 그대로 진실로 받아들여서는 안 된다.

2 무엇보다 먼저, 젊은이는 마음을 비우고 시에 입문해야 하는데, 이때 꼭 명심하고 마음의 준비를 해야 하는 것은, 옛말대로 시인들은 어느 정도 고의적으로든 무의식적으로든 "거짓말을 많이 한다."(πολλὰ ψεύδονται ἀοιδοί, polla pseudontai aoidoi)는 것이네. B 그들이 의도적으로 거짓말을 많이 하는 이유는, 사실이 허구와 비교해 너무 딱딱하다는 데에 있지. 그래서 시인들은 의도적으로 사람들의 귀에 즐거움과 만족을 주려 하는데, 바로 이것이 대부분 사람이 시에서 추구하는 것이라네. 부연 설명을 하면, 사실이란 실제로 일어난 것이기에, 그 끝이 즐겁지 않게 끝난다 할지라도, 그 길에서 벗어나지 않네. 반면에 허구는 어떤가? 그것은 말의 조작이기 때문에 아주 쉽게 C 에움길을 마련하고 고통스러운 길에서 벗어나 더 즐거움을 주는 길로 가지. 시의 운율이나 문채(文彩)[23], 고상한 어법이나 적

23 문채(文彩)는 헬라스어로는 schemata, 라틴어로는 figura라는 것의 번역어로서, 우리에게는 좀 생소한 단어이다. 문채에는 의미 문채와 단어 문채가 있는데, 단어 문채를 알기 쉽게 말하면, "네가 우리 집안을 망치는구나!"를 "네가 망치는구나. 우리 집안을!"과 같이, 언어의 감성에 호소하는 것이라 생각하면 된다.

절한 은유, 게다가 시 구성의 통일성 그 어느 것도, 허구의 우화적 이야기로서 기술적으로 잘 짜인 것만큼 그렇게 매력적이지도 유혹적이지도 않네.[24] 그러나 그림에서는 색채가 그냥 그어져 있는 선보다 더 자극적인데, 색채는 살아 있는 것 같고 또 환상을 일으키게 해 주기 때문이지. 마찬가지로 시에서는 일어날 수 있는 개연성과 결부된 허구성이, 운율과 어법은 정교하지만 신화와 허구가 전혀 들어 있지 않고 운율과 어법에 공들인 작품보다 더 멋있고 더 큰 재미를 준다네. 소크라테스의 일화가 이것을 잘 설명하고 있네. 소크라테스는 꿈을 꾸고 나서 시를 쓰려고 했지. 그런데 시는 허구가 기본 요소로 되어 있는 것이라, 그는 도저히 그럴 듯하고 재치 있는 허구들을 날조할 수가 없었네. 알다시피 그 자신은 일생 진리의 대변자로서, 거짓을 그럴 듯하게 또는 천부적으로 재치 있게 꾸미는 사람이 아니었으니까 말일세. 그래서 그는 시는 『아이소포스 우화』밖에 없다고 단정 지었지.[25] 거기에는 허구라고 덧붙일 시적인 구성 요소가 하나도 있을 리 없다는 가정하에서 말이네.

사실 우리는 플루트나 춤이 없는 희생제는 알고 있지만, 우

---

24 일례를 들어, 아리스토텔레스의 『시학』 *Poietike*, vi. 7 이하 참조.

모든 비극은 줄거리(플롯 구성), 등장인물(성격), 대사(조사), 사상, 무대장치(장경), 노래(음향효과) 6개 부분으로 이루어지는데, 이 중 가장 중요한 것이 사건의 구조이다. 왜냐하면 비극이란 인간 자체의 모방이 아니라 행동과 생활의 모방이요, 행복과 불운의 모방이기 때문이다. 행복과 불운은 행동을 구성하며 인간 생활의 목적은 행동 방식에 두는 것이지 성질에 두는 것이 아니다.

25 플라톤, 『파이돈』 *Phaedon*, 60A 참조.

화나 허구가 아닌 어떤 시 작품도 알지 못하네. 엠페도클레스[26]와 파르메니데스[27]의 시들, 니칸드로스[28]의 항독제(抗毒劑)를 다룬 작품(『테리아카』 *Theriaca*), 테오그니스[29]의 잠언은 산문(散文)을 쓸 때 계속적인 단조로움을 피하기 위한 수단으로서 시 예술(ποιητική)에서 운율과 고상한 문체를 빌려 온 것들이네. 따라서 D
명사(名士)의 시들 속에서 신이나 잡신, 또는 덕에 관하여 좀 이상하고 우리를 당황케 하는 기술을 접할 때마다, 그 서술을 참

---

26 Empedocles(circa 490~430 BC): 헬라스의 소크라테스 이전 철학자로서 시켈리아 아그리겐툼의 시민. 그의 철학은 불, 흙, 공기, 물 4원소로 이루어졌다는 우주론과 이는 다시 사랑과 투쟁으로 나타난다는 것으로 유명하며, 소피스트인 고르기아스의 스승으로 알려져 있다. 에트나 화산에 뛰어들어 죽었다는 그는 자기 생각을 시로 기록해 둔 마지막 철학자이기도 하다.

27 Parmenides of Elea(기원전 5세기 초기에 활약): 헬라스 철학자로서 엘레아 학파의 창시자. 그의 유일의 작품은 『자연론』이라는 시인데, 거기서 실재를 파악하는 데에는 두 가지 길이 있다고 설명한다. 하나는 진리(ἀλήθεια-aletheia)의 방법이고, 다른 하나는 의견(δόξα-doxa)의 방법이다. 의견은 감정에 기초한 것으로서 허위이고 속임수인 것에 반하여, 진리/진실은 변화가 있을 수 없고 존재는 시간을 초월하며 동일한 형태를 취하고 필연이며 불변이라고 역설했다. 이러한 아이디어들은 이후 서양 철학, 특히 소크라테스와 플라톤에게 크게 영향을 끼친다.

28 Nicandros of Colophon(기원전 2세기): 헬라스 교훈시인, 의사이며 문법학자. 그는 페르가몬의 아탈로 3세 때 활약했다. 그는 산문과 운문으로 된 많은 작품을 썼는데, 그중 온전하게 남아 있는 것이 두 권이다. 『테리아카』 *Theriaca*는 짐승에 물렸을 때 쓰는 벌꿀을 섞어 만든 항독제(抗毒劑)에 관한 것이고, 『알렉시파르마카』 *Alexipharmaca*는 해독제에 관한 것인데, 여기서는 항독제를 다룬 책을 말한다.

29 Theognis of Megara: 기원전 6세기에 활약했던 헬라스 시인. 그의 작품은 당시의 생활에 윤리적 금언과 실제 충고를 주는 격언 시로 구성되어 있다.

이라고 받아들이는 사람은 발을 헛딛는 셈이고, 또 그렇게 해서 받아들인 견해들은 왜곡된 것일 수 있네. 반면에 허구를 다룰 때 작시술(作詩術)의 마법을 언제나 기억하고 분명하게 마음속에 지니고 있어 이런 모든 경우에,

> 살쾡이보다 더 감지하기 어려운 교활한 간계.[30]

로서,

E

> 농담할 때 왜 이맛살을 찌푸릴까,
> 속임수를 쓸 때 왜 가르치는 척할까

라고 말하는 사람은, 어떤 무서운 화를 당하지 않거나 심지어 어떤 천박한 확신조차도 갖지 못하게 되겠지.[31] 그렇지만 바다의 신인 포세이돈[32]에게 두려움을 느낄 때에, 그리고 신이 지구 땅덩어리를 산산조각으로 부수고 지하 세계를 폭로하면 어쩌나 하는 공포에 휩싸이게 될 그때에,[33] 그는 자제하겠지만 말일세. 또 아카이아인들의 지도자인 아가멤논 편에 선 아폴론[34] 신에게

---

30 나우크, 『헬라스 비극 단편 선집, 작자 미상 편』, No. 349, p. 905.

31 플라톤, 『국가』, ii~iii을 보라.

32 Poseidon: 해신, 그리고 지진을 주관하는 신. 제우스 신과 하데스 신의 형제.

33 호메로스, 『일리아스』 20권 60행.

34 Apollon(Latin: *Apollo*): 헬라스와 로마 신화에서 올림피아 신 중 가장 중요하고 다양하게 나타나는 신. 수염이 없는 젊은 운동선수의 이상으로서 그는 번개와 태양의 신, 진리와 예언의 신, 의학과 치료와 역병의 신,

분노를 느끼고 있을 때에도, 그는 자신의 감정을 억누르겠지.

> 그 자신이 직접 그녀[아킬레우스의 어머니가 될 테티스]를
> 찬양하는 노래를 불렀네.
> 직접 그녀의 결혼식 연회에 참석해
> [그녀의 자손을 돌보겠다는] 이 말들을 몸소 했네,
> 하지만 그 자신이 그[아킬레우스]를 죽이고 말았다네.[35]

마찬가지로 그는 하데스 신의 지하 세계에 있는, 힘이 빠져 흐느적거리면서도 살겠다는 일념으로 팔을 뻗는, 죽은 아킬레우스와 아가멤논[36]에 대해서도 더 이상 눈물을 흘리지 않겠지. 그리고 어쩌다가 그들이 고통당하는 것을 보고 마음이 혼란스러워지고 귀신에 홀리듯 [시의] 그 마법에 걸리기라도 하게 되면, 그는 주저하지 않고 이렇게 중얼거리겠지.

> 날이 밝기 전에 빨리 서두르자.
> 여기서 본 모든 것을 마음속에 새겨 두었다가
> 나중에 내 아내에게 말해 주리라.[37]

특히 무사 여신들의 지도자(Apollon Musegetes)로서 음악과 시와 예술의 신 등등으로 나타난다.

35 테티스가 그녀의 아들 아킬레우스 죽음에 대해 언급. 플라톤, 『국가』, ii. 383B. 나우크, 『헬라스 비극 단편 선집, 아이스퀼로스 편』, No. 350, p. 105 참조.

36 호메로스, 『오뒷세이아』 11권 470과 390행.

37 호메로스, 『오뒷세이아』 11권 223행.

F 확실히 호메로스는 이것을 저승인 지하 세계 방문과 연관지어 우아하게 표현하고, 그것이 여인의 귀에 솔깃한, 우화의 요소가 들어 있어서 아주 적합한 내용임을 암시했던 것이네.

이러한 것들이 바로 시인들이 고의적으로 조작한 것이지. 그러나 그들이 조작하지는 않았으나 마음속으로는 진짜라고 생각하거나 믿고서, 잘못된 색깔을 칠해 우리에게 전해 주는 경우도 더 많은데, 제우스 신[38]에 관해 호메로스가 든 예를 보겠네.

17A 그는 천칭(天秤)의 저울을 준비했지, 가혹한 두 죽음의 운명을 가리기 위해.
하나는 아킬레우스의 운명, 또 하나는 말을 길들이는 헥토르의 운명.
천칭의 가운데를 잡고 평형을 취하니, 헥토르의 운명의 날 쪽이 내려갔네.
그리하여 그는 하데스 신의 집으로 떨어졌고,
태양 신 아폴론은 그를 포기했지.[39]

---

38 Zeus: 올림포스 산 위에 사는 모든 인간과 신들의 아버지이며 왕. 그는 헬라스 신화에서 하늘과 천둥의 신으로 나타난다.

39 호메로스, 『일리아스』 22권 210행. 플라톤, 『국가』, 379A~E를 참조 바람. 여기에는 플라톤이 호메로스의 『일리아스』의 시구들을 인용하면서 설명하고 있는데, 일례를 들면 다음과 같은 것들이 있다.

제우스 신전 입구에 고정되어 있는 두 개의 큰 항아리,
하나는 행복의 삶으로, 다른 하나는 슬픔으로 가득 차 있지.
(『일리아스』 24권 527~528행)

제우스 신께서는 우리한테 좋은 것들도 나쁜 것들도
분배해 주는 분이시로다. (출처 미상)

이제는 아이스퀼로스[40]가 이 이야기를 갖고 완전한 비극을 하나 써서 『영혼의 저울질』 *ἐπιγράψας Ψυχοστασίαν*, epigrapsas psychostasian이라는 제목을 달았다네. 제우스의 천칭 저울 한 쪽엔 테티스 여신을 놓고 다른 쪽엔 에오스 여신[41]을 놓고서, 각자 [제우스 신에게] 싸우는 자기 아들 아킬레우스와 멤논[42]이 이기게 해 달라고 간청하는 두 어머니를. 그러나 이것은 누구에게나 뻔하지, 비극의 대사를 듣는 자를 즐겁게 하거나 놀라게 하기 위해 창조된 신화의 조작에 불과하다는 것을 말이네. 그러나 다음 두 시구에서는

> 제우스는 두 남자의 싸움 결과를 판정하도록 지명되었으니,[43] B
> 한 가문을 파멸시켜 비통 속에 빠뜨리기를 원할 때마다
> 창조주인 신은 죽을 운명의 인간들을 이용하느니.[44]

---

40 Aeschylos(circa 525/524~455/456 BC): 소포클레스와 에우리피데스와 더불어 고대 헬라스 비극 작가 중의 최초의 인물. 그는 흔히 비극의 아버지로 불리기도 한다. 70~90개의 그의 작품 중 단지 7개만이 현재 남아 있다. 그의 현존 작품 중 『페르시아인들』은 역사적 자료로서도 귀중한 것으로 취급되고 있다.

41 Eos(라틴어로는 Aurora): 새벽의 여신.

42 Memnon: 에오스의 아들로서 에티오피아 왕이다. 숙부인 프리아모스를 도우러 트로이아 전쟁에 참전했다가 아킬레우스와의 1:1 싸움에서 쓰러졌다. 아들의 죽음을 보고 흘리는 에오스의 눈물에 감동되어 제우스 신은 에오스를 불사신으로 만들었다고 하며, 또 어머니의 무릎에 뉘어 있는, 죽은 아들의 이미지가 후에 미켈란젤로의 피에타의 모델이 되었다고도 한다

43 호메로스, 『일리아스』 4권 84행.

44 아이스퀼로스, 『니오베』 *Niobe*에서. 나우크, 『헬라스 비극 단편 선집, 아이스퀼로스 편』, No. 156, p. 52.

우리는 마침내 시인들의 의견과 신념에 일치하는 언급들을 보게 되는데, 얼마나 그들이 신들에 대해 미혹과 무지 속에 빠져 있는지, 게다가 그들이 우리에게 그와 같은 잘못된 신들에 대한 미혹과 무지를 공유시키려고 시도하고 있는지를 알 수가 있네. 저승의 지하 세계를 방문하는 엄청난 이야기들, 그리고 무시무시한 말로 묘사되는 불타는 강, 끔찍한 곳, 무자비한 처벌의 유령과 장면들의 서술은 많은 사람으로 하여금 다음과
C 같은 사실에 눈을 감지 못하게 하고 있지. 즉, 그 시구들 속에는, 영양가가 충분한 음식 속에 들어 있는 독처럼, 우화와 허구가 많이 섞여 있다는 사실을 말이네.[45] 그런데 호메로스도 핀다로스[46]도 소포클레스도 자기들이 시를 쓸 때는 사실은 그렇다고 정말 믿지는 않았네.

거기에서 서서히 흐르는 어두운 밤의 강들이

---

45 플라톤, 『국가』, 386A~387E를 참조 바람. 여기에는 플라톤이 호메로스의 『일리아스』와 『오뒷세이아』의 시구들을 일일이 인용하면서 해설하고 있다.

아아, 그러고 보니 하데스의 거처에도 분명히 있구나.
혼백과 유령은. 하지만 그것들 안에는 의식이라곤 없구먼.
(『일리아스』 23권 103~104행)

차라리 나는 땅에 딸린 농노로서 남의 머슴살이를 하겠소.
그가 땅뙈기조차 없어, 살아갈 방편도 그다지 없는 자라 할지라도
모든 죽은 자들의 혼령의 왕으로 되느니보다는.
(『오뒷세이아』 11권 489~491행)

46 Pindaros(circa 522~443 BC): 고대 헬라스의 위대한 서정시인 중의 한 명.

헤아릴 수 없는 암흑을 뿜어내고 있으니.[47]

그들이 갔던 오케아노스의 조류와 레우카스 갑(岬) 위에서.[48]

하데스의 좁은 길목과 역류하는 깊은 바다 위에서.[49]

그렇지만, 죽음을 무언가 슬픈 것으로서, 사후 매장의 요구를 무언가 치 떨리는 것으로서 두려워해 통곡하고, 아래와 같은 감정을 표출한 사람들의 경우를 들어 보세.

여기를 떠나지 마오. 통곡하지도 않고, 매장하지도 않은 채
나를 뒤에 남겨두고 떠나지 마오.[50]

육체를 빠져나와 그의 혼은 하데스에게로 날아갔네.
그 운명을 슬퍼하고, 그 활력과 남자의 젊음을 남겨두고.[51]

불시에 나를 파멸시키지 마오. D
햇빛을 본다는 것은 달콤하기 때문.
제발 땅 밑의 부분들을 보지 않게 해 주오.[52]

---

47 베르크, 『헬라스 서정시인들』, i. No. 130, p. 443.
48 호메로스, 『오뒷세이아』 24권 11행.
49 나우크, 『헬라스 비극 단편 선집, 소포클레스 편』, No. 748, p. 307.
50 호메로스, 『오뒷세이아』 11권 72행.
51 호메로스, 『일리아스』 16권 856행 및 22권 362행.
52 에우리피데스, 『아울리스의 이피게네이아』 *Iphigenia at Aulus*, 1218.

이 시구들은 감정에 휘둘리고 편견과 미혹에 사로잡힌 사람들의 목소리라네. 이 때문에 이러한 감정들은, 우리가 시구들의 정서와 시작 초의 약점에 물들기 쉬운 만큼, 우리를 더 강하게 옥죄이고 한층 더 우리의 감정을 물들이지.

이런 영향들에 대비하여, 그러니, 한 번 더 젊은이들이 처음부터 귀 기울여 다음 금언을 명심, 또 명심해 익히게 해야 하네.
E 즉, 시학(*ποιητική*)은 진리/진실과는 크게 관련되지 않는다는 것, 그리고 이 문제들에 관한 진리도, 진리를 탐구하고 이해하는 일을 전문업으로 삼는 사람들에게조차도, 그들 스스로 인정하듯이, 추적하고 파악하는 일이 상당히 힘들다는 금언을 말이네. 그래서 엠페도클레스[53]의 이 말들을 항상 명심시키도록 해야 하네.

> 이것은 인간의 눈으로도 보지 못하고, 귀로도 듣지 못하며,
> 마음으로도 이해할 수 없는 것.[54]

그리고 크세노파네스[55]의 말도 명심시키세.

> 아직도 이런 사람은 태어나지도 않았고, 또 장차 태어나지도 않

---

53 앞의 주 26 참조.

54 이 문장은 Sextus Empiricus, 『수학자들에 대한 반박론』 *Sexti Empirici Adversus mathematicos*, vii. 122~124에 의해 더 충분히 인용되고 있다. Diels, 『철학자들의 시 단편 모음집, 엠페도클레스』 *Poetrum Philosophorum Fragmenta*, *Empedocles*, No. 2 참조.

55 Xenophanes of Colophon(circa 570~475 BC): 헬라스 철학자, 신학자, 시인이며 사회종교 비평가.

겠지.

신들과 내가 말하고 있는 만사에 관한 진리를 아는 사람은.[56]

또한 반드시 플라톤의 저서[57]에 나오는 소크라테스의 말들도 명심하게 해야 하네. 소크라테스는 이 주제들에 대해 쉽게 접근하고 받아들이는 것을 엄숙하게 거부하고 있기 때문이지. 이런 문제들은 철학자들도 골치 아파한다는 점을 젊은이들이 알게 되면, 그때 그들은 시인들에 대해 마음을 덜 쓰게 될 것이네. F

시 짓기, 즉 작시술은 모방술과 그림 그리기와 같다. 자기 아들들을 죽이는 메데이아의 그림은 그 행위가 칭찬의 대상으로서가 아니라 화술의 정확도로 즐거움을 주듯이, 고리대금업자를 모방한 시가도 그 행동을 칭찬하는 것이 아니라 천박한 등장인물의 모방 정확도로 즐거움을 준다는 것을 젊은이들에게 일깨워 주어야 한다.

3 젊은이가 시에 입문할 때, 우리가 작시술이 모방술과 그림 그리기와 유사한 기능을 갖춘 것이라는 총체적 서술을 해 준다면, 그 젊은이는 더욱더 견실한 자세를 취하게 되겠지. 젊은이에게,

시는 말하는 그림, 그림은 말 없는 시[58] 18A

---

56 이것은 Sextus Empiricus, 『수학자들에 대한 반박론』, vii. 49에 2행의 추가적인 글로 인용되고 있다. Diels, 『철학자들의 시 단편 모음집, 크세노파네스』 *Poetrum Philosophorum Fragmenta, Xenophanes*, No. 34 참조.

57 플라톤, 『파이돈』 *Phaedon*, 69D 참조.

58 플루타르코스는 『모랄리아』, 「아테나이인들은 전쟁의 업적으로 더 유

라고 흔히 인용되는 말을 숙지시킬 뿐만 아니라, 거기에 덧붙여 그림 속에서 도마뱀이나 원숭이 또는 테르시테스[59]의 얼굴을 볼 때, 그것을 아름다운 것으로서가 아니라 유사한 것으로서 즐기며 찬미한다는 것을 우리가 그에게 가르쳐 주어야 하네. 본질상 추한 것은 아름다운 것이 될 수 없기 때문이지. 그러나 모방은 다르네. 모방은 천한 것이든 좋은 것이든 관계없이 그 유사성만 나타낼 수 있다면 되네. 한편, 만약 추한 신체를 아름다운 그림으로 그려내면, 이는 그 고유성과 개연성이 요구하는 것을 간과하게 되네. 어떤 화가들은 심지어 수치스런 행위를 묘사하기까지 하지. 이를테면 이런 것들이 있네. 티모마코스[60]가 자신의 아

명한가 아니면 학문 때문에 더 유명한가」라는 에세이에서 이 언급을 시모니데스가 한 것으로 돌리고 있다.

> 시모니데스는 그림을 침묵하는 시로, 시를 말하는 그림으로 일컫는다. 왜냐하면 화가들이 현재 일어나고 있는 역사로서 표현하고 있는 저 모든 행동은 과거와 관련되고 있기 때문이다. 화가가 색채와 형상으로 꾸미는 것을 시인은 단어와 문장으로 연관 짓는다. 오직 그들은 모방의 자료와 방법에서만이 다를 뿐이다.(c. iii)

또 호라티우스의 언급도 읽어 보기 바란다.

> 시는 그림과도 같다. 어떤 것은 가까이서 볼 때 더 감동적이고 어떤 것은 멀리서 볼 때 절정감을 느낀다. 어떤 것은 어두운 장소를 좋아하는가 하면 어떤 것은 비평가의 형안(炯眼)을 두려워하지 않고 밝은 장소에서 관람 되기를 원한다. 어떤 것은 한 번만 보아도 마음에 들지만 어떤 것은 열 번을 거듭 해서 보아야만 마음에 든다.(호라티우스, 『시학』, pp. 361~365)

59 Thersites: 트로이아 전쟁에 참전한 군인. 『일리아스』에서 그는 안짱다리와 절름발이, 안으로 움츠러든 어깨, 머리카락으로 덮인 머리 모양을 하고, 저속하고 추하며 위트라고는 별로 없는 위인으로 묘사되고 있다.

60 Timomachos of Byzantium: 헬레니즘 시대의 유명한 화가. 그의 그림 중에서 가장 유명한 것은 자기 아이들을 죽이는 메데이아와 광기를 부

이들을 죽이는 메데이아의 그림을, 테온[61]이 자기 어머니를 죽이는 오레스테스의 그림을, 파라시오스[62]가 미치광이로 가장한 모습의 오뒷세우스의 그림을, 카이레파네스[63]는 유부녀의 남자와의 추잡한 성관계의 그림을 그렸네. 여기서 특별히 젊은이가 훈련받아야 할 점은 모방한 행동을 칭찬하는 것이 아니라, 화제(畫題)가 정확하게 모방했는지 그 기술에 관한 것이네. 시 역시 흔히 천박한 행동, 사악한 경험과 등장인물을 모방적 암송으로 들려주네. 그렇기 때문에 젊은이는 그 안에 있는 찬미의 대상이나 성공적 요소를 참된 것으로 받아들여서도 안 되고 더욱이 그것을 아름다운 것으로 인정해서도 안 되네. 젊은이는 오직 등장인물들과 사물에 대해 적합하고 고유하게 그 유사성이 제대로 모방했는지 하는 그러한 것들을 칭찬해야 하겠지. 돼지가 꿀꿀거리는 소리, 닻을 감아올리는 권양기의 삐걱거리는 소리, 바람 스치는 소리, 그리고 포효하는 파도 소리를 들을 때, 우리는 불 B

리는 아이아스이다. 훗날 율리우스 카이사르가 이 두 그림을 80탈란트의 거금을 주고 구매해 베누스 신전에 헌납했다고 한다.

61 Theon of Samos: 알렉산드로스 대왕 시대의 헬라스 화가. 오레스테스의 광기를 그린 그림으로 유명하다.

62 Parrhasios of Ephesus: 고대 헬라스의 유명한 화가. 소크라테스와 대화를 나누었다는 기록이 있는 것으로 보아 기원전 399년 전후에 활약했던 것으로 보인다. 또 그는 기원전 400~380년에 활약했던 제욱시스 화가와의 에피소드로 유명하다. 제욱시스는 포도를 잘 그려 새들을 속였는데, 그는 커튼을 잘 그려 제욱시스를 속였다고 한다. 그의 가장 정평 있는 그림은 거지로 분장한 오뒷세우스의 그림이다.

63 Chaerephanes of Euboea(기원전 4세기): 니코파네스로 더 알려져 있는 헬라스의 화가. 춘화도(春畵圖)로 유명했다.

C 안하고 신경이 쓰이네. 그러나 파르메논[64]이 돼지 소리를 모방하고 테오도로스[65]가 권양기 소리를 모방하는 것처럼 누군가가 이런 소리를 그럴듯하게 모방한다면, 우리는 즐겁다네. 우리가 병들고 위궤양으로 몹시 아픈 사람은 못 볼 것을 본 것처럼 피하지만, 무대에서 슬퍼하거나 죽는 것으로 나타나는 아리스토폰[66]의 〈필록테테스와〉 실라니온[67]의 〈이오카스테〉를 보면 재미를 느끼게 되네. 익살꾼 테르시테스[68]나 여인들을 유혹하는 시쉬포스[69], 포주 바트라코스, 이런 사람들의 언행을 읽을 때 젊은이는 이런 것들을 모방하는 기능과 기술을 권장하는 것은 몰라도 역시 그것이 모방하는 성향과 행동은 거부하고 비난하는 것
D 을 배워야 하네. 그 이유는 아름다운 어떤 것을 모방하는 것과

64 Parmenon: 기원전 4세기의 희극배우로서 돼지의 성대모사가 유명했다. 그는 무대에서 가짜 돼지 새끼를 들고 꿀꿀거리는 소리를 내어 반 시간 이상이나 청중을 웃겼다고 한다. 얼마나 잘했던지 시골 소년이 진짜 돼지 새끼를 가져와 꿀꿀거리는 소리를 내게 했지만, 관중은 파르메논의 돼지 소리만 못하다고 소리쳤다고 한다.

65 Theodoros: 원래는 엘렉트라를 연기하는 비극배우였으나, 천부적인 성대모사의 기술을 발휘하여 사람뿐만 아니라 무생물의 시끄러운 소리도 잘 냈다고 한다. 특히 배의 닻을 감아올리거나 풀어 내리는 데 사용하는 장치인 권양기의 소리를 내는 것으로 유명했다고 한다.

66 Aristophon of Thasos: 기원전 5세기에 활약한 이류급의 화가. 그의 그림 〈필록테테스〉 *Philoctetes*는 트로이아 전쟁에 참전했던 유명한 궁수를 화제로 삼은 것이다.

67 Silanion: 기원전 4세기의 헬라스 초상조각가. 그의 작품 〈이오카스테〉 *Jocaste*는 테바이의 참주 오이디푸스의 어머니이자 아내인 이오카스테가 죽어 가는 모습을 그린 조각이다.

68 앞의 주 59 참조.

69 Sisyphos: 시쉬포스 신화의 주인공. 호색가로 통함.

어떤 것을 아름답게 모방하는 것은 전혀 같은 것이 아니기 때문이지. '아름답게'의 의미는 '알맞게', 그리고 '고유하게'이고, 추한 것들은 추한 것에 '알맞고 고유한' 것이기 때문이네. 다모니다스[70]의 불구의 발을 위해서 만든 신발을 보게. 그는 신발을 잃어버렸을 때, 그것을 훔친 사람에게 자신의 신발이 맞기를 기도했다네. 그러나 정말이지, 그럴 수가 없는 것이 그 신발은 원래 주인에게 맞는 법이니까. 다음 세 편의 시 구절들을 참작하게나.

누군가가 굳이 잘못을 저질러야 한다면,
이런 것이 최상일 터.
왕국을 차지하는 것.[71]

우선 공정하게 대접한다는 명성을 얻으라. E
그러고 나면 이익을 챙기는 악한의 행동들을
쉽사리 할 수 있으니.[72]

1탈란트의 혼인지참금! 어찌 그걸 마다하리.
내가 1탈란트를 우습게 알고 여전히 살아갈 수 있을까?
내가 그걸 포기하고도 다시 잠잘 수 있을까?
금화 1탈란트를 챙긴 대가로 지옥에 떨어지더라도

---

70 Damonidas: 절름발이 음악 대가.

71 에우리피데스, 『포이니케 여인들』 *Phoenissae*, 524. 『키케로의 의무론』(허승일 옮김, 서광사, 2011) 3권 21장 82절, pp. 226~227을 참조 바람.

72 미상의 비극 작품에서 익시온이 읊고 있는 대사. 나우크, 『헬라스 비극 단편 선집, 작자 미상 편』, iii. No. 4, p. 838 참조.

그 고통을 참으리.[73]

정말이지, 이런 대사들은 사악하고 그릇된 생각을 담고 있네. 그렇지만 에테오클레스[74], 익시온[75], 그리고 늙은 고리대금업자 각자에게는 제격인 말들이네. 작가들은 각자 저렇게 쓰고 있지만, 그 글들을 칭찬하거나 인정해 달라고 쓴 것은 아니네.
F 그것은 부자연스럽고 천박한 감정을 지닌 천박하고 부자연스런 등장인물들과 사람들을 보여주려는 의도를 품고 쓴 것이라네. 우리가 이 점을 우리 아이들에게 주지시킨다면, 아이들은 시인들의 표현에서 해를 입지 않을 것이네. 아니, 반대로, 해당 인물에 대한 불신감이 그 사람의 언행을 치욕으로 느끼게 할 것이네. 왜냐하면 천박한 사람의 언행이기 때문에 천박해졌으니까. 이런 것이 바로 파리스[76]의 모습이네. 그는 전쟁터에서 비겁하게 도망친 후에 자기 부인의 팔에 안겨 있었네.[77] 시인은 이 방탕하고 부정한 사내를 대낮에 한 여인과 놀아나는 사람으로밖에는 묘사할 수가 없기 때문에 그가 이런 육감적인 것을 수치와

73 신 희극 시대 미지의 시인의 대사에서. 코크, 『아티카 희극 단편 선집, 작자 미상 편』, iii. No. 137, p. 430 참조.

74 Eteocles: 테바이의 왕. 오이디푸스 왕의 아들인 에테오클레스와 폴뤼네이케스 형제는 순서를 바꾸어 가면서 왕국을 통치하기로 했으나, 형은 약속을 어기고 동생을 추방했다. 그 결과 형제는 전쟁을 하다가 서로의 손에 둘 다 죽었는데, 앞의 주 71의 대사는 이를 빗대어 나온 말이다.

75 익시온은 테살리아 왕으로서 최초로 친족인 자기 장인을 살해한 헬라스인으로 유명하다.

76 헥토르의 동생.

77 호메로스, 『일리아스』 3권 369행 이하 및 441행 이하.

질책의 범주에 넣고 있음이 분명하네.

젊은이들은 시인이
그가 등장시키는 인물의 언행에 자
신의 감정을 투사하고 있는지에
주목해야 한다. 왜냐하면
시인은 전후 관계에서 자신의 설명을
구현함으로써 감정 투사를
할 수도 있고, 그의 등장인물
서로 간의 판단을 통해 할 수도 있고,
등장인물들의 운명을 통해
교훈을 줄 수도 있기 때문이다.
더욱이, 동일 시인이 상호 모순되는
시구를 남겼을 때에는 더 나은 쪽을
택해야 하며 여의치 않을 경우,
다른 시인이나 심지어
철학자들에게서 유익하고
나은 쪽을 택해야 한다.

4 아래의 인용 시구들에서, 시인 자신이 혐오감을 품고 있음을 나타내는 어떤 암시라도 주고 있는지 세심히 주의를 기울여야 하네. 메난드로스[78]는 그의 『타이스』 *Θαΐς* 서문에서 아래와 같이 쓰고 있지. 19A

오, 나의 무사 여신이시여,
이런 소녀에 대해 나에게 노래를 불러주소서.
대담하고, 매혹적이고, 말 잘하는,
부당하고, 배타적이고, 요구가 너무나 많은,
아무도 사랑하지 않고, 언제나 사랑하는 척만 하는.[79]

---

78 Menandros(circa 342~291 BC): 헬라스 드라마 작가. 가장 대표적인 아테나이의 신 희극 작가로서 100편 이상의 희극을 썼다고 하는데, 아마 소재는 그의 숙부인 알렉시스에게서 얻은 것 같다.

79 코크, 『아티카 희극 단편 선집, 메난드로스 편』, No. 217, p. 62.

B 그러나 호메로스는 가장 훌륭하게 이 방법을 이용했는데, 왜냐하면 그가 악한 자는 불신하고 이른바 선한 자에 대해서는 미리 주의를 주고 있기 때문이지. 그는 이런 식으로 이야기를 시작하는 것을 좋아했는데,

> 그때 그는 지체없이 말했지.
> 그의 말은 유순하고 사람의 마음을 사로잡았으니.[80]

> 그는 그의 곁에 가까이 다가서서 부드러운 말로 만류하니.[81]

그러나 미리 불신하는 가운데, 우리가 부당하고 천한 것으로 표현된 감정들을 따르거나 마음에 새겨서는 안 된다고 그는 거리를 두도록 만들고 있네. 예를 들어, 아가멤논이 사제를 가혹하게 다루는 이야기를 할 때, 그는 미리 말하네.

> 하지만 아트레우스의 아들 아가멤논은
> 진정으로 그것이 마음에 들지 않았다네.
> 그래서 사제를 난폭하게 내쫓았지.[82]

C 즉, 이런 행동은 점잖지 못한, 냉혹한 성격의 소유자가 하는 잔혹한 행위라는 것을 암시하면서도 그 정반대로 말하네. 그리

80 호메로스, 『오뒷세이아』 6권 148행.
81 호메로스, 『일리아스』 2권 189행.
82 호메로스, 『일리아스』 1권 24행.

고 아킬레우스의 입을 빌려 그는 대담한 말도 하지.

> 술 취한 주정뱅이, 개눈깔에다 들사슴의 담력을 가진 자[아가멤논]여.[83]

그러나 그는 자신의 판단을 넌지시 비치며 이렇게 말하네.

> 그다음 한 번 더 신랄한 말로 펠레우스의 아들[아킬레우스]은
> 아트레우스 아들[아가멤논]에게 말했지.
> 하지만 아직도 그의 분은 가라앉지 않았네.[84]

라고. 여기서 분노가 솟구쳐 가혹하게 말하는 것치고 좋다고 할 것은 하나도 없을 것이네. 마찬가지로, 그는 행동들에 대해서도 논평하네. D

> 이처럼 그는 말했지. 그리고 그는 신격인 헥토르를
> 모욕적으로 다루었지.
> 메노이티우스의 아들 관 옆, 먼지 구덩이 속에
> 얼굴을 처박고 길게 뉘었지.[85]

호메로스 시인은 또한 끝맺음 시행들을 선한 목적에 사용하

83 호메로스, 『일리아스』 1권 225행. 플라톤, 『국가』, 389E를 참조 바람.
84 호메로스, 『일리아스』 1권 223행.
85 호메로스, 『일리아스』 23권 24행.

네. 마치 이미 행해진 말과 행동에 대해 일종의 자신 판단을 덧붙이는 것처럼 말일세. 아레스의 간통에 관해서 그는 신들이 다음과 같이 말한다고 표현했네.

> 악한 행동들은 성공하지 못하고,
> 날랜 자는 느린 자가 따라잡는 법.[86]

헥토르의 아주 거만하고 뽐내는 태도에 대해서 그는 말하기를,

> 이와 같이 그는 우쭐대며 말했지.
> 헤라 여왕의 분노는 불이 붙었으니.[87]

판다로스의 궁술에 관해서는,

> 이처럼 아테나는 말했지.
> 그리고 어리석은 자의 마음을 설득했으니.[88]

라고.

E 이제 텍스트의 언어 속에 담겨 있는 이 선언들과 견해는, 주의를 기울이는 사람이라면 누구나 다 발견할 수 있네. 그렇지만 행동 자체에서 시인들은 또 다른 교훈을 제공하고 있지. 예를

86 호메로스, 『오뒷세이아』 8권 329행.
87 호메로스, 『일리아스』 8권 198행.
88 호메로스, 『일리아스』 4권 104행.

들어, 에우리피데스는 자신의 『익시온』[89]을 공격한 사람들을 불경스럽고 혐오스러운 자들로 보고,

> 그래서 나는 그를 형거(刑車)에 묶기 전까지는 무대에서 추방하지 않았지.

라고 말했네. 호메로스의 작품 속에는 이런 형태의 교훈이 말없는 가운데에 들어 있는데, 그러나 재고의 여지는 남아 있네. 가장 믿을 수 없는 것으로 간주해 온 그들 이야기의 경우에 도움이 되는 것들 말일세. '더 깊은 의미'라고 불리곤 했던 이들 이야기가, 하지만 오늘날은 [비유의] '알레고리적 해석'을 통해 F
더 심하게 왜곡됨으로써 개중에는 이렇게들 얘기하는 사람들도 있지. 태양은 아레스 팔에 안겨 있는 아프로디테에 관한 정보를 주는 것으로서 표현된다고. 왜냐하면 화성과 금성의 결합은 간통으로 임신해서 이루어질 출생을 예고하는 것이며, 태양이 궤도를 따라 돌다가 이들을 발견하게 되는 그때, 그들은 비밀을 지킬 수가 없기 때문이라고. 또 헤라가 제우스의 눈[90]에 들도록 자신을 아름답게 가꾸는 것, 그리고 요염한 허리의 요대와 관련

---

89 에우리피데스의 비극인데, 전해져 오지 않고 조각 글만 남아 있다. 익시온은 테살리아 왕으로서 친족인 자기 장인을 살해했다 하여 아무도 상대해 주지 않자, 이를 불쌍히 여긴 제우스 신이 만찬에 초대했다. 그러나 익시온이 헤라 여신을 유혹하려 하자, 제우스 신은 그를 타르타로스에 유폐하고 네 바퀴가 달린 불붙은 수레를 계속 끌도록 했다는 내용이다.

90 호메로스, 『일리아스』 14권 166행 이하.

된 매력은 불 가까이서 이루어지는 일종의 공기 정화를 뜻한다
20A 고. 마치 시인 자신이 올바른 해결책을 제시하지 못했던 것처럼 말일세. 그러나 실은 아프로디테에 관한 설명에서, 시인 호메로스는 다음과 같은 학생에게 가르치고 있는 것이라네. 즉, 야한 음악, 추잡한 노래, 그리고 천박한 주제를 다루는 이야기들이 방탕한 인물들과, 그리고 나약한 삶과 사치와 달콤한 삶에 빠져 여인들과 정염을 불태우는 남자들을 만들어 낸다는 사실에 흥미를 느낄 학생에게 말이네. 그리고

> 옷을 자주 갈아입고, 따뜻한 물에 목욕하고, 쾌락의 침실에 들고.[91]

이것 역시 왜 그가 오뒷세우스를 하프 연주자로 나타내고 있는지 그 이유라네.

> 이제, 오라. 주제를 바꾸어 그 목마(木馬)가 어떻게 만들어졌는지 노래하라.[92]

B 이처럼 놀랍게도 그는 사리 분명한 사람들의 삶에서 작품의 주제를 취한 음악가와 시인들의 의무를 지적하고 있네. 그리고 헤라에 관한 설명에서, 그는 여인들이 남편과의 관계에서 춘약(春藥)과 마법 걸기, 그리고 부수적인 속임수를 통해 얻은 총애

---

91 호메로스, 『오뒷세이아』 8권 239행.
92 호메로스, 『오뒷세이아』 8권 492행.

가, 어떻게 일시적이고 곧 넌더리가 나고 불확실할 뿐만 아니라 쾌락적인 흥분이 사라지자마자 또한 분노와 적개심으로 변하는가를 아주 잘 보여주고 있다네. 이러한 것들이, 사실, 제우스 신의 분노에 찬 위협인데, 그는 헤라에게 이렇게 현명하게 말하네.

> 나를 속이려고 신들에게서 멀리 떨어져 와서
> 사랑과 애무로 내게서 무언가 얻으려 한다는 것을 내가 모를 줄 아오?[93]

왜냐하면 천박한 행동들의 기술과 묘사는, 그것이 그 행동들을 한 자들에게는 수치와 상처를 입히는 것으로 표현되긴 하지만, 그것을 듣는 사람에게는 상처를 주는 대신 유익함을 주기 때문일세. 어떻든 철학자들은 경고와 훈계를 주기 위해 알려져 C 있는 사실들에서 취한 모범의 예들을 사용하지. 그러나 시인들은 자기 자신의 상상력을 발휘한 창작 행위로써, 그리고 신화적 이야기들을 자세히 얘기함으로써 똑같은 결과를 성취하네. 진담이든 농담이든, 아테나이 국가가 공중연설가들의 논쟁과 무질서 속에서 영구적으로 보존되었다고 말한 이는 바로 멜란티오스[94]였지. 그들 연설가는 정말 배의 한 편으로 쏠리는 경향이 없었고, 그래서 정치가들의 의견 불일치 속에서도 유해함의 균형추가 마련되었기 때문이네. 그러므로 시인들의 시구 인용문들

93 호메로스, 『일리아스』 15권 32행.

94 Melanthios: 기원전 420년에서 400년까지 활약했던 아테나이의 비극 시인. 아리스토파네스의 공격을 많이 받았다고 함.

의 비교에서 상호 모순점들이 분명하게 드러난다 하더라도, 우리는 더 나은 쪽을 옹호하지 않으면 안 되네. 아래 예들을 보지.

D 내 아들아, 신들은 흔히 사람들을 파멸시킨단다.[95]

신들께 우리의 죄를 전가하는 것이 가장 쉬운 법.[96]

이 두 구절을 비교해 보게.

부자가 되는 게 기쁘지, 이자들은 파산했는데.[97]

아니, 돈 많은 술주정뱅이가 되는 게 나빠.[98]

이 둘은 어떤가.

이런 고통을 견디기보다는 오히려 죽는 게 나아.[99]

그게 더 나아. 신을 경배하는 게 고통은 아니야.[100]

---

95 에우리피데스의 『아르켈라오스』 *Archelaos*에서. 나우크, 『헬라스 비극 단편 선집, 에우리피데스 편』, No. 254, p. 434.

96 같은 책, 같은 곳.

97 나우크, 『헬라스 비극 단편 선집, 에우리피데스 편』, No. 1069, p. 699.

98 같은 책, 같은 곳.

99 나우크, 『헬라스 비극 단편 선집, 작자 미상 편』, No. 350, p. 905.

100 같은 책, 같은 곳.

이 두 가지를 잘 비교해 보게.

이와 같은 인용문들의 상호모순은 분명한 해결을 볼 수 있네. 내가 말해 왔던 것처럼, 만일 우리가 비평을 이용해서 더 나은 쪽으로 젊은이를 올바르게 지도하기만 한다면 말이지. 그러나 이런 원저자들이 얘기할 때마다 무언가 아귀가 안 맞고 또 바로 가까이서 해답을 찾을 수 없을 때는 언제든지, 우리는 어디선가 같은 원저자가 말하는 다른 내용의 글을 갖고 그 글을 논파해야 하네. 그럴 때 우리는 그 시인에 대해 불쾌감을 들어내거나 화를 내서는 안 되네. 불쾌감을 드러내거나 화를 내려면, 그 시인이 저속한 말의 방식으로 또는 해학으로 말했을 그 이야기에만 오로지 국한시켜야 하네. 호메로스는 천상에서 내던져져 곤두박질치는 신들, 인간들에 의해 상처받고 서로 시비를 걸고 말다툼하기를 좋아하는 신들에 관해 설명하고 있는데, 분명한 예를 보여주는 다음 시행을 보도록 하세. E

> [안테노르여! 그대가 지금 한 말은 내 마음에 안 드니.]
> 분명히 그대는 이보다 더 나은 말을 생각해 낼 수도 있었을 텐데.[101]

아니, 그뿐 아니지. 그대는 더 나은 것을 생각하고, 그것을 기지(機智)라고 생각하지. 다음과 같은 것들이네.

---

101 호메로스, 『일리아스』 7권 385행 및 12권 232행.

영원히 안락한 삶을 누리는 신들.[102]

그곳에서 축복받은 신들은 날마다 즐겁게 살고 있다고 하네.[103]

F 그렇게 신들은 비참한 인간들의 운명을 정해 놓으셨지.
괴로워하며 살아가도록. 그러나 그분들 자신은 모든 고통에서 자유롭구나. (슬픔을 모르니.)[104]

그런데 이 구절들은 신들에 대한 건전한 의견이고 또 참되지만, 아래에 나오는 또 다른 저 설명들은 조작되어 인간의 놀라움을 자극한다네. 에우리피데스가

21A 많은 책략으로
신들은 우리 인간의 계획들을 무산시키지.
신들은 훨씬 강하니까.[105]

라고 말할 때, 그의 더 나은 말인

신들이 천한 무언가를 한다면,
그들은 신일 리가 없지.[106]

---

102 호메로스, 『일리아스』 6권 138행. 『오뒷세이아』 4권 805행 및 5권 122행.
103 호메로스, 『오뒷세이아』 6권 46행.
104 호메로스, 『일리아스』 24권 525행.
105 나우크, 『헬라스 비극 단편 선집, 에우리피데스 편』, No. 972, p. 674.
106 에우리피데스의 『벨레로폰』 *Bellerophon*에서. 나우크, 『헬라스 비극

라고 부언하는 것도 나쁘지 않네. 그리고 핀다로스가 몹시 심하게 화가 나서 말하기를,

> 네가 하고자 하는 일을 하라,
> 그러면 너의 적을 정복하리니.[107]

'하지만 당신은 다음과 같이 중얼거릴 거라고' 우리는 대답할지도 모르지.

> 부정한 행위로
> 얻은 달콤한 기쁨은
> 쓰디쓴 종말을 맞이하는데.[108]

소포클레스가

> 달콤하구나, 기만으로 얻은 재산이여.[109]

라고 하면, 우리는 '정말로! 그러나 우리는 당신에게서

> 거짓말은 추수할 때 결실이 없어 들통나는 법.[110]

단편 선집, 에우리피데스 편』, No. 292, 7행, p. 447 참조.

107 핀다로스, 『이스트모스 송가』 *Isthmian Odes*, iv. 48.

108 핀다로스, 『이스트모스 송가』 *Isthmian Odes*, vii. 47.

109 나우크, 『헬라스 비극 단편 선집, 소포클레스 편』, No. 749, p. 307.

110 나우크, 『헬라스 비극 단편 선집, 소포클레스 편』, No. 750, p. 307.

이라고 한 말을 들었다'고 말할지 모르지.

B 위의 말은 부에 대한 아래의 말들에 대비한 것이네.

> 부는 신성한 땅에도 그렇지 못한 땅에도 있어
> 용케 찾아갈 길이 있는데,
> 가난한 사람은 그 길에 가까이 가도
> 그럼에도 불구하고
> 그의 마음의 욕구를 채울 수가 없지.
> 혓바닥은 있어도 불운한, 추한 몸,
> 부는 추한 사람을 아름답게 보이게 하고,
> 말 못하는 사람을 달변으로 만드네.[111]

그는 소포클레스의 말을 많이 써먹었을 것 같은데, 그중 이런 말도 있네.

> 부가 없어도 사람은 존경을 받을 수 있느니.[112]

> 구걸하여도 고귀한 마음은 줄어드는 게 아닌 법.[113]

C
> 유복한 풍요 속에

---

111 소포클레스의 『알레오스의 자손』 *Aleadae*에서. 나우크, 『헬라스 비극 단편 선집, 소포클레스 편』, No. 85, pp. 148~149 참조.

112 나우크, 『헬라스 비극 단편 선집, 소포클레스 편』, No. 751, p. 307.

113 나우크, 『헬라스 비극 단편 선집, 소포클레스 편』, No. 752, p. 308.

무슨 기쁨이 들어 있으리?
유복한 재산 증가가
나쁜 생각의 결과로 생겼다면.[114]

그리고 메난드로스는 확실히 사랑을 언급하는, 다음의 작열하는 시행에서 몹시 뽐내며 쾌락을 찬양했네.

같은 태양 아래서 살고 있는 모든 것은 쾌락의 노예로다.[115]

그러나 그는 또 다른 시점에서 우리를 선한 방향으로 되돌리고 이끌어 방종함의 뿌리를 뽑아내고 이렇게 말한다네.

부끄러운 생활은 즐겁지만, 추잡하지.[116]

후자의 감정은 전자의 것과 정반대이지만, 그것은 선하고 더 유익하네. 이런 상반되는 감정의 비교 고찰은 두 길 중 한 길을 택하게 하지. 그 길은 젊은이를 더 나은 쪽으로 인도하거나, 아니면 나쁜 쪽엔 반감을 갖도록 젊은이의 신념을 굳게 다지게 할 것이네. D

작가들 스스로 정당하다고 인정할 수 없는 자신들의 말들에

---

114 아마 소포클레스의 『테레오스』 *Tereos*에서인 듯. 나우크, 『헬라스 비극 단편 선집, 소포클레스 편』, No. 534, p. 260 참조.

115 코크, 『아티카 희극 단편 선집, 메난드로스 편』, No. 611, p. 184.

116 코크, 『아티카 희극 단편 선집, 메난드로스 편』, No. 756, p. 213.

대해서 해결책을 제공하지 못할 경우, 명성 있는 다른 작가들의 선언을 반대쪽에 내세워 균형을 이루어 저울의 균형추가 보다 선한 쪽으로 기울도록 하는 것은 나쁜 것이 아니네. 예를 들어, 알렉시스[117]가

> 지각 있는 사람은 쾌락의 과일을 모으네,
> 정말 여기에 이 삶의 의미를
> 주는 힘이 세 가지 있으니,
> E 먹고 마시고 사랑을 즐기는 것
> 이 밖에 모든 것은 부차적인 법.[118]

이라고 말해 다른 사람들을 선동한다면, 우리는 그들의 마음속에 소크라테스가 정반대의 말을 하곤 했다는 사실을 상기시켜야 하네. 즉, 나쁜 사람들은 먹고 마시기 위해 살고 선한 사람들은 살기 위해 먹고 마신다는 점을.

> 무뢰한을 상대하는 덴 무뢰한의 기술이 유용한 법.[119]

F 이라고 썼던 그가 우리를 악당처럼 행동하라고 명할 때, 디오게네스[120]의 답변을 생각하게 될 것이네. 디오게네스가 적을 만나

---

117 Alexis(394~circa 275 BC): 중기 희극 시대의 헬라스 희극 시인. 106세까지 살면서 희극을 다산한 것으로 유명함.

118 코크, 『아티카 희극 단편 선집, 알렉시스 편』, ii. No. 271, p. 397.

119 원전 불분명. 『모랄리아』, 534A에서 플루타르코스가 재인용.

120 견유 학파의 창시자.

면 어떻게 방어할 것이냐는 질문을 받았을 때, 그는

명예롭고 자신이 올바르다는 것을 입증함으로써

라고 대답했지. 우리는 디오게네스와 또한 소포클레스도 상반되게 비교해야 하네. 소포클레스는 비의(秘儀, 비밀 의식)에 관해 다음 시 구절을 써서 [비의에 참가 자격이 없는] 많은 남자를 낙담시켰지.

하데스 신의 지하 세계로 가기 전에
이 비의를 치른 사람들은 세 배의 축복을 받으리.
저승에서는 그들에게만 삶이 있고
나머지 모든 사람에게는 모든 것이 악이리.[121]

그러나 디오게네스[122]는 이 감정 섞인 말을 듣고 나서 말했지.

뭐라고?
파타이키온 그 강도 같은 놈이, 죽은 후에 에파메이논다스[123]보다도 더 나은 삶을 가진다고?
단순히 그가 비의(秘儀)를 치렀다고 해서 그게 가능해?

---

121 나우크, 『헬라스 비극 단편 선집, 소포클레스 편』, No. 753, p. 308.
122 견유 학파의 창시자는 자기가 가르치는 방법을 통해 인간의 불운들을 피할 수 있다는 내용의 비극들을 썼다고도 전한다.
123 테바이의 장군이며 정치가로서 레욱트라 전투의 영웅.

라고.

22A 그리고 티모테오스[124]가 극장에서 부른 노래에서 아르테미스[125]에 대해

> 황홀한 박코스 신에 도취해 광란의 춤을 추는 광신녀여,[126]

라고 칭찬하는 말을 했을 때, 키네시아스[127]는 즉시 이렇게 외쳤지.

> 당신도 그와 같은 딸을 갖게 되기를!

멋진 것은 역시 다음과 같이 말한 테오그니스[128]에 대한 비

---

124 Timotheos of Miletus(circa 446~357 BC): 헬라스의 음악가이며 열광적인 서정시인.

125 Artemis: 고대 헬라스 신 중 가장 널리 숭배되는 여신. 로마에서는 달의 여신인 디아나로 불렸다. 호메로스는 황무지의 아르테미스, 동물들의 여주인이라 언급하고 있는데, 원래 그녀는 아폴론의 쌍둥이 남매였다. 그녀는 사냥, 야수, 신생아 출생, 처녀성과 젊은 소녀, 여자에게 병을 안기기도 하고 치료하기도 하는 그런 여신이었다. 트로이아 전쟁 때는 트로이아 편에 섰으며, 아가멤논에게 애초의 약속을 지키라고 협박하여 그의 딸 이피게네이아를 자기에게 희생물로 바치게 한 것으로도 유명하다.

126 베르크, 『헬라스 서정 시인들』, iii. No. 1, p. 620. 플루타르코스, 『모랄리아』, 170A 참조.

127 Cinesias(circa 450~390 BC): 고전 시대 아테나이의 혁신적인 디오뉘소스 신 열광 시인. 희극 시인 아리스토파네스에 의해 『새』, 『개구리』, 『뤼시스트라테』에서 조롱당함.

128 Theognis of Megara: 기원전 6세기에 활약한 고대 헬라스 시인. 실제 생활에 도움이 되는 격언 시를 많이 썼다고 함.

온[129]의 응수였네.

> 가난에 찌든 사람은 누구도 말하거나 행동할 수 없는 법.
> 다만 꿀 먹은 벙어리가 될 뿐.[130]

비온은 이렇게 말했네.

> 그런데 어떻게 된 거야? 가난한 당신이 말도 안 되는 시시한 소리를 많이 지껄여 우리를 피곤하게 하다니!

{ 젊은이는 시가 인용문의 정확한 의미를 깨닫기 위해 문장의 구조와 어법을 공부해야 한다. }

5 우리는 바로 가까이에 있는 단어들이나 문맥상으로 제공되는 진술을 바로잡는 수단 방법을 무시해서는 안 되네. 그러나 의사들이 흙가뢰 곤충의 몸이 치명적 독이 있음에도 불구하고 그 발과 날개는 독을 중화시키는 데 도움이 된다고 생각하고 있는 것처럼, 이 방법은 시를 다룰 때 명사나 형용사 또는 동사가 위치에 따라 그 문장의 구조를 잡아 주어 문장이 잘못 해석되거나 문장의 초점이 흐리게 되지 않게 해주지. 이런 점을 다음 문구에서 볼 수 있네. B

---

129 Bion: 기원전 6세기 테오그니스와 동시대인임.

130 테오그니스, 『테오그니스의 애가시(哀歌詩)』 *The Elegiac Poems of Theognis*, 177, 178.

머리카락 자르고 뺨으로 눈물을 흘리는 것이야말로
우리가 불우한 인간들에게 베풀 수 있는 유일한 명예이니.[131]

그렇게 신들은 비참한 인간들의 운명을 정해 놓으셨지,
영원히 괴로워하며 살아가도록.
[그러나 그분들 자신은 슬픔을 모르니.][132]

C 왜냐하면 호메로스는 슬픈 인간의 삶이 신들에 의해 아무런 차이 없이 모든 인간에게 배분되었다고 말하는 것이 아니라, 다만 어리석고 바보 같은 인간들에게만 한정해서 슬픔이 주어졌다고 말하고 있기 때문이네. 그들이 사악하기 때문에 가련하고 불쌍해서, 그는 이 지각 없는 바보들에게 흔히 '불우하고' '비참하다'고 불렀던 것이네.

젊은이들은 표준이 될 만한 말을 배우고, 여러 의미로 해석되는 단어들은 그 쓰임새를 정확히 알기 위해 공부해야 한다. 예컨대 시인들은 신들의 이름을 신, 또는 흔히 오직 자연이나 운, 운명 또는 어떤 제2의 원인의 힘을 의미할 때 사용한다. 그러므로 다의적인 의미로 사용되는 단어들을 공부해야 한다.

6 다시, 시(詩)의 의심 가는 구절들을 나쁜 의미에서 좋은 의미로 바꾸는 또 하나 방법이 있네. 이는 표준적인 단어 활용법을 써 공부하는 것이지. 특히 젊은이들에게는 방언 같은 이상하

131 호메로스, 『오뒷세이아』 4권 197행.
132 호메로스, 『일리아스』 24권 525행.

고도 모호한 말[133]보다는 표준이 될 만한 말을 공부하도록 훈련해야 할 것이네. 헬라스어 'ῥιγεδανός, rhigedanos'(누구를 전율케 하다)[134]는 '비참한 죽음'을 의미하지(마케돈인들은 'δάνος, danos'를 죽음과 동의어로 쓰고 있기 때문이네). 아이올리스인들은 인내심[135]을 갖고 지구전을 통해 얻은 승리를 'καμμονίη, kammonie'(뒤에 계속 서 있음)라고 부르며, 드뤼오피아인들은 다이몬 신들을 'πόποι, popoi'(오 이상야릇한 것들!)라고 부른다네. 이런 것들을 알아두는 것은 재미도 있고 학식을 얻는 것이지. 시의 도움으로 이익이 된다면, 시인들이 신들의 이름을 어떻게 사용하고, 선과 악의 이름을 어떻게 사용하는지? 그리고 운과 운명을 얘기할 때 그 의미가 무엇인지? 글을 쓸 때 이 용어들이 한 가지 의미 또는 여러 가지 의미로 사용되는 단어군에 속하는지? 다른 단어의 경우와 마찬가지로 이런 질문을 이해하는 것은 필요하고 또 유익하네. 예를 들어 사람들은 'οἶκος, oikos'라는 단어를 '실제로 거주하는 집'으로 쓰고 있으니, D

그의 고대광실 속으로[136]

와 같은 경우네. 그러나 그것은 어떤 때는 '재산'의 의미로도 사용하지. E

133 이상한 말이거나 폐어들.

134 호메로스, 『일리아스』 19권 325행.

135 호메로스, 『일리아스』 22권 257행 및 23권 661행.

136 호메로스, 『오뒷세이아』 5권 42행과 7권, 77행 및 10권 474행인 듯.

내 가산(家産)이 날아갔다.[137]

라는 식으로 말일세. 이와 비슷한 경우로, 'βίοτος, biotos'는 가끔 '생명'으로 쓰인다네.

그러나 검은 머리의 포세이돈은 그[아다마스]의 창이 빗나가
그의 적[안틸로코스]의 생명을 구해 주었으니.[138]

또 때로는 '재산'의 뜻으로 사용되지.

다른 사람들이 내 살림을 먹어 치우고 있네.[139]

그리고 'ἀλύειν, aluein'의 표현은 때때로 '방황하다. 당혹해하다' 또는 '정신없다'의 의미로도 사용되네.

그가 이렇게 말하자, 그녀는 아연실색, 마음 아파하며 자리를 떴지.[140]

또 같은 말이 때로는 '오만함'과 '기뻐 날뜀'의 의미로도 사용되네.

137 호메로스, 『오뒷세이아』 4권 318행.
138 호메로스, 『일리아스』 13권 562행.
139 호메로스, 『오뒷세이아』 13권 419행.
140 호메로스, 『일리아스』 5권 352행.

너는 부랑자 이로스[141]에게 이기고 우쭐해진 나머지 기뻐 제정신이 아닌가 봐.[142]

그리고 'θοάζειν, thoazein'의 의미는 에우리피데스가 말하듯이[143] '빠르게 움직이다'의 의미네.

아틀란타 바다의 파도를 헤치고 뛰어오르는 고래.

또는 소포클레스가 말하듯이[144] '앉다'나 '앉아 있다'의 의미지. F

여기 이곳에 그대 앉아 나뭇가지 위에
화관을 올려놓고 간구하는 의미는 무엇인가?

문법학자들이 우리에게 가르치는 대로 받아들여 한 단어를 이런 때는 이런 의미로, 저런 때는 저런 의미로 쓰게 되면, 확실히 문제에 적합한 단어 활용을 하게 되니 이 또한 기품 있는 표현이 될 것이네. 예를 들면,

---

141 Iros: 아르나이오스의 별명. 그는 이타케의 거지로서 역시 거지로 변장한 오뒷세우스와 격투를 벌이다 쓰러지고 만다.

142 호메로스, 『오뒷세이아』 18권 332, 392행.

143 에우리피데스의 『안드로메다』 *Andromeda*에서. 나우크, 『헬라스 비극 단편 선집, 에우리피데스 편』, No. 145, pp. 401~402.

144 소포클레스, 『오이디푸스 왕』 *Oedipus Tyrannus*, 2.

νῆ᾽ ὀλίγην αἰνεῖν, μεγάλῃ δ᾽ ἐνὶ φορτία θέσθαι

ne oligen ainein, megale d' eni phortia thesthai

(조그만 배를 하나 권하라. 그러나 너의 짐은 큰 배에 실어라).[145]

23A 여기서 '*αἰνεῖν*, ainein'의 뜻은 '예의 바르게, 정중하게 사절한다'는 의미 대신에 쓰인 '권하다, 시인하다, 칭찬하다'의 뜻이네. 오늘날 일상 대화에서도 칭찬은 거절의 의미로도 많이 쓰이지. '글쎄'(즉, 아니, 고마워), 또 '잘 지내', '안녕'이란 말은 원치 않거나 받아들이지 않을 때 거절의 뜻으로 많이 사용하는 말들이지. 이와 같이 역시 어떤 사람이 '*ἐπαινὴ Περσεφόνεια*, epaine Persephoneia'(두려우신 페르세포네)란 표현을 쓸 때에는, 지하 세계의 왕인 하데스의 아내로 실질적인 명부(冥府)의 여왕인 '페르세포네'를 가리키는 그 '두려우신'이란 형용사 힘의 의미가, 그녀를 '두렵다'고 말하면서도 내심으로는 죽음을 내리지 말아 달라고 하는 심리가 작용하는 것이지.

그러면 이제 우리는 더 크고 더 진지한 문제에서 이 단어들의 특징과 차별성을 면밀히 관찰해 보도록 하세. 우선 신들부터 시작해 보지. 젊은이들이 배워야 하는 점은 시인들이 신들의 이름을 거명할 때는 때로는 신들 자체의 개념으로 이해하는가 하면, 또 때로는 신들이 베푸는 자와 통제자의 특정 기능을 하는 명칭으로 사용한다는 점이네. 명백한 예를 하나 들자면, 아르킬로코스[146]가 기도하면서 신을 말할 때는 신 자체를 부르는 것이네.

145 헤시오도스, 『일과 날』, 643.

146 Archilochos(circa 680~645 BC): 상고 시대 헬라스의 파로스 섬 출신의

오. 헤파이스토스[147] 신이시여, 제 기도를 들으소서. B
호의를 베풀어 당신의 도움을 주소서. 당신의 자비를 베푸소서.[148]

그러나 바다에서 실종되어 제대로 장례식을 치르지 못한 자신의 누님 남편을 두고 통곡할 때 그는, 좀 더 온건하게, 그가 좀 더 인내심을 발휘했다면 그 재난을 견딜 수 있었을 텐데 라고 이렇게 말한다네.

만약 금발머리에 살갗이 흰 몸에 깨끗한 옷을 걸치고,
헤파이스토스가 자신의 의무를 다했었더라면.[149]

그가 외친 이 이름은 불이었지 신이 아니었네. 그리고 에우리피데스가 말한 맹세의 대상은

별들 가운데 계신 제우스와 살인마 아레스[150]였네.[151] C

서정시인.

147 Hephaestos: 로마에서는 불과 대장장이 신인 불카누스로 불렸다. 그는 기술, 대장장이, 직인, 공인, 조각가, 금속, 야금, 화산의 신이었다. 그는 절름발이로서 망치와 도끼, 부젓가락 등을 가지고 나타났다고 한다.

148 베르크, 『헬라스 서정시인들』, ii. No. 75[36], p. 703.

149 베르크, 『헬라스 서정시인들』, ii. No. 12[54], p. 687.

150 Ares: 헬라스의 전쟁의 신. 그는 제우스와 헤라의 아들로서 올림포스 산의 12신 중의 한 명. 호메로스 시에서는 아프로디테의 연인으로 나온다.

151 에우리피데스, 『포이니케 여인들』 *Phoenissae*, 1006.

그는 신들 자신을 거명했지. 그러나 소포클레스가

눈이 멀어 보지 못하는 아레스여, 고귀한 여신들이여,
돼지를 닮은 삐죽이 나온 코들이 땅의 모든 재앙을 불러오네.[152]

라고 말할 때, 이때 부르는 이름은 전쟁을 의미하는 것으로 이해해야 하네. 호메로스가 다음 시구에서 말하는 것처럼, 그것은 청동으로 된 무기들을 암시하지.

아름답게 흐르는 스카만드로스 강변에
날카로운 날이 선 아레스가 이 사람들의 검붉은 피를 뿌렸노라.[153]

D 그 후로는 쭉 많은 단어가 이렇게 사용되므로, 제우스라는 명칭은 시인들이 때로는 신을, 또 때로는 운을, 또 가끔은 운명을 말하고 있다는 것을 알아야 하고 또 기억할 필요가 있네. 예를 들지.

아버지 제우스 [신]이시여! 이데 산의 옥좌에 앉으시어 가장 큰 영광과 권능을 갖고 계시니, 아이아스[154]에게 승리를 내려주소

152 나우크, 『헬라스 비극 단편 선집, 소포클레스 편』, No. 754, p. 308.
153 호메로스, 『일리아스』 7권 329행.
154 Aias: 텔라몬의 아들로서 살라미스 왕. 그는 오일레우스의 아들 소 아이아스와 구별하여 대 아이아스로 불린다.

서.[155]

오! 제우스 [신]이시여. 누가 그대보다 더 현명하다고 뽐낼 수 있으리오.[156]

이때 이들은 신 자체를 의미하네. 그러나 시인들이 일어난 모든 사건의 원인으로 제우스의 이름을 갖다 붙일 때는 다음 구절처럼 운명을 의미하지. E

많은 용감한 사람들이 혼백, 그것을 하데스의 지하 세계로 보냈고, 미모의 남자들, 그들의 육신은 개에게는 먹잇감으로 새들에게는 진수성찬 감으로 주었도다 — 제우스의 신의(神意)를 구현하기 위해.[157]

호메로스 [시인]은 인간에게 악을 획책하는 것이 제우스 신이라고 상상하지 않네. 시인은 다만 상황 속으로 저도 모르게 끌려 들어가는 어떤 힘을 신이라는 이름으로 올바르게 함축적으로 말하는 것이지. 예컨대 국가, 군대, 지도자는 자기 통제를 잘하기만 하면, 성공할 운명을 지닌 것으로서 적군에게 승리하게 마련이고, 만일 이들 영웅이 행했듯이 격정에 빠져 실수하거나 불화하여 논쟁이나 하게 되는 날이면, 상호 불신 속에서 지리멸

---

155 호메로스, 『일리아스』 3권 276행, 7권 202행, 24권 308행.
156 나우크, 『헬라스 비극 단편 선집, 작자 미상 편』, No. 351, p. 905.
157 호메로스, 『일리아스』 1권 3행.

렬하게 되어 불행한 종말을 맞게 되는 운명을 타고났다고 말하는 것이네. 소포클레스가 말했지.

> 운명 지어져 있으니.
> 인간들이 악한 계획에서 악한 결과를 가져온다는 것이.[158]

그리고 확실히 헤시오도스도 프로메테우스[159]가 에피메테우스[160]에게 권고할 때 제우스의 이름을 운명의 힘과 동의어로 사용하고 있네.

> 올림포스의 제우스 신에게서 오는 선물은 절대 받지 말고,
> 늘 되돌려 보내라.[161]

F 헤시오도스는 운명의 축복에는 '제우스 신의 선물'이라는 이

---

158 나우크, 『헬라스 비극 단편 선집, 소포클레스 편』, No. 352, p. 905.

159 에피메테우스의 형.

160 헤시오도스에 의하면 프로메테우스는 천상에서 불을 훔쳐 인간에게 주었다고 한다. 이에 크게 격분한 제우스 신은 헤파이스토스 신으로 하여금 진흙을 빚어 판도라라는 최초의 여자를 만들어 아프로디테 신에게서는 아름다움을, 헤르메스 신에게서는 설득력을, 아테나 여신에게서는 여인의 온갖 기술을 선물로 주도록 한다. 그러고 나서 제우스 신은 에피메테우스에게는 판도라를 신부로, 판도라에게는 이상한 상자를 선물로 준다. 동생인 에피메테우스는 형 프로메테우스에게서 제우스 신에게서는 어떤 선물도 받지 말라는 부탁을 받은 바 있어서, 신부로 맞이한 판도라에게 미리 주의를 주었지만, 판도라는 궁금한 나머지 그 상자를 몰래 열어 보게 된다. 그 상자에서 나온 것이 악, 절망, 다른 온갖 질병들이었고, 남아 있는 유일의 것이 희망이었다고 한다.

161 헤시오도스, 『일과 날』, 86.

름을 갖다 붙였네. 이를테면 부, 결혼, 관직, 요컨대 관혼상제(冠婚喪祭)로서 인간의 자력으로서는 어쩔 수 없는 것들이나, 이를 잘 이용하기만 하면 이득이 되는 것들이네. 에피메테우스라는 이는 병약하고 바보라서 조그만 행운이 와도 경계하고 또 그것을 두려워한다고 헤시오도스는 생각하지. 그래서 그는 그 때문에 에피메테우스가 상처받고 파멸 당할까 봐 다시 이렇게 말하네.

> 마음을 좀먹는 저주스런 빈곤 때문에
> 누군가를 모욕할 생각은 하지 마라.
> 빈곤은 영생하는 축복의 신들께서 나눠 주시는 선물.[162]

헤시오도스는 지금 신이 주신 것으로서의 우연에 의해 일어난 것을 말하고 있는 것이네. 그것은 결코 불운으로 가난해진 사람들을 비난하려는 것이 아니라, 다만 게으름, 안이한 생활, 낭비에 따른 궁핍을 꾸짖으려는 것이지. 그 후로 그것은 명예스럽지 못하고 또 지탄의 대상이 되네. 인간이 아직 운의 명칭을 사용하기 전에, 그들은 인과관계에는 강한, 그러면서도 불규칙적이고 불확정적인 원인이 작용하고 있는데, 그것의 불가피성을 인간의 이성으로는 통제할 수 없었다고 인식했기 때문이지. 그래서 그들도 우리가 행위와 인품, 사실상 심지어 언어와 사람들까지도 '신적인', 그리고 '신과 같은' 것으로 익숙하게 부르는 것처럼, 이것을 신들의 이름을 빌려 표현토록 노력하였네. 그러므 24A

162 헤시오도스, 『일과 날』, 717.

로 우리는 제우스 신에 관한, 외관상 불합리하게 보이는 수많은 언급을 수정해야 하네. 다음 세 구절을 예로 들겠네.

B 제우스 신전 입구에 고정되어 있는 두 개의 큰 항아리,
하나는 행복으로, 다른 하나는 슬픔으로 가득 차 있지.[163]

높은 왕좌에 앉아 계시는 크로노스의 아드님께서는
우리의 맹약을 이루어 주시지 않았으니,
그분께서는 우리 [헬라스와 트로이아] 양군에게 사악한 생각을 품으시고.[164]

그때 이미 전지전능하신 제우스의 신의(神意)에 따라,
트로이아인들과 다나오스인들[즉, 헬라스인들]에게
재앙이 굴러 오기 시작했지.[165]

이 구절들은 운이나 운명을 언급한 것으로 해석되어야 하네. 겉보기에 우리의 논리에 맞지 않고 한 마디로 우리를 초월하는 인과관계의 국면을 표현하기 때문이지. 그러나 그 이름의 사용으로 적합성, 이유, 그리고 가망성이 있는 곳은 어디에서든지, 우리는 신 자체를 의미하는 것으로 믿도록 하세. 예를 들면,

---

163 인용문은 플라톤, 『국가』, 379D에서 따온 것이지 결코 호메로스, 『일리아스』 24권 528행에서 취한 것이 아니다. 그러나 원문은 『모랄리아』, 105C에서 인용되고 있다.

164 호메로스, 『일리아스』 7권 69행.

165 호메로스, 『오뒷세이아』 8권 81행.

그러나 그는 다른 전사들의 대열 사이를 누비고 다닐 뿐, C
텔라몬의 아들 아이아스[166]와는 싸우기를 피했지.
그가 더 강한 자와 싸웠을 때
제우스가 그에게 화를 냈기 때문에.[167]

제우스는 인간의 최대 행복을 직접 챙기시고
나머지 작은 일들은 다른 신들에게 맡기시니.[168]

시인들이 말의 의미를 여러 상황에 따라 옮기거나 바꿀 때, 달라진 그런 말들에 대해서도 각별한 주의가 요망되네. 한 예가 '아레테'(ἀρετή arete, 라틴어 virtus)[169]라는 단어네. 아레테(덕)는 인간이 지각 있고 정직하고 올바르게 말하고 행동하게 할 뿐만 아니라 흔히 충분한 명예와 권력을 얻게 하지. 그래서 시인들은 D
이 생각에 맞춰 좋은 명성과 세력을 아레테(덕)가 있는 것으로 만들고, 올리브와 밤나무의 열매를 '올리브'와 '밤나무'라고 명명하고 그 열매를 맺는 나무도 같은 이름으로 일컫게 하는 것과 같은 방식으로, 정확하게 그들에게 이 이름을 부여하는 것이네. 시인들이 말하는 다음 세 구절을 보지.

신들은 땀을 흘려야 아레테[즉, 명성]를 쌓을 수 있도록 했으

166 앞의 주 154 참조.
167 호메로스, 『일리아스』 11권 540, 542행.
168 나우크, 『헬라스 비극 단편 선집, 작자 미상 편』, No. 353, p. 905.
169 'ἀρετή arete': 보통 덕이라는 번역어로 쓰이나 원래는 탁월함이란 의미임.

니.[170]

그런데 다나오스인들[즉, 헬라스인들]은 그들의 아레테[즉, 용기]로 적진을 돌파했네.[171]

죽는 것이 우리의 운명이라면,
죽는 것은 당연한 일,
아레테[즉, 운명]에 우리의 생명을 맡겨 보세.[172]

그러므로 우리의 젊은이로 하여금 즉각 이 말들이 우리가 도
E 달할 수 있는 최선의, 그리고 가장 신에 속하는 영역인데, 이 영역은 이성의 교정, 고도의 호감, 그리고 여기에 완전히 일치되는 영혼의 기질로 우리가 생각하는 것이라는 점을 느끼게 하도록 해야 하네. 그러나 딴 때에 젊은이는 다음 구절들을 읽게 되네.

제우스 신이 인간의 아레테[탁월함, 즉 지혜]를 늘이기도 하고 줄이기도 하시지.[173]

또는

170 헤시오도스, 『일과 날』, 289.

171 호메로스, 『일리아스』 11권 90행.

172 나우크, 『헬라스 비극 단편 선집, 에우리피데스 편』, No. 994, pp. 679~680. 플루타르코스, *Pelovpidas*, 317E에서 재인용.

173 호메로스, 『일리아스』 22권 242행.

부에는 아레테[즉, 덕 또는 위엄]와 영광이 따르지.[174]

그런 때에는 마치 부자들이 수선 떨지 않고 아레테[즉, 덕]를 돈으로 살 수 있었던 것처럼, 젊은이가 부자들 앞에서 놀라 주저앉아 찬탄하게 해서는 안 되네. 뿐만 아니라 젊은이가 그 자신의 지혜가 운에 따라 늘어나기도 하고 줄어들기도 한다고 믿게 해서도 안 되네. 다만 저 시인은 '아레테'[즉, 덕]라는 말을 명 F
성이나 위세, 또는 행운 등등의 말 대신에 썼다는 사실을 젊은이로 하여금 고려케 하면 되는 것이지. 확실히 시인들은 때때로 '카코테스'(*κακότης*, kakotes)[즉, 악]를 엄격한 의미에서 나쁨을 뜻하고, 또 영혼의 사악함을 뜻하기도 하는데, 헤시오도스가 이렇게 말하고 있네.

카코테스[즉, 악]는 모든 인간이 언제나 곧 얻을 수 있지. 왜냐하면 그것은
도처에 널려 있고 또 모든 사람이 사는 가까이에 있으니까.[175]

그러나 이따금 호메로스가 얘기한 것처럼, 어떤 역경이나 불운을 의미하기도 한다네.

젊었을 때 카코테스 속에서 살면[즉, 고생을 하게 되면], 금방 늙어

174 헤시오도스, 『일과 날』, 313.
175 헤시오도스, 『일과 날』, 287.

버리니까.[176]

시인들이 '에우다이모니아'(εὐδαιμονία, eudaimonia)[즉, 행복]에다
철학자들이 그런 것처럼 완전한 소유나 선의 성취감, 또는 자연
의 사리에 맞게 물 흐르듯 살아가는 삶의 완성을 갖다 붙여서,
25A 시인들이 이따금 이 단어를 남용해 부자들을 일컬어 행복하며
축복받았다고 하고 또 권세나 명성을 행복이라고 부른다고 호
메로스가 상상한 것으로 생각하는 사람이 있다면, 그런 사람은
다 슬프게도 속고 있는 셈일 거네. 이제 호메로스[177]가 그 단어
들을 정확히 사용한 구절을 보게.

많은 재산을 소유한다 해도 나는 기쁘지 않네(ὣς οὔ τοι χαίρων).[178]

메난드로스도 같은 얘기를 하고 있네.

내가 재산을 많이 가졌다고 사람들이 모두 나를 부자라고 부르지만,
나를 복 받은 사람이라고 하는 사람은 아무도 없지.[179]

그러나 에우리피데스는 몹시 오해와 혼란을 일으키는 말을

---

176 호메로스, 『오뒷세이아』 19권 360행.

177 호메로스, 『오뒷세이아』 4권 93행.

178 플루타르코스는 ὡς οὔ τοι χαίρων이라는 원문을 ὡς οὐκ εὐδαίμων, 에우다이모니아[즉, 행복]하지 않다는 것으로 읽었던 것 같다. 사실 논리적으로도 여기서는 '행복'이라는 말이 더 어울린다고 볼 수 있다.

179 코크, 『아티카 희극 단편 선집, 메난드로스 편』, iii. No. 612, p. 184.

하고 있네.

> 나는 따분하기만 한, 그런 에우다이모이아[즉, 행복]한 삶을 결코 살지 않기를.[180] B

> 왜 그대는 참주정[181]을 찬양하는가?
> 참주정의 그 불의의 에우다이모니아[즉, 행복]를.[182]

이외에도, 이미 언급한 것처럼, 사람들은 이 단어들을 비유적으로 왜곡해서 사용하는데, 이 문제에 대해서는 충분히 언급했기 때문에 이제 그만 논하기로 하겠네.

---

180 에우리피데스, 『메데이아』 *Medea*, 603.

181 원래 참주(*τύραννος*, tyrannos)는 도시국가 폴리스에서 비합법적으로 정권을 탈취하여 통치하는 자를 말하는데, 아테나이의 경우는 참주가 반드시 폭군을 뜻하는 것은 아니었다. 페이시스트라토스가 그러한 인물인데, 그는 세금도 많이 거두지 않고 또 디오뉘소스 축제를 열어 비희극의 경연대회를 열어 상을 주는 등 아테나이의 문예 진흥을 위해 많은 업적을 남겼다. 그러나 그 후 헬라스의 대부분 국가에서 참주들은 플라톤과 아리스토텔레스가 정의하듯이 법 없이 지배하고 극단적으로 잔인하게 통치했던 자들이었다. 아리스토텔레스는 덕치의 왕정이 변질해서 나쁜 것으로 타락하면 참주정이 된다고 설파했다.

182 에우리피데스, 『메데이아』, 598. *Phoenissae*, 549.

> 아리스토텔레스의 『시학』에서처럼 모방술로서의 시가의 유효성은 가능성과, 그리고 실제의 유사성에 내재하기 때문에 다양성과 복잡성을 확보하기 위해 운명의 반전이 구사되고, 이것이 등장인물들과 심지어 신들까지도 한결같이 덕이 있거나 번영하는 것으로만 표현되지 않는다는 점을 젊은이들에게 유의시켜야 한다.

7 그렇지만, 우리가 한 번이 아니라 여러 번 반복 지적해 젊은이들 마음속에 다음과 같이 유의시켜야 할 사실이 하나 있네. 즉, 시는 모방을 기초로 하기 때문에 그것의 기반을 형성하는 행동과 등장인물을 다루는 데 수식어와 장식을 사용
C 한다는 점을 말일세.[183] 하지만 반면에 모방은 진실이 끌어들이는 그 가능성에 의존하기 때문에 그것은 진실의 외관을 버리지 않는다는 점도 말이네. 이것이 왜, 진실을 전혀 무시하지 않는 모방이 악과 덕을 뒤섞어 행동으로 나타나게 하는가 하는 그 이유네. 이 점은 호메로스의 시에서 볼 수 있는데, 스토아 학파의 원리를 완전히 거부하는 것이네. 스토아 학파의 원리에 의하면 덕이 있는 곳엔 나쁜 것은 하나도 존재할 수 없으며 악이 존재하는 곳엔 어떤 선한 것도 있을 수 없고, 다만 무지한 인간은 항상 잘못을 저지르며 교양 있는 사람은 항상 옳다는 것이네. 이

---

183 아리스토텔레스, 『시학』 vi. 2~3.

그러니까 비극이란 진지하며 완결된, 크기를 가진 행위의 모방(재현)인데, 여러 부분 종류에 맞게 따로따로 뿌려진 각각의 양념 된 언어를 수단으로, 서술을 통해서가 아니라 행동하는 사람들에 의해 이루어지며, 연민과 공포를 통해 그와 같은 격정적인 것들을 깨끗하게 하는 모방(재현)이다. 그런데 '양념된 언어'란 리듬과 선율과 노래가 곁들어진 언어를 말한다. '종류대로 따로따로'란 어떤 부분들은 단지 운율을 통해서만 이루어지고, 또 다른 부분들은 노래를 통해서 이루어짐을 말한다.

것이 우리가 학교에서 배우는 것이지.[184] 그러나 대부분 인간의 실제 행동과 삶에 있어서, 에우리피데스에 의하면,

> 선과 악은 따로따로 떨어져 있을 수 있는 게 아니라 D
> 어느 정도 뒤섞여 있는 것.[185]

이라네.

그러나 시학이 진리/진실과 분리되어 있을 때는, 그것은 주로 허구의 변화무쌍한 다양성을 이용하네.[186] 왜냐하면 이야기

---

184 Epictectus(AD 55~135), 『논설집』 *Dissertationes*, 1. 4와 Seneca(circa 4 BC~AD 65), 『서한집』 *Epistulae* 75. 8 참조 바람.

185 에우리피데스의 『아이올로스』 *Aeolos*에서. 『모랄리아』 369B와 474A에서 재인용. 나우크, 『헬라스 비극 단편 선집, 에우리피데스 편』, No. 21, p. 369 참조.

186 아리스토텔레스, 『시학』 x~xiii.

> 이야기들 가운데에는 단순한 것들도 복잡한 것들도 있다. 이야기가 모방(재현)하는 행위가 바로 그렇기 때문이다. 행위가 단순하다는 것은 그 행위가 일어날 때, 이미 규정된 바와 같이, 통째로 쭉 이어져 하나가 되며 반전이나 알아차림 없이 변화가 일어나는 경우를 말한다. 한편 복잡하다는 것은 그 행위로부터 변화가 일어날 때, 알아차림이나 반전 또는 그 둘 모두와 함께 일어날 경우를 말한다. …… 그런데 이것들은 이야기의 구성 자체로부터 생겨나야만 하며, 따라서 이것들은 앞서 일어난 일들로부터 필연성으로부터 또는 개연성에 따라 일어나야만 한다. 사실 어떤 사건들이 다른 사건들 '다음에' 일어나느냐 아니면 다른 사건들 '때문에' 일어나느냐는 큰 차이가 있기 때문이다 ……. 이야기를 구성하면서 목적으로 노려야 하는 것과 피해야 하는 것은 무엇인지, 그리고 비극의 효과는 무엇으로부터 나오는지, 이 문제를 지금까지 말한 내용에 이어서 논의를 해야만 한다. 가장 훌륭한 비극의 구성은 단순하지 않고 복잡해야 하며, 그것도 공포와 연민을 일으킬 수 있는 일들을 재현할 수 있어야 하기 때문에(왜냐하면 이것이 바로 그와 같은 재현에 고유한 것이기 때문에), 우선 제일 분명한 것은 올바른 사람들이 행복에서 불행으로 빠지는 일이

에 감정, 놀라움, 예상 밖의 것을 부여하는 것은 바로 급전(急轉)이고, 또 이런 것들이 아주 큰 놀라움과 기쁨을 수반하기 때문이네. 그러나 천편일률적인 것은 감정이 메마르고 산문적이지. 따라서 시인들은 동일 인물들이 늘 모든 면에서 승리감에 도취해 있거나 번영하거나 또는 성공하는 것으로 표현하지 않네. 아니, 심지어 신들도 그렇다네. 신들이 인간 활동에 개입할 때는, 시인들의 시구에는 신들이 결코 감정이 없고 잘못도 저지르지 않는 것으로 표현되지 않네. 시에서는 심란하고 흥분시키는 요소가 있어야 어디서든 위험과 투쟁의 부재로 김빠지고 재미없게 되는 것을 방지할 수 있기 때문이지.[187]

나타나서는 안 된다는 것이다. 이것은 공포나 연민을 일으키지 못하며 오히려 더러운 일이기 때문이다. 또한 못돼먹은 사람들이 불행에서 행복으로 바뀌어서도 안 된다. 왜냐하면 이것은 모든 것들 가운데 가장 비극적이지 않기 때문인데, 필요한 것은 전혀 갖추고 있지 못하며, 인간적이지도 않고, 연민도 공포도 일으키지 못하기 때문이다.

187 플루타르코스의 『음악론』 16을 보라. '혼성의 뤼디아어(語)가 감정을 움직이고, 비극에 적절하다. 이런 분위기는, 아리스토크세노스가 주장하듯이, 삽포에 의해 창출된 것인데, 비극 작가들은 삽포에게서 그걸 배워 도리아 방언에 접목시켰던 것이다. 즉, 하나는 장엄하고 고결한 스타일이 되고, 다른 하나는 연민을 달래고 일으키는데, 이 두 가지가 다 비극의 속성이기 때문이다.'

그러므로 젊은이는 시가에 나오는 등장인물들에 대해 좋은 선입견을 갖고 그들의 말을 액면 그대로 수긍하거나 감탄해서는 안 된다. 시가란 결함이 많지만 더 나은 삶을 추구하는 인간들의 성품을 모방하는 것이라는 점을 인식해 대범하고 자신 있게, 예컨대 아킬레우스, 아가멤논, 페넬로페, 그리고 소포클레스와 에우리피데스에 나오는 등장인물들의 선행과 악행을 구분할 줄 알아야 한다.

8 자! 사실이 이렇다 보니, 젊은이가 시를 읽을 때는 저 훌륭하고 위대한 이름들, 예컨대 현명하고 정직한 인물들, 완전무결한 왕들, 그리고 모든 덕과 정의의 모범자들에 대해 선입견을 가져서는 안 된다고 하는 점을 주지시켜야 하네. 왜냐하면 만약 그가 모든 것을 긍정적으로만 보고, 경탄하고, 아무것에도 분개하지 않고, 심지어 반대 의견을 말하는 다른 사람의 말에 귀 기울이지조차 않거나 받아들이는 것을 거부하게 되면, 그는 크게 다칠 것이기 때문이네. 다음 네 가지를 예로 들어 보겠네. E

천상에 계시는 오! 제우스, 아테나, 아폴론이여,
신들께 비나이다.
트로이아 병사들은 단 한 사람도 살아남지 않게 하시고
아르고스인들도 전멸하게 해 주소서.
그래서 자네[파트로클로스]와 나[아킬레우스],
우리 단둘만이 이 파멸을 피하여
트로이아의 성벽을 파괴해 신성한 머리띠를 풀 수 있었으면 좋으련만![188] F

188 호메로스, 『일리아스』 16권 97행.

내가 들은 비탄의 소리 중 가장 슬펐던 것은
카산드라[189]의 절규였소.
프리아모스[190]의 딸로서,
클뤼타임네스트라[191]의 교활한 꼬임에 빠져
내 몸 위에서 죽임을 당한.[192]

어머니께서는 그 소녀가 내 아버지를 증오하도록
나더러 그녀와 먼저 정을 통하라고 자꾸만 내 무릎을 잡고 비셨소.
나는 승낙하고 어머니께서 시키신 대로 했소.[193]

아버지 제우스여! 어느 신도 그대보다 더 잔인하지는 않을 겁니다.[194]

26A 젊은이에게는 이와 같이, 어떤 것을 권장하는 습관에 빠지게

189 Cassandra: 트로이아의 프리아모스 왕과 헤카베 왕비의 딸. 그녀의 아름다움 때문에 아폴론 신은 예언력을 선물로 주나, 그녀가 아폴론의 구애에 아무 대꾸도 하지 않자 저주를 내려 그녀의 예언을 누구도 믿지 않게 한다. 그래서 트로이아 목마에 대한 그녀의 예언도 허사로 돌아가 결국 전쟁 포로로서 아가멤논의 첩이 되었다가 왕비인 클뤼타임네스트라에 의해 그와 함께 죽임을 당한다.

190 Priamos: 트로이아 전쟁 때 트로이아 왕.

191 Clytaemnestra: 고대 헬라스의 뮈케네 왕국(혹은 아르고스 왕국)의 아가멤논 왕의 부인. 아이스퀼로스의 『아가멤논』에서는 그녀가 남편과 그의 첩 카산드라를 죽이는 악역으로 나온다.

192 호메로스, 『오뒷세이아』 11권 421행.

193 호메로스, 『일리아스』 9권 452행.

194 호메로스, 『일리아스』 3권 365행.

해서는 안 되네. 뿐만 아니라 젊은이가 비열한 행위를 설명하기 위해 변명을 늘어놓거나 허울 좋은 핑계를 꾸며 내어 그럴싸하고 능수능란하게 해서도 안 되네. 오히려 젊은이로 하여금 시란 모든 점에서 완전하지도 않고, 결점투성이고, 공격할 틈이 많은, 다시 말해 털면 먼지가 나고, 감정이나 잘못된 의견, 그리고 갖가지 무지의 형태로 가득 차 있지만, 그러나 타고난 착한 성품 때문에 더 나은 삶을 위해 빈번히 자신들의 삶의 방식을 바꾸기도 하는 그런 사람들의 성품과 삶의 모방이라는 믿음을 가슴에 새기도록 해야 하네. 젊은이가 고귀한 말과 행동을 하는 데 자 B
부심과 공감적 열정을 느끼고, 비열한 말과 행동에 대해서는 혐오감과 반감을 품도록 잘 훈련받고 이해심을 갖추게 된다면, 이런 훈련이 시를 음미하는 데 해가 되지는 않을 것이기 때문이네. 그러나 선입견 때문에 판단력이 영웅들의 이름에 사로잡혀 있어서 모든 것에 감탄하고 모든 것에 적응하는 사람은, 플라톤의 굽은 등이나 아리스토텔레스의 혀 꼬부라진 소리를 흉내 내는 사람들처럼, 자기도 모르는 사이에 비천한 일에 많이 순응하는 경향을 지니게 되지. 어느 누구도 겁이 나서, 또는 마치 신성한 장소에서 종교적 경외심의 주문에 걸려든 듯 모든 것에 공포심을 갖고 후들후들 떨거나 엎드려 절해서는 안 되네. 오히려 자신감을 갖고

> 옳소,
> 맞소.

라고 외치듯이,

옳지 않소,
맞지 않소.

C 라고 외치는 습관을 기르도록 해야 하네. 예를 들어 보겠네. 아킬레우스가 병으로 고통받고 있는 병사들에게 모이라고 소집령을 내렸네. 전쟁터에서의 자기 자신의 독특한 지위와 명성 때문인데, 그는 전쟁의 느린 속도에 아주 초조해 있었지. 게다가 그에게는 약간의 의학 지식이 있어, 보통 병이 아니고 발병 원인도 잘 알려져 있지 않는데다 극성을 부리는 9일째 날 이후에는 위험에 이른다는 것을 알고 있었기 때문이네. 그래서 그는 일어서서 말할 때 열변을 토하지 않고 왕에게 조언자로 말하는 것처럼 하지.

아트레우스의 아들[아가멤논]이여! 지금, 내 생각에는,
우리가 여길 떠나 다시 우리 고향을 찾아 방황할 운명인가 보오.[195]

D 이렇게 그는 바르고, 온화하게, 그리고 적절하게 말을 했네. 그러나 예언자[칼카스]가 헬레네스 중 가장 강한 자의 분노를 두려워한다고 말하자, 아킬레우스는 더 이상 바르고 온화하게 말하지 못한다네. 그 자신이 살아 있는 한, 아무도 그 예언자에게 폭력을 행사해선 안 된다고 맹세하면서

195 호메로스, 『일리아스』 1권 59행.

안 되오. 그대가 말한 자가 아가멤논일지라도 말이오.[196]

라고 말한다네. 이렇게 해서 그가 이 지도자를 경시하고 경멸하는 게 분명해졌네. 잠시 후 그의 분노는 더욱 격렬해져서 그를 살인할 의도로 칼을 뽑을 충동마저 느낀다네. 이것은 명예로 보나 이득 면에서 올바른 것이 아니지. 잠시 후 그는 후회해,

그는 큰 칼을 한 번 더 칼집에 쑤셔 넣고,
또한 아테나의 명령도 거역하지 않았네.[197] E

이때는 올바르고 명예스러웠네. 왜냐하면 그가 자신의 분노를 완전히 삭인 것은 아니지만, 돌이킬 수 없는 어떤 일을 저지르기 전에 이성에 복종해 분노를 없애고 억제해서 파국을 면했기 때문이지. 그러면 다시 아가멤논에게로 돌아가 보세. 회합에서 아가멤논이 한 행동과 말은 가소로웠지만, 크뤼세이스를 다루는 사건에서는 그는 더 위엄 있고 왕다웠다네. 그 이유는 브리세이스가 끌려 가고 있을 때 아킬레우스는

갑자기 눈물을 흘리며 그의 전우들에게서 떨어져 앉아[198]

있었으나, 반면에 아가멤논은 자기 부인보다 더 사랑했지만 어 F

196 호메로스, 『일리아스』 1권 90행.
197 호메로스, 『일리아스』 1권 220행.
198 호메로스, 『일리아스』 1권 349행.

떤 사랑의 행위나 수치스런 행동을 한 적이 없었다고 말하면서 그 여인을 포기하고 몸소 배에 태워 멀리 보냈기 때문이지.

그러면 다시 포이닉스의 이야기로 돌려 보세. 아버지의 애첩을 상대했다는 이유로 아버지한테 저주받은 포이닉스는,

> 정말 나는 진심으로 예리한 단도로 그를 죽일 마음을 먹었었지.
> 하지만 불사의 신들 중 한 분이 내 화를 풀어 주었지.
> 이에 대한 사람들의 얘기와 책망들을 유의시키며
> 내가 아카이아인들[즉, 헬라스인들] 사이에서
> 내 아버지의 살해자로 알려지지 않도록.[199]

라고 말하지.

이런 이런, 아리스타르코스[200]는 두려움 때문에 본문에서 이 시행들을 지워 버렸네. 그러나 그 시행들은 그 경우의 관점에서 보면 맞는 말이네. 왜냐하면 포이닉스가 아킬레우스에게 분노가 어떤 것인가를 가르치려고 애쓰고 있기 때문이네. 만일 사람들이 이성을 저버리고 또는 야만적인 행동들을 진정시키려고 애쓰는 자들의 말에 귀 기울이지 않는다면, 분에 못 이겨 얼마
27A 나 많은 야만적인 행동들을 하게 되는지를 말일세. 그래서 역시 시인 호메로스는 멜레아그로스[201]가 동료 시민에게 화를 내다가

---

199 호메로스, 『일리아스』 9권 458~461행.

200 Aristarchos of Samothrace(220?~143 BC?): 호메로스의 『일리아스』와 『오뒷세이아』의 각 24권으로의 배치와 주석 달기로 유명한 헬라스 문법 학자이자 비평가. 알렉산드리아 도서관의 사서였다고 함.

201 Meleagros: 『일리아스』 9권에서 아가멤논과 언쟁을 벌인 후 귀향하겠

후에는 그들을 달래는 것으로 소개하고 있지. 그런데 그가 그의 감정상의 허물을 찾아낸 것은 옳았지만, 다른 한편으로는, 그들에게 굴복하기를 마다하고 그들에게 저항하고 그들 위에 군림하고, 그리고 심경의 변화를 일으키는 것을 시인은 선함과 유익함으로 권장한다네.

자! 이들 경우에서는 차이가 분명하게 드러난다네. 그러나 호메로스의 판단이 분명하지 않은 경우들에서는 다음과 같은 점에 젊은이의 주의를 집중시켜 그 차이점을 끌어내도록 해야 하네. 즉, 만약 나우시카아가 낯선 사람 오뒷세우스를 단지 바라만 보고 첫눈에 반해, 그에게 품었던 갈림소의 연정을 몸소 느껴, 바람난 결혼 적령기의 처녀처럼 이런 바보 같은 말들을, B

> 저런 남자가 내 남편이라고 불리며 이곳에 살고 또 이곳에 계속해서 머문다면,
> 얼마나 좋을까![202]

다는 아킬레우스를 설득하는 포이닉스의 얘기가 나온다. 즉, 수년 전에 영웅 멜레아그로스의 도시가 경쟁 부족민에게 포위당했을 때 멜레아그로스는 통 싸울 생각을 하지 않고 온종일 부인 곁에 누워 있었다. 왜냐하면 그가 외삼촌을 죽였다고 하여 그에게 저주를 내려 죽여 달라고 신에게 기도하고 있는 어머니와 싸우고 있었기 때문이다. 그러자 시민은 그에게 도시를 구하면 보물들을 주겠노라고 제안했다. 그러나 그는 이를 거절했다. 마침내 도시가 절대 위기에 처하자 그는 부인의 간청을 들어 도시를 구하게 된다. 하지만 시민은 그에게 약속했던 보상을 주지 않았으니, 실기했다는 이유에서였다.

202 호메로스, 『오뒷세이아』 6권 244행.

라고 시녀들에게 했다면, 그녀의 대담성과 자제력의 부재는 비난받아야 할 것이네. 그러나 다른 한편, 그녀가 그 남자의 말에서 사람 됨됨이를 보고 호감에 가득 찬 그의 대화에 감탄한 나머지 자기 고향 사람인 선원이나 춤꾼보다는 차라리 이런 사람에게서 위안을 받았으면 하고 기원한 거라면, 그녀가 감탄하는 것은 아주 옳은 일이네.

그러면 다시 화제를 페넬로페가 구혼자들과 대화할 때로 돌아가 보세. 그녀가 냉담한 태도를 취하지 않아 그들이 그녀에게 고급 옷과 보석을 선물로 주며 호감을 사려는 것을, 오뒷세우스는 기뻐했는데,

C 왜냐하면 그녀가 감언으로 달래 그들에게서 이 모든 선물을 받아내고,
또 그들의 넋을 잃게 했기 때문이네.[203]

만약에 선물을 받고 이득을 챙긴 것을 보고 오뒷세우스가 기뻐 날뛴 것이라면, 희극에서 풍자되듯이 자기 부인을 창녀로 만든다는 점에서 그는 폴리아게르[204]를 능가하지.

축복받은 폴리아게르여!

203 호메로스, 『오뒷세이아』 18권 282행.

204 Poliager: 전승에 의하면 아내의 연인들에게서 대금을 받고 생활한 꼽추로, 끝내 몰매 맞아 죽었다고 한다.

돈을 낳는 퀴프로스의 염소를 지키고 있으니.[205]

그러나 다른 한편, 페넬로페가 구혼자들을 자신감에 넘치게 하고 현실 감각을 무디게 함으로써 심어 준 희망 때문에, 오뒷세우스가 그들을 힘으로 제압할 수가 있게 되어 기뻐한 거라면, 그의 즐거움과 자신감은 아주 옳은 것이라네. 다시 그의 재물에 대한 비슷한 화제를 꺼내 보겠네. 파이아케스인들이 오뒷세우스를 많은 재물과 함께 해안가에 내려놓고 배를 타고 떠나간 후에, 그가 잠에서 깨어나 재물들을 하나하나 점검하지. 그런데 홀로 주위를 살펴보니 여기가 어딘지 어떤 사람들이 사는지 통 알 수가 없어, 자기 재물에 대한 불안감 때문에, 그가 D

배에 탄 사람들[파이아케스인들]이 빈 배에
선물의 일부를 싣고 가지 않았는지[206]

라고 말한 것이라면, 그때에는 그의 탐욕을 가련하게 생각하거나 심지어는 정말 그것에 혐오감을 내비쳐도 아주 옳은 일이네. 그러나 다른 한편, 누군가가 말하듯이, 있는 곳이 자기 고향인 이타케인지 아닌지도 통 모르는 상태에서 재물이 손도 안 댄 채 그대로 안전하게 있는 것은 파이아케스인들의 청렴성을 보여주는 증거라고 그가 생각한 거라면(왜냐하면 그렇지 않았더라면 그들은 아무것도 바라지 않고 그를 실어다 주지도 않았을 것이고, 낯선 땅의 해변

205 코크, 『아티카 희극 단편 선집』, iii. No. 8, p. 399.
206 호메로스, 『오뒷세이아』 13권 216행.

에 그를 내리게 하여 남겨두면서, 동시에 그의 재물을 그대로 두지 않았을 것이기 때문이네), 그때에는 그가 정당한 점검을 하는 것이고, 그의 E 선견지명을 칭찬하는 것은 아주 옳은 일이라 할 수 있네. 그러나 몇몇 비평가들은 그를 해변에 내려놓는 이 일이 실제로 그가 잠든 사이에 일어났다면, 그를 해변에 내려놓는 바로 그 행위는 잘못이라고 지적하지. 에트루리아인들은 오뒷세우스가 자연스레 잠이 들었고, 이 이유 때문에 대부분의 사람이 그와 대화를 나누는 것은 어려웠다는 하나의 전승을 여전히 간직하고 있다고 주장한다네. 하지만 만약 그가 실제로 잠든 것이 아니고, 또 파이아케스인들에게 아무 선물도 없고 향연도 베풀지 않은 채 그들을 떠나보내는 것이 부끄러워서, 그리고 아울러 파이아케스인들이 그와 동행한다면 그[오뒷세우스]의 적들의 손아귀에서 빠져나올 수 없기 때문에 잠든 체하여 곤경을 벗어나려 했다면, 그때에는 비평가들도 이를 수긍하게 될 것이네.

우리는 젊은이에게 이런 점들을 지적함으로써, 등장인물들의 이런 태도가 비열하다는 생각을 지니게 해서는 안 되네. 오히려 우리가 주저하지 말고 한 부류는 비난을 하고 다른 부류는 칭찬을 한다면, 그들은 더 나은 것을 본뜨고 선택하게 될 것이 F 네. 특히 그럴듯하고 기교 있는 말들로 평판이 나쁜 악인의 행위를 묘사하는 비극들을 대할 때 이렇게 하는 것이 필요하네. 소포클레스가 다음과 같이 말할 때, 그의 진술은 전적으로 참되다고 할 수 없기 때문이지.

정의롭지 못한 행위에서 정의로운 말이 나올 수 없다.[207]

사실, 그는 나쁜 등장인물과 부자연스런 행동 묘사를 위해 매혹적인 말과 인정에 넘치는 이유를 예사로 둘러대는 습관이 있네. 그리고 자네는 또한 드라마에서 그의 동료 작가인 에우리피데스가 파이드라가 힙폴뤼토스와 사랑에 빠진 것이 테세우스가 버렸기 때문이었다고 그에게 비난을 퍼붓는 것으로서 파이드라[208]를 표현했음을 알고 있네. 이런 종류의 시행은 또한 에우리피데스가 『트로이아 여인들』[209]에서 헬레네를 봐주기 위해, 헤카베를 노린 솔직한 시행에서도 엿볼 수 있네. 즉, 헤카베가 오히려 벌을 받아야 할 사람이니, 그녀가 헬레네의 불륜 원인 제공자였던 바로 그 사람[파리스]을 세상에 태어나게 한 어머니였기 때문이라고 말이네. 젊은이가 이런 것 중 하나라도 재치 있고 절묘한 말이라 생각하는 습관을 지니게 해서는 안 되고, 이런 현란한 말재간에 웃으면서 관대하게 받아들이도록 해서도 안 되네. 심지어 방종한 행동보다는 오히려 방종한 말들에 대해 더 치를 떨게 해야 할 것이네. 28A

207 나우크, 『헬라스 비극 단편 선집, 소포클레스 편』, No. 755, p. 308.

208 아마 *Hippolytos*에서인듯. 나우크, 『헬라스 비극 단편 선집, 에우리피데스 편』, No. 491, p. 515 참조.

209 에우리피데스, 『트로이아 여인들』, 919.

B
젊은이는 시인이 선택한 주제와 거기에 나오는 모든 언급에 대해 타당성을 검토해야 한다. 그렇게 하지 않을 경우, 젊은이는 사악하고 불합리한 시가를 읽음으로써 악영향을 받게 된다.

9 자, 이제는 모든 경우에, 언급된 모든 것의 원인을 하나하나 찾아보는 것 또한 유익하다네. 카토를 예로 들어 보겠네. 카토는 어렸을 때도 자기를 돌보는 시종이 시키는 것은 무엇이든지 행하곤 했지만, 그 역시 그 지시의 근거와 이유를 사전에 밝히라고 요구했네. 그러므로 시인들의 주제가 합리적이지 않는 한, 마치 그들이 우리를 지켜 주는 자인 양, 또는 입법가인 양 그들에게 복종해서는 안 되네. 주제가 선한 것이라면 그들의 말은 타당하고, 악한 것이라면 그들의 말은 공허하고 헛되게 보일 것이네. 그러나 대부분의 사람은 다음과 같은 사소한 일들을 택한 이유와 또 말하고자 하는 의도가 무엇인지 알려달라고 주장할 정도로 예민하다네.

사람들이 마실 때는
포도주 희석용 동이 위에 주전자를 얹지 마라.[210]

자기 전차에서 적의 전차를 공격할 수 있을 때는 누구든 창을 던져라.[211]

---

210 헤시오도스, 『일과 날』, 744. 그렇게 하면 잔치가 끝났음을 암시하기 때문. 이어져 나오는 문장, "그렇게 하면 액운이 따르는 법이라오." 참조.
211 호메로스, 『일리아스』 4권 306행.

그러나 훨씬 더 중대한 일에서는 그들은 전혀 시험해 보지도 않고 그것들을 그대로 믿고 받아들이는데, 예를 들면 이런 것들이네. C

아무리 담대한 인간이라 해도
자기 어머니나 아버지의 치욕을 알게 될 때는 언제나
노예처럼 되지.[212]

성공하지 못한 자는 기가 꺾이는 법.[213]

그렇지만 이런 감정들은 우리에게 판단력을 흐리게 하고 저급한 의견을 싹트게 함으로써 우리 성격에 영향을 주고 우리의 삶을 어지럽히네. 습관상 우리가 다음과 같은 일들에 사사건건 D
대꾸해 이렇게 말할 수 없는 한에서 말이네. 즉,

왜 성공하지 못한 사람은 기가 꺾이는가, 왜 그는 운에 맞서 일어서지 않는가, 그래서 자기 자신을 고양시켜 자신의 기를 살리지 않는가? 비록 내 아버지가 악하고 바보 같은 사람일지라도 지금 내가 선하고 양식이 있다면, 나의 선한 기질로 자만심을 갖지 못할 이유가 무엇인가? 왜 내 아버지의 우둔함 때문에 내가 낙담하고 기가 죽어야 하는가?

---

212 에우리피데스, *Hippolytos*, 424. 플루타르코스가 『모랄리아』 1C에서 인용.

213 나우크, 『헬라스 비극 단편 선집, 에우리피데스 편』, No. 957, p. 670.

등등. 왜냐하면 바람 따라 움직이듯이 각 가르침이 내뱉어질 때마다 완전히 심취하기를 저항하고 또 거부하며,

> 바보는 말해진 각 단어 하나하나에 야단법석을 떠는 경향이 있다.[214]

는 속담의 정확한 뜻을 믿는 사람은, 그 속에 들어 있는 상당량의 참되지 않거나 이익이 되지 않는 것들을 곁으로 밀어내 버릴 것이기 때문이네. 이것이 시를 읽을 때 모든 해로운 위험 요소를 제거하는 것이지.

젊은이는 시가 속에서 비슷한 상황에 처한 영웅과 범인(凡人)의 언행의 차이와 헬라스인과 트로이아인의 언행의 차이와 같이 그 속에 반쯤 감춰져 있는 특성을 간과해서는 안 된다.

10 열매가 풍성한 포도 넝쿨 잎과 가지 속에 흔히 숨어 있어 그늘에 가려 눈에 띄지 않는 것처럼, 역시 줄줄이 열려 있는 시어(詩語)와 이야기들 속에는 도움이 되고 유익한 것들이 많이 들어 있는데, 젊은이는
E 이를 놓친다네. 이런 일이 젊은이에게 일어나서는 안 될 뿐만 아니라 젊은이는 이 사실들을 멀리해서도 안 되네. 특히 덕으로 이끌고 성격 형성에 힘이 실린 것들에는 꼭 매달려야 하네. 이

214 헤라클레이토스의 말을 플루타르코스가 『모랄리아』, 41A에서 재인용. Diels, *Fragmente der Vorsokratiker*, i, p. 95 참조.

런 점에서 화제를 간단히 짚고 넘어가는 것도 나쁜 일은 아닐 것이네. 폭넓고 구체적인 언급을 하고 상세한 예를 드는 일은, F
과시하기를 좋아해 글 쓰는 사람들에게나 맡기기로 하지. 우선, 젊은이가 좋거나 나쁜 성격의 등장인물을 대할 때, 시인은 각자 성격에 꼭 맞는 시행과 행동을 묘사하고 진술하게 되는데, 여기에 젊은이의 관심을 돌리게 해야 하네. 예를 들어 보세. 아킬레우스는 아가멤논에게 몹시 화가 치밀어서,

> 아카이아인들이 트로이아인들의 번화하고 인구가 많은 도시를
> 점령하고 전리품을 차지할 때마다
> 당신 것과 똑같은 선물을 나는 한 번도 받아 보지 못했소.[215]

라고 말하네. 그러나 테르시테스는 같은 사람[아가멤논]에게 욕설을 퍼부을 때 이렇게 말한다네.

> 당신의 막사들은 청동으로 가득 차 있고, 또 여인들도 많이 있지 않소!
> 우리 아카이아인들이 도시를 함락할 적마다 고르고 골라 맨 먼저 그대에게 바친 여인들이.[216]

그리고 또 다른 경우에 아킬레우스는 이렇게 말하지. 29A

215 호메로스, 『일리아스』 1권 163행.
216 호메로스, 『일리아스』 2권 226행.

만일 언젠가 제우스께서 튼튼한 성벽으로 둘러싸인 트로이아 시를
우리가 약탈하도록 허락해 주신다면,[217]

그러나 테르시테스는,

나나 다른 아카이아인이 사로잡아 온 사람.[218]

이라고 말하지. 군 검열을 받을 때의 이야기인데, 아가멤논이 디오메데스를 야단치자, 이자는 대꾸도 하지 않았다네.

아주 존경받는 왕의 엄한 꾸짖음에 경의를 표하면서.[219]

그러나 스테넬로스는, 하찮은 사람인데, 이렇게 말하지.

아트레우스의 아들이여, 사실대로 말할 줄 아실 텐데
왜 거짓말을 하시오!
우리는 아버지들보다 훨씬 낫다고 자부하고 있소.[220]

라고.

B 이런 유의 차이는, 간과만 되지 않는다면, 젊은이에게 겸손

---

217 호메로스, 『일리아스』 1권 128행.
218 호메로스, 『일리아스』 2권 231행.
219 호메로스, 『일리아스』 4권 402행.
220 호메로스, 『일리아스』 4권 404행.

과 온화를 품위의 표시로 간주하게 하고 반대로 오만과 자화자찬을 천박함의 표시로 알아 여기서 멀리 떨어지도록 가르치게 되네. 이 경우 아가멤논의 행위를 눈여겨보는 것이 역시 유익한데, 그는 한 마디도 하지 않고 스테넬로스를 지나쳐 버렸지만, 오뒷세우스는 무시하지 않고 그에게는 다음과 같이 행동했기 때문이네.

> 통치자 아가멤논은 그가 격분했음을 보자, 그에게 미소를 지어 보이며
> 자기가 한 말을 취소하려고 했지.[221]

누구에게나 자기의 행동을 변명하는 것은 비굴하고 품위 없어 보이게 하지만 반면에 모든 사람을 경멸하면 거만하고 바보처럼 보인다네. 아주 훌륭하게도 디오메데스는 전쟁터에서는 왕에게서 꾸지람을 듣고 침묵을 지키지만, 전투가 끝난 후에는 왕에게 솔직한 심정을 이렇게 토로한다네. C

> 우선 한 말씀 올리나이다.
> 왕이신 당신은 다나오스인들[222] 앞에서
> 저의 용맹성을 헐뜯으셨습니다.[223]

---

221 호메로스, 『일리아스』 4권 357행.
222 다나오스 왕들의 아르고스인들. 보통 헬라스인들을 칭함.
223 호메로스, 『일리아스』 9권 34행.

지각 있는 사람과 인기를 탐하는 예언가 사이의 차이점을 놓치지 않는 것 역시 좋은 것인데 예를 들지. 예언가 칼카스[224]는 이 경우에 전혀 관심을 두지 않았고, 대중 앞에서 왕을 비난하는 말을 전혀 하지 않았네. 단지 그는 아가멤논이 그들에게 역병을 전파시켰다고 주장했지. 그러나 네스토르[225]는 다르다네.
D 그는 간절히 아킬레우스와 화해하라는 권유의 말을 하고 싶었지만 잘못을 저지르고 화를 낸 아가멤논을 대중 앞에서 불신한다는 점을 보여주지 않기 위해 다음과 같이 말하네.

> 원로들에게 잔치를 베푸시오.
> 그것은 당연하고 부당한 일이 아니니오.
> 많은 사람들이 모였을 때는
> 가장 훌륭한 계책을 말하는 자를 당신은 따라야 할 것이오.[226]

그러자 만찬이 끝난 후 아가멤논은 아킬레우스를 회유하기 위해 사절들을 보내지. 이것이 그가 아킬레우스에게 저지른 잘못을 고치는 길이었고, 그 밖의 것은 그를 볼썽사납게 체면을 깎고, 비난받게 하는 것이었기 때문이지.

더군다나 트로이아인들과 아카이아인들의 차이점을 주목해야 하는데, 그들의 행위는 다음과 같았네. 트로이아인들은 큰소

---

224 호메로스, 『일리아스』 1권 94~95행.

225 Nestor of Gerenia: 펠로스의 왕. 트로이아 전쟁에 참전했을 때 그의 나이는 110세였다고 한다. 그는 특히 아가멤논과 아킬레우스가 화해할 것을 조언한 것으로 유명하다. 『일리아스』 9권 109행.

226 호메로스, 『일리아스』 9권 70행과 74~75행.

리치며 자신 있게 나아가지만, 아카이아인들은

> 소리 없이, 그들의 지휘관들을 두려워하면서 따라가지.[227]

적과 가까이 대치하고 있을 때 자기들의 군사령관을 두려워하는 것은 용맹의 표징이며 동시에 권위에 대한 복종의 표시이기 때문이네. 그러므로 플라톤이 고생과 위험보다는 책망과 불명예를 더 두려워하는 습관을 키우려고 노력했고,[228] 카토는 얼굴이 창백해진 사람보다는 얼굴이 빨개진 사람을 더 좋아한다고 종종 말했지.[229] E

영웅들의 약속에는 역시 고유한 성품도 엿보이는데, 돌론은

> 나는 군대의 한가운데를 지나 곧장,
> 아가멤논의 명령하에 있는 함선으로 갈 것이네.[230]

라고 약속하지. 그러나 디오메데스[231]는 약속은 일체 안 하지만, 다른 사람과 함께 보내진다면 덜 두려워하게 될 것이라고 말하네. 그런데 신중함은 헬레네스인의, 세련된 사람의 특성인 반면에, 주제넘게 구는 것은 바르바로스, 즉 이방인의 야만적인 싸 F

227 호메로스, 『일리아스』 4권 431행.

228 플라톤, 『변론』 *Apology*, 28F와 E 참조.

229 플루타르코스, 『카토 전기』 *Life of Cato*, ix(341C) 참조.

230 호메로스, 『일리아스』 10권 325행.

231 호메로스, 『일리아스』 10권 222행. Diomedes: 아르고스의 왕으로서 트로이아 전쟁에 참전했던 헬라스의 영웅.

구려 행동인 것이네. 앞엣것은 본받아야 하고 뒤엣것은 배격해야 하지. 아이아스가 헥토르와 단판 승부의 전투를 벌이려고 했을 때, 트로이아인들과 헥토르가 어떤 생각을 품고 있었는지 고려해 보는 것은 유익하네. 이스트모스 경기[232]에서 한 권투선수가 안면에 타격을 받자 관중의 함성이 울려 퍼졌고 그때 아이스퀼로스가 말했네.

> 아! 실제 상황은 얼마나 다른가! 관중은 함성을 지르고 있는데,
> 정작 타격을 받은 그자는 아무 말도 못하고 있으니.[233]

아이아스가 눈부신 갑주로 무장하고 나타났을 때, 헬레네스들이 그를 보고 기뻐한다고 호메로스 시인이 말한 때도 같은 맥
30A 락이네. 한편,

> 모든 트로이아 병사들은 무서워 팔다리가 떨리고,
> 심지어 헥토르까지도 가슴이 빠르게 고동쳤으니.[234]

이 차이점을 보고 감탄하지 않을 사람이 어디 있겠는가? 단순히 레슬링이나 달리기에 참가한다 하더라도 위험에 부딪히는 그 사람의 심장은 단지 두근거리기 마련이지만, 그들의 왕을 바

---

232 Isthmia: 고대 헬라스의 범헬라스인의 경기 중 하나로서 코린토스 지협의 이름을 따 붙인 명칭.

233 플루타르코스, 『모랄리아』, 79D 참조.

234 호메로스, 『일리아스』 7권 214행.

라보는 관중은 왕에 대한 충성심과 두려움으로 온몸이 떨리고 오싹해지기 때문이지. 여기서도 역시 누구든 용감한 자와 겁쟁이의 차이점을 세심하게 고려해 봐야 하네. 테르시테스는

> 누구보다도 아킬레우스와 오뒷세우스의 미움을 샀기[235]

때문이고, 한편 아이아스는 언제나 아킬레우스에게 친절했고, B
헥토르에게 그에 관해 다음과 같이 말하고 있기 때문이네.

> 이제 일대일로 싸워 보면 그대도 분명하게 알게 되리.
> 사자의 용기를 가진 대열의 돌파자 아킬레우스 다음에도
> 다나오스의 어떤 장수들이 우리 아르고스인들과 함께하는지를.[236]

이 문장은 아킬레우스에 대한 칭찬이네만, 그러나 이어지는 다음 시행은 모두를 위해 그렇게 써놓아 유용케 했네.

> 하지만 우리도 그대[헥토르]와 맞설 준비가 된 그런 사람들이지.
> 그것도 수많은 이들이.[237]

이로써 그 자신만이 최고의 투사가 아니고 여러 훌륭한 투사 중

235 호메로스, 『일리아스』 2권 220행.
236 호메로스, 『일리아스』 7권 226행.
237 호메로스, 『일리아스』 7권 231행.

에 한 사람으로 똑같은 전쟁 수행 능력이 있음을 선언한 것이네.

C 이것으로 차이점에 대해서는 충분하다고 생각되는데, 다만 부언하고 싶은 말이 있네. 트로이아인들 중에는 많은 사람이 생포되었지만 아카이아인들은 한 사람도 없었지. 트로이아인들 중 몇몇은 적의 발 아래 엎드렸는데, 예를 들면 아드라스토스, 안티마코스의 아들들, 뤼카온, 그리고 죽으면 시신을 매장해 달라고 아킬레우스에게 애걸하는 헥토르 자신이 있었지만, 아카이아인들은 한 명도 없었지. 탄원을 하고 전투 중에 적의 발밑에 엎드리는 것은 이방인들의 특성이지만, 정복하거나 싸우다 죽는 것이 헬레네스들의 특성이라는 그들의 확신 때문에 그랬던 것이네.

D

> 어떤 자는 역사의 꽃을 따기 위해 시가를 읽는가 하면, 또 어떤 자는 시어의 아름다움을 즐기기 위해 시가를 읽는다. 하지만 명예와 덕을 사랑하는 자는 시가를 용기, 인내, 정의의 모범으로 삼기 위해 읽어야 함을 젊은이에게 가르쳐야 한다.

11 벌이 목초지에서 꽃을 찾고, 염소는 연한 가지를, 돼지는 주둥이로 땅을 헤집어 뿌리를 찾고, 그 밖의 동물들이 씨와 열매를 찾듯이, 시를 읽을 때 누군가는 역사의 꽃을 따고 또 누군가는 시어의 아름다움과 단어의 배열에 열중한다네. 아리스토파네스[238]가 에우리피데스에 대해

238 Aristophanes(circa 446~386 BC): 고대 아테나이의 희극 작가. 희극의 아버지로 불리는 그의 작품 40개 중의 11개가 남아 있다.

나는 그의 연설의 원숙한 절묘함을 이용하네.[239]

라고 말하는 것처럼 말이네. 그러나 성격 묘사에 유용한 것으로 언급된 것(우리가 현재 논하고 있는 것이 바로 이 논의이네만)에 관심을 두는 사람들에 관해서는, 우화를 좋아하는 사람이 이야기 속에 있는 신기하고 특이한 점들을 찾아내지 못하고, 언어를 공부하는 학생이 무결점의 우아한 표현 형태를 이용 못한다면 그 얼마나 이상한 일인지를 그들에게 상기시켜 주어야 하네. 반면에 명예롭고 선한 것이 무엇인지에 매료되어 즐거움을 위해서가 아니라 교훈을 목적으로 시를 골라낸 사람이, 용기나 인내 또는 정직을 지향하는 언급들에 귀 기울이기를 소홀히 하거나 부주의해서는 안 될 것이라는 점도 상기시켜 주어야 할 것이네. 예를 들면, 다음과 같은 것이네. E

튀데우스의 아들[디오메데스]이여!
어찌하여 우리는 날랜 무용(武勇)을 잊고 있는가?
자, 친구여! 이리 와서 내 곁에 서게.
치욕이 우리를 덮칠 것인즉,
번쩍이는 투구를 쓴 헥토르가 우리의 함선을 탈취하는 날에는.[240]

가장 현명하고 사려 깊은 사람이 전 군대와 함께 파멸되고 사라질 위험에 처해 오로지 훗날 수치를 느끼고 비난받을 두려

239 코크, 『아티카 희극 단편 선집』, i. No. 471, p. 513.

240 호메로스, 『일리아스』 11권 313행.

움에 죽음을 마다하고 싸우는 것을 보게 되면, 젊은이는 도덕적 선이 무엇인지에 대해 예리하게 느끼게 될 것이기 때문이네. 그리고 다음 시 구절을 보세.

> 기뻤노라 아테나는.
> 신중하고 정직한 그 남자 때문에.[241]

F 호메로스 시인은 아테나 여신을 그릴 때는, 여신이 부자나 육체적으로 잘생기거나 강한 사람에 대해 기뻐하는 것이 아니라 현명하고 정직한 사람을 좋아한다는 결론을 비슷하게 우리가 내리게 유도하지. 아테나 여신이 오뒷세우스를 쳐다보지도 않고서, 더구나 그를 내치려고 한 것은 아니라고 말하는 대목으로 다시 돌아가 보면,

> 그가 예의 바르고, 영리하고 신중하기 때문[242]

이라고 말한다네. 그 여신의 말들은 신들에게 사랑받으려는 것이 우리 인간의 유일한 속성이며 신성은 덕성스러운 마음임을 지적해 주는 것이네. 만일 좋아함의 속성이 좋아함에 내재해 있는 기쁨이라는 게 사실이라면 말이네.

31A 분을 참는 것은 겉으로 보기에도, 또 실제로도 아주 큰 일이기에, 그리고 격분해 있거나 격분의 포로인 양 보이지 않기 위

---

241 호메로스, 『오뒷세이아』 3권 52행.

242 호메로스, 『오뒷세이아』 13권 332행.

해 분별력을 갖고 조심 또 조심하는 것은 더 큰 일이기에, 우리는 젊은 독자들에게 아래와 같이 문제점들의 지적 사항을 알려주어야 하네. 아킬레우스는 성질이 불같고 온순치 못해서 프리아모스에게 조용히 할 것과 자기를 격분시키지 말아 달라고 이렇게 간청하네.

> 이제 더 이상 나를 화나게 하지 마시오, 노인장이여
> (몸값을 받고 나 자신이 헥토르를 내 줄 생각이었소.
> 제우스 신에게서 이런 전달이 왔기 때문이오).
> 그렇지 않으면, 노인장! 그대가 탄원자라 하더라도
> 막사에서 내가 그대를 그냥 두지 못하고
> 제우스 신의 명령을 어기게 될지 모르니까.[243]

그리고 그는 아버지가 아들의 흉측한 모습을 보기 전에, 헥토 B
르의 시신을 물로 씻고 수의를 입히고 나서, 손수 마차에 싣네.

> 그렇지 않으면 늙은 애비가 자식을 보고 상심한 나머지
> 노여움을 억제하지 못할 것이고,
> 그러면 아킬레우스도 마음이 흥분되어 그를 죽이고
> 제우스 신의 명령을 어기게 될지 모르기 때문이지.[244]

---

243 호메로스, 『일리아스』 24권 560~561, 569~570행.

244 호메로스, 『일리아스』 24권 584행.

성격이 불안하고 태어나면서 성질이 거칠고 급한 사람이, 자신의 약점에 눈을 떠 조심하고, 분노를 일으킬 소지가 있는 가능한 원인을 경계해, 이성으로 미리 그런 것들을 예방해, 무심코라도 이런 분노의 감정에 깊이 빠지지 않는 것은 놀라운 분별력
C 의 표시이기 때문이지. 같은 식으로 애주가는 술 취함을 경계해야 하고 호색가는 애정 행각을 경계해야 하네. 아게실라오스[245]가 그러한데, 그는 그에게 접촉해 오는 미소년의 입맞춤에 굴복하지 않았지. 퀴로스[246]도 그러한데, 그는 판테이아[247]를 쳐다보려고도 하지 않았네. 그러나 반대로 교육받지 못한 사람들은 자기들의 욕정에 불을 질러 가장 약하고 가장 자신 없는 데로 곧장 몸을 던진다네. 하지만 오뒷세우스는 화날 때 자신을 억제할 뿐
D 만 아니라, 그 자신의 아들 텔레마코스의 몇 마디 말에서 아들이 역시 화가 나 있고 사악한 자들에 대한 증오심으로 가득 차 있는 것을 알아차리고는 아들의 감정을 누그러뜨리게 애를 써, 미리 그가 침묵을 지키며 자제하게 하지. 그리고 분부하네.

> 구혼자들이 집 안에서 나를 모욕해 내가 치욕을 당할지라도
> 네 가슴속 마음은 꾹 참도록 하여라.
> 아니, 그들이 내 발을 잡고 온 집안을 끌고 다니다가

---

245 Agesilaos II(444~360 BC): 대략 기원전 400년에서 360년까지 통치했던 스파르테 왕. 선한 왕이며 장군으로 알려져 있음. 크세노폰, 『아게실라오스』, v. 4.

246 Cyros the Great(circa 600 or 576~530 BC): Cyros II세로 알려지기도 한 그는 페르시아 제국의 창건자이다.

247 수사의 아브라다타스의 아내. 크세노폰, 『퀴로스의 교육』, v. 1. 4.

문밖으로 끌어내거나 물건을 던져 나를 맞히더라도,
너는 그것을 보고도 꾹 참도록 하여라.[248]

그 까닭은 승마 선수가 경기 중에는 말에 재갈을 물리지 않지만 경기 전에는 재갈을 물리듯이, 위험에 맞닥뜨려 성질이 급하고 통제하기 어려운 사람들을 대할 때는, 우리는 우선 이성의 힘으로 그들을 제압하고 사전에 대비한 후에 그들을 싸움으로 이끌어 들여야 하기 때문이네.

다음 말들을 무심히 간과해서도 안 되지만, 클레안테스[249]의 E
어린애 같은 유치한 언행은 피해야 하네. 그는 그 말들을 해석한답시고 그럴듯하게 진실을 호도할 때가 있으니 말이네.

아버지 제우스여! 이다 산의 옥좌에 앉아 계시는.[250]

그리고

제우스여, 도도나 신전의 왕이시여!(*Ζεῦ ἄνα Δωδωναῖε*, Zeu ana

248 호메로스, 『오뒷세이아』 16권 274행.

249 Cleanthes of Assos(circa 330~230 BC): 헬라스 철학자. 제논의 후계자로서 아테나이의 스토아 학파의 제2대 교장. 제논은 인생의 목적은 일관되게 사는 것이라 하면서 오직 감성 없는 이성의 생활이 궁극적으로 그러한 것이라고 말했다. 이에 대해 그는 쾌락이란 좋은 것이 아닐 뿐만 아니라 자연/본성에 거슬리는 것이고 무가치한 것이라 주장하면서 스승이 말한 것에 덧붙여 인생의 목적이란 자연/본성에 일치하여 사는 것이라고 주장했다.

250 호메로스, 『일리아스』 3권 320행, 7권 202행, 24권 308행.

Dodonaie)

후자의 경우 마지막 두 단어, ana Dodonaie를 anadosis(위쪽으로 올려 주는)에서 나온 anadodonaie라는 한 단어[251]로 읽도록 우리에게 강요한다네. 이는 마치 공기가 땅에서 증발된 수증기처럼 되는 것인데, 제우스는 종종 환유(換喩)로 그렇게 쓰이기 때문이네. 그리고 크뤼십포스[252] 역시 괜찮은 사람으로서 물론 심한 농담은 하지 않지만, 가끔 말을 억지로 교묘하게 지어내지. 그는 *παραβιαζόμενος εὐρύοπα Κρονίδην εἶναι*, parabiazomenos euruopa Kroniden einai(크로노스[253]의 멀리 내다보는 아들)를 제우스 신의 설득과 논리의 힘을 의미하는 것으로 해석하고 있네.

F 그렇지만 이 문제들은 문법학자들에게 맡기고, 유익함과 설득력이 있는 문제들에만 매달려 살펴보는 것이 더 좋은데, 예를 들면,

뿐만 아니라 내 마음도 이를 명하지 않소.
나는 언제나 용감하라고(트로이아인들의 선두 대열에 서서 싸우며
아버지의 위대한 명성과 나 자신의 명성을 지키도록) 배웠기 때

251 호메로스, 『일리아스』 16권 233행.

252 Chrysippos of Soli(circa 279~206 BC): 스토아 철학자로서 클레안테스의 제자. 기원전 230년경에 아테나이에 있는 스토아 학교의 제3대 교장이 된다. 그는 변증론과 논쟁에 탁월한 재주를 가졌다고 한다. 논리학, 윤리학, 자연학에서 뛰어난 이론을 개진하여 스토아 학파의 위상을 높여 제논 이후 가장 위대한 스토아 학자로 칭송받았다.

253 호메로스, 『일리아스』 1권 498행.

문이오.[254]

그리고

그는 살아 있는 동안 모든 이들에게 상냥했기 때문이오.[255]

용기는 배워야 할 것임을 가르치고, 또 다른 사람과 우호적이며 우아하게 사귐은 이해심에서 비롯되며 그 친교는 이성에 입각해 있다는 생각을 표현함으로써, 호메로스는 우리에게 다음과 같이 권고하고 있기 때문이지. 즉, 우리 자신을 무시하지 말고, 선한 것은 배워라. 그리고 촌스러움과 비겁은 단지 무지와 부족한 학식에 지나지 않음을 알려주는 교사들의 가르침에 유의하라고 말이네. 그가 제우스와 포세이돈에 대해 말한 것이 이것에 잘 부합되지.

두 신은, 정말, 한 혈통으로 같은 장소에서 태어나셨네,
하지만 제우스가 먼저 나셨고 그의 지식이 폭이 더 넓었네.[256] 32A

지혜(*φρόνησις*, phronesis)가 가장 신과 같고 왕답다고 시인은 선언하기 때문인데, 그는 제우스의 바로 그 위대한 우월성이 지혜에 있다고 보고, 모든 다른 덕들은 이 뒤를 따르고 있다고 믿네.

---

254 호메로스, 『일리아스』 6권 444행.
255 호메로스, 『일리아스』 17권 671행.
256 호메로스, 『일리아스』 13권 354행.

동시에, 젊은이는 각성하여 다음과 같은 말들을 음미하며 숙고하는 습관을 길러야 하네.

> 거짓말을 그는 하지 않을 것이네,
> 그가 매우 슬기롭기 때문이지.[257]

> 이 무슨 행동인지! 안틸로코스여, 전에는 슬기롭더니.
> 그대가 훨씬 못한 그대의 말(馬)들을 앞으로 들이밀어
> 내 솜씨를 모욕하고 내 말들을 방해하다니.[258]

B

> 글라우코스여, 무슨 까닭에 자네 같은 인간이 그렇게 경멸스러운 말을 하지?
> 나의 친구여, 나는 자네 생각이 다른 사람들보다 뛰어났다고 생각했는데.[259]

이 말들의 함축적 의미는 무엇인가? 그것은 지혜가 있는 인간은 거짓말을 하거나 경기에서 부정하게 경쟁하거나 타인을 부당하게 비난하지 않는다는 것이지. 그리고 핀다로스가 지혜가 없어서 철석 같은 약속을 깨도록 설득당했다고 한 시인의 말[260]에서, 그는 지혜 있는 인간은 잘못을 저지르지 않는다고 자기

---

257 호메로스, 『오뒷세이아』 3권 20행 및 328행.
258 호메로스, 『일리아스』 23권 570행.
259 호메로스, 『일리아스』 17권 170행.
260 호메로스, 『일리아스』 6권 104행.

의견을 분명히 밝히고 있네. 또한 다음과 같은 말들로 젊은이의 주의를 집중시킴으로써 자기 절제에 대해 비슷한 암시를 해 주는 것 역시 가능하네.

> 그를 열망한 것은 프로이토스의 왕의 아내인 안테이아였지.
> 색욕에 눈이 멀어 그와 은밀히 동침하려 했건만,
> 그를 설득하지 못했네.
> 현명한 벨레로폰이 '아가토스'(ἀγαθός, agathos)한 것[즉, 경탄할 만 C
> 한 도덕적 선]을
> 더 중요하게 여겼기에.[261]

> 왕가의 클뤼타임네스트라는 처음에는 그런 부적절한 행위에 동
> 의하지 않으려 했지.
> 그녀의 생각은 '아가토스'한 것에만 가 있었으니.[262]

이 시행에서 시인은 지혜를 자기 절제의 근원으로 삼고 있네. 그는 여러 번 전투를 장려하는 말을 하지.

> 수치로다. 뤼키아의 남자들이여, 그대들은 지금 어디로 도망가는가?
> 자, 그대들은 용기를 내시오.[263]

---

261 호메로스, 『일리아스』 6권 160행.
262 호메로스, 『오뒷세이아』 3권 265행.
263 호메로스, 『일리아스』 16권 422행.

D 그리고

그러나 각자 마음속에 수치심과 의분을 느끼도록 하시오!
정말 큰 싸움이 벌어졌기 때문이오.[264]

여기서 그는 자기 절제의 그 사람들이 불명예를 수치로 생각하기 때문에 용감한 사람으로, 그리고 쾌락을 억누르고 위험한 모험을 감행할 수 있는 사람으로 표현한 것으로 보이네. 티모테오스[265] 역시 이 관점을 택했지. 그가 『페르시아인들』에서 헬레네스들이 적절하게

전쟁에서 용기를 샘솟게 하는 수치심에 경외감을

품도록 권유했네. 그리고 아이스퀼로스[266]는 명성에 자만하지 말고, 대중의 칭찬에 흥분하거나 너무 들뜨지 않는 것을 양식(良識)의 표지로 표현하고 있지. 그는 암피아라오스에 대해 이렇게 쓰고 있네.

E 그의 소원은 가장 용맹한 자로 보이는 것이 아니라,
실제로, 그것도 최고의 용맹자가 되는 것.

---

264 호메로스, 『일리아스』 13권 121행.

265 베르크, 『헬라스 서정시인들』, iii. No. 9, p. 622.

266 아이스퀼로스, 『테바이를 공격한 일곱 장수들』 *Seven Against Thebes*, 599. 동 구절은 플루타르코스가 『모랄리아』, 88B와 186B와 『아리스테이데스 생애』, iii(320B)에서 전체 또는 부분 인용.

모든 훌륭한 조언들이 뿌리를 내리고 있는
마음속 깊이 씨 뿌려진 밭고랑에서 결실을 거두며.

자기 자신에 대해, 그리고 또 아주 좋은 마음의 상태에 대해 긍지를 느끼는 것이 양식을 가진 자의 특성이지. 모든 것이 사리분별의 지혜에 관계되기 때문에 모든 형태의 덕은 이성과 교훈에서 나와 그에게 합체된다는 말이 되는 것이네.

> **이런 관점에서 보면 매우 나쁘고 부적절한 내용으로 의심쩍어 보이는 시가들조차도 또 다른 관점에서 본다면 건전하고 유익한 교훈을 내포하고 있음을 젊은이에게 주지시켜야 한다.**

12 자! 벌은 자연의 법칙에 따라서 가장 뾰족하고 날카로운 꽃들에서, 가장 거친 가시나무들에서 가장 달콤하고 맛있는 꿀을 찾는다네. 마찬가지로 F
아이들도 시 속에서 올바르게 양육되기만 하면, 나쁘고 부적절한 내용으로 의심되는 문구들에서조차도 이런저런 방법으로 건전하고 유익한 교훈을 끌어내게끔 배우게 될 것이네. 예를 들어 보지. 아가멤논은 군대 복무를 면제해 준다는 조건으로 어떤 부자에게서 암말인 아이타를 선물로 받았다는 의심을 받게 되네.

[아이타는 앙키세스의 아들 에케폴로스가 아가멤논에게 선물로 준 것인데,]
이는 아가멤논을 따라 바람 잘 날 없는
일리오스[즉, 트로이아]로 가지 않고,

그가 고향에서 편안히 지내기 위해서였지.
막대한 재산을 제우스 신이 그에게 주었기 때문.[267]

그러나 아리스토텔레스가 주목했듯이, 아가멤논이 저런 유형의 남자보다는 좋은 암말을 택한 것은 아주 당연했네. 왜냐하면 부와 안이한 생활로 방종하게 된 겁쟁이와 약골은, 단언컨대, 개
33A 나 심지어 당나귀만도 못한 사람이기 때문이네. 테티스[268]가 자기 아들 아킬레우스를 쾌락에 빠지도록 충동질해 사랑을 하라고 상기시킬 때, 그것은 그녀에게는 가장 수치스런 것처럼 보이네. 그러나 심지어 거기에서도 우리는 아킬레우스의 자제력을 대조해 보지 않으면 안 되네. 비록 아킬레우스는 자기에게 돌아온 브리세이스와 사랑에 빠지긴 했어도, 또 비록 자신의 삶이 종말에 가까웠다는 것을 알고 있음에도 그는 성급하게 서둘러 사랑의 쾌락을 즐기지 않네. 뿐만 아니라 그는 대부분의 사람처럼 의무 태만 때문에 죽은 친구[파트로클로스]를 위해 슬퍼하지도 않네. 그러나 슬픔 때문에 이런 쾌락을 억제하면서, 그는 분발하여 군사령관으로서의 명령권을 행사하지. 앞서도 언급한 아르킬로코스는 좋은 사람으로 추천할 수 없는데, 바다에서 실종된 자기 매부를 슬퍼하는 동안에 그는 술과 오락으로 슬픔을 이
B 기려고 했기 때문이지. 그렇지만 그는 이성을 지닌 사람처럼 이렇게 주장하기도 했네.

267 호메로스, 『일리아스』 23권 297행.
268 호메로스, 『일리아스』 24권 130행.

> 눈물을 흘린다고 해서 슬픔을 낫게 할 수도 없고,
> 기뻐 날뛴다고 해서, 그래요, 잔치를 벌인다고 해서
> 슬픔이 더 악화하지도 않지요.[269]

"기뻐 날뛴다고 해서, 그래요, 잔치를 벌인다고 해서" 문제가 될 것은 없다고 그가 생각했다면, 철학 공부를 하든 공직 생활에 참여하든 시장에 가든 아카데메이아/아카데미아에 가든 농사일을 하든 무슨 일을 하든지 간에, 우리의 현재 조건이 얼마나 더 나빠지게 될까? 그러므로 클레안테스[270]와 안티스테네스[271]가 사용한 수정 해석어들 자체가 무가치한 것은 아니네. 극장에서 아테나이 시민이 C

> 저 짓을 행한 자가 그렇게 생각하지 않으면 얼마나 수치인가?[272]

라는 시행을 듣고 웅성웅성대는 것을 보고 안티스테네스는 즉시 이 말을 삽입했네.

---

269 베르크, 『헬라스 서정시인들』, ii. No. 13[53], p. 687.

270 앞의 주 249 참조.

271 Antisthenes(circa 445~365 BC): 헬라스 철학자. 처음에 고르기아스 문하에서 수사학을 배우다가 후에 소크라테스의 충실한 제자와 친구가 된다. 그는 또한 견유 학파인 디오게네스의 스승이기도 한데, 어쨌든 그는 단순한 생활, 부와 감각적 쾌락을 경멸하고 실천적인 도덕성을 강조했다.

272 에우리피데스의 『아이올로스』 *Aeolos*에서. 나우크, 『헬라스 비극 단편 선집, 에우리피데스 편』, No. 17, p. 368.

수치는 수치로다. 그렇게 생각하든 안 하든.

클레안테스는 부(富)에 대한 다음 시행들을 보고

친구들에게 주어라.
그러면 병들었을 때,
친구들이 너를 도와주리라.[273]

이를 이렇게 고쳐 썼네.

D 창녀들에게 주어라.
그러면 병들었을 때,
네 몸은 곪아 터지리.

그리고 제논은 소포클레스의 다음 시행을 수정해

아무리 자유가 있더라도
참주와 관계를 맺게 되는 그 순간
그의 노예가 되느니.[274]

---

273 에우리피데스, 『엘렉트라』 *Electra*, 428.

274 나우크, 『헬라스 비극 단편 선집, 소포클레스 편』, No. 789, p. 316. 플루타르코스가 『모랄리아』, 204D와 『폼페이우스 생애』 *Life of Pompey*, lxxviii(666A)에서 재인용.

이를 이렇게 고쳤지.

자유롭기만 하다면, 그는 노예가 아니니.

'자유로운'이라는 단어를 사용할 때에 그는, 두려움 없는, 고상한 마음을 품고 있는, 미천하지 않은 사람을 지칭하네. 그렇다면 우리가 젊은이들에게 권장해 그들이 아래 인용문을 다루면서 위와 같은 대구(對句)식으로 더욱 좋은 쪽으로 가도록 하는 데 무슨 걸림돌이 있겠는가?

가장 부러울지어다. E
소망의 화살을 바라는 대로
꽂는 사람의 운이.[275]

그러면 우리는

그렇지 않소.

그러나 소망의 화살은 좋은 것에
꽂는 것이오.

라고 대꾸해도 좋을 걸세. 사람의 소원 성취는, 소원하는 바가 옳지 않다면, 비참하고 부럽지 않기 때문이지. 다시,

---

275 나우크, 『헬라스 비극 단편 선집, 작자 미상 편』, No. 354, pp. 905~906.

아가멤논이여,
그대는 아버지에게서 생명을 부여받았소.
행운도 질병도 없는.
그러나 그대는 기쁨은 슬픔과 얽혀 있다는 것을
알게 될 것이오.[276]

아니, 정말,
그러나 그대의 운이 괜찮다면 슬픔은 없고 기쁨만이 있을 것이오.

라고 우리는 말할 걸세.

아가멤논이여,
그대는 아버지에게서 생명을 부여받았소.
행운도 질병도 없는.

그리고

아! 슬프도다. 이 악은 신에게서 인간에게로 오느니,
F 누구나 선한 것을 알면서도 이를 행하지 않을 때는.[277]

---

276 에우리피데스, *Iphigenia at Aulis*, 29. 『모랄리아』, 103B에서 인용됨.

277 에우리피데스, *Chrysippos*에서. 나우크, 『헬라스 비극 단편 선집, 에우리피데스 편』, No. 841, p. 635. 플루타르코스가 『모랄리아』, 446A에서 재인용.

에는

> 아니, 오히려 더 낫다는 것을 아는 사람이 의지가 박약하고 안이한 생활을 한 결과, 더 나쁜 타락의 길을 걷는 것은 짐승과 같고 이성이 없고 가련하다.

고 우리는 응수하네. 그리고 다시,

> 사람의 인품이 설득하는 것이지,
> 사람의 말이 설득하는 것은 아니니.[278]

라는 시구에는

> 아니, 오히려, 인품과 말 둘 다이거나, 또는 인품이 언어를 수단으로 하여 설득하는 것인데, 이는 마부가 고삐를 사용하고, 배의 키잡이가 키를 사용하는 것과 같은 것이네. 아레테[즉, 덕]는 가장 인간적이고 또 인간 그 자체에 가장 가까운 언어라는 도구를 지니고 있기 때문이지.

라고 말해야 하겠지. 그리고,

> 그가 남자들보다는 여자들에게 더 마음이 쏠리는 게 아닐까? 34A

278 코크, 『아티카 희극 단편 선집, 메난드로스 편』, iii. No. 472, p. 135. 플루타르코스가 『모랄리아』, 801C에서 재인용.

아니야. 아름답기만 하다면야 그는 남자건 여자건 다 가장 마음에 들어 하지.[279]

위 시행은, 그러나 다음과 같이 말하는 것이 더 낫지 않을까?

심성(σῶφρον, sophron)만 고우면,
남자건 여자건 다 가장 마음에 들어 하지.

진실로 그의 마음에 드는 데는 차이가 없네. 그러나 쾌락이나 외모에 이끌려 이리저리 왔다갔다 하는 남자는 연약하고 지조가 없는 것이네.

라고. 다시,

신이 하는 일들이 현자에게 두려운 마음을 들게 하지.[280]

라는 말에 대해,

결코 그렇지 않다네. 오히려 신이 하는 일들이
현자에게 확고한 마음을 품게 하지.

---

279 나우크, 『헬라스 비극 단편 선집, 작자 미상 편』, No. 355, p. 906. 플루타르코스가 『모랄리아』, 766F에서 재인용.

280 나우크, 『헬라스 비극 단편 선집, 작자 미상 편』, No. 356, p. 906.

라고.

그러나 신들이 하는 일들은, 어리석고 바보 같고 배은망덕한 자들에게 두려운 마음을 품게 만드는 것이니, 이런 사람들은 모든 선(善)의 원인과 시작인 그 힘을, 마치 그것이 해를 끼치는 양, 의심하고 두려워하기 때문이네. B

이 정도가 수정 사항이네.

일반화는 그것이 처음에 시인에 의해 적용되는 어떤 특수 사항에 국한되지 않으니, 유사 성격의 다른 사항에도 적용해야 한다. 이것이 젊은이들을 진리와 친숙하게 하고 그들에게 자기 통제와 관용을 가르치는 데 도움을 주게 된다. 특히 호메로스 시에서 비난과 칭찬의 예를 배워 불운으로 육체적 결함을 갖게 된 자가 아니라 덕을 쌓지 못한 자를 비난해야 한다고 주지시켜야 한다.

13 크뤼십포스[281]는, 쓸모 있는 것은 다른 유사한 상황에 갖다 붙여 이어받게 해야 할 것이라고 말함으로써, 시인의 진술들이 어떻게 더 폭넓게 적용될 수 있는가를 올바르게 지적했네.

헤시오도스가

소도 사라지지 않지,
나쁜 이웃이 없으면.[282]

281 Chrysippos of Soli(circa 279~206 BC): 스토아 철학자로서 클레안테스의 제자. 기원전 230년경에 아테나이에 있는 스토아 학교의 제3대 교

이라고 말할 때에는, 개, 당나귀, 또는 같은 식으로 '사라질' 다른 동물에 대해서도 언급하고 있는 것이기 때문이네. 그리고 에우리피데스가,

> 죽음을 개의치 않는 자가 어찌 노예가 될 수 있으리오?[283]

라고 말할 때, 우리는 그가 고생과 질병에 대해서도 같은 진술
C 을 하고 있다고 이해하지 않으면 안 되네. 한 가지 질병에 대한 약효를 아는 의사들이 유사 질병에도 그 약을 쓰는 것처럼, 어떤 진술이 일반적이고 보편적인 가치를 지닐 때 우리는 굳이 그것을 하나에만 고정하여 생각할 것이 아니라 유사한 모든 것에 적용하지 않으면 안 될 것이기 때문이네. 그리고 젊은이들을 숙달시켜 그 일반적 가치를 찾아내 재빨리 적절한 것에 적용하고, 많은 예를 들어 열심히 스스로 훈련하고 연습하도록 하게 해야 하네. 그래서 메난드로스가,

> 복 받은 자여,
> 부와 학식을 다 갖추다니.[284]

장이 된다. 그는 변증론과 논쟁에 탁월한 재주를 가졌다고 한다. 논리학, 윤리학, 자연학에서 뛰어난 이론을 개진하여 스토아 학파의 위상을 높여 제논 이후 가장 위대한 스토아 학자로 칭송받았다.

282 헤시오도스, 『일과 날』, 348.

283 나우크, 『헬라스 비극 단편 선집, 에우리피데스 편』, No. 958, p. 670. 플루타르코스가 『모랄리아』, 106D에서 재인용. Cicero, *Ad Atticum*, ix. 2a, 2. 참조.

284 메난드로스의 『신부 매니저』 *Bridal Manager*에서. 코크, 『아티카 희

라고 말할 때, 젊은이들은 그 진술이 명성과 지도력과 말솜씨를 잘 아울러 갖춘 것이라고 생각해도 된다네. 또 그들은 스퀴로스의 처녀들 가운데 앉아 있는 아킬레우스를 꾸짖는 오뒷세우스의 D

그대여, 명예로운 인생을 망치려는 거요?
양털이나 빗질하면서,
헬레네스 중 가장 고귀한 자의 아들이.[285]

라는 힐책을 들을 때, 이 말 또한 방탕하고 탐욕스럽고 무분별하고 제대로 교육받지 못한 자들을 향해 이야기한 것이라고 상상해도 좋다네. 같은 유의 예를 들어 보면, 이런 것들이네.

헬레네스 중 가장 고귀한 자의 아들이 술이나 퍼마시고,

또는, 노름이나 하고, 메추라기새 싸움[286]이나 하다니. 또는 그대의 고귀한 귀족 가문의 명성과 가치가 무엇인지 생각하지 않고 소규모 장사나, 고리대금놀이나 하시오?

부에 대해서는 입 다물지어다.

극 단편 선집, 메난드로스 편』, No. 114, p. 34 참조.

285 나우크, 『헬라스 비극 단편 선집, 작자 미상 편』, No. 9, p. 840. 플루타르코스가 『모랄리아』, 72E에서 다른 의미로 재인용.

286 헬라스인들은 메추라기들을 폐쇄된 링 안에 집어넣고 손가락으로 새 대가리를 툭 때리거나 새대가리의 깃털을 잡아 뽑아서 새의 용기를 시험했다. 새가 버티고 싸우면 새의 소유주가 승리하는 것이었다.

신은 가장 악한 사람에게도 부의 혜택을 베푸느니,
내 그런 신을 찬양할 수 없노라.[287]

따라서 명성, 외적인 미, 장군의 복장, 사제 지위, 그리고 우리가 보기에 가장 나쁜 사람들이 성취하여 즐기는 모든 것에 대해서 말하지 말게.

추악하도다. 비겁한 자의 종자여![288]

그리고 방종, 미신, 시샘 또 다른 모든 유해한 무질서에 대해서도 같은 말로 단언할 수 있네. 아주 훌륭하게 호메로스는 다음과 같이 말한 적이 있지.

파리스여, 불쌍한 녀석, 외모만 멀쩡하구나.[289]

F 헥토르여! 그대는 생긴 건 멀쩡하구나.[290]

(왜냐하면 그가 외모만 멀쩡하고 속이 텅 빈 녀석은 비난과 질책을 받을 만하다고 선언하기 때문이지.) 그래서 이것을 우리는 다음과 같은

287 에우리피데스의 *Aeolos*에서. 나우크, 『헬라스 비극 단편 선집, 에우리피데스 편』, No. 20, pp. 368~369. Cicero, 『투스쿨룸에서의 대화』 *Tusculanae Disputationes*, v. 16 참조.
288 나우크, 『헬라스 비극 단편 선집, 작자 미상 편』, No. 357, p. 906.
289 호메로스, 『일리아스』 3권 39행.
290 호메로스, 『일리아스』 17권 142행.

유사한 경우들에 적용하여 활용해야 하네. 즉, 아무 가치도 없는 것들을 자랑하는 자들의 자만심에 철퇴를 가하고, “돈푼깨나 있군”, “향연이나 잘 벌이지”, “자식 생산은 잘하는군”, “가축은 번성하네만” 등의 문구들은 물론이고 사실상 이와 관련해서 “단연 남보다 뛰어나다”(arete)라는 말의 사용조차도 불명예와 질책으로 간주하도록 젊은이들에게 가르쳐야 하네. 그 이유는 우리는 고귀한 자질에서 생기는 탁월함을 목표로 삼아야 하기 때문이라네. 그래서 우리는 제일 중요한 일에서 첫째가 되고 가장 위대한 것에서 위대해지도록 노력해야만 하네. 그러나 조그맣고 사소한 일들에서 생기는 명성은 칭피하고 하찮은 것이라네. 35A

이러한 설명은 즉각 우리로 하여금 특히 호메로스의 시에서 비난과 칭찬의 예를 조심스럽게 고찰하도록 상기시키네. 그가 신체상의, 그리고 우발적인 자질은 진지한 주의를 기울일 가치가 없다고 우리에게 분명히 이해시키고자 하기 때문이지. 우선 첫째로, 서로 만나 인사할 때, 사람들은 잘생겼다, 부자다, 힘이 장사라고 상대방을 부르지 않고, 상대방을 칭찬하는 다음과 같은 아름다운 말을 대신 사용하지.

> 하늘에서 태어난 라에르테스의 아들이여, B
> 지략이 뛰어난 오뒷세우스여![291]

> 프리아모스의 아들 헥토르여,

291 호메로스, 『일리아스』 2권 173행.

지혜가 제우스 못지않은 이여![292]

펠레우스의 아들, 아킬레우스여,
아카이아인에게 큰 영광을 가져다준 이여![293]

그리고

메노이티오스의 고귀한 아들이여! 내 마음을 즐겁게 해 주는.[294]

그다음 둘째로, 그들은 신체상의 특징에 대해서는 전혀 건드리지 않으면서 사람들을 비난한다네. 그들은 사람들의 흠집에 직격탄을 날리지.

술독에 빠진 주정뱅이, 개눈깔에 들사슴의 허세만 부리네.[295]

그리고

C 아이아스, 입씨름에 능한 줄 알았더니,
험담도 잘하네.[296]

---

292 호메로스, 『일리아스』 7권 47행.
293 호메로스, 『일리아스』 19권 216행.
294 호메로스, 『일리아스』 11권 608행.
295 호메로스, 『일리아스』 1권 225행.
296 호메로스, 『일리아스』 23권 483행.

이도메네우스여! 그대는 왜 허풍을 떠는가?
허풍은 그대에게 어울리지 않는데.[297]

아이아스, 실수나 저지르는 허풍선이.[298]

맨 마지막으로, 테르시테스는 오뒷세우스에게서 비난을 받는데,[299] 그가 절름발이, 대머리, 꼽추여서가 아니라, 그의 말이 경솔하기 때문이었네. 한편 헤파이스토스의 어머니는 자기 아들이 절름발이였지만 아들을 부를 때는 애정 어린 말로 이렇게 말했네.

일어서거라. 다리 굽은 신이시여. 내 아들이여![300]

이처럼 호메로스는 절름발이나 맹인을 창피하다고 생각하는 자들을 비웃고 있는 것이네. 즉, 그는 수치스럽지 않은 것은 비난의 대상으로 삼지 않으며, 자기 자신의 행동 때문이 아니라 운이 나빠 초래된 것은 수치스러운 것으로 간주하지 않는 것이지.

그런데 분명히, 시 작품을 신중히 음미하곤 하는 사람들에게는 두 가지 커다란 이점이 생긴다네. 첫째 이점은 절제를 배워, 불운으로 생긴 육체적 결함을 밉살스럽게, 그리고 미련하게 험 D

297 호메로스, 『일리아스』 23권 474, 478행.
298 호메로스, 『일리아스』 13권 834행.
299 호메로스, 『일리아스』 2권 2463행.
300 호메로스, 『일리아스』 21권 331행.

담하지 않는다는 것이고, 둘째 이점은 관용을 배워, 우리 스스로 불운과 변화에 마주칠 때 거기에 굴하거나 심지어 혼란스러워하지 않고 냉소와 욕설을 가볍게 참아 넘기고 조롱하는 것이네. 이 예는 특히 필레몬[301]의 말에서 얻을 수 있네.

> 사람들이 욕할 때 이를 참아내는 힘을 갖는 것보다
> 더 즐겁고 멋진 일은 없느니.[302]

그러나 만약 누군가가 분명히 비난받아야 한다면, 우리는 그의 결함과 그가 감정에 치우친 점을 비난해야 하네. 이 예를 보게. 알크마이온[303]이 비극의 아드라스토스[304]에게,

---

301 Philemon(circa 362~262 BC): 신 희극 시대의 아테나이 시인이며 극작가. 킬리키아의 솔리 출신인지 시켈리아의 쉬라쿠사이 출신인지는 아리송하나, 기원전 330년 이전에 아테나이에 와서 희극들을 발표해 메난드로스와 경쟁을 벌였으며, 후에 라틴 희극에 많은 영향을 끼쳤다.

302 필레몬(Philemon)의 『청구자』 *Epidicazomenus*에서. 코크, 『아티카 희극 단편 선집』, ii. No. 23, p. 484 참조.

303 Alcmaeon: 암피아라오스와 에리퓔레 사이의 아들. 그는 어머니가 폴뤼네이케스로부터 하르모니아의 목걸이를 뇌물로 받고 자기 아버지를 테바이를 공격하는 7인의 한 사람으로 전쟁터에 나가게 해 죽게 했다고 하여 어머니를 죽인다. 어머니를 살해한 후 그는 미쳐 떠돌아다니게 된다.

304 Adrastos: 테바이를 공격하는 7인의 전쟁 중에 유일하게 살아남는 아르고스의 전설적인 왕. 그는 자기 여동생인 에리퓔레를 암피아라오스와 결혼시킨다. 그래서 그는 이 부부의 아들인 알크마이온의 외숙부인 셈이다.

폐하께서는 자기 남편을 죽게 한 그녀와 오누이 관계이지요?[305] E

라고 말했을 때, 아드라스토스가 응수했네.

그런데 자네는 자네를 낳아 주신 어머니를 살해했잖아?[306]

옷을 보고 욕하는 사람들이 몸[307]은 만져 보지 않고 욕하는 것처럼, 불운이나 천한 출신을 보고 욕하는 사람은 단지 헛되고 바보스럽게 외적인 것만 보고 공격하는 것과 같네. 그는 정신적인 것이나 심지어 실제로 고칠 필요가 있는 문제들은 도외시하고 오직 신랄하게 비난만 하는 것이네.

305 나우크, 『헬라스 비극 단편 선집, 작자 미상 편』, No. 358, p. 906. 플루타르코스가 『모랄리아』, 88F에서 재인용.

306 같은 책, 같은 곳.

307 아르타크세르크세스는 말하기를, 화풀이하는 귀족들은 사람의 몸 대신 그들의 옷을 탓한다고 했다고 한다. 플루타르코스, 『모랄리아』, 173D.

F 시가 속에서 발견된, 정제되고 도움이 되는 감정들은 철학의 가르침이 첨가됨으로써 더욱 강해지게 된다. 정말로 시가를 철학에 결부시키면, 우리는 시가에서 시가의 허구적 요소를 빼 버리고 그것에 진정성을 부여하게 된다. 따라서 시가와 철학의 조화를 이루기 위해서는 반드시 젊은이들은 시가 공부가 자연스럽게 즐거운 철학의 입문(入門)으로 이어지도록 지도를 받아야 한다.

14 더욱이, 위에서 말한 것에서 우리는, 저속하고 유해한 시들 자리에 정치가들과 명사들의 어록과 금언들을 집어넣음으로써 이런 시에 대한 반감과 혐오감을 불러일으킨다고 느꼈듯이, 시인들에게서 산뜻하게 표현되고 있는 어떤 유익한 생각을 발견할 때마다 우리는 철학자들에게서 증거와 증언을 찾아내 그 창의성을 믿고 그 생각을 품고 증폭시켜야 하네. 왜냐하면 이것이 올바르고 유익한 때문인데, 퓌타고라스의 정리와 플라톤의 이론이 무대에서 말해지거나 뤼라 악기의 반주에 맞춰 노래로 불리거나, 학교에서 공부한 것과 일치할 때마다, 그리고 킬론[308]과 비아스[309]의 교훈이 우리 아이들이 시를 읽
36A
어 같은 결론을 얻을 때, 우리의 믿음은 힘과 권위를 더 얻게 되기 때문이지. 따라서 아래 두 시행,

내 딸아! 넌 전투에서 무기 다루는 재능은 없구나,

---

308 Chilon of Sparta(기원전 6세기에 활약): 라케다이몬인으로 헬라스의 7현인 중 1인. 페이시스트라토스의 아버지와 동시대인이나 기원전 572년에 이미 나이가 많았다. 기원전 556/5년에 스파르테의 에포로스로 선출된 기록이 있다.

309 Bias of Priene(기원전 6세기에 활약): 이오니아의 밀레토스 북쪽에 있던 프리에네의 정치가. 헬라스의 7현인 중 1인. 많은 경구가 남아 있다.

그러니 시집갈 때 쓸 혼숫감이나 매만지고 있거라.[310]

제우스 신은 격노하실 거야,

그대가 더 나은 남자와 싸운다면.[311]

이것은 "너 자신을 알라"는 것과는 다르지 않지만, 다음 시행과 같은 취지를 갖고 있음을 지적할 필요가 있네.

바보들! 그들은 반(半)이 전부보다 얼마나 더 큰지 모르고 있네.[312]

악한 충고는 충고하는 그 자신에게도 가장 나쁘거늘.[313]

이것은 "잘못을 행하는 것은 잘못의 피해를 입는 것보다 더 나쁘며", "악을 행하는 것은 악의 피해를 입는 것보다 더 손해다"는 원리에서 볼 때, 플라톤의 『고르기아스』[314]와 『국가』[315]에 B
나오는 교설과 일치하지. 그리고 아이스퀼로스의 말,

두려워하지 마라. 원래 큰 압박을 가하는 고통은 오래 가지 않는

310 호메로스, 『일리아스』 5권 428행.

311 호메로스, 『일리아스』 5권 248행, 11권 543행.

312 헤시오도스, 『일과 날』, 40.

313 헤시오도스, 『일과 날』, 265.

314 플라톤, *Gorgias*, 473A 이하.

315 플라톤, 『국가』 1권 끝과 4권. 또한 335B 참조.

법.[316]

이것은, "큰 고통은 곧 그 힘을 잃게 되나, 오래 가는 고통은 크게 아프지 않다."[317]는 에피쿠로스의 말에 기원을 둔 것으로서 흔히 반복되고 많이 존중되는 언급이라는 사실을 우리는 주목해야 하네. 이 두 가지 생각에 대해서 아이스퀼로스는 전자를 명쾌하게 말했는데, 후자는 전자에 따르는 당연한 결과인 것이네. 크고 강한 고통이 지속적이지 않다면, 지속적인 고통은 크지 않거나 참기가 어렵지 않기 때문이지. 테스피스[318]의 다음 시 행들을 살펴보세.

> 알다시피 제우스 신은 이 점에서 신 중 제일이시니.
> 거짓말도 안 하시고, 허풍도 떨지 않으시고, 바보처럼 실실 웃지도 않으시는,[319]

C "쾌락에는 그만이 홀로 무관심이시니." 이 구절과 플라톤이 말했던 "신은 쾌락과 고통과는 거리가 먼 왕좌에 앉아 계시도다."[320]의 진술과는 얼마나 차이가 있는가? 바퀼리데스가 한 말

316 나우크, 『헬라스 비극 단편 선집, 아이스퀼로스 편』, No. 352, p. 106.

317 에피쿠로스의 주요 원리 중 하나임. Diogenes Laertius, *Lives of the Eminent Philosophers*, x. 140 참조.

318 Thespis of Icaria(기원전 6세기): 연극배우로서 무대에 등장한 최초의 인물 또는 코로스 합창단과 함께 노래 부른 최초의 가수였다고 한다.

319 나우크, 『헬라스 비극 단편 선집, 테스피스 편』, iii. No. 3, p. 833.

320 플라톤, 『서한집』 *Letters*, iii. 315C.

도 살펴보게.

나는 단언하느니,
덕이 최고의 명성을 지니고 있지,
허나 부는 가끔은 야비한 자들도 차지하긴 하네만.[321]

에우리피데스가 같은 취지로 한 말을 보세.

내가 덕스런 삶보다
더 존중하는 것은 없네.
덕은 선한 사람들과
항상 함께할 것이기에.[322]

그리고

왜 헛된 부를 찾는가?
부로 덕을 얻을 수 있다고 생각하는가?
너의 안락 속에 가련한 너의 모습이 앉아 있겠구나.[323]

---

321 Bacchylides(기원전 470년경 활약): 고대 헬라스 서정시인으로 문장은 단순하고 표현은 우아했다고 한다. 숙부인 시모니데스와 함께 9명의 서정시인 명단에 들어 있고, 핀다로스와도 경쟁 관계에 있었다고 한다.

322 나우크, 『헬라스 비극 단편 선집, 에우리피데스 편』, No. 959, p. 670.

323 플루타르코스가 자주 써먹었던 말인데(예: 『모랄리아』, 35C 또는 643C), 이 인용문에 집약시킨 것 같다. 원문의 첫 부분이 나온 곳은 사튀로스(*Oxyrhynchus Papyris*, xi. 142)가 쓴 "에우리피데스 생애"인 것으로 보인다. "왜 인간들은 헛되게 많은 부를 얻고 부로 미덕을 구할 수 있다

D 이것이 철학자들이 말하는, 부와 외적인 이익들, 그러나 그것들에 덕이 없으면 그들 소유주에게 아무런 쓸모가 없고 무익하다고 말하는 증거가 아니겠는가? 이런 생각과 철학자들의 가르침을 결합하여 조화시키는 이 방법은 시인의 작품을 신화와 의인화의 영역에서 끌어내리고, 더군다나 그것의 유익한 말들의 무게를 더해 주네. 이외에도, 그것은 철학의 어록들로 미리 젊은이의 마음을 열어 주고 힘을 북돋아 주네. 내가 단언컨대, 젊은이가 그것을 미리 맛보지도 않고, 듣지도 못하고, 뿐만 아니라 부자들을 전적으로 미화하고 숭배하며 죽음과 고통에 떨고 돈과 명성이 없는 덕을 아주 바람직스럽지 못하고 아무것도
E 아닌 것으로 간주하는 아버지와 가정교사는 물론, 어머니와 유모에게서 항상 들어왔던 것으로 그의 머리가 몽땅 채워져 있다면, 그는 결코 그것에 접근할 수가 없기 때문이네. 그러나 그들이 이러한 의견들에 상반되는 철학자들의 교훈을 들을 때, 처음에는 경악과 혼동과 경이에 사로잡힌다네. 그들은 이런 어떤 가르침도 받아들이거나 참아낼 수가 없기 때문이지. 이것은 마치 깜깜한 어둠 속에 있다가 태양을 바라보게 되는 경우처럼 그들이 진리의 눈부신 광선들이 진리와 우화가 결합함으로써 부드러워지는 반사된 빛 속에서, 이를테면, 아무 고민 없이 이런 종류의 사실들을 접하고 또 피하지도 않는 일에 익숙해져 있지 않

고 생각하는가? 만일 그대 선조들의 집에 모든 금박이 입혀진 아이트나의 보석 조각, 파로스산 대리석을 얻은들 무슨 이득이 있느냐?" 나우크, 『헬라스 비극 단편 선집, 에우리피데스 편』, No. 960, p. 671 참조.

다면 말일세.[324]

그래서 그들이 아래 4개 구절에서 나타난 이런 생각들을 전에 시에서 들었거나 읽었다면 어떻게 될까?

> 갓난아기의 탄생을 슬퍼하라. 모든 병고가 그를 덮치리니. F
> 허나 죽음이 덮치면, 갓난아기는 고생이 끝나리.
> 그러니 환호작약하며 집에서 시체를 옮길지니.[325]

> 인간이 필요한 것은 오직 두 개.
> 대지에는 곡식, 우물에는 물.[326]

---

324 여기 전체 인용문은 플라톤의 『국가』 7권(515E~516A)의 내용을 상기시킨다. "그리고 또 만약에 그가 억지로 불빛 자체를 보도록 했다면, 그는 눈이 아파서 자기가 잘 볼 수 있는 쪽으로 돌아서서 달아나려 할 것이며, 그러고는 가리켜 보인 것보다도 훨씬 명확하다고 정말로 생각할 것이 아니겠나?" "그렇군요." 하고 그는 말했네. "그리고 또 누군가가 그를 거기서부터 거칠고 험한 오름길로 힘껏 끌고 가, 태양 빛이 있는 곳으로 끌어내기까지 놓아 주질 않는다면, 그는 끌려가는 동안 괴로워하고 골을 내서, 태양의 빛이 있는 곳까지 나왔을 때는 눈은 광선으로 가득 차서 지금 참되다고 말하는 것은 무엇하나 볼 수가 없는 것이 아닐까?" "그렇죠. 갑자기 볼 수는 없을 겁니다."라고 그는 말했네. "맞았어. 만약 위쪽에 있는 사물들을 보려면 아무래도 습관이 필요하리라고 생각되네……."

325 에우리피데스의 『크레스폰테스』 *Cresphontes*에 나오는 유명한 구절이다. 나우크, 『헬라스 비극 단편 선집, 에우리피데스 편』, No. 449, pp. 498~499. Cicero, *Tusc. Disp*, i. 48. 115 참조.

326 나우크, 『헬라스 비극 단편 선집, 에우리피데스 편』, No. 892, p. 646. 플루타르코스가 『모랄리아』, 1043E, 1044N과 F에서 재인용.

37A 오 참주정, 야만족인 이방인들의 사랑을 받는구나.[327]

죽어야 할 운명을 지닌 인간들의 지복은
큰 슬픔을 가장 작은 것처럼 여김으로써 얻어지는 법.[328]

그러면 그들은 다음과 같은 철학자들의 강의를 들을 때 덜 당황스러워하고 불안하게 되겠지. 즉, "죽음은 우리에게 아무것도 아니다"[329], "자연이 허락한 부는 분명히 제한되어 있다"[330], "행복과 축복 받음은 막대한 재산이나 막강한 권력의 직책과 직무 또는 권위에 있는 것이 아니라 슬픔에서의 해방, 마음의 평온, 그리고 자연의 순리에 따라 사는 마음의 자세에 있다"[331]는 내용의 강의를 말일세.

B 그러므로 이런 것들을 고려하고 이미 예시한 것들을 생각해, 젊은이는 우호와 선의와 친밀의 정신에서 편견이 아니라 미리 학습해 시에서 철학의 영역으로 안내 받도록 시를 읽을 때 좋은 지도를 받을 필요가 있네.

---

327 나우크, 『헬라스 비극 단편 선집, 작자 미상 편』, No. 359, p. 907.

328 나우크, 『헬라스 비극 단편 선집, 작자 미상 편』, No. 360, p. 907.

329 에피쿠로스의 주요 원리 중 하나임. Diogenes Laertius, *Lives of the Eminent Philosophers*, x. 139 참조.

330 에피쿠로스의 주요 원리 중 하나임. Diogenes Laertius, *Lives of the Eminent Philosophers*, x. 144 참조.

331 에피쿠로스의 주요 원리 중 하나인데, 이 형태의 문장은 발견되지 않음. Diogenes Laertius, *Lives of the Eminent Philosophers*, x. 139, 141, 144 참조.

철학자들의 강의는 어떻게 들어야 하는가

Περὶ τοῦ ἀκούειν τῶν φιλοσόφων

이 에세이는 원래 '람프리아스 카탈로그' 102번에 나오는 것으로 제목은 *Περὶ τοῦ ἀκούειν τῶν φιλοσόφων*, Peri tou akouein ton philosophon, 「철학자들의 강의는 어떻게 들어야 하는가」이다. 그러나 흔히 *Περὶ τοῦ ἀκούειν* Peri tou akouein(라틴어로는 *De Recta Audiendi Ratione* 또는 *De Audiendo*), 「청강론」으로 약칭되기도 한다. 앞서 소개한 「젊은이는 시가를 어떻게 들어야 하는가」의 보충적인 부록 정도로 이해하면 된다. 애초에 이 에세이는 강의록이었지만, 친구의 아들이며 학생인 니칸드로스가 성인식을 치르자 그에게 보낸 편지 형식의 글로 꾸며졌다. 성인식을 치른 때를 서기 80~90년으로 추정, 이 에세이의 저작 연대도 80년대 중반 또는 늦어도 80년대 말 이후로 잡고 있다.

플루타르코스는 청강자가 강의를 들을 때, 특히 두 가지 면에서 주의할 것을 당부하고 있다. 첫째는 화자(話者)의 자질에 관한 것이고, 둘째는 청자(聽者) 자신의 수강 태도에 관해서이다.

화자는 크게 두 부류로 나눌 수 있다. 소위 인기 강사와 참된 철학자이다. 인기 강사, 즉 소피스트들은 강연장 안에서는 웃기는 소리로 떠들면서 인기를 끌 수는 있지만, 강연장 밖에서 생활하는 데에는 아무런 이익도 주지 못한다. 그러나 참된 철학자들은 인생을 어떻게 살아갈 것인지 유익하게 훌륭한 조언을 한다.

나쁜 청강 태도를 취하는 학생이란 자신 없는 학생, 게으른 학생, 남을 무시하는 학생, 너무 열성적이어서 남에게 폐를 끼치는 학생, 질문을 자주 해 자신의 단편적인 지식을 과시하는 학생, 위대한 학자의 강의를 듣는 특권을 고마워하지 않는 학생 등으로 조목조목 아주 생생하게 잘 묘사되고 있다.

플라톤의 아카데미아. 폼페이 소재 T. 시미니우스 스테파누스 저택의 모자이크에서.

서론: 성인이 된 니칸드로스에게 보내는 조언

1 사랑하는 니칸드로스 군,

나는 전에 철학자들의 강 (37)C
의 청취론을 저술한 적이 있어서, 이 기회에 이 글을 자네에게 보내니 읽기 바라네. 자네도 이제 성인식을 치러 어른이 되었으니, 더 이상 권위에 얽매이지 말고 어떻게 하면 설득의 목소리를 제대로 들을 수 있을 것인가 그 방법을 알아야 하지 않겠는가.

일부 젊은이들은 교육의 빈곤 때문에 통제를 받지 않는 것이 D
자유라고 생각하는데, 이런 사슬 풀린 욕망을 제어하기 위해 이제는 유년 시절의 교사와 시종보다는 더 엄격하게 주인으로서 갖추어야 할 주관이 확립되어야 하네. 헤로도토스[1]가 여인들이 속옷을 벗으면 부끄러움을 내던진다고 말한 것과 꼭 같이, 일부 젊은이들은 미성년의 옷을 벗자마자 곧 겸양과 두려움의 감정을 버리고 그들을 규제하던 습관에서 벗어나 곧장 천방지축 제멋대로 군다네.

자네는 신을 따르는 것과 이성을 따르는 것이 같은 것임을 E
종종 들었을 것이네. 그래서 말인데, 청컨대 양식(良識)을 지닌 사람들은 미성년에서 성인으로 넘어가는 과정에서 자제력을 내던져 버리지 말고 자제의 원동력을 다시 만들어 충전시켜야 한다는 점을 자네가 명심하길 바라네. 양식 있는 사람들은 돈으로

1 Herodotos(circa 484~425 BC): 오늘날 터키의 보드룸인 할리카르나소스에서 태어난 헬라스 역사가. 그는 '역사의 아버지'라 불린다. 그의 저서 『역사』 *ἱστορία* historia는 페르시아 전쟁을 다루고 있다. Herodotos, i. 8. 『모랄리아』, 139C에서 재언급.

사람을 고용하거나 노예를 사는 대신에 인생의 신성한 안내자로 이성을 택하지. 이성을 따르는 사람들만이 당연히 자유를 가진다고 여겨도 좋네. 그 이유는 그들만이 마땅히 해야 할 것을 원해야 한다고 배운 탓에 자기들이 원하는 대로 사는 셈이기 때문이지. 그러나 훈련되지 않은 비합리적인 충동과 행동에는 천박함이 들어 있고, 조변석개(朝變夕改)처럼 자주 마음을 바꾸는 것은 자유 의지가 약해서이네.

{ 철학의 중요성 강조: 감각 중에서 청각만이 덕이 들어오는 입구이기 때문에 철학 강연은 듣기를 잘해야 한다. }

2 이제, 우리 새로 시민권을 얻어 귀화한 시민의 경우를 비교해 알아보도록 하지. 이방인 태생으
F
로 전연 낯선 사람들 가운데에서 귀화해 시민권을 얻은 사람들은 주변에서 돌아가는 사태에 대해 못마땅하게 생각하며 불평불만을 토로하네. 반면에 재류(在留) 외인 계층 출신으로 귀화해 로마 시민이 된 사람들은 로마법 아래서 양육되고 성장해 법을 잘 알기 때문에 자신들의 권리 의무를 받아들이고 만족해 하지. 자네는 오랫동안 철학을 접하며 커 왔고, 처음부터 조기 교육과 지식의 한 요소로서 철학적 추론에 익숙해져 있기 때문에 철학을 접할 때 오래된 친구처럼 친근함을 느낄 것이 틀림없네. 철학만이 젊은이들을 이성에 근원을 둔, 사람답고 정말 완벽한 성장(盛裝)의 옷을 입힐 수 있지.

38A 자네가 청각(聽覺)에 관한 서론 격의 말들에 대해 달갑게 여

기지 않을 수도 있다고 생각하네. 사실, 테오프라스토스[2]는 청각이 모든 감각 중에 가장 민감한 것이라고 주장하지. 보는 시각, 맛보는 미각, 만지는 촉각은 그 어떤 것도 듣는 청각만큼 사람을 미치게 하거나 혼란스럽게 하고 흥분시키지 못하기 때문이지. 갑자기 쨍그랑 하며 나는 소리, 무언가 세게 부딪치는 소리, 야수들의 으르렁거리는 소리가 청각을 건드릴 때 우리는 혼을 빼앗기거든. 하지만 이 청각은 감성적이라기보다는 오히려 이성적이라네. 왜냐하면, 인체의 많은 곳과 부분이 악이 들어올 길을 열어 놓아 사람의 혼을 나가게 하지만, 젊은이들을 떠받쳐 주는 덕만은 귀를 통해서 들어오기 때문이지. 그들이 처음부터 아첨에 의해 오염되지 않고, 천박한 말에 물들지만 않는다면 말이네. 이런 이유로 크세노크라테스[3]는 권투나 레슬링 운동선수들보다도 더 어린아이들이 귀 보호마개를 써야 한다고 충고했지. 그 근거로 운동선수들은 오직 그들이 받는 외부 타격으로만 귀를 상하지만, 어린아이들은 듣는 말로 인해서 그들의 성격이 비뚤어지기 때문이네. 그는 어린아이들이 남의 말에 무관심하거나 귀머거리인 양 못 들은 척하라고 말하는 것이 아니라, 천박한 말들을 경계하라고 충고하는 것이지. 철학에 의해 키워진 양질의 언어들이 마치 경비원처럼 천박한 언어들의 영향과 B

2 Theophrastos(circa 371~287 BC): 레스보스 섬의 에레소스 출신으로 뤼케이온에 있는 소요 학교의 아리스토텔레스 후계자. 그의 많은 저서 가운데 『감각론』이 있다.

3 Xenocrates of Chalcedon(circa 396/5~314/3 BC): 헬라스의 철학자, 수학자. 기원전 339/8년에서 314/3년까지 플라톤 아카데미아 학당의 교장을 지냈다. 플루타르코스, 『모랄리아』, 706C에 재언급.

설득에 노출된 그 자리를 맡을 때까지 말이네. 옛날의 비아스[4]는 아마시스[5]에게 제물로 바치는 짐승의 가장 좋으면서도 동시에 가장 나쁜 부위를 보내라는 명령을 받고는 혀를 잘라 보냈지. 그 이유는 대체로 말이 손해와 이익 둘 다 포함하고 있기 때문이었네.

C 어린아이들에게 사랑에 넘치는 입맞춤을 해 줄 때 대부분 사람들은 아이들의 두 귀를 붙잡고 흔들어 줄 뿐만 아니라 아이들로 하여금 같은 동작을 취하게 함으로써 즐거워하지. 이렇게 함으로써 어린아이들이 장차 귀를 통해 이익을 주는 사람들을 가장 사랑해야 한다는 점을 놀이로써 은연중 교육을 시키는 것이네. 훈계를 듣지 못하고 말의 묘미를 모르는 젊은이는 모두 전혀 결실을 맺지 못하고 덕이 성장하지 못할 뿐만 아니라 악으로 삐뚤어질 수도 있다는 사실은 분명하네. 그의 마음은, 경작하지 않은 채 놓아 두고 있는 휴경지처럼, 많은 야생 귀리를 수확

D 하겠지. 쾌락의 충동과 고통의 기피(이 말은 그 기원이 외부에 있거나 흘러들어 온 조제어가 아니라, 말하자면 헤아릴 수 없이 많은 토착적인 유해한 정서와 무질서의 원천을 이루고 있네만)가 아무런 통제도 받지 않고 그대로 움직이도록 내버려 둔다면, 그리고 그것들이 훌륭한 말을 통해 제거되지 않거나 방향 수정이 되지 않고 본래의 악한 기질이 발휘되어 덕을 쌓지 못한다면, 사나운 짐승같이 되지 않

4 Bias of Priene(기원전 6세기에 활약): 헬라스 철학자. 7현인 중 가장 현명한 자로, 특히 그의 선함으로 알려져 있다. 그의 많은 경구가 남아 있다. 플루타르코스, 『모랄리아』, 146F에 재언급.

5 Amasis II: 아이겁토스 26왕조(570~526 BC)의 파라오. 그는 에티오피아 왕과 이 문제풀이를 놓고 내기를 했다고 한다.

을 사람은 하나도 없을 것이기 때문이네.[6]

> 두 귀와 한 개의 혀 —
> 많이 듣고 적게 말하기 연습을 하자.

3 따라서 강의 청취는 청년들에게 큰 이익이 수반되는 것 못지않게 위험도 따르기 때문에, 나 자신과, 그리고 타인과 계속 이 문제를 논의하는 것이 좋다는 생각이네. 그렇게 하는 이유는 우리가 보다시피 대다수 사람들은 E
듣기 연습을 잘하지 않는데, 듣기 습관을 기르기 전에 말을 하기 때문이지. 그들은 말하기는 학습하고 연습해야 한다고 생각하지만, 그러나 듣기에 관해서는, 어떻게 하든 듣는 그 순간 그저 듣게 된다고 생각한다네. 공놀이를 하는 경우, 공 던지기와 받기를 동시에 배우는 게 사실이지만 말하기 공부에서는 입을 열기 전에 적절한 반응을 먼저 보이네. 이는 아기 분만 전에 수태와 임신의 과정을 거치는 것과 같지. 사람들은 암탉이 알을 낳을 때 무정란[7]을 낳는 것은 수정되지 않은 불완전한 결과에서 비롯된다고 말하지. 젊은이들이 청취 능력이 없거나 청취를 통 F
한 이득을 챙기는 습관을 갖지 못한다면, 그들이 하는 말은 정말 공허하고,

> 명성도 관심도 끌지 못해,

---

6 플라톤, 『법률』, 808D 참조.

7 아리스토텔레스, 『동물의 역사』 *Hist. Animal*, vi. 2 참조.

마치 구름 밑에 흩어진 듯하니.[8]

그 이유는 그들이 그릇 하나하나에 액체를 따를 때 실제로 흘리지 않고 채우기 위해 경사지게 하고 돌려 받지만, 강의를 들을 때는 화자인 강의자에게 맞추어 강의 내용에 마음을 두고 요점을 하나도 놓치지 않도록 하는 법은 결코 배우지 않기 때문이지.

39A 여기 세상에서 가장 우스운 일이 있는데, 만찬이나 집회 행렬, 꿈, 아니면 다른 사람과의 말다툼에 관한 이야기를 잘하는 사람을 우연히 만나게 되면, 사람들은 재미가 있어서 말 없이 듣고 그가 계속 이야기하기를 끈질기게 조르네. 하지만 만일 누군가가 그들을 한쪽 구석으로 끌고 가 무언가 유익한 것을 애써 전하려고 한다든가, 그들에게 해야 할 어떤 의무에 대해서 충고한다든가 잘못했을 때 훈계하려고 한다든가, 화가 잔뜩 났을 때 달래려고 하면, 대개 그런 사람에 대해서는 참고 견디지 못하지. 가급적이면 그를 이겨 보려고 열심히 그가 말한 내용을 반박한다든가 아니면 다른 바보스러운 이야기를 찾아 듣기 위해
B 급히 자리를 뜨지. 그래서 자기들의 귀를 값어치가 없고 더러운 그릇처럼 불필요한 잡동사니로 가득 채운다네. 능숙한 말 조련사가 우리에게 입에 재갈을 물린 잘 훈련된 말을 주듯이, 능숙한 교사는 우리에게 많이 듣고 적게 말하도록 가르침으로써 남의 말을 잘 듣는 귀를 가진 어린아이들을 길러 주네. 스핀타로

8 저자 미상. 아마 엠페도클레스일 가능성이 있음.

스[9]가 에파메이논다스를 칭찬하는 가운데 선언했듯이, 참으로 많이 알고 적게 말하는 사람을 찾아보기란 쉽지 않네. 자연이 우리에게 두 귀와 하나의 혀를 준 까닭은 듣는 것은 많이 하고 말하는 것은 적게 하라는 뜻이지.

> 침묵은 금이니라.
> 그리고 남의 말에 끼어들지 마라.

4 모든 경우, 침묵은 젊은이에게 안전하고 아름다운 광채를 발하는 장
식품이네. 특히 남의 말을 C
듣고서 매 순간 흥분하지 않거나 말다툼을 하지 않을 때, 또 비평하는 말이 마음에 들지 않더라도 그것을 참고 말하는 사람이 말을 끝낼 때까지 기다리고, 말이 끝나자마자 즉각 반격하는 말로 끼어들지 않을 때 그렇지. 아이스키네스[10]가 말하듯이, 말하는 사람이 자신이 말한 것에 덧붙이고 싶어 하거나 말한 것을 고치거나 취소하고 싶을 때 특히 더 그렇지. 그러나 남들이 말할 때 상대방의 말을 듣지 않거나 들을 자세도 취하지 않고 계속 떠들면서 끊임없이 반박 일변도로 끼어드는 사람들은 태도

---

9 Spintharos of Tarentum: 소크라테스의 제자. 그는 묵묵히 듣기로 유명했다고 한다. 플루타르코스, 『모랄리아』, 592F 참조.

10 Aeschines(389~314 BC): 아테나이의 정치가로서 유명한 연설가. 마케돈에 대한 화평파로서 주전파인 데모스테네스와는 정적 관계였다. 후에는 로도스 섬에 가서 수사학 학교를 개설한다. 이 언급은 Aeschines, 『배신한 사절에 대하여』 *De falsa legations*, 7장에 나오는 말과 비슷한데, 지금은 남아 있지 않은 연설문에 있었을 가능성이 더 크다고 한다.

가 형편없는 것이네. 반면에 억제력과 존경심을 갖고 듣는 습관을 지닌 사람은 유익한 대화를 나누게 되는데, 더욱이 그는 무
D 익하고 거짓의 대화는 재빨리 간파할 줄도 안다네. 그리하여 그는 자신이 완고하고 다투기나 좋아하는 논쟁 애호가가 아니라 진리의 애호가임을 보여주게 된다네. 그러므로 자네가 젊은이들에게 무언가 유익한 것으로 가득 채워 주길 바란다면, 그들에게서 자기 견해와 자만심의 허풍을 빼는 것이 필요한데, 술 부대에서 바람을 빼는 것보다 더 필요하지. 그렇지 않으면, 그들은 허풍과 자만심으로 가득 차 유익한 것을 받아들일 여지가 전혀 없게 되기 때문이네.

강의자의 담론에 시샘하지 마라.

5 자, 시샘에 악의와 적대감이 끼어들게 되면 무슨 일이든 좋을 것은 아니나, 시샘의 현주소는 명예로운 모든 것으로 가는 길목에 있네. 사실 시기, 질투는 유익한 것을 약오르게 하고 불쾌하게 하며 수락할 수 없는 것으로 만들므로, 시샘은 강의를 들으려는 사람에게는 최악의 동료이
E 자 상담역과 같은 것이지. 시샘하는 사람들은 담론의 좋은 점보다는 오히려 아무거나 좋아하고 즐기기 때문이라네. 타인의 부나 명성 또는 아름다움에 배 아파 하는 사람은 단지 시샘하는 것뿐이라네. 타인의 행운으로 기분이 상했기 때문이지. 최고의 강의에 불만을 느끼는 사람은 자기 자신의 행복에 도움이 되는 것에 짜증 내는 사람이지. 빛은 볼 수 있는 사람들에게는 좋은

것이듯, 강의는 들을 수 있는 사람들에게는 그것을 받아들일 의
지만 있다면 좋은 것이네.

남의 일에 배 아파 하는 것은 인간이 지니고 있는 악한 성 F
향이거나 확실한 교육을 받지 못해 생기는 현상이지만, 강의자
에 대한 시샘은 격에 맞지 않게 명성을 탐하는 것이고 옳지 못
한 야심의 산물이네. 시샘이 발동하면 강의 내용에 주의조차 기
울이지 않게 되고 오직 마음이 산란하게 되어, 한순간 강의자의
조건에 비추어 볼 때 나 자신의 것은 열등한지 아닌지 생각하
다가, 금세 다른 청강자들이 어떤 즐거움과 경탄을 보여주고 있
는지에 관심을 두지. 강의가 인기가 있으면 당혹해 하고, 강의
자의 말을 수용하는 청중에게 짜증을 내고, 그 기억이 고통스러
워 이미 행한 강의 내용은 싹 잊어버리고, 남아 있는 강의 부분
이 이미 행한 강의 내용보다 더 나으면 어쩌지 하며 두려운 마
음에 조바심을 내지. 화자들이 강의를 가장 잘할 때는 강의가 40A
빨리 끝나기만을 바라고, 강의가 끝나면 강의 요점은 깊이 생각
하지 않고 강의에 참석한 청중의 논평과 태도에 대해 채점만 하
려고 들지. 강의가 인기가 있다면, 미친 사람처럼 이 청중을 피
해 도망가고, 인기가 없거나 강의 내용이 엉망이면, 얼른 그들
의 대열 속으로 끼어든다네. 그리고 강의가 엉망이 되지 않는다
면, 강의를 엉망으로 만들고 형편없다고 함으로써 모든 것 자체
가 무용지물이 될 때까지, 똑같은 취지로 예전에 강의를 더 잘
하고 설득력이 있었던 다른 사람들과 비교하는 데 몰두한다네.

B 강의는 호의적으로 받아들이되, 강의 내용의 결점에서 이득을 챙기도록 힘써야 한다.

6 그러므로 성인이라면 강의 청취 욕망과 명성 성취 욕망 사이에 거리를 두어, 만찬이나 결혼 피로연에 초대받아간 손님처럼 즐겁고 친절하게 강의를 듣고, 강의하는 사람이 이루어 놓은 성공 분야에서의 능력을 칭찬해야 하네. 혹여 강의자가 제의한 견해가 보잘것없더라도 그가 확신에 차 여러 이유를 들어 청강자들을 설득하려고 애쓰는 강의자의 선의를 호의적으로 받아들여야 한다네. 그가 이루어 놓은 곳에서 우리는 성공이 운이나 우연에 기인한 것이 아니라 고심, 근면, 그리고 연구에 기인한 것임을 성찰해야 하네. 그리고 여기서 우리는 존경과 선의의 경쟁 정신으로, 그를 모방하도록 노력해야 하지. 그렇지만 잘못이 있는 곳에서는 우리의 지적 능력을 쏟아
C 이 잘못의 이유와 근원을 찾아내야 한다네. 크세노폰[11]이 주장하듯이, 훌륭한 가부장은 친구들에게서 유익한 것을 취하고 또 적들에게서도 끌어내는 것처럼, 강의자들도 성공적일 때뿐만 아니라 실패할 때도 두루두루 기민하고 집중력이 강한 청자인 학생들에게 기여하고 있기 때문이네.

생각의 모자람, 말의 공허함, 무례한 태도, 칭찬의 저속한 기쁨과 결부된 두근거리는 흥분 등등은 우리 자신이 강의자일 때
D 보다는 수강생일 때 더 분명히 나타나네. 그러므로 우리는 강의자의 입장을 우리 자신의 입장으로 바꾸어 생각해 보고, 우리가 무의식적으로 이러한 잘못을 저지르고 있지나 않은지 검토

11 크세노폰, 『경제론』 *Oeconomicus*, i. 15.

해 봐야 하네. 이웃의 잘못을 꼬집는 것은 세상에서 제일 쉽고 또한 쓸모없고 어리석은 짓이지. 단, 어떤 식으로든지 그 잘못을 교정하거나 비슷한 잘못을 피하도록 하는 경우를 제외한다면 말이네. 모든 사람은 각자 타인의 잘못을 볼 때 플라톤의 말을 되새겨야 하네.

> 나도 그들과 같은 게 아닐까?[12]

왜냐하면 가까이 있는 사람들의 눈에 반사되어 반짝이는 우리의 눈을 보는 것처럼, 타인들의 강의에서 우리 자신의 강의 그림을 얻어야만 우리는 타인을 너무 경솔하게 경멸하지 않고, 또 말을 할 때 더 세심한 주의를 기울이게 될 수 있기 때문이지.

이 목적을 위해 다음과 같은 비교 과정이 유익하네. 우리가 E
강의를 듣고 돌아와 아무 효과도 없고 또 적절하지 않게 취급되었다고 보이는 몇몇 화제(話題)를 택해, 우리가 직접 같은 화제에 노력을 들여 부족한 부분을 채워 넣고, 잘못된 부분은 여기저기 고치고, 다른 말로 바꾸어 보거나, 또는 그 주제를 전연 새로운 방식으로 다루려고 시도해 보는 걸세. 이 방식이 바로 플라톤[13]이 실제로 뤼시아스[14]의 연설에 대해 했던 것이네. 행해진

12 플루타르코스, 『모랄리아』, 88E, 129D, 463E 참조.

13 플라톤, 『파이드로스』 *Phaedros*, 237B 이하.

14 Lysias(circa 445~380 BC): 고대 헬라스의 연설문 작가. 그는 기원전 3세기에 뷔잔티움의 아리스토파네스와 사모트라케의 아리스타르코스에 의해 편찬된 『알렉산드리아 정전 목록』에 포함된 10명의 아티카 연설가 중의 한 사람이다.

강의에 대해 이의를 제기하는 것은 어렵지 않고 매우 쉽지만, 그것에 대해 더 나은 개선 내용을 만들기란 아주 힘이 드는 일
F 이네. 마케돈의 필립포스 대왕이 올륀토스 도시를 송두리째 파괴했다는 소식을 듣자, 스파르테인[15]은 이렇게 말했네.

그러면 그렇지. 허나 그분도 다른 방도를 세울 수는 없었겠지.

그러므로 어떤 주어진 주제에 대해 이렇게 해 봄으로써, 그때마다 우리가 다음과 같은 사실을 알게 된다네. 즉, 우리가 이미 강연했던 과거의 연설가들보다 훨씬 월등하지 않다는 것, 우리의 경멸감을 대폭 줄여야 한다는 것, 그리고 주제넘게 구는 것과 자존심은 이러한 비교를 통한 시험을 거쳐 재빨리 내팽개쳐야 한다는 것들을 말이네.

화자인 강의자의 강의 외적 사항에 대해 지나친 열광은 자제하고, 강의 내용에 대해서만 엄격한 비판을 해야 한다.

7 칭찬은 경멸의 대구(對句)로, 분명 보다 친절하고 온순한 성질을 갖고 있지만, 이 칭찬조차도
41A 확실히 적지 않은 주의를 요하네. 아니, 경멸보다 더 많은 주의를 해야 하지. 경멸과 자신감에 차 오만불손한 사람들은 화자들에게서 이득을 덜 얻는 경향이 있지만, 반면에 열광적이고 순진

15 Agesipolis I: 스파르테의 왕. 기원전 394년에 왕위를 물려받아 14년간 통치했다. 플루타르코스, 『모랄리아』, 215B, 458B 참조.

한 사람들은 더 손해를 입는 경향이 있기 때문이지. 헤라클레이토스의 말을 빌려 보면,

> 바보는 연설가인 강의자의 말 한 마디 한 마디에 흥분해서 법석을 떨기 마련.[16]

아무도 이 말에 의문을 제기할 사람은 없지.

화자를 칭찬할 때 우리는 관대해야 하지만, 그의 말을 믿을 때는 신중해야 하네. 강의하는 사람들의 스타일과 강의 투를 대할 때마다, 우리는 친절하고 꾸밈없는 마음을 가지고 지켜보아야 하네. 그러나 그들이 말하는 강의의 유익함과 진실성에 관해서는, 강의자들에 대해 아무런 증오심도 품고 있지 않더라도, 그들의 말 한 마디 한 마디가 해를 끼치지는 않는지 사심 없는 냉철한 비평가의 역할을 해야 하네. 왜냐하면 우리가 화자들에게 호의와 신뢰감을 갖게 되면 아주 많은 거짓되고 악한 신조들이 부지불식간에 우리 마음속으로 받아들여지기 때문이네. 언젠가 스파르테 관리들은, 생활 형편이 좋지 않은 사람이 작성한 제안을 승인한 후, 생활과 성품에서 평판이 좋은 한 사람을 더 지명해 그 내용을 제출하도록 했다네. 이렇게 함으로써, 시민이 아주 올바르고 또 국가의 이익을 위해 상담역[17]의 말보다는 행위에 영향받는 데 익숙해지도록 애썼네. B

---

16 헤라클레이토스의 격언. 플루타르코스, 『모랄리아』, 41A에서 재인용. H. Diels, *Fragmente der Vorsokratiker*, i, p. 95 참조.

17 플루타르코스, 『모랄리아』, 233F, 801B에 재언급.

C 그러나 철학적 토의에서 우리는 화자의 명성은 제쳐놓고 그가 말한 것만을 별도로 검토해야 하는데, 전쟁에서와 마찬가지로 강의에서도 허황한 짓/형태가 많이 벌어지기 때문이지. 예를 들어 볼까? 강의자의 회색머리, 옷차림, 진지한 얼굴 표정, 특유의 말투, 그리고 무엇보다도 강의자가 흥분시킬 때마다 터지는 수강생의 박수갈채와 고함은, 강의를 듣는 젊고 경험 없는 학생들을 분위기에 휩쓸리게 해 혼란에 빠뜨리지. 그의 스타일 역시 기만의 냄새를 풍기는데, 강의 주제가 기분 좋게 만들고 풍부할 뿐만 아니라 거기에 위엄과 기교가 가미될 때 특히 그렇다네. 피리 소리에 맞추어 노래하는 사람들의 틀린 곳 대부분을 청중이 놓치듯이, 전광석화처럼 번쩍이는 열광적이고 인상 깊은 강의 스타일 때문에 그 청강자는 강의 내용에 대해 눈이 멀게 되기 때문이네. 디오게네스[18]의 비극에 대해서 어떻게 생각하느냐는 질문을 받자, 멜란티오스[19]는 이렇게 답변했지. 비극을 보는 중에 하도 말들이 많아 그 극을 제대로 볼 수가 없었다고 말일세. 가장 인기 있는 강의자들의 토의와 강의 진행은 자신의 생각을 감추기 위해 언어를 이용할 뿐만 아니라 조화로운 음조의 변화와 연음 조의 율동적인 리듬을 타는 억양으로 자신의 목소리를 달콤하게 만들어 청강자들을 황홀경으로 몰아넣는다네. 그것은 그들이 제공하는 공허한 쾌락이며, 심지어 그들이 얻는

(D: 냐는 질문을 받자 line begins section D)

18 견유 학파의 창시자. 그는 자기가 가르친 방법을 통해 인간의 불운들을 피할 수 있다는 내용의 비극들을 썼다고도 전한다.

19 Melanthios(420~400 BC 활약): 아테나이의 비극 시인. 기원전 419년에 비극 상연 경쟁에서 3위를 차지할 정도로 뛰어났지만, 아리스토파네스 등 희극 시인들에 의해 조롱의 대상이 되기도 했다.

공허한 명성이기도 하지. 그래서 디오뉘시오스[1세 참주]의 말이 그들 경우에 딱 들어맞는데, 어느 연주회에서 아주 명성 있는 하프 연주자에게 큰 선물을 주기로 약속해 놓고, 연주가 끝나자 이미 책임을 다했다는 이유로 아무것도 주지 않은 채, E

> 당신이 우리에게 노래로 즐거움을 주고 있는 내내,
> 당신은 소망의 즐거움을 즐기고 있었기에.[20]

라고 말했다 하네. 이것이 바로 이런 유의 강의들을 하는 강의자들에게 주는 보상인데, 강의자는 그들이 재미있게 강의하는 한 존경을 받게 되지. 그 후에, 강의 청취의 즐거움이 사라지면 곧 그들의 명성 또한 사라지지. 그래서 청강자들의 시간과 강의자들의 활기는 순전히 낭비된 셈이네.

강의 내용의 검토와 평가 시 주의점

8 그러므로 청강자는 강의의 스타일에서 발생하는 불필요한 것과 공허한 부분은 털어 버리고 결실 그 자체를 추구해야 하며, 꽃으로 화환을 만드는 여인을 모방하지 말고 꽃에서 꿀을 모으는 벌을 닮아야 하네. 여인들은 꽃송이와 단내나는 잎사귀를 따다 엮고 묶어서 아주 즐겁긴 하지만 금방 시들고 말아 결실이 없는 무언가를 만들지. 반면에 F

20 플루타르코스가 『모랄리아』, 333F에서 재언급.

꿀벌들은 제비꽃, 장미, 히아신스의 꽃밭을 계속 들락거리다가 아주 거칠고 뾰족하고 날카로운 백리향 나무에 앉아 자리 잡고 쉬면서

누런 꿀을 만들며 보살피다가,[21]

쓸모가 있게 되면 그것을 집으로 날라다 자신들만의 특별한
42A 일을 하지. 이렇게 현명한 학생은 진지하고 단순한 마음가짐으로, 화려하고 감미로운 언어와 드라마틱하게 과장되고 장엄해 보이는 주제의 인기 높은 강의를 수벌들의 꽃밭으로 간주해야 하네. 그래서 이런 것들은 접어 버리고 부지런히 강의자의 말의 깊은 의미와 강의자의 의도를 파악해, 거기서 무엇이 유용하고 이득이 있는가를 찾아내야 하네. 아울러 그 자신은 극장이나 음악 연주장에 온 것이 아니라 강의 내용을 듣고 자신의 삶을 개선하려는 목적으로 학교와 강의실에 왔다는 점을 명심해야 하지.

B 따라서 강의 내용을 검토하고 평가하게 될 때, 학생은 순수한 마음에서 출발해 감정이 개입되지 않았는지, 고민거리가 제대로 다루어지고 있는지, 자신감과 자기의 숭고한 목적이 견고하게 뿌리박고 있는지, 덕과 선에 대한 열정을 품게 되었는지를 평가하도록 노력하게 된다네.

이발소를 떠나기 위해 일어날 때 거울 앞에 서서 자기 머리

21 시모니데스의 시구에서. 플루타르코스는 『모랄리아』, 79C에서도 재인용. 베르크, 『헬라스 서정시인들』, iii. No. 47[76], pp. 410~411 참조.

를 비추어 보고 이발 상태와 변화를 당연히 점검하는 것처럼, 학생이 강의 청취나 학술 행사를 끝내고 집으로 돌아오면 즉시 스스로 자신을 되돌아보고 강의에서 어떤 장애물과 불필요한 것이 있었는지, 마음이 더욱 가벼워지고 기분이 좋아졌는지 주의 깊게 자기 내면을 살펴보지 않는다면 부끄러운 일이네. 아리스톤[22]은 이렇게 말했지.

> 목욕도 강의도 아무 소용없는 것,
> 불순물을 제거하기 전에는.

강의자의 강의 스타일보다는 담론의 주제를 중시하라.

9 젊은이가 강의에서 이로움을 발견할 때에는 즐거움을 찾도록 해야겠지만, 강의에서 얻는 즐거움 그 자체가 목적이 되게 해서는 안 되네. 뿐만 아니라 철학자의 강의실을 떠날 때 입가에 즐거운 흥얼거림이나 얼굴에 기쁜 표정을 보여서도 안 되지. 찜질할 때 뜨거운 찜질 약이 필요한데, 이때 향수를 몸에 뿌려서는 안 되는 것과 같네. C

꿀벌의 벌집은 연기를 피워 소독하지. 마찬가지로 날카로운 강의가 안개처럼 모호하고 무딘 감각으로 가득 찬 수강생의 마

22 Ariston of Chios(circa 275 BC 활약): 제논의 동료로서 스토아 철학자. 이 사람을 기원전 3세기 후기의 소요 학파의 철학자 케오스의 아리스톤(Ariston of Ceos, 기원전 235년경에 활동)과 혼동해서는 안 될 것이다.

음을 정화했다면, 그는 고마움을 느껴야 할 것이네. 강의하는 사람이 강의 스타일에서 풍기는 즐거움과 설득력을 전적으로 무시하지 않는 것은 매우 옳지만, 젊은이는 우선은 이런 것에 크게 관심을 두어서는 안 되네. 물론 나중에는 그 점을 눈여겨
D 볼 수도 있겠지만 말이네. 왜냐하면 목마른 사람들이 물을 마신 다음 물잔의 장식을 보고 잔을 돌려 보기 시작하듯이, 젊은이도 교설로 우선 배를 불린 후 휴식을 취할 때 강의자의 스타일이 우아하고 섬세했는지를 살펴볼 수도 있기 때문이네.

그러나 강의 초부터 주제에 집중하지 않고 강의 스타일이 순수 아티카풍[23]이라야 하고 또 엄격하게 간소해야 한다고 주장하는 젊은이는, 마치 아주 고품질의 아티카제 잔이 아니면 독을 없애는 해독제도 삼키려 하지 않거나 또는 겨울에 아티카제 고급 양털이 아니면 외투를 입으려 하지 않고 뤼시아스의 연설에 나오는 얇은 누더기 같은 옷을 걸치고 꼼짝 않고 앉아 있는 사
E 람과 같네. 정말로, 건전치 못한 이런 요인들 때문에 학교 강의실에서는 마음과 양식(良識)이 아주 메말라지고 바보스러운 짓거리와 실없는 말들이 판치게 된다네. 젊은이들이 철학을 신봉하는 강의자의 삶, 행동, 그리고 공적인 행위를 보지 못하고 오로지 강의자의 스타일과 말투의 장점과 연설의 전달 방법만을 중시하고, 반면에 이미 전달된 강의 내용에 대해서는 그것이 유용한지 무익한지, 본질적인지, 공허하거나 지나치게 불필요한 것은 아닌지에 대해서는 이해하지 못하고 또 알려고 하지도 않

23 당시의 연설은 아시아풍과 아티카풍이 있었는데, 아시아풍은 격정적인데 반하여 아티카풍은 차분한 것이었다.

기 때문이네.

사소한 질문들로
강의의 흐름을 끊지 마라.

10 이런 것이 문제를 제기하는 사단을 야기하네. 만찬에 초대받아 온 사람은 앞에 차려진 음식을 먹어야지 다른 음식을 요청하거나 이러쿵저러쿵 비평해서는 안 되지. 마찬가지로 이성의 잔치에 참석하는 사람은 강의가 전문 주제인 경우에는 연사인 발표자의 말에 조용히 귀를 기울여야 하네. 발표자를 유도해 다른 화제로 이탈하게 하거나 발표 도중 중간에 질문해 새로운 난국을 야기하는 그런 청강자/생들은 다른 청강생들에게서 동조를 받지도 못하고 불쾌하게 할 뿐이네. 그런 자들은 강의에서 아무 이득도 얻지 못하고 발표자와 발표자의 말을 혼란스럽게 하네. 그렇기에 발표자가 청강자/생에게 질문을 하거나 문제를 제기하도록 요청할 때, 그때마다 청강자/생은 유익하고 본질적인 문제를 분명하게 제기해야 하네. 오뒷세우스가 구혼자들에게서 조롱받는 이유는,

F

> 음식 찌꺼기를 구걸한 것,
> 칼이나 가마솥이 아니라.[24]

43A

이었네. 저들이 무언가 큰 것을 달라고 요구하는 것을 주는 것

24 호메로스, 『오뒷세이아』 17권 222행.

만큼이나 도량이 큰 것으로 간주하기 때문이네. 그러나 청강자가 우스갯소리를 해대어 발표자로 하여금 사소하고 시시한 문제로 방향을 돌리게 하는 데에는 더 큰 이유가 있지. 이러한 일부 젊은이들에게는 논리나 수학 문제를 풀 때에 장난치거나 애꿎게 무언가를 보여주려고 문제 제기를 하는 버릇이 있네. 이를테면, 불확정적인 명제의 분할 문제[25]나 또는

B 외곽 면에 따라 혹은 대각선에 따라 결정되는 것으로서의 운동(κίνησις)이란 무엇인가?[26]

라는 질문 따위지. 이런 사람들에게는, 폐병으로 죽어 가는 사람에게 의사 필로티모스[27]가 언급한 말처럼 응수할 수 있네. 환자가 아픈 손가락을 치료할 약을 의사에게 달라고 말하자, 필로티모스는 환자의 얼굴색과 호흡으로 그의 상태를 감지하며 말했네.

당신의 근심거리는 아픈 손가락이 아니거늘.

---

25 "인간은 살아 있고 숨을 쉰다." "그런데 어떤 사람이 살아 있고 어떤 사람이 숨을 쉬는가?" 이런 따위의 논리 강변을 말한다.

26 다른 말로 "한 물체가 움직일 때 그 물체의 변화하는 위치는 그 물체의 내부 선들의 위치에 따라 정해지는가 아니면 외부 선들의 위치에 따라 정해지는가?"이다.

27 Philotimos(기원전 4세기와 3세기에 활약): 헬라스의 유명한 의사로서 여러 권의 의서를 썼다. 플루타르코스, 『모랄리아』 73B에서 재언급.

젊은이여, 지금은 자네가 이런 문제들에 관해서 쓸데없는 의문을 제기할 때가 아니네. 지금은 어떻게 하면 자기 견해와 헛된 주장, 연애사, 난센스 같은 것들을 모두 버리고 가장 온건하고도 건전한 생활 방식에 고착시킬까 하는 것에 전심 전념할 때라네.

강의자에게 비전문적인 것을 질문하지 마라.

11 질문을 준비할 때 질문자는 강의자의 실력이나 타고난 능력과 "강의자가 가장 잘하는 것들"[28]에 맞추는 것이 아주 필요하네. 자연과학이나 수학에 관한 C
질문으로 강의자를 맹공함으로써 철학의 윤리적인 면에 관심이 더 많은 그를 억지로 주제에서 빗나가게 하거나, 자연과학에 권위 있는 사람을 끌어들여 논리의 가정적 명제들[29]이나 거짓말쟁이의 문제[30]와 같은 말장난과 같은 풀이들에 대해 강제로 즉석 판단을 내리게 해서도 안 되네. 열쇠로 나무를 자르거나 도끼로 문을 열려고 하는 사람이 해당 도구를 냉대하기보다는 열쇠와 도끼의 원래의 용도와 기능을 생각해 내야 하듯이, 강의자에게 D
천성적으로나 후천적으로나 그에게 맞지 않는 무언가를 요구하

28 에우리피데스의 『안티오페』 *Antiope*의 한 행을 개작한 내용임. 나우크, 『헬라스 비극 단편 선집, 에우리피데스 편』, No. 183, pp. 413~414.

29 이를테면 이러한 것이다. "플라톤이 산보하면, 플라톤은 움직인다." "만약 낮이면, 해가 중천에 떠 있다."

30 "만약 내가 거짓말을 하고 있을 때 내가 거짓말한다고 말하면, 나는 거짓말하는 걸까 아니면 진실을 말하는 걸까?"

고 또 강의자가 제공하는 것을 모으거나 취하지 않는 사람들은 거기서 해를 입을 뿐만 아니라 동시에 악의와 적개심이 있는 사람으로 이름도 거명되고 또 허물도 뒤집어쓰게 되기 때문이네.

{ 질문의 답변을 통해 자기 문제를 해결하라. 인기강연자인 소피스트들과 진정한 강의자인 철학자들의 허실을 바르게 받아들여야 한다. }

12 제기된 많은 문제나 또는 스스로 직접 문제를 자주 제기하는 것 역시 경계해야 하는데, 이것은 일종의 자기 과시로 기회를 이용하려는 사람의 특징이네. 그러나 남들이 문제를 제기할 때 정중하게 청취하는 것은 훌륭한 이의 도리이며 사려 깊은 학자이지. 단 한 가지, 자기 자신의 긴급하고 골치 아픈 문제로, 감정의 자제가 필요하거나 언짢은 기분을 전환할 필요가 있을 때는 예외라네. 헤라클레이토스[31]가 말했듯이, "무식을 감추는 것은 좋지 않으며"[32] 대중 앞에서 공개리에 그것을 나타내 치유하는 것이 좋네. 어떤 분노의 폭발,

31 Heracleitos of Ephesus(circa 535~475 BC): 소아시아 해안가의 헬라스 도시인 에페소스 출신의 소크라테스 이전의 철학자. 그의 초년의 생애와 교육에 대해서는 알려진 것이 별로 없으나, 그 자신의 말처럼 독학하여 지혜의 선구자가 되었다고 한다. 그의 고독한 생활과 더군다나 그의 철학의 수수께끼 같은 본질, 그리고 그의 인간 전반에 대한 경멸 때문에 그는 '알 수 없는 자' 또는 '음울한 철학자'라고 불렸다. 그러나 사실 그는 자연과 우주를 변화의 논리로 설명한 위대한 철학자였다. "너는 두 번 다시 같은 강물에 들어갈 수 없다."라는 말이 단적으로 이를 대변하는데, 여기서 진리도 그렇다는 것이었다. 이에 크게 반발하여 진리는 고정불변하다는 파르메니데스가 등장하여 논쟁을 벌이게 되었는데, 이것은 사실 오늘날의 모더니즘과 포스트모더니즘의 논쟁과 같은 것이었다.

미신에 대한 공격, 집안 가족들 간의 심한 의견의 불일치, 또는 광적인 사랑의 욕망이,

> 전례 없이 심금을 울리며,[33] E

우리의 생각을 혼란하게 하면, 이것들을 피해 다른 이야기로 돌리지 말고 공식 강의 중에 핵심 문제들의 토론에 귀 기울이고 또 강의가 끝난 후에도 그 사람들을 사적으로 접촉해 더 질문을 해야 하네. 그러나 철학자들이 다른 사람들에 대해 얘기를 꺼낼 때 대부분의 사람들은 그런 철학자들을 좋아하고 또 존경을 표시하는데, 우리는 이런 데에서는 벗어나야 하네. 철학자가 그 사람들을 개의치 않고 그들의 관심사를 그냥 내버려 둔 채, 자신에 관한 얘기만을 솔직하고 자유롭게 말한다면, 그 대부분
의 사람들은 화가 나서 철학자가 주제넘게 군다고 생각하지. 왜 F
냐하면 보통 그들은 극장에서 비극 배우들의 얘기를 듣는 것처럼 학교 강의실에서 철학자들의 얘기를 들어야 한다고 생각하지만, 강연장 밖에서의 생활에 대해서는 철학자들이 자기들보다 낫다고 생각을 하지 않기 때문이네. 그들이 인기 있는 강연자들, 즉 소피스트[34]들에 대해서 이렇게 느끼는 데는 약간의 이

---

32 플루타르코스가 『모랄리아』, 439D와 644F에서 재언급. Diels의 *Fragmente der Vorsokratiker*, i. 99 참조.

33 『모랄리아』, 456C, 501A, 502D 및 657D에서 재언급. 나우크, 『헬라스 비극 단편 선집, 작자 미상 편』, No. 361, p. 907 참조.

34 *σοφιστής*, sophistes: 원래는 지혜를 알고 지혜를 행하는 자들을 지칭했었다. 그러다가 정치가가 되려는 젊은이들의 욕구를 채워 주기 위해 보

유가 있지. 인기 있는 강연자가 연단 의자에서 일어나 그들의 책과 강연 노트를 치워 버릴 때, 실생활에서의 족적을 보면, 그들은 소인배이고 일반 사람들보다도 서열이 아래라는 점이 분명해지기 때문이네. 그러나 참된 철학자들에 대해 이런 감정을
44A 갖는 것은 옳지 않네. 철학자들의 진지함, 농담, 머리 끄덕임, 미소, 눈살 찌푸림, 그리고 무엇보다도 각자 개개인에게 별도로 말하는 것을 인식하는 순간, 인내하며 경청하는 습관을 터득한 사람들에는 유익한 보상이 돌아가기 때문이네.

{ 강의자에 대한 칭찬은 지나치거나 인색하게 하지 마라. 수강자들은 어떤 수강 태도를 보여야 하는가? }

13 칭찬을 하는 행위에는 신중과 절제가 필요한데, 그것이 미흡하거나 지나치면 적절치 못하네. 이성은 중용(中庸)을 지키는 것이 자유인의 도리라고 보지. 무례하고 귀찮게 구는 수강생은 강의 내용에 전혀 반응을 못 느끼는 학생이어서, 그는 제멋대로의 추정과 오염된 자기 주장으

수를 받고 아레테, 즉 탁월함이나 덕을 키워 주는 연설술을 가르치는 교사들을 지칭하는 말로 되었다. 그래서 진리가 아닌 것을 진리인 것처럼 속여서라도 청중들을 설득시키기만 하면 된다는 고르기아스 같은 교사들이 나타났다. 이에 크게 반발한 사람이 바로 소크라테스와 플라톤이었는데, 그들은 연설의 목적은 진리만을 언급하여 청중을 설득시키는 데 두어야 한다고 하였다. 후에 아리스토텔레스는 『수사학』에서 그것을 플라톤 유의 철학자들의 진짜 연설술과 고르기아스 유의 가짜 연설술로 나누었다. 물론 플루타르코스는 플라톤 신봉자였기 때문에, 여기서도 그의 범주를 따라 인기 강사인 소피스트들을 못마땅하게 여기고 비판한다.

로 가득 차, 마치 강의 내용보다 더 좋은 무언가를 말할 수 있다
고 확신하고, 강의 청취에 대해서 기쁘다는 표정을 짓지 않거나
말 한 마디도 하지 않는다네. 오직 침묵을 지키고 근엄한 체하
는 자세를 취해 위엄 있는 권위자라는 명성을 얻고자 하지. 칭 B
찬이 돈인 양 여겨, 그는 다른 사람을 칭찬하면 자기 돈이 강탈
당하는 것처럼 느끼네.

퓌타고라스는 경이로운 것은 하나도 없다[35]는 이점을 철학에
서 배웠다고 선언한 적이 있네. 그러나 그의 이 말을 잘못 받아
들여 그 의미를 잘못 판단하는 자들이 많지. 이들은 그들이 이
익을 얻는 경우는 칭찬할 만한 것은 하나도 없고, 존경을 표할
만한 것도 하나 없는 것이라 생각해, 경탄하지 않음이 곧 모멸
이라고 보고 오직 경멸을 통해서만 권위를 세우려고 한다네. 실 C
은 철학적인 사유가 모든 경우에 원인이 있다는 점을 인식하고
숙지함으로써 무지몽매에서 발생하는 경이와 경악에서 벗어나
게 하지만, 동시에 우리의 침착성, 온건함 또는 인간의 흥미를
빼앗아 가지는 않는다는 것도 사실이네. 진실하고 시종 선한 사
람들에게는 칭찬받을 만한 사람에게 칭찬하는 게 최고의 찬사
이고, 이런 사람에게 명예를 주는 것이 가장 확실한 명예가 되
네. 왜냐하면 이것이 명성의 아주 풍부한 보고(寶庫)이기 때문
이지. 반면에 타인을 칭찬하는 데 인색한 사람들은 자신에 대한
칭찬에도 옹색하고 빈곤한 인상을 준다네.

그렇지만, 다른 한편, 경거망동(輕擧妄動)하는 반대 유형의 사 D
람은 판단도 하지 않고 강의의 매 단어와 구절에 지나치게 열중

---

35 호라티우스, 『서한집』 *Epistles*, I. 6. 1에 나오는 "nil admirari" 참조.

한 나머지 감탄의 소리를 입빠르게 내지. 이런 사람은 흔히 논쟁자 자신들에게 만족감을 주지 못하고, 청중에게는 항상 고통스러운 골칫거리네. 청중은 그의 행동으로 깜짝 놀라고 그가 이끄는 데로 자신들의 판단과는 반대로 덩달아 박수를 치네. 마치 그들은 창피해서 할 수 없이 손뼉을 치듯이 손뼉을 치네. 그자는 강의에서 아무 이익도 얻지 못하는데, 빈번한 박수갈채로 혼란과 가슴 설레는 흥분으로 가득 차 있기 때문이네. 그래서 그는 강의 내용에 관련된 모든 것에서 위선자, 아첨꾼, 촌놈의 세 가지 이름 중 하나를 얻고 그 자리를 뜨게 되네.

E 배심원으로 법정에 앉아 있는 사람은 악의나 호의에 개의치 말고 정의만 고려해서 엄정한 판단 속에서 경청해야 하지만, 학술 강의에서는 강의자를 선의를 지니고 받아들이는 것을 금하는 법도 선서도 없네. 참말로 고대인들은 담론은 무엇보다도 우아함과 친절함을 필요로 한다고 느껴서 신들의 사자(使者)인 헤르메스 신을 미의 3여신인 [단정, 우아, 우애의] 카리테스 신(*Χάριτες*, Charites) 옆에 자리를 잡도록 했네. 왜냐하면 화자가 칭찬을 받을 무언가를 내놓지 못할 정도로 너무 비참하게 완전히 실패하는 경우는 있을 수 없기 때문이지. 독창적인 사상, 타인의 회고, 그의 담론의 바로 그 주제와 목적, 또는 적어도 그의 말의 스타일과 배열은,

F 마치 개구쟁이 발에 짓밟히며 거친 잡초 속에서
아네모네 꽃이 자라나 우아하게 만발하듯이,[36]

---

36 인용 원전 불명. 플루타르코스, 『모랄리아』, 485A 및 621E 참조.

빛을 발하기 때문이지. 일부 몇 사람이 구토나 열병에 대해, 아니 맹세코, 부엌의 그릇 하나하나에 대해서까지도 어느 정도로 그럴싸하게 칭찬 일변도의 열변을 토했을 때에 어떻게 과연 얼마간 철학자라는 명성과 이름을 지닌 한 사람에 의해 행해진 강의 담론이, 호의적이고 인간적인 청중에게 칭찬할 여유와 기회를 주지 못하는 일이 생길 수 있을까? 어쨌든 모든 사람은 한창 청춘일 때 어떻게든 수단 방법을 가리지 않고 플라톤이 말하듯이[37] 동성애의 상대자로서 사랑하고픈 남자를 충동질하여 호감을 사려는 행동을 함을 우리는 알고 있네. 그런 자는 피부색이 흰 소년들을 '신들의 아이들'이라고 부르고, 피부색이 검으면 '남자답다'고 부르는가 하면, 매부리코를 애칭으로 '왕답다'고 하고, 들창코를 '매혹적'으로, 혈색이 누런 소년을 '꿀 색깔'로 부르며 모든 상대를 환영하고 좋아하지. 사랑은 담쟁이덩굴과 같아서 어떤 버팀목에라도 찰싹 붙는 데 재빠르기 때문이네. 그런데 이보다 더 학자와 노력하는 수강생은 항상 화자 모두에게 공개적으로 어떤 적절한 칭찬을 할 이유를 찾을 채비를 갖추고 있지. 그래서 플라톤[38]은 뤼시아스의 연설이 창작된 허구이기 때문에 칭찬할 수 없고 그 배열이 무질서하다고 비난하지만, 그럼에도 불구하고 그 스타일은 칭찬하며 45A

각 단어가 분명하고 부드럽게 넘어간다

37 플라톤, 『국가』, 474D.

38 플라톤, 『파이드로스』 *Phaedros*, 234E.

B 고 말하네. 누구나 상대방의 허물을 찾을 수 있지. 아르킬로코스는 그의 주제에서, 파르메니데스는 그의 작시에서, 포퀼리데스[39]는 평범함으로, 에우리피데스는 수다에서, 소포클레스는 그 파격에서지. 마찬가지로 연설가 중 누구는 인물 묘사를 잘할 능력이 모자라고, 어느 누구는 감정을 일으키는 데 느리고, 또 어느 연설가는 우아함이 부족한 것이 사실이네. 하지만 이들은 제각기 천부적 자질이 있어 우리를 감동하게 하고 끌어당기도록 하는 특별한 재능 때문에 칭찬받고 있음 또한 사실이네. 그래서 수강생들이 강의자들에 대해 친밀감을 표시할 기회가 많다는 이야기가 나오는 것이지. 우리가 말로 칭찬을 나타내지 않더라도, 그들에게 감사의 눈빛, 밝은 얼굴, 친절하고 편안한 모습을 보여주는 것으로 충분하네.

C 끝으로, 완전히 실패한 강의자들에게까지도, 이를테면 다음 사항들은 강의마다 수강생들이 일반적으로 해야 할 일들이네. 삐딱하게 앉지 말고 다리를 쭉 편 자세를 취하지 말고 똑바른 곧은 자세로 앉을 것, 강의자를 똑바로 바라볼 것, 강의 청취에 열중하는 태도를 보일 것, 침착한 표정을 지을 것 등이지. 결코 오만불손한 태도나 어떤 선입관이나 잡념도 나타내서는 안 되네. 작품에서 미(美)란 수많은 요소의 조화에서 구현되듯이, 말을 하는 것에도 어떤 적절한 비율과 조화의 규칙에 따라 하나의
D 통일을 이룸으로써 미가 구현되는 것이지. 반면에 만약 단 하나의 우연한 요소가 생략되거나 엉뚱한 자리에 첨가되면 추함이

39 Phocylides of Miletus(560 BC경에 출생): 헬라스의 격언 시인. 메가라의 테오그니스의 동료이다.

튕겨 나온다네. 그래서 특별한 경우의 강의를 청취할 때도, 찡그린 얼굴, 산만한 시선, 몸을 비비 꼬거나 다리 꼬기는 어울리지 않고, 심지어 머리를 끄덕이고, 다른 사람에게 귓속말로 속삭이고, 웃거나, 졸려서 하품을 하고, 머리를 아래로 숙이는 것, 이 모든 비슷한 행동들은 책잡힐 일이네. 그러니 조심스럽게 피해야 하네.

> 수강자는 강의자와
> 조화를 맞추도록 노력해야 한다.

14 강의자는 해야 할
역할이 있고, 학
생은 할 역할이 아무것도 없
다고 생각하는 별난 사람들
이 있네. 강의자는 사전에 정성 들여 계획해서 강의 준비를 해 E
와야 하지만, 자기들은 할 의무는 전혀 고려하지 않고 강의실에
갑자기 들이닥쳐 마치 만찬석에 초대되어 온 것처럼 자리를 잡
고, 다른 이들이 애써 듣고 쓰고 하는 동안 그저 시간을 보내기
만 하면 된다고 생각들 하지. 하지만 만찬에서는 잘 교육받은
손님도 해야 할 역할이 있듯이, 수강생에게는 그 역할이 훨씬
더 많지. 왜냐하면 그도 대화 참석자이자 강의자와 동료 작업자
이기 때문이네. 그래서 수강자는 강의자의 조그마한 실수를 붙
들고 늘어지며 강의자의 말 한 마디와 행동 하나하나에 대해서
엄격하게 비판하지 말아야 하네. 그런데도, 그 자신은 강의를
듣는 일에서 주제도 없이 비판하고 꼴사나운 행동을 하고 부적
절한 큰 잘못을 많이 저지르고 있네. 따라서 이와는 달리 공놀 F
이에서 공을 받는 사람이 던지는 사람의 동작에 따라 자기의 동

작을 맞추어야 하듯이 강의에서도 강의자와 수강생이 각자 자기 의무를 생각한다면, 강의자와 수강생 사이에 어떤 조화가 이루어질 걸세.

강의자에 대한 칭찬의 용어는 신중하게 골라라.

15 그런데 칭찬을 할 때 사용되는 용어 또한 난삽한 것이어서는 안 되네. 에피쿠로스가 자기 친구의 편지들에 관해 그 편지들은 박수갈채를 받을 만하다고 얘
46A 기할 때,[40] 그 자신의 말은 불유쾌한 것이네. 오늘날 우리 강의실에서 이국풍(異國風)의 표현들을 쓰려는 사람들이 있는데, 그들은 강의에 대해서 "신적이다", "영감을 받았다", "추종을 불허한다"라고 감탄사를 터뜨리곤 하지. 이런 사람들에게는 마치 플라톤, 소크라테스, 휘페레이데스[41]와 그들의 친구들이 칭찬하기 위해서 종종 썼던, "들어, 들어봐!", "좋지!", "조리 정연하지"라는 말들이 이제는 충분치 못한 것처럼 보인다네. 그래서 이런 사람들은 아주 꼴사나운 태도로 행동하고, 마치 강의자들이 이러한 고도의 과잉 칭찬을 원했던 것처럼 이들을 중상하고

---

40 Diogenes Laertius, 『유명한 철학자들의 생애』 *Lives of the Eminent Philosophers*, X. 5 참조.

41 Hypereides(circa 390~322 BC): 고대 헬라스의 연설문 작가. 그는 기원전 3세기에 뷔잔티움의 아리스토파네스와 사모트라케의 아리스타르코스에 의해 편찬된 『알렉산드리아의 정전(正典)』에 포함된 10인의 아테나이 연설가 중의 한 사람이었다.

있네. 아주 불쾌한 사람들이 또 있는데, 연사들을 받아들이면서 마치 법정에서 증인 선서하듯 하는 사람들이네. 이들은 개인의 자질을 존중할 줄 모르는 사람들로 철학자에게 "박학하십니다!", 연장자에게 "총명하십니다!"나 "훤하십니다!"라고 큰소리로 외치지. 그러면서 건전한 강의에 대해서는 저질의 칭찬을 한다네. 이는 마치 운동선수의 머리에 월계관이나 야생 올리브 대신 백합이나 장미의 관을 씌우는 것과 같네! 한번은 에우리피 B
데스 비극 시인이 극의 합창대원들에게 음악에 맞추어 한 가사 구절을 연습시키고 있을 때인데, 이들 중 한 명이 갑자기 웃음보를 디뜨렸네. 그러자 에우리피데스는 이렇게 질책했지.

> 자네가 그처럼 어리석고 무지하지 않았다면,
> 웃지 않았을 것이네.
> 내가 아주 엄숙한 어조로 노래하고 있는 동안은.[42]

그래서 나는 철학자이자 정치가인 사람은 다음과 같은 말을 함으로써 버릇없는 수강생의 경솔함을 질책할 수 있다고 생각하네.

> 자네는 교육받지 못한 바보처럼 보이는군.
> 그렇지 않다면 내가 신, 국가, 국가 통치에 대해
> 강의를 하면서 가르치고 훈계하는 동안,
> 내 말에 맞추어 휘파람을 불거나 C
> 춤을 추지는 않았을 텐데.

---

42 Plutarch, 『모랄리아』, 1136CD 참조.

만약 어떤 철학자가 강의할 때, 강의실 밖에 있는 사람들이 강의실 내에서 일어난 소란과 환호성 때문에 그 박수갈채가 플루트 연주자나 하프 연주자 아니면 무희에게 향한 것인지 알 수 없다면, 앞에 인용한 말의 의미가 진정 무엇을 의미하는지 꼭 생각해 보도록 하게.

{ 나를 향한 질책과 훈계에는 겸허하게 수용하라. }

16 더욱이, 훈계와 힐책에 대해 둔감하게 무관심하거나 부적절한 감정을 지니고 들어서는 안 되
D 네. 철학자들의 질책을 가벼운 마음으로 부주의하게 받아들일 수 있는 저런 사람들은, 맡은 바 일에 따라 웃고 일을 맡긴 사람은 칭찬하는 아주 완고하고 무례한 사람들로, 생활비를 대주는 사람들에게 욕 먹일 짓을 하는 빌붙어 사는 기생충 같은 사람들이지. 그래서 그들은 파렴치한 행동 때문에 좋고 순수한 남자다운 덕의 증거를 하나도 보여주지 못하지. 위트와 순수한 농담으로 받아들여질 수 있는 유쾌한 조롱인 한, 화내지 않고 즐겁게 그것을 받아들이는 방법을 알기만 한다면, 그런 사람의 행위는 저질이라거나 교양 없다는 소리는 듣지 않을 것이네. 오히려 아주 관대한 스파르테인의 행위라는 호평을 듣겠지. 이와는 달리, 쓴 약처럼 폐부를 찌르는 말로 사람이 되라고 하는 질책과 훈계를 듣고도, 겸손하게 그것을 경청하려 하지 않고, 진땀을 흘리거나 현기증이 일지도 않고, 마음이 수치심으로 불타지도 않으며, 오히려 그 모두를 듣고서도 반대로 전혀 미동도 않고 얼굴

에 히죽히죽 웃음을 띠고 무시하는 것은 위선의 탈을 쓴 젊은이
들이 겸양의 미를 상실한, 아주 눈에 거슬리는 교양 없다는 징
표네. 습관적으로 계속 악행에 물들고, 영혼과 육체가 무디고
무감각해져 있기 때문에 이런 자들은 아무리 채찍질해도 소용
이 없네.

이런 것이 이 부류에 속하는 자들의 행동거지라네. 그러나 E
정반대의 기질을 가진 젊은이들은 자신을 비난하는 단 한 마디
라도 들으면 뒤돌아보지 않고 도망가고 철학을 저버리려고 하
지. 그래서 비록 인간 본성이 부여한 겸양의 미덕이 그들을 구
제하는 놀랄 만한 발단을 이루고 있다 할지라도, 그들은 우유부
단하고 마음이 약해 그것을 상실하네. 왜냐하면 그들은 질책을
받고도 확고한 마음을 보여주지 못할 뿐만 아니라 올바로 정신
을 차려 잘못된 것들을 고치려 하지 않기 때문이네. 오히려 그
들은 잡스러운 아첨꾼이나 유창하게 말 잘하는 이들의 기분 좋
고 달콤한 말에 귀를 기울이지. 이들은 쓸모없고 무익하나 기분
좋은 말로 그들의 마음을 홀리지만 말이네. 수술 후 붕대를 감 F
지 않고 의사를 피해 도망가는 사람은 치료의 모든 고통은 감내
하지만 치료의 성과는 기다려 볼 수 없는 것처럼, 질책의 말이
인간의 어리석음을 도려내고 상처를 낼 때 그 상처를 고쳐 낫게
할 기회를 갖지 못한다면, 인간은 쓰라림과 고통은 있지만 아무
이익도 없이 철학을 멀리하는 꼴이네. 에우리피데스가 말한 것
처럼 텔레포스[43]의 상처는,

43 Telephos: 헤라클레스의 아들. 그는 트로이아 전쟁 때 아킬레우스와 싸우다 상처를 입는다. 그가 낫는 유일한 방법은 상처를 낸 자가 직접 치

예리한 줄밥으로 창(槍)에서 떼어 낸 녹으로 아물게 하지.[44]

47A 뿐만 아니라 성품이 좋은 젊은이들 마음속 깊이 자리 잡고 쿡쿡 쑤셔대는 철학의 아픔은, 상처를 입혔던 그 질책의 말로 치료되네. 이런 이유로 질책받는 사람은 어느 정도 고통을 느끼고 아프겠지만, 그래도 기가 죽거나 좌절해서는 안 되네. 오히려 철학에 헌신하는 수련자의 엄숙한 예식에서처럼, 그는 당면한 고통과 불안 다음에 무언가 기쁘고 즐거운 일이 온다는 기대를 하면서 초기의 정화와 동요를 감수해야 한다네. 정말로, 질책이 부당하게 가해지는 것처럼 보인다 하더라도, 질책하는 사람이 말하고 있는 동안은 계속 인내심을 갖고 그것을 참는 태도
B 는 경탄할 만한 일이네. 또한 그가 말을 끝냈을 때에 그에게 다가가 설명을 하고, 그리고 실제로 잘못된 몇 가지 품행에 대해서는 현재의 예에서 그가 보여준 솔직함과 진지함으로 자기를 지도편달해 줄 것을 간청하는 것도 경탄할 만한 일이지.

유하는 것이라는 신탁을 듣고, 그는 아킬레우스를 탐문해 아르고스로 가서 누더기 옷을 입고 거지로 변장해 우여곡절 끝에 그의 창에 낀 녹으로 치료를 받았다. 이때 아킬레우스는 그가 헬라스인들이 어떻게 하면 트로이아를 취할 수 있을까 하는 말을 한다는 조건으로 치료해 주었다고 한다.

44 나우크, 『헬라스 비극 단편 선집, 에우리피데스 편』, No. 724, p. 588. 플루타르코스, 『모랄리아』, 89C 참조.

철학에서
그때그때 의문을 풀고 가라.

17 더욱이, 읽고 쓰기를 배울 때, 또는 음악 학습이나 체육 훈련을 할 때에는 첫 수업이 많은 혼란을 겪게 하고 힘들며, 그리고 불확실성이 따르게 되네.
그러나 이것은 인간관계에서도 똑같아 둘 사이가 충분히 친숙
하게 되고, 이해 덕분에 모든 게 매력적이고 타당하게 되면, 말
하고 행동하는 것 둘 다가 쉬워지네. 철학도 역시 똑같다네. 철
학은 확실히 처음 접할 때에는 철학의 용어와 주제가 무언가 낯
설고 난해하지만, 시작부터 겁내 비겁하게 포기해서는 안 되네.
오히려 요점 하나하나를 검토하고 일이 잘 진행되도록 매달리 C
고 기다리다 보면, 숙지도가 생겨서 고생한 모든 일이 기쁨이
된다네. 그것은 오래 지체하지 않고 곧 와서 학습 주제에 풍부
한 빛을 던져 줄 것이고 또 덕을 사랑하는 열정을 고취할 것이
네. 이런 열정 없이 여생을 보낼 수 있는 사람은 아주 주제넘은
사람이거나 비겁자로 낙인찍힐 것이니, 그는 진정한 남자다운
남자를 원하는 철학을 스스로 멀리했기 때문이네.

철학의 주제가 나이 어리고 경험 없는 학생들이 처음 접하
기에 이해하기 어려운 문제를 포함하고 있음은 꽤 있을 수 있는
일이지. 그러나 동시에 그들은, 자신들이 말려든 것을 알게 된
대부분의 의심과 오해에 대해 책임을 져야 마땅한데, 아주 정반
대되는 성격의 사람들도 똑같은 오류에 빠지기 때문이네. 어떤 D
학생들은, 수치감과 강의자에게 해를 끼치지 않으려는 욕망 때
문에 질문하거나 자기들 머릿속에 확고히 잡힌 논쟁 문제를 제
기하기를 주저하지. 그러고는 마치 다 이해한 듯이 동의의 표시

로 머리를 끄덕인다네. 또 다른 학생들은 어떤가? 불순한 야망과 동료 학생들과의 공허한 경쟁심에 이끌려, 자기들의 명민함과 쉽게 학습하는 능력을 과시하기 위해 의미를 파악하기도 전에 파악했다고 공언하지. 실제로는 그것을 전혀 파악하지 못했으면서도 말이네. 그런데 결과는 어떤가? 강의 듣기를 마친 후에, 저 겸양의 침묵을 지켰던 사람들은 자신의 어려운 문제를 두고 노심초사하다가 결국 필요에 의해 이번에는 더 큰 수치심을 안고 전에 이미 물었어야 할 질문들을 강의자들에게 애써 묻고서 따라잡으려고 노력하네. 그러나 야심만만하고 자신감에 넘치는 젊은이들은, 끝내 자신 속에 깃들고 있는 무지를 덮고 감추기 위해 항상 애쓰고 있지.

E

결론: 마지막 간곡한 권고

18 따라서 우리는 우리에게서 이런 모든 어리석음과 가식을 털어버리고 배움의 길로 나서 유익한 모든 강의를 철저히 이해하도록 노력하고, 인내심을 갖고 클레안테스[45]와 크세노크라테스[46]가 그랬던 것처럼 똑똑하기로

45 Cleanthes of Assos(circa 330~230 BC): 헬라스 철학자. 제논의 후계자로서 아테나이의 스토아 학파의 제2대 교장. 제논은 인생의 목적은 일관되게 사는 것이라 하면서 오직 감성 없는 이성의 생활이 궁극적으로 그러한 것이라고 말했다. 이에 대해 그는 쾌락이란 좋은 것이 아닐 뿐만 아니라 자연/본성에 거슬리는 것이고 무가치한 것이라 주장하면서 스승이 말한 것에 덧붙여 인생의 목적이란 자연/본성에 일치하여 사는 것

이름난 이들의 웃음을 받아들여야 하네. 이 두 사람은 비록 그들의 학교 동창들보다는 속도가 느린 것처럼 보였지만, 절망해 학습을 피하거나 포기하지 않았지. 그러고는 그들은 처음에 자신들을 목이 좁은 병과 동판에 비유해 농담을 하기도 했네. 강의 내용을 받아들이는 데는 아주 힘들었지만, 그것을 안전하고 확실하게 보관했다고 말이네. 포퀼리데스[47]가 말하듯이, 사람은

> 고귀함을 추구할 때 바라는 대로
> 안 되는 경우가 수도 없이 많은 법.[48]

뿐만 아니라 자신의 무지(無知)에서 깨어나 유식해지려고 전심전력을 다해 노력하는 과정에서 수없이 비웃음도 사고 악평도 받고 모멸감도 느끼고 조롱도 당하지. F

다른 한편으로 우리는 확실하게 극단의 반대 방향으로 이끄는 과오도 저질러서는 안 되네. 어떤 사람들은 게으름을 피우고 그 결과 자신도 불쾌해하고 또 짜증을 내는데, 외톨박이가 되었을 때 그들은 어떤 고난이라도 극복해 나가려 하지 않고 같은 문제들에 대해서 반복해 질문을 계속하면서 그 고난을 화자에게 떠맡기려고 하지. 마치 털도 안 난 갓난 새가 다른 새의 입을

이라고 주장했나.

46 Xenocrates of Chalcedon(circa 396/5~314/3 BC): 헬라스의 철학자, 수학자, 그리고 기원전 339/338년에서 314/313년까지 플라톤 아카데미아의 교장을 지냈다. 플루타르코스, 『모랄리아』, 706c에 재언급.

47 앞의 주 39 참조.

48 베르크, 『헬라스 서정시인들』, ii, p. 448. *Phocyl*, No. 14, p. 71.

향해 주둥이를 벌리고는 이미 준비된 모든 것을 날름날름 받아 먹기만을 바라는 것처럼 말이네.

48A 또 다른 부류의 학습자들이 있지. 이들은 응당 빈틈없고 강의를 경청하는 모습으로 비치기를 열망하네. 그래서 계속 수다를 떨어 주제와는 관계도 없고 비본질적인 난점들을 제기하고 또 증명도 필요 없는 것들의 증명을 요구함으로써 강의자들을 힘 빠지게 한다네. 그래서 소포클레스가 이 점에 대해서 언급한,

이 조그만 길을 가는 데 왜 이리 시간이 오래 걸리는가.[49]

B 라는 말은, 그들에게뿐만 아니라 나머지 전체 수강자들에게도 해당하는 것이네. 그들은 공허하고 불필요한 질문들로 강의자가 가능한 모든 경우를 가정해서 답변케 하는데, 이는 마치 여행하는 일행에 함께 끼어든 것처럼 강의의 정규 과정의 진행을 방해하는 것이지. 그래서 강의는 중단도 되고 지연도 되는 것이네. 자, 히에로뉘모스[50]에 따르면, 이런 사람들은 겁이 많고 물고 늘어지는 강아지와 같아서, 집에서는 맹수의 가죽을 보고 물어뜯고 할 수 있는 한 가죽을 찢어발기지만, 진짜 동물을 만나면 옴짝달싹도 하지 못한다네. 그러나 우리가 언급한 저 게으른 사람들에 관해서 이렇게 자극을 주는 것이 좋을 것 같은데, 지

49 소포클레스, 『안티고네』 *Antigone*, 237.

50 Hieronymos of Rhodes(circa 290~230 BC): 소요 학파 철학자로서 학문상의 적인 아르케실라오스와 트로아스의 뤼콘과는 달리, 최고선이란 고통과 고난에서 자유로워지는 것에 존재하며, 쾌락이 그 자체로 추구되어서는 안 될 것이라고 주장했다.

력(知力)을 모아 주요 요점들을 파악했을 때 스스로 노력해서 나머지를 취합하고, 스스로 사고하는 데 기억력을 안내서로 사용하며, 다른 강의를 하나의 배아와 씨로 받아들이면서 이를 발전시키고 키우도록 하라고 말이네.

지력은 병처럼 채울 필요가 없는 것이 오히려 목재와 같다고 C
나 할까. 그것은 단지 나무에 불을 붙여 독립적으로 생각하도록 자극을 주고 진리를 탐구하려는 열망을 창출하면 되는 것이기에 말이네. 어떤 사람이 이웃에게서 불씨를 얻어 큰불을 지피고 계속해서 자신의 몸을 따뜻하게 하며 머무른다고 상상해 보게. 그것은 어떤 사람이 다른 사람의 강의를 듣고 이득을 얻으려고 왔는데, 그가 강의에서 그 자신과 그의 사고를 계발하기 위해 불씨를 지필 필요가 없다고 생각하고 그 강의 내용을 즐기며 황홀경에 빠져 앉아 있는 거나 같은 것이지. 말하자면 그는 강의 내용으로 그에게 전달된 의견의 형태로 밝고 벌겋게 달아오른 불을 얻지만, 그의 마음속 깊이 도사리고 있는 곰팡냄새와 암흑을 뜨거운 철학의 열기로 없애거나 추방하지는 못하는 것이네.

마지막으로, 강의를 청취하는 데 필요한 다른 어떤 교훈을 D
덧붙이자면, 그것은 이미 여기서 강의된 내용을 명심하고 우리가 배운 것에 따라 독립적 사고 능력을 배양하는 것이지. 그래서 우리는 궤변으로 아는 체하거나 단순 지식을 얻는 데 급급하지 말고, 깊이 뿌리박힌 철학적이고 지적인 습관을 지니도록 해야 하네. 올바로 듣는 것이 올바로 사는 것의 첫걸음이라는 것을 믿는다면 말이네.

아첨꾼과 친구는 어떻게 구별할 수 있는가

Πῶς ἄν τις διακρίνειε τὸν κόλακα τοῦ φίλου

이 에세이의 제목은 *Πῶς ἂν τις διαχρίνειε τὸν χόλαχα τοῦ φίλου*, Pos an tis diachrineie ton cholacha tou philou(라틴어로는 *Quomodo adulator ab amico internoscatur* 또는 *De adulatore et amico*)로서, 「아첨꾼과 친구는 어떻게 구별할 수 있는가」 또는 「아첨꾼과 친구에 대하여」이다. 이 에세이는 플루타르코스가 필로파푸스(Gaius Julius Antiochus Epiphanes Philopappos 또는 Philopappus, 서기 65~116년)에게 보낸 서간문이다. 이 사람은 72년에 베스파시아누스 황제에 의해 로마 영토가 되었던 옛 코마게네 소왕국의 황실 유족으로서, 트라야누스와 하드리아누스 황제 때 친위대원과 로마 원로원 의원을 거쳐 109년에는 보궐 콘술로서 활동했던 플루타르코스의 친구였다. 에세이의 내용과 그의 활동 연대로 미루어 보아 이 글의 저술 연대는 늦어도 100년 전후인 것 같다.

에세이의 주제는 진정한 친구와 친구의 탈을 쓰고 간악하고 교활하게 접근하는 아첨꾼을 어떻게 구별해서 이에 대처하느냐 하는 것이다. 그러나 부자들에게 빌붙어 사는 가난한 기생충들에 관한 이야기가 아니라 국가 지배자나 이에 버금가는 명문대가에 재빠르게 아첨하는 자들이 주 대상으로서, 이들은 위대한 사람들의 신임을 받아, 알렉산드로스 대왕의 예에서 보는 것처럼 그들에게 나쁜 영향을 끼치고 있음을 우려하고 있다. 그래서 필로파푸스 친구도 이런 처지에 놓여 있지 않았나 하는 추측을 하게 된다.

글의 구성은 총 37장으로, 1~24장과는 달리, 25장부터는 솔직한 화법(話法)에 관한 내용으로 그 궤를 달리한다. 친구의 순수성과 아첨꾼의 가장 또는 위선을 구별하려는 의도로 그것에 대해 자연스럽게 쓴 것 같다. 솔직하게 말하는 것이 플루타르코스 당시에는 개인의 미덕으로 간주했기 때문이었을 것이다.

토마스 쿠튀어(Thomas Couture, 1815~1879)의 1857년 작품인 〈아테나이의 티몬〉 *Timon of Athens*. 티몬은 아테나이의 부자로서 선물을 많이 주었기 때문에 주변에는 항상 친구들과 아첨꾼들이 많았지만, 그가 빚에 몰리자 아무도 그를 도와주지 않아 숲에 들어가 은자가 된다. 셰익스피어의 동명 비극이 있다.

자기애(自己愛)와 자기 칭찬이 자신을 스스로를 진리의 적인 아첨꾼의 먹잇감이 되게 한다.

1 친애하는 안티오쿠스 필로파푸스여! 플라톤은, 모든 사람은 자기 자신을 끔찍이 아끼고 사랑한다 E
고 큰소리치는 사람에게 관용을 베푼다고 말하네. 그러나 그는 F
또한 그로 인해 생기는 다른 많은 잘못 중에서 가장 심각한 것은, 이런 사람은 자기 자신에 대해서는 정직하고 편견 없는 판단을 내리지 못하는 흠이 있다는 점이라 하였네.[1] 그 이유는 타고나 몸에 익숙한 것보다 훌륭한 것을 소중히 여기고 따르는 습관을 몸에 익히지 않는 한,

사랑은 사랑하는 사람을 눈을 멀게 하니까.[2]

그렇다네. 이 사실은 아첨꾼에게 우정[3]의 영역 내에 아주 넓은 활동 장소를 제공한다네. 우리는 다 자기애를 품고 있는데, 그러나 아첨꾼만큼 월등하게 우리의 자기애를 자신의 활동 기반
으로 삼고 있는 사람은 없기 때문이지. 모든 사람은 스스로 자 49A
기 자신에게 가장 큰 아첨꾼이 되는데, 바로 이 자기애 때문이네. 그래서 방관자가 그를 목격하고 그의 생각과 욕구를 확인한 것을 시인하게 하는 일은 그리 어렵지 않다네. 아첨꾼들을 좋아

1 『법률』, 731D, E.

2 같은 책. 『모랄리아』, 90A, 92E 및 1000A에서 역시 인용됨.

3 참된 우정은 물론 아첨과 대비되는 말이지만, 자기애로 약화한 우정은 참된 우정과 아첨 사이에 있는 일종의 경계 지역이라 할 수 있는데, 여기서 아첨꾼은 활개칠 수 있다.

하는 자로 비난을 받는 사람은 자기애가 심한 사람으로, 자기 자신에 대한 좋은 감정 때문에 몸소 양질의 모든 성품을 갖기를 바라며 또 부여받았다고 생각하지. 그러나 비록 이들에 대한 욕구가 자연스러운 것이라 할지라도, 누구나 그것들을 소유하고 있다는 자만심은 위험하기 때문에 주의를 기울여 피해야 하네.

B 자, 만약 진리가 신적인 것이고, 플라톤이 언급한 대로, "신들에 대한 모든 선과 인간들에 대한 모든 선"의 기원이라면, 아첨꾼은 십중팔구는 신들, 특히 아폴론 신[4]에게는 적(敵)이겠지.[5] 왜냐하면 아첨꾼은 모든 사람에게 자신을 스스로 속이게 하고 자신과 관련된 선과 악을 무시하게 함으로써 "너 자신을 알라"는 금언에 대해 언제나 반대의 견해를 취하기 때문이네. 다시 말하면, 그는 선인은 결함이 있고 불완전하며, 악인은 바로잡기가 전혀 불가능하다고 보는 것이네.

---

4 Apollon(Latin: *Apollo*): 헬라스와 로마 신화에서 올림피아 신들 중 가장 중요하고 다양하게 나타나는 신. 수염이 없는 젊은 운동선수의 이상으로서 그는 번개와 태양의 신, 진리와 예언의 신, 의학과 치료와 역병의 신, 특히 무사 여신들의 지도자(Apollon Musegetes)로서 음악과 시와 예술의 신 등으로 나타난다.

5 『법률』, 730C.

아첨꾼은 어떤 이익을 얻으려는 기대감에서 접근한다. 비천하고 가난하고 무가치한 자들이 아첨의 대상이 아니다. 관대하고 고귀한 본성을 지닌 사람들이 아첨의 대상이 된다. 아첨꾼은 친구인 척 가장하기 때문에 우리는 친구들의 우정이 참된 것인지 꾸민 것인지 살펴보아야 한다.

2 그런데 만약 아첨꾼이, 대부분의 다른 재앙처럼, 오직 또는 주로 비천한 태생의 하찮은 사람들만을 겨냥한다면, 그를 방어하는 게 그리 두렵거나 어렵지는 않겠지. 나무를 파먹고 사는 벌레들이 주로 부드럽고 달콤한 향기의 나무 속을 뚫고 들어오듯이, 실은 아첨꾼이 C
매달릴 때 그를 받아 주고 키우는 것은 야심적이고, 정직하고, 장래가 촉망되는 성품의 사람들이네. 더욱이 시모니데스[6]가,

> 말을 기르는 데는 관광지인 자퀸토스 섬이 아니라,
> 밀 경작지 농토가 제격.[7]

이라고 말하듯이, 우리는 아첨이 가난하고, 이름 없거나 별 볼 일 없는 사람들에게는 참견하지 않음을 보게 되네만, 그러나 명문대가를 파멸시키고 대사를 그르치게 하며, 흔히 왕국과 도시

---

6 Simonides of Ceos(circa 556~468 BC): 조카인 바퀼리데스와 라이벌인 핀다로스 등과 더불어 유명한 9인의 서정시인 중 한 명이다. 그의 시는 시어의 정확한 구사와 연민의 정을 일으키는 것으로 정평이 나 있다. 오늘날에도 테르모퓔라이 전몰장병을 기리는 비문에 새겨 있는 그의 애가(哀歌) 조의 시구를 볼 수 있다. "그대, 지나가는 이여, 라케다이몬인에게 가서 말하라. 우리 여기 조국의 명에 복종하여 누워 있노라고."

7 베르크, 『헬라스 서정시인들』, iii. No. 15[15], p. 393.

를 전복시킴을 보게 되지. 그러므로 아첨이 우정을 손상하거나 불신시키지 않게 하기 위해 아첨이 무엇인지 완전히 드러내어 검토하는 것은 작은 일이 아니라 통찰력이 요구되는 사항이네.
D 해충은 죽어 가는 사람을 버리고 떠나지. 해충이 살아가는 데 필요한 피가 생명력을 상실했기 때문이네. 아첨꾼들도 그러해 즙과 온기가 없는 곳 근처에는 얼씬도 하지 않고 명성과 권력이 있는 곳에 모여 득실거린다네. 그러나 여기에 변화가 오면, 그들은 재빨리 슬금슬금 빠져나가 사라지지. 그러나 우리는 무익하거나 오히려 해롭고 위험하기까지 한 이런 경험을 할 때까지 기다려서는 안 되네. 그 이유는 친구가 절실히 필요할 때 친구가 아닌 친구를 알아챈다는 것은 잔인한 일이기 때문인데, 그때에는 참되고 믿을 수 있는 사람과 믿을 수 없는 위선적인 사람
E 과를 맞바꿀 수 없기 때문이네. 그러나 친구란 동전과 같아서, 필요로 하기 전에 검증을 받고 인정받는 것이지, 필요한 그때그때 입증하는 것이 아니네. 그렇기 때문에 우리는 손해 볼 때까지 기다릴 것이 아니라, 손해를 보지 않기 위해 눈을 크게 뜨고서 아첨꾼을 알아채고 찾아내는 방법을 배워야 하네. 그렇지 않으면 우리는 먼저 독약을 맛보고 나서야 독약의 치명적인 해를 알게 되는 사람들과 다를 바가 없게 되네. 이들은 결단을 내리기 위해 목숨을 걸고 희생한 거라네. 물론, 우리가 이러한 사람들을 칭찬하는 것이 아닐세. 뿐만 아니라 친구를 고상하고 이로운 무언가로 평가하는 사람들도 칭찬하는 것이 아니며, 그렇다고 사교적으로 잘 어울리는 사람들을 곧 아첨꾼들이라고 여기
F 는 것도 아니네. 친구란 즐겁거나 순수한 관계이며, 또한 우정에 품위를 주는 것은 쓰라림이나 준엄함이 아니라 우정 속에 들

어 있는 바로 이 고결함과 존엄성이 달콤하고 바람직한 것이기 때문이지.

> 우정 곁에 가까이
> [미의 3여신인 단정, 우아, 우애의] '카리테스 신'(*Χάριτες*, Charites)과
> [연정, 성욕의] '히메로스 신'(*Ἵμερος*, Himeros)이 자리 잡았네.[8]

그리고 불운에 빠진 사람에 대해, 에우리피데스가 읊듯이,

> 정감 어린 남자의 두 눈을 응시하는 것은 달콤하다네.[9]

뿐만 아니라 우리와 함께할 때 우정은, 역경에 처했을 때 슬픔과 무력감을 싹 가시게 하고, 이에 못지않게 우리의 번영기에는 즐거움과 기쁨을 선사한다네.

에우에노스[10]가 불에 쬐어야 최고의 양념이 된다고 말했던 50A
것처럼, 신은 우리 생활에 우정을 엮어 놓음으로써 즐거운 일에 우정이 관련되어 있을 때에는 만사가 기분 좋고 달콤하고 유쾌하게 되게 하셨지. 정말, 우정이 개입할 여지가 전혀 없었기 때문에 즐거움이 있을 수 없음을 알아차린 아첨꾼이, 어떤 방법을 써서 자신의 전매특허라 할 즐거움을 사용할 수 있을는지는 누

---

8 헤시오도스, 『신들의 계보』, 64에서 개작됨.

9 『이온』 *Ion*, 732. 『모랄리아』, 69A에서 재인용.

10 Euenos of Paros: 기원전 5세기 소크라테스의 동료로서 철학자이며 시인. 『모랄리아』, 126D, 697D 및 1010C에 재인용.

구도 설명해 줄 수 없지. 그러나 가짜 금으로 된 모조품이 오로
B 지 밝은 광채만 내는 것을 모방한 것과 마찬가지로, 분명히 아첨꾼은 친구의 즐겁고 매력적인 성격을 모방함으로써 언제나 즐거운 기분으로 자신을 드러내고 조금도 상대방에게 거슬리거나 반대되는 일은 절대로 하지 않는다네. 그렇다고 칭찬의 말을 하는 사람들을 곧바로 단순한 아첨꾼으로만 의심하는 것은 타당치 않은데, 제때에 칭찬하는 것은 비난에 못지않게 우정에 어울리기 때문이네. 또는 우리가 불평과 흠잡기는 일반적으로 비우호적이고 비사교적이나, 이에 반해서 고귀한 행동에 흔쾌히 칭찬하는 친밀감은 언젠가는 유쾌하고 부담 없이 훈계하고 솔직한 말을 털어놓으면 받아들여질 것이라고 말해 줌으로써 더 잘 표현할 수 있을 것이기 때문이네. 그도 그럴 것이 칭찬하기를 즐기는 사람은 꼭 필요한 때에만 질책을 한다고 우리는 믿고 또 만족하기 때문이지.

C

> **아첨꾼과 친구를 구별하기란 어렵다. 그래서 명백한 아첨꾼들의 부류에 대해서는 물론, 특히 우정의 탈을 쓰고 나타나 신실한 것처럼 보여 간파하기가 매우 어려운 아첨꾼들에 대해 경계해야 한다.**

3 즐거움이나 칭찬이 그 차이를 보여주지 않는다면, 아첨꾼과 친구를 구별하기는 어렵다고 말할 수 있네. 실제로 봉사와 호의를 베푸는 일에서 우정이 아첨에 치이는 것을 흔히 볼 수 있지. 일을 능숙하게 처리해 칭찬받는 사람이 진짜 아첨꾼일까? 식사 전에, 손씻을 물[11]이 나온 순간부터 쉴 새 없이 혀를 나불대고, 한 그릇의 음식과 포도

주 한 잔에도 천박함과 무례를 나타내 자신들이 천한 태생임을 충분히 보여주는, 누군가 말했듯이, 소위 식사 때 스스로 먹을 음식을 나르는 노예 식객들은 아첨꾼일까? 이들이 아니라고 생각한다면, 우리는 어디서 어떻게 해답을 찾는 데 도움을 줄 수 있을까? 물론 멜란티오스[12]의 경우를 들 필요까지야 없지만 말해 보겠네. 이자는 페라이의 참주 알렉산드로스[13]의 식객이었지. 알렉산드로스 참주가 어떻게 살해당했는지 질문을 받고 답하기를, D

> 칼이 그의 갈빗대를 뚫고 내 복부까지 닿았다네.

라고 했지. 또 어느 부자의 식탁 주위에 몰려드는 사람들의 아첨은

> 불도, 칼도, 문지기도
> 매일 식탁에 오는 것을 막지 못했네.[14]

퀴프로스[15]에서의 여자 아첨꾼들도 예로 들 수 있지. 이들이 E

11 식사 바로 전 의식적으로 손을 씻는 것을 말한다.

12 Melanthios: 기원전 4세기(330년경에 활약)의 고대 헬라스의 유명한 화가. 그는 페라이의 알렉산드로스 참주 궁정의 식객으로 있었다.

13 Alexandros of Pherae: 테살리아의 페라이의 참주. 전제 군주로서 기원전 369년부터 358년까지 통치.

14 플루타르코스에 따르면 Eupolis 작 『아첨꾼』에서 인용. 『모랄리아』, 778E. 코크, 『아티카 희극 단편 선집』, i. p. 303.

15 아테나이오스, 『현자들의 저녁 식사』 6권, pp. 248~262, 256D 참조.

시리아로 건너왔을 때 '발판'이란 별명을 얻었는데, 왕가의 여인네들이 마차 탈 때 몸을 엎드려 그들의 등을 발판으로 사용토록 했기 때문이네.

아첨꾼은 어떤 사람인가? 아첨과 우정은 구별하기가 어렵기 때문에 진정한 친구의 밀에서 아첨꾼의 독보리들을 체로 쳐 골라내는 데 애를 써야 한다.

4 자! 그렇다면 우리가 경계해야 할 아첨꾼은 어떤 사람일까? 아첨하는 것처럼 보이지도 않고 아첨한다는 것을 인정하지도 않는 사람, 부엌 주변에서 서성거리는 것을 결코 볼 수 없는 사람, 식사 시간을 확인하기 위해 해시계를 절대 쳐다보지 않는 사람, 술에 만취해 마룻바닥에 절대로 눕지 않는 사람일세. 그는 정신이 말짱하지. 항상 바쁘고, 모든 일에 참견하고, 모든 비밀에도 신경을 쓰네. 연극에 비유하면 비극 배우의 무게를 지닌 친구 역할을 하고, 절대로 희극 배우나 어릿광대의 역할은 안 하네. 플라톤이 말하듯이,

F

> 누군가가 정직하지 않을 때 정직한 것처럼 보이는 것이 부정직의 극치이네.[16]

그래서 우리가 취급하기가 어렵다고 간주해야 할 아첨은 본시 숨겨져 있는 것이라네. 이러한 아첨은 참된 우정까지도 불신

16 『국가』, 361A.

으로 감염시키지. 만약 우리가 아첨이 우정과 부합되는 많은 점에 주의하지 않는다면 말일세. 페르시아 귀족 중에 고브뤼아스[17] 라는 사람이 있었네. 그는 도망치는 사제(司祭) 마고스를 추적해 캄캄한 방으로 들어가 죽을힘을 다해 뒤엉켜 싸우고 있었다네. 그는 뒤따라와 그 옆에서 어찌할 바를 모르고 있는 다레이오스[왕]에게 외쳤지, 둘 다 죽이더라도 좋으니, 어서 칼로 치라고 말일세.[18] 그러나 "친구를 죽이게 되더라도 적을 때려눕혀라"[19]는 정서를 결코 용인할 수 없다면, 우리는 서로 얽혀 닮은 점이 많은 친구와 아첨꾼을 구별하려 할 때에 크게 망설일 바가 하나 있네. 해를 당할 위험에 처했을 때 선한 자와 악한 자, 즉 친구 51A
와 아첨꾼을 함께 버리든가 아니면 함께 취하든가 하지 않기 위해서지. 그래서 나는 밀의 모양과 크기가 비슷한 독보리 같은 야생 씨앗들이 밀의 씨앗들과 섞였을 때, 야생 씨앗을 골라내는 일은 어렵다고 생각하네. (올이 가는 체는 빠져나가지 못하고, 올이 성긴 체는 밀이 같이 빠져나가기 때문) 마찬가지로, 아첨은 모든 감정, 모든 동작, 필요, 그리고 습관과 얽혀 있기 때문에 우정과 구별하기가 어려운 것이네.

17 Gobryas: 페르시아 귀족들의 흔한 이름. 여기서는 기원전 522년 9월에 다레이오스 대왕을 돕는 6인 중 한 명.

18 헤로도토스, iii. 78.

19 나우크, 『헬라스 비극 단편 선집, 작자 미상 편』, No. 362, p. 907.

B 아첨꾼은 가장 큰 기쁨을 주는 우정의 탈을 쓰고 상대를 즐겁게 하기 위해 솔직하게 접근하기 때문에 아첨꾼을 간파하기란 어렵다. 그렇지만 카멜레온처럼 변신하는 아첨꾼에게서 그의 허점을 찾아내도록 해야 한다.

5 우정이 세상에서 가장 즐거운 것이라는 바로 그 이유 때문에, 그리고 우정보다 더 큰 기쁨을 주는 것은 아무것도 없기 때문에, 아첨꾼은 즐거움을 주는 방법으로 유혹하고 또 즐거움에 관여하네. 호의와 유용함이 우정과 더불어 있다는 점 때문에(바로 이 이유 때문에 친구가 불과 물보다도 더 없어서는 안 된다고 세상 사람들은 말하는 것이네만), 아첨꾼은 끼어들어 우리를 도우려 하고, 언제나 성실하고 끈기 있고 부지런한 것처럼 보이려고 애쓰지. 싹튼 우정이 아주 각별하게 공고히 되는
C 것은 취미와 성격이 비슷하기 때문이네. 그래서 일반적으로 같은 일에 즐거움을 느끼고 같은 일을 피하는 것이 무엇보다도 우선 사람들을 함께 모이게 하고, 공감대를 통해서 친숙해지게 함으로, 아첨꾼은 이 사실에 유의해 몸소 이에 적응한다네. 마치 자기가 비활성의 물체인 것처럼 모방을 통해 자기가 공격하려는 사람들에게 맞게 자신을 맞추고 그들이 받아들이게끔 노력한다네. 그리하여 그가 너무나 변화무쌍하고 너무나 복제를 그럴듯하게 잘하기 때문에 우리는 이렇게 외치네.

그대는 아킬레우스의 아들이 아닌, 바로 아킬레우스 자신.[20]

20 나우크, 『헬라스 비극 단편 선집, 작자 미상 편』, No. 363, p. 907. 플루타르코스, *Life of Alcibiades*, 203C에서 인용.

이라고.

그러나 그가 지닌 것 중 가장 파렴치한 속임수는 이것이네. 사회 일반의 평판과 소신에 따른 솔직한 언사가 우정 특유의 언어라는 것(동물이 특유의 울음을 가진 것처럼)과, 다른 한편으로는 솔직함의 결여가 우정이 없고 야비하다는 점을 감지하고 있기 때문에, 그는 심지어 이것까지도 철저하게 모방하려 든다는 것이네. 그러나 영리한 요리사들이 단맛의 식상함을 없애기 위해 쓴 D
즙과 떫은 양념을 사용하는 것처럼, 아첨꾼들은 순수하거나 이롭지 않지만, 말하자면 눈살을 찌푸리는 대신에 윙크하고 오직 기쁘게만 하는 솔직함을 가하지. 이런 이유 때문에 사실 아첨꾼을 간파하기란 어렵네. 주변 환경의 변화에 따라 몸의 색깔을 똑같이 바꾸는 카멜레온들의 경우와 마찬가지지. 아첨꾼이 유사성을 이용해 속이고, 또 자신을 포장하기 때문에, 포장을 풀고 그를 적나라하게 노출하기 위해 플라톤이 언급했듯이, 아첨꾼이 "그 자신의 어떤 결핍 때문에 전혀 어울리지 않는 색깔과 모습으로 치장하는" 행동을 할 때,[21] 그 차이점들을 이용하는 것이 우리의 과제네.

아첨꾼은 상대의 향락, 목적, 취미, 그리고 생활의 이해관계에 접근하여 동참하는 방법을 연구한다.

6 자, 그러면 처음부터 이 문제를 생각해 보지. 우리가 전에 말했듯이 E
대부분의 사람과 우정을 맺

21 『파이드로스』 *Phaedros*, 239D.

기 시작하는 것은 마음이 맞는 성향과 기질 때문이네. 그래서 습관과 특성이 거의 같은 사람을 서로 환영하고, 같은 일과 활동, 같은 취미를 즐기게 되지. 이 주제로 역시 다음과 같은 말이 있네.

> 노인은 노인에 대해 가장 달콤한 말을 하고,
> 아이는 아이에 대해,
> 여인은 여인끼리 잘 어울리고,
> 병든 이는 병든 이에게,
> 불행에 우는 이는 불운을 만난 이에게 끌리지.[22]

그래서 아첨꾼은, 사람들이 같은 일들에서 기쁨을 맛볼 때 서로에게서 향락과 만족을 느끼는 것이 자연스러운 현상임을 앎므로, 희생자로 삼으려는 각각의 상대에게 처음 접근을 시도하여 어느 정도 자리를 잡을 때까지 이 과정을 택하네. 그는 마치 목장[23]에서 마음껏 달리는 동물처럼 행동하고, 같은 오락 같은 취미를 가진 척하며, 같은 생활의 이해관계와 태도를 보이는 척함으로써, 그는 점점 그에게 밀착해 완전히 그와 같은 색깔을 띠게 하네. 그래서 마침내 희생자는 그에게 빌미를 주고 유순해지고 아첨꾼의 접촉에 친숙해지지. 아첨꾼은 눈치를 채 언제나 그의 희생자가 싫어하는 행동, 생활, 그리고 사람들을 달가워하지 않

22 나우크, 『헬라스 비극 단편 선집, 작자 미상 편』, No. 364, pp. 907~908과 코크, 『아티카 희극 단편 선집』, iii. 606 참조.

23 플라톤의 『국가』, 493A를 연상시킴.

네. 반면에 상대를 즐겁게 하는 것이 있다면, 아첨꾼은 보통 정 52A
도가 아니라 아주 분명히 당사자 이상으로 놀람과 경이로움으로 칭찬한다네. 동시에 그는 자기의 애증(愛憎)이 감정에 입각한 것이 아니라 이성적 판단의 결과라고 단호하게 주장한다네.

> 아첨꾼은 그의 취미가 단일하고 변함이 없는지 관찰해 보면 그 본모습을 알아볼 수 있다. 왜냐하면 그 속에는 쉬라쿠사이의 디오뉘시오스나 알키비아데스처럼 많은 사람이 살고 있어 변화무쌍하기 때문이다.

7 그렇다면 아첨꾼의 가면을 벗기는 방법은 무엇인가? 그리고 어떤 차이점에 근거해 아첨꾼이 실제로는 같은 마음의 소유자가 아니거나 심지어 같은 마음의 소유자가 될 가망성도 없는 자로서, 단지 이러한 성격을 모방하고 있다는 것을 간파할 수 있을까? 첫째, 그의 취미가 단일하고 변함이 없는지 관찰할 필요가 있네. 다시 말하면 그가 항시 같은 것들에서 기쁨을 누리는지, 언제나 같은 것들을 칭찬하는지, 자유인 태생이자 유쾌한 우정과 친교의 애호가가 되는 한 가지 방식에 따라 자기 자신의 생활을 영위하는지를 말이네. 왜
냐하면 이러한 것이 친구의 행위이기 때문이네. 그러나 아첨꾼 B
은 특성상 한곳에 오래 머물러 있지 못하고, 자신의 선택인 인생이 아니라 남의 삶을 선택해 거기에 자신을 적응해 살아가기 때문에, 단순하지도 않고, 한 사람이라고 할 수 없지. 그 속에는 많은 사람이 들어 있어 변화무쌍하지. 그리고 이 그릇에서 저 그릇으로 그릇의 모양에 맞춰 부어지는 물처럼, 그는 늘 이 장소에서 저 장소로 이동하고, 자기를 받아들이는 사람에 알맞게

변신한다네.

원숭이를 잡아 보면 알 수 있네. 원숭이는 사람이 하는 대로 움직이고 춤을 춤으로써 사람을 모방하려고 애쓰지. 그러나 아첨꾼 자신은 다른 사람에게 다가가 유인하기는 하지만, 모든 사람을 똑같이 모방하는 것이 아니라 사람에 따라 다른 방식을 취하지. 어떤 때는 춤추고 노래하는 사람과 어울리고, 어떤 때는 레슬링을 하면서 흙먼지를 뒤집어쓰기도 하네. 그가 수렵을 좋아하는 사냥꾼을 만나면, 그를 따라가면서 오로지 파이드라[24]의 말을 외칠 뿐이네.

C 그대 신들이여, 나는 오로지 사냥개들을 몰고 싶으니,
얼룩 사슴의 발자국을 찾아 급히 서둘러 갈 때엔.[25]

그는 사냥물에 관해서는 관심도 없네. 단지 사냥꾼 자신을 올가미에 씌워 덫에 걸리게 할 뿐이지. 그래서 그가 학자풍의 면학에 힘쓰는 젊은이의 뒤를 좇는다면, 다시 그는 책에 몰두해 수염은 발밑까지 기르고 학자의 새 가운을 입고 스토아 철학파의 냉담함을 풍기지. 그리고 끊임없이 플라톤의 수와 직각삼각

24 Phaedra: 미노스와 파시파에의 딸이며 테세우스의 부인. 그녀는 테세우스와 결혼했지만 남편과 아마존인들의 여왕인 히폴뤼타 아니면 그녀의 자매인 안티오페의 사이에서 태어난 아들인 힙폴뤼토스와 사랑에 빠진다. 시녀를 통해 연정을 고백했지만 거절당하자, 그녀는 남편에게 아들이 자기를 겁탈했노라고 거짓 편지를 썼다. 테세우스의 아들에 대한 대응에 대해서는 세 가지 버전이 있는데, 공통점은 아버지가 아들을 죽였고, 파이드라는 이에 충격을 받아 자결한다는 내용이다.

25 Euripides, *Hippolytos*, 218.

형에 관해 떠든다네. 심한 술꾼이자 부자인, 태평한 성질의 사람을 길 위에서 만나면,

> 그때에 지략이 뛰어난 오뒷세우스가 누더기 옷을
> 벗어 버리고, 큰 문턱 위로 뛰어올라 가 서듯이,[26]

그는 학자의 가운은 벗어 버리고, 수염은 열매 없는 농작물 처럼 깎아 버리지. 그러고는 차디찬 포도주잔을 기울이며 폭소를 터뜨리고 대로를 활보하면서 철학에 심취한 자들에 대해 경박한 농담을 즐긴다네. 쉬라쿠사이에 플라톤이 도착한 후에 참주 디오뉘시오스[27]가 철학에 푹 빠졌을 때의 이야기인데, 왕의 궁전은 기하학적 도형들을 그리고 있는 대중들 때문에 먼지로 가득히 덮여 있었지. 그러나 플라톤이 총애를 잃고, 디오뉘시오스가 철학을 털어 버리고 다시 방종한 주색잡기에 빠지자, 모든 사람은 마치 키르케의 집에서 요부에게 홀린 것처럼 천박함과 망각과 어리석음에 사로잡히게 되었네. 더 증거를 대라면 이름난 아첨꾼들과 선동 정치가들의 행동에서 찾아볼 수 있지. 그들 중 가장 위대한 자가 알키비아데스[28]였네. 아테나이에서 그

D

E

---

26 호메로스, 『오뒷세이아』 22권 1행.

27 Dionysios the Younger or Dionysios II(circa 397~343 BC) 쉬라쿠사이 참주로서 367~357 BC, 그리고 다시 346~344 BC 두 차례 시켈리아를 통치했다. 그는 기원전 367년에 플라톤의 제자인 철학자 디온 숙부의 도움을 받아 한때는 철인-왕 정치를 하려고 했다.

28 Alcibiades Cleiniou Scambonides(circa 450~04 BC): 저명한 아테나이의 정치가, 연설가, 장군.

는 경솔한 농담에 몰입하고, 경마용 말을 갖고 있었으며 도시풍의 즐거운 생활을 만끽하면서 지냈지. 하지만 스파르테에서는 어떠했는지 아는가? 그는 머리를 짧게 깎고, 옷은 가장 초라하게 입었으며, 찬물에 목욕했네. 트라케에 있을 때는 싸움꾼이었고 술고래였지. 그러나 티사페르네스에게 왔을 때에 그는, 안락한 생활, 사치, 그리고 허례허식으로 살아갔네. 이렇게 그는 자기 자신을 이 모든 사람과 똑같이 만들고 그들의 방식에 적응함
F 으로써 그들을 달래고 호감을 사도록 노력했네. 그렇지만 이런 유형에 속하지 않는 사람도 있었으니, 에파메이논다스[29]나 아게실라오스[30]였지. 이들은 수많은 사람과 도시들, 그리고 생활양식들을 접했지만, 어디서나 복장, 행동, 언어와 생활에서 그들 특유의 고유한 특성을 유지했네. 역시 쉬라쿠사이에 있던 플라톤도 아카데미아에 있던 모습 그대로였고, 디오뉘시오스에게는 디온[31]에게와 똑같이 대했네.

---

29 Epameinondas(circa 418~362 BC): 테바이의 장군이며 정치가. 기원전 371년 레욱트라 전투에서 스파르테 군대를 대패시켜 약 10년간 테바이를 헬라스 정치의 주역으로 탈바꿈시켰지만, 얼마 가지 않아 그의 사후 27년 만에 마케돈의 알렉산드로스 대왕에게 주도권을 빼앗기고 만다.

30 Agesilaos II(444~360 BC): 대략 기원전 400년에서 360년까지 통치했던 스파르테 왕. 선한 왕이며 장군으로 알려져 있다.

31 Dion(408~354 BC): 시켈리아의 쉬라쿠사이(Syrakousai) 참주인 디오뉘시오스 1세의 의형제. 일찍이 플라톤의 정치철학에 매료되어 그의 제자가 되었음. 참주 1세를 도와 정치를 했고, 디오뉘시오스 2세 참주 때에는 그에게 간청하여 플라톤을 쉬라쿠사이에 초청하여 한때 철학 정치를 실현하기도 했다. 여러 우여곡절 끝에 참주 2세를 제거하고 자신이 쉬라쿠사이 참주가 되어 통치하기도 하지만 암살당했다. 플라톤, *Cratylos*, 257E 참조.

> 아첨꾼에 대해
> 어떻게 말할 수 있을까?
> ❶ 아첨꾼은 변덕스럽고, 일관성이 없으며, 자기만의 사람이 아니라 상대에 어울리는 사람이 되기 위해 항상 변신하기 때문에 언행의 불일치가 드러난다.

8 아첨꾼의 변화들은 문어의 변화와 비슷해서, 아주 쉽게 알아차릴 수도 있네. 만약 어떤 사람이 전에는 선호했던 생활양식을 쉽게 바꾸고 좋아하지 않는다거나, 또는 갑자기 그가 싫어했던 행동이나 행위, 또는 언어를 선호하는 척한다면 말이네. 왜냐하면 아첨꾼은 어디서나 한결같지 않고, 자신의 품격을 지니지 못하고 있으며, 그의 애증희비(愛憎喜悲)는 자신의 감정 때문이 아니라 단지 남의 감정, 생활, 움직임의 이미지를 거울처럼 따라 하는 것뿐이라는 것을 그가 알게 하기 때문이지. 우연히 자네가 그의 면전에서 자네 친구 중 한 사람을 질책한다면, 그는 이렇게 외치지. 53A

> 자네는 그 친구의 성격을 재빨리 파악하지 못했군.
> 난 오래전부터 그를 싫어했지.

그러나 자네가 어떤 기회에 자네의 입장을 바꾸어서 그 친구를 칭찬하면, 자네는 그가 이렇게 공언하리라고 확신해도 좋네. 자기도 자네와 같이 즐거워하며 그 친구를 대신해서 감사한다고 말이네. 그리고 자기도 그 친구를 신뢰한다고. 그는 그런 유의 사람이네. B

또 자네가 공적 생활에 종지부를 찍고 조용하고 편안한 사생활을 즐겨야 하겠다고 한다면, 그는 이렇게 말하지.

맞는 말이야. 우리는 진작 오래전부터 골치 썩는 일과 시기, 질투하는 생활에서 벗어나야 했어.

라고. 그러나 다시 자네가 공적 활동과 연설에 열중하는 것처럼 보이면, 그는 이렇게 맞장구를 치지.

자네 생각이 백 번 옳네. 안락한 생활이 즐겁기는 하지만, 명예롭지 못하고 시간이나 축내는 것이지.

라고. 당장 우리는 이런 사람에게는 이렇게 말해야 하네.

이상한 친구! 지금 자네는 조금 전과는 달라 보이는군.[32]

내가 행동하는 대로 똑같이 움직이고 내가 행동하는 대로 똑같이 고개를 끄덕여 동의하는 친구는 내게 소용이 없지. (내 그림자가 그런 일은 더 잘해 내니까.) 단지 나는 나처럼 진리를 말하고 나처럼 몸소 결정하는 친구를 원하네.

이것이 바로 아첨꾼을 식별하는 한 가지 방법이네.

32 호메로스, 『오뒷세이아』 16권 181행.

아첨꾼에 대해
어떻게 말할 수 있을까?
❷ 진정한 친구는 친구가 지닌
가치 있는 것을 칭찬하는 데 반하여,
아첨꾼은 친구의 덕들보다는 오히려
상대의 잘못과 흠을 그대로 칭찬하고
모방한다. 심지어 상대처럼 병을
앓는 체하거나 위장이혼까지
하면서 아첨하려고 한다.

9 그러나 예서 그의 모방 습관에서 지켜보아야 할 두 번째 차이점이 이어 나타난다네. 진정한 친구는 만사의 모방자도 아니요 만사의 칭찬자도 아니지. 단지 그는, 소포클레스가 주장했듯이 C

증오심이 아니라 사랑을 나누는 것이 진구의 본심.[33]

이라, 최상의 일들을 추구할 따름이지. 그래서 확신하건대, 친구는 잘못이나 악행이 아니라 선을 추구하는 올바른 행동과 사랑을 함께하려는 것이네. 만일 교제와 아주 친한 사이의 결과로서가 아니라면 자신도 모르게 천박함이나 잘못에 빠져 오염된 것으로, 이는 눈병이 옮아 생기는 것과 같은 것이네. 가까이 아는 D 사이여서 플라톤의 굽은 등, 아리스토텔레스의 혀 꼬부라진 소리, 알렉산드로스 대왕이 대화할 때 귀에 거슬리는 목소리는 물론 그의 뒤틀린 목을 그대로 흉내[34]내는 것과 같은 맥락이라 말할 수 있네.

사실 어떤 사람들은 무의식적으로 남의 특징이나 삶에서 따와, 자신의 버릇으로 삼는 경우가 꽤 있네. 그러나 아첨꾼의 경

33 Sophocles의 *Antigone* 523에서 개작.

34 앞의 26B(p. 145) 참조

우는 정확히 말해서 카멜레온의 경우와 같지. 왜냐하면 카멜레온은 흰색만 빼놓고 모든 색깔에 자신을 동화시킬 수가 있기 때문이지. 그런데 아첨꾼은 정말 가치 있는 자질을 갖춘 타인에게 맞출 능력은 없기 때문에, 수치스런 일까지도 남김 없이 모
E 방한다네. 무능한 탓에 아름다운 얼굴을 그려낼 수 없는 형편없는 화가라도 얼굴의 주름살, 사마귀, 흉터들에 의존하여 닮게는 그려내는 것처럼, 아첨꾼은 몸소 방종, 미신, 심한 분노, 하인 학대, 가족과 친척 불신의 모방자가 되네. 본성상 그는 악화하기 쉬운 성향이 있어, 수치스런 일을 마다치 않고 수치스런 것을 모방하기 때문이네. 사실 더 고매한 이상을 좇아, 혐의를 받고 있는 친구들의 잘못에 슬픔과 고민을 드러내는 것도 바로 저들이네. 디온이 디오뉘시오스의 총애를 잃고,[35] 사미오스[36]가 필립포스의 총애를 잃고, 클레오메네스가 프톨레마이오스[37]에게서 총애를 잃어 파멸 당한 것은 바로 이런 것 때문이었지. 그러나 아첨꾼은, 즐겁고 동시에 충실한 사람이 되고 또 그렇게 보이기를 바라기 때문에 더 악한 일에서 더 큰 기쁨을 맛보는 척하네.

35 앞의 주 26, 30에 나오는 디온과 디오뉘시오스 2세 참주와의 관계를 참조.

36 Samios: 마케돈의 서정시인이며 풍자시인. 그는 필립포스 5세와 함께 자랐으나 그에 의해 처형된다.

37 Ptolemaios I Soter(circa 367~283 BC): 알렉산드로스 대왕 사망 후 기원전 323년에서 283년까지 아이귑토스의 파라오가 되어 통치한다. 이후 그는 로마에 의해 정복될 때까지 아이귑토스를 지배하는 프톨레마이오스 왕조의 시조가 된다. Cleomenes of Naucratis(322 BC에 죽다): 나우크라티스 출신의 은행가. 알렉산드로스 대왕이 떠날 때 아이귑토스의 통치를 그에게 맡겼다. 후일 프톨레마이오스 1세는 클레오메네스를 자기 경쟁자의 밀정으로 몰아 처형하고 거액의 금액을 챙겼다고 한다.

이는 마치 품고 있는 큰 사랑 때문에 천박한 것에 대해서조차도 F
차마 공세를 취하지 못하는 사람과 같긴 하지만, 그러나 아첨꾼
은 모든 일에서 친구와 공감하고 동참한다네. 이런 이유로 아첨
꾼들은 우리 인간의 의지와는 관계없이 일어나는 삶의 우연사
까지도 한몫 끼기를 거부하지 않는 것이지. 그래서 그들은 상
대가 나쁜 병에 걸렸으면 그 병에 걸린 것처럼 행동하고, 상대
가 눈이 침침하거나 가는귀 먹었으면 자신도 분명히 보거나 들
을 수 없는 것처럼 행동함으로써 제각각 아첨한다네. 이는 마치
참주 디오뉘시오스의 아첨꾼들과 같아서 그의 시력이 떨어지자
만찬 때 아첨꾼들은 서로서로 몸을 부딪쳐 접시들을 깨곤 했지.

오히려 고통을 함께해서 좀 더 상대의 환심을 사고 동료애 54A
를 보여 상대방의 마음속 깊이 박혀 있는 비밀까지도 캐내는 사
람들이 있네. 예를 들어, 상대방이 결혼이 불행하다거나 아들이
나 가족을 의심한다는 것을 알게 되면, 아첨꾼들은 온 힘을 다
해 자신들의 아이들이나 부인, 또는 친척이나 가족에 대해 개탄
하며 자신들이 잘못을 저지른 특정 비밀까지도 다 얘기한다네.
왜냐하면 이런 것이 동료애를 더 강하게 하기 때문이지. 그래서
상대방은 우정의 서약을 다짐 받았다고 생각하며 아첨꾼들에
게 자신의 비밀을 털어놓는 경향이 늘어나는데, 그렇게 행동함
으로써 그들은 아첨꾼들을 옆에 붙들어 두는 격이 되네. 은밀한
관계를 포기하기가 두려운 거지. 나는 개인적으로 이런 아첨꾼 B
인 사람을 알고 있네. 점잖은 자기 친구가 부인과 이혼하자, 그
에게 아첨하려고 자기 자신도 위장 이혼해 부인을 문 밖으로 쫓
아냈지. 그러나 아첨꾼은 그 후에도 비밀리에 자기 부인을 방문
해 메시지를 서로 주고받았는데, 이것이 자기 친구와 이혼한 전

부인에게 들켰다는 거야. 그런데 아래의 약강 격의 풍자가 한 마리 게라기보다는 그저 한 아첨꾼에 해당한다고 생각했던 아첨꾼의 친구였던 그가, 정작 실제로는 아첨꾼에 대해서는 전혀 알지 못했던 것이네.

> 그의 몸은 배가 전부이고,
> 눈망울은 사방을 두리번거리며,
> 이빨로 달리는 짐승이네.[38]

왜냐하면 이 묘사는 기생충의 묘사이고, 에우폴리스[39]가 읊조리듯이,

> 빌붙어서 음식을 먹는 친구,
> 만찬을 얻어먹고 칭찬 연설하는 친구[40]

중의 하나이기 때문이네.

---

38 베르크, 『헬라스 서정시인들』, iii. No. 35, p. 669.

39 Eupolis(circa 446~411 BC): 구 희극 시대의 아테나이의 시인. 펠로폰네소스 전쟁기에 활약했다.

40 코크, 『아티카 희극 단편 선집』, i. 349.

> 아첨꾼이 상대를 모방할 때는,
> 항상 상대에게 그럴듯한 우월감을
> 품게 하기 위해 아첨한다.

10 그렇지만 이 문제는 다른 장에서 적절히 논하도록 남겨두겠네.
그러나 아첨꾼이 그의 모방에서 갖는 교묘한 변화를 놓치지 말고 주의해야 하네. 즉, 아첨꾼은 만약 그가 아첨하는 사람의 어떤 좋은 자질을 모방하게 되
면, 그 사람을 항상 추켜세운다네. 그 이유는 이렇다네. 진실한 C
친구 사이에는 경쟁도 시샘도 없고, 오히려 성공의 몫을 똑같이 나눠 가지든 좀 적게 가지든 간에 그들은 화도 내지 않고 절도 있게 그것을 참는다네. 그러니 아첨꾼은 언제나 자기가 조역에 지나지 않음을 마음속에 품고 있어, 모방할 때는 저자세를 취하고, 악한 일 이외에는 모든 일에서 당하고 소외감을 가진다고 인정하지. 그렇지만 악한 일에 관한 한, 그는 주역의 자리를 내놓지 않네. 그래서 제삼자가 불평을 토로하면 아첨꾼은 그를 툭 하면 성질 내는 사람이라고 부르고, 상대가 미신에 사로잡혀 있으면 그가 정신이 돈 사람이라고 말하며, 상대가 사랑에 빠져 있으면 그는 육욕에 미쳐 있다고 말하네. 상대방이

> 당신은 아무때나 웃더군요. D

라고 말하면, 아첨꾼은

> 나는 거의 우스워 죽을 뻔했어요.

라고 말하지. 그러나 선한 일에서는 정반대가 되네. 아첨꾼은

이렇게들 말한다네. 그 자신은 훌륭한 달리기 선수지만, 다른 사람은 단지 새처럼 나는 것이라고. 자기 자신은 아주 말을 잘 타는 사람이지만, 상대는

> 반인반마(半人半馬)의 켄타우로스인데,
> 그 누가 비교될 수 있겠소?

> 나는 천부적으로 시인으로 타고나 전연 나쁘지 않은 시를 쓰지만, 아직은
> 천둥은 내가 아닌
> 제우스 신의 시인걸.[41]

이라고 말한다네. 이와 같이 아첨꾼은 상대방의 스타일을 모방함으로써 상대방이 우월하다는 것, 그리고 상대방의 훌륭한 솜씨는 그 누구도 경쟁 상대가 될 수 없음을 동시에 보여주려고 생각한다네.

이처럼 자신을 상대방에 순응시키려는 아첨꾼의 시도에서 친구와 아첨꾼을 구별하는 차이점이 발견된다네.

41 작자 미상. 베르크, 『헬라스 서정시인들』, iii. p. 736 역주 중에서.

아첨꾼에 대해
어떻게 말할 수 있을까?
❸ 아첨꾼은 항상 그의 희생자인
상대가 즐거워하는 것만을 추구한다.
반면에 친구는 때로는 기분 좋은
칭찬을, 때로는 언짢은 질책을
함으로써 친구를 돕는다. 그러므로
우리는 비난 한마디 없이
칭찬일변도로 우리를 만족시키려는
자들의 대화를 경계해야 한다.

11 그렇지만 전에도 말했듯이, 즐거움의 요인은 양쪽에 다 공통되기 때문에(왜냐하면 악한 사람이 아첨꾼들에게서 기쁨을 얻는 것과 마찬가지로 선한 사람은 친구들에게서 기쁨을 얻기 때문), 원한다면 이런 점에서 양쪽의 차이점을 이끌어 내 보기로 하겠네.

차이점은 기쁨을 자체 목적으로 삼는 데 있네. 자, 그것을 이런 E
식으로 보세. 향수에는 기분 좋은 향기가 있고, 약에도 기분 좋은
향기가 있지. 그러나 거기엔 차이가 있네. 전자는 즐거움을 위해
만들어졌을 뿐 그 밖에 다른 목적은 없지. 반면에 후자는 정화제
이자 자극제이거나 또는 그것에 가치를 부여하는 생체 조직의 원
리가 작용해 단지 부수적으로 달콤한 냄새를 나게 할 뿐이지.

또 달리 얘기해 보면, 화가들은 밝은 색깔이 나는 물감을 섞
어 쓰고 의사의 약은 겉모양이 밝고 혐오감을 주지 않는 정도의
색깔을 쓰네. 그럼 차이가 무엇인가? 분명히 그것들이 사용되는
목적이 무엇인가에 따라 차이가 나지. 그러므로 같은 식으로, F
친구들의 호의는 선함과 유익함에 더하여 말하자면 일종의 절
정감과 같은 즐거움을 주는 힘을 지니고 있다고 말할 수 있네.
그래서 친구들과는 함께 술과 음식을 먹으면서 농담도 하고 심
지어 귀한 음식에 넣는 양념처럼 웃기는 허튼짓도 하면서 즐기
네. 그런 의미로, 이렇게들 말하지.

그들은 서로 얘기하면서
크게 기뻐했다.[42]

그리고

우리 두 사람의 우정과 즐거움을 갈라놓는 것은
아무것도 없다.[43]

55A 그러나 아첨꾼이 하는 일 모두와 그 최종 목적이 무엇인지 아는가? 그것은 항상 향료 같은 것으로, 그때그때 기분 맞추는 농담, 웃기는 소리, 재미있는 얘기를 해 가면서 서로서로 쾌락을 자극하는 데 있지.[44] 두어 마디로 표현하자면, 아첨꾼은 기분 좋은 일을 해야 한다고 생각하는 반면에, 친구는 때로는 기분 좋은 일도 하고 때로는 기분 나쁜 일도 한다는 것이네. 항상 자기가 해야 할 일을 하기 때문이지. 그런데 기분이 나쁜 일을 하는 경우, 그것은 불쾌감 때문에 그러는 것이 아니라 불쾌한 일을 그냥 덮어 두고 넘어가기를 원치 않기 때문이지. 덮어 두고 그냥 넘어가는 일이 더 낫다고 하더라도 말이네. 말하자면 의사와 같은 것이지. 의사는 환자에게 좋다면 사프란이나 감송을 복용하게 하네. 그리고 때때로 쾌적한 목욕이나 몸에 맞는 식이요법을 권하지. 그러나 이런 경우들도 있네. 이 모든 것을 버리게

42 호메로스, 『일리아스』 2권 643행.

43 호메로스, 『오뒷세이아』 4권 178행.

44 플라톤, *Gorgias*, 465 이하의 글을 연상케 함.

하고 해리 향의 쓴 약을 복용하게 하거나 그밖에

악취가 몹시 심해 냄새가 역겨운,
개불알꽃의 약초[45]

를 복용하도록 처방하거나 약한 독성의 크리스마스 로즈 약을 지어 마시게 한다네. 이 경우 의사의 최종 목표는 환자를 기분 B
나쁘게 하는 것도 아니고 기분 좋게 하는 것도 아니네. 이 둘 중 어느 처방의 경우든 환자가 낫도록 하는 것이 그의 유일한 목적이지. 친구도 이와 같네. 때때로 고무하고 기쁘게 하며, 칭찬하고 호의를 보임으로써 친구는 자기 친구를 명예롭게 살도록 이끌어 주지. 이렇게 행동하고 말한 사람처럼,

테우크로스여, 진심으로 사랑하는 친구여,
텔라몬의 아들이여, 시민의 왕자여,
그렇게 마구 화살을 쏘아대게.[46]

그리고

내 어찌 신과 같은 오뒷세우스를 잊을 수 있었겠나?[47]

---

45 Nicandros, *Theriaca*, 64.

46 호메로스, 『일리아스』 8권 281행.

47 호메로스, 『일리아스』 10권 243행. 호메로스, 『오뒷세이아』 1권 65행.

또는 비난할 필요가 있을 때 친구는, 보호자의 자격으로서 아주 솔직하게 신랄한 말로 공격하지.

C 어리석도다, 제우스께서 키운 메넬라오스여!
이런 정신 나간 짓을 하다니, 그럴 필요가 없지 않나.[48]

이런 때도 또한 있는데, 메네데모스[49]가 그랬던 것처럼 친구가 언행을 일치시킨 경우네. 메네데모스는 친구인 아스클레피아데스[50]의 방탕하고 난폭한 아들이 못 들어오도록 문을 닫고 말을 하지 않음으로써 그 아들을 벌했지. 그리고 아르케실라오스[51]는 바톤[52]이 자기 강의실에 들어오는 것을 금했는데, 바톤이 클레안테스[53]에 대해 희극 풍의 글을 한 줄 썼기 때문이지. 아르

---

48 호메로스, 『일리아스』 7권 109행.

49 Menedemos of Eretria(345/4~261/0 BC): 헬라스 철학자로서 에레트리아 학파의 창시자. 처음에 그는 친구인 아스클레피아데스와 함께 아테나이에서 철학을 공부했고, 메가라에서는 낮에 철학을 공부하기 위해 밤에 밭을 갈았으며, 후에 스틸폰과 엘리스의 파이돈에게 수학했다.

50 Asclepiades of Phlius(circa 350~270 BC): 에레트리아 학파의 헬라스 철학자. 그는 메네데모스의 절친한 친구였다. 그들은 각자 결혼하여 한집에서 살았다고 한다.

51 Arcesilaos(316/5~241/0 BC): 헬라스 철학자로서 중기 아카데미아 창시자. 그는 기원전 264년경에 크라테스의 뒤를 이어 아카데미아 학당의 6대 교장으로 취임했다.

52 Baton: 기원전 3세기 신 희극 시대의 희극 시인.

53 Cleanthes of Assos(circa 330~230 BC): 헬라스 철학자. 제논의 후계자로서 아테나이 스토아 학파의 제2대 교장. 제논은 인생의 목적은 일관되게 사는 것이라 하면서 오직 감성 없는 이성의 생활이 궁극적으로 그러한 것이라고 말했다. 이에 대해 그는 쾌락이란 좋은 것이 아닐 뿐만 아

케실라오스가 바톤과 화해하게 된 것은 오직 바톤이 클레안테스에게 후회한다면서 잘못했다고 빌었을 때였네. 누구나 친구를 돕기 위해서라면 친구를 혼내줘야 하기 때문이지. 그렇다고 우정에 금이 갈 정도로 친구를 다치게 해서는 안 되지만, 요처에 처방해 건강을 회복하고 유지하게 하는 약처럼 따끔한 말을 해야 하네. 그러므로 친구는 숙련된 음악가와 같은데, 현을 풀었다 조였다 하면서 고상하고 유익하게 변화의 효과를 주어 연주하기 때문이지. 그래서 친구는 자주 즐겁고 항상 유익하다네. 그러나 아첨꾼은 다르네. 아첨꾼은 오직 한 음조에만 맞춰 즐거움과 우아함의 빈주곡을 줄곧 연주해 왔기 때문에 저항의 행동이나 마음에 상처를 주는 말은 하나도 모르네. 그저 다른 사람의 소원이 무엇인가만 알려 하고 거기에 맞추어 매사 주의를 집중하고 언급을 하지. 자기를 질책하고자 하는 사람들에게서 칭찬 또한 받는 것이 참 기쁘다고 했던 아게실라오스[54]에 관해 크세노폰[55]이 말하는 것처럼, 우리는 기쁨과 즐거움을 주는 것을 참된 우정으로 간주해야 하네. 간혹 질책이 우리의 감정을 상하고 우리가 소망하는 것을 짓밟는다 하더라도 말이네. 그러나 우리는 즐거움만 추구하는 교제, 사근사근 공손하기만 하고 가시 돋친 말은 전연 없거나 섞이지도 않은 교제가 아닌지 주의해야

D

E

니라 자연/본성에 거슬리는 것이고 무가치한 것이라 주장하면서 스승이 말한 것에 덧붙여 인생의 목적이란 자연/본성에 일치하여 사는 것이라고 주장했다.

54 Agesilaos II(444~360 BC): 대략 기원전 400년에서 360년까지 통치했던 스파르테 왕. 선한 왕이며 장군으로 알려져 있다.

55 크세노폰, *Agesilaos*, II. 5.

하네. 그래서 우리는 스파르테인[56]의 금언을 명심해야 하지. 카릴로스 왕[57]이 칭찬을 받았을 때 했던 말,

> 악한에게조차 엄하지 못한 그가 어떻게 선한 사람이 될 수 있겠는가?[58]

{ 아첨꾼들이 악을 덕으로 칭찬함으로써 어떻게 위인들을 파멸시키고 왕국들을 파괴했는가? }

12 쇠가죽파리는 가축의 귀 바로 옆에 붙어 앉고, 진드기는 개의 귀 바로 옆에 앉는다고 세상 사람들이 말하는데, 아첨꾼 역시 칭찬하는 말로 야심가들의 귀를 사로잡네. 일단 자리를 잡고 나면 그를 쫓아내기가 어렵지. 그
F 러므로 이 문제에서 우리는 각별히 그 칭찬이 행동에 대한 것인
지 사람에 대한 것인지 알기 위해 우리 판단력을 일깨우고 정신을 바짝 차릴 필요가 있네. 그들이 우리가 있는 데에서보다 오히려 없는 데서 우리를 칭찬한다면, 그것은 행동에 대한 칭찬이네. 또한 그들이 우리와 같은 소망과 열망을 품고 우리뿐만 아니라 같은 행동을 한 모든 사람을 칭찬한다면, 그것도 행동에 대한 칭찬이네. 또 그들에게서 이럴 때 이렇게 저럴 때 저렇게 말하고 행동하는 것이 발견되지 않는다면, 그것도 행동에 대한 칭찬이네.

---

56 Archidamidas: 기원전 8세기의 스파르테의 왕.

57 Charillos: 기원전 8세기 초중반 시대의 스파르테 왕.

58 플루타르코스, 『모랄리아』, 218B.

그리고 무엇보다, 우리가 칭찬받은 행동들에 대해서 우리 스스로 후회하지 않고, 반대로 말하고 행동하는 것을 바라지 않고 그렇게 하지 않은 것을 부끄럽게 여기지 않는다는 것을 우리 스스로 알고 있다면, 그것도 행동에 대한 칭찬이네. 우리 자신의 양심이 칭찬받기를 마다하거나 거부한다면, 그것은 아첨꾼에 의해 전혀 영향을 받지 않았거나 아첨꾼에 넘어가지 않았거나, 오히려 아첨꾼의 공격이 효과가 없다는 증명이네. 하지만 내가 아는 한 대부 56A
분의 사람은 남들이 불운을 당했을 때 그들을 위로하는 노력을 아끼지 않네만, 자기들을 동정하고 위로하는 사람들의 영향을 더 받지. 그리고 이런 사람들은 실봇이나 실수를 저지를 때마다 꾸짖고 책망함으로써 후회하도록 종용하는 사람은 적과 비난자로 취급하는 반면에, 자기들이 행한 일을 극구 칭찬하는 사람은 환영하고, 그를 친절하고 우정 있는 사람으로 생각하지.

그런데 상대가 진지하게든 농담으로든 제안하는 것은 무엇 B
이든, 또는 말이나 행동에 남들 따라 갈채를 보내고 별생각 없이 칭찬하는 사람은 그 일 때문에 당장 그 순간에만 해롭네. 그러나 칭찬 대상의 개성을 꿰뚫어보고 칭찬을 하고 심지어 아첨으로 그의 마음을 감동하게 하기조차 하는 사람들은, 곡물 더미가 아니라 아예 종자용 곡물 씨앗을 훔치는 하인들의 짓거리를 하는 것이네. 사람의 성향과 성격은 행동을 유발하는 씨앗이기 때문에, 이런 사람들은 바로 그 삶의 제일 원리와 원천을 그르치게 하는 것이지. 악에다 덕에 속하는 이름들을 입히니까 말이네. 파당 싸움과 전쟁 중에 투퀴디데스[59]는 이렇게 말했네.

---

59 Thucydides(circa 460~395 BC): 헬라스의 역사가. 『펠로폰네소스 전쟁

> 그들은 보통 받아들여지고 있는 단어들의 의미를 자신들이 행한
> C 행동에 적합하다고 생각하는 의미로 바꿔 버렸다. 그래서 무모한 만용은 진정한 용기로, 신중한 기다림은 그럴듯한 비겁으로, 온건함은 겁쟁이의 구실로, 만사에 대한 명민한 이해는 어떤 일을 맡기에는 행동력이 부족한 것으로 간주하기에 이르렀다.[60]

고. 그래서 하는 말인데, 누가 아첨하려고 할 때에 우리는 주의 깊게 관찰하여 감시의 고삐를 늦추어서는 안 되네. 낭비가 '베풂'으로, 비겁이 '자기 보전'으로, 충동이 '기민함'으로, 인색이 '검약'으로, 호색한이 '사교적이고 호감을 주는 사람'으로, 성 잘 내고 오만방자한 사람이 '기백이 있는 사람'으로, 미천하고
D 온순한 사람이 '친절한 사람'으로 불리는 것들이지. 플라톤도 어디선가 사랑하는 사람은 자기 애인의 아첨꾼이 되기 때문에 다음과 같이 부른다고 말했네.[61] 사자코의 애인은 '매혹적'인 사람, 매부리코의 애인은 '왕과 같은' 사람, 피부색이 검은 사람은 '사내다운' 사람, 살갗이 희고 금발인 사람들은 '신들의 아이들'로 말이지. 반면에 '벌꿀 색조'의 사람은 순전히 혈색이 나빠 누르스름해진 애인을 애칭으로 기분 좋게 만든 말이네. 하지만 못생긴 남자를 미남이라고 믿게 하고, 키 작은 사람이 키 크다고 믿게 하는 것은 오랫동안 속이는 것도 아니고, 그가 앓는 상처
E 는 가벼워 불치의 것도 아니네. 그러나 악을 덕으로 취급해 칭

사』로 유명하다.

60 Thucydides, iii. 82.

61 『국가』, 474E.

찬하는 사람의 경우는 다르네. 그는 악에 분개하지 않고 오히려 악을 기뻐하지. 그래서 자기 잘못에 대한 온갖 수치심을 못 느낀다네. 이것이 일종의 큰 재앙을 초래했는데, 시켈리아 주민으로 하여금 디오뉘시오스[62]와 팔라리스[63]의 야만적인 잔학 행위를 '불의 부정에 대한 증오심의 발로'로 부르게 함으로써 큰 고통을 당하게 했네. 아이귑토스를 파멸시킨 것 역시 이것이었네. 프톨레마이오스[64]의 우유부단, 그의 종교적 심취, 그의 찬가, 그가 두드리는 북소리에다가 '경건심'과 '신들에 대한 헌신'의 이름을 갖다 붙였기 때문이지. 이것이 바로 공화정 말기 당시에 로마인들의 성격을 비뚤어지게 하고 훼손시킨 것이었네. 안토니우스[65]의 사치, 그의 무절제한 행위, 화려한 전시를 "권력의

---

62 Dionysios the Younger or Dionysios II(circa 397~343 BC): 쉬라쿠사이 참주로서 기원전 367~357년, 그리고 다시 기원전 346~344년 두 차례 시켈리아를 통치했다. 그는 기원전 367년에 플라톤의 제자인 철학자 디온 숙부의 도움을 받아 한때는 철인-왕 정치를 하려고 했다.

63 Phalaris: 대략 기원전 570년에서 554년까지 통치했던 시켈리아 아크라가스(아그리겐툼)의 참주.

64 Ptolemaios IV Philopator(치세 기간 221~205 BC): 이때부터 프톨레마이오스 왕조의 아이귑토스는 쇠퇴하기 시작했다. Polybios, v. 34 참조. 그는 주술적인 종교 형식과 아마추어 문학에 탐닉했고, 호메로스에게 신전을 봉납했는가 하면 비극을 써서 총신인 아가토클레스에게 역주를 달게 하기도 했다. 그는 기원전 220년에 여동생 아리스노에와 결혼했으나, 아가토클레스의 누이동생인 아가토클레아의 영향권에서 벗어나지 못했다고 한다.

65 Marcus Antonius(83~30 BC): 카이사르의 동맹자. 카이사르 암살 이후 공화파인 키케로와 손을 잡은 옥타비아누스와 전쟁을 벌이지만 결국 그와 레피두스와 결합하여 제2차 3두정치를 하게 되는데, 이에 대해서는 허승일의 박사논문인 「로마군대와 원로원의 정치—카이사르 암살부터 옥타비아누스의 콘술 취임까지」(『증보 로마 공화정 연구』, 서울대학교출판

신과 행운의 여신의 손을 적절히 이용하는 그의 유쾌하고 친절
F 하고 고상한 행동들"[66]로 두둔하려 했기 때문이지. 프톨레마이오스[67]로 하여금 주색잡기에 빠지게 했던 것은 이것 말고 또 무엇이 있겠는가? 네로[68]에게 비극의 무대를 설치해 주고 그에게 탈을 쓰게 하고 편상(編上) 반장화를 신게 했던 것은 이것 말고 또 무엇이 있겠는가? 그것이 그의 아첨꾼들의 칭찬이 아니었는가?

어떤 왕이라도 노래 한 곡조 응얼거리면 아폴론 신, 술 한 잔 하면 디오뉘소스 신, 레슬링을 하면 헤라클레스 신이라 부르지 않는가? 그렇지 않으면 왕은 기쁨을 누리지 못하지. 그래서 왕

부, 1995, pp. 316~432)를 참조 바란다. 그러나 안토니우스의 일생 중 가장 유명한 부분은 셰익스피어의 『안토니우스와 클레오파트라』에서 잘 묘사되고 있다. 이 두 사람의 파란만장한 일생에 대해서는 허승일과 김덕수의 번역서인 『로마혁명사 1』(한길사, 2006)을 참조하기 바란다.

66 플루타르코스, *Life of Antony*, ix(920).

67 Ptolemaios Neos Dionysos Theos Philopator Theos Philadelphos (117~151 BC): 디오뉘소스 신, 아버지의 사랑을 받는 신, 형제의 사랑을 받는 신인 프톨레마이오스란 뜻. 하지만 보통 플루트 주자 프톨레마이오스(Ptolemaios Auletes) 또는 서자 프톨레마이오스(Ptolemaios Nothos)로 불린다. 그는 실제로 연약하고 자기 만족에 빠진 술고래에 음악 애호가였다고 한다. *Strabo*, xvii. 11(p. 796) 참조.

68 Nero Claudius Caesar Augustus Germanicus(37~68): 54~68년간의 네로 황제. 그는 잔인무도한 폭군으로 알려져 있다. 어머니를 죽이고 이복동생을 독살하는가 하면 기독교인들을 잡아 궁정 정원에서 밤새 불태워 야간 조명을 대신했다고도 하는 신빙성이 떨어지는 이야기도 전해 온다. 그는 로마시가 불타고 있는 동안에 수금을 타면서 노래를 불렀다고도 한다. 그러나 현대에 와서는 그가 치세 초반기에는 영명한 군주였다는 유력한 학설이 등장하면서 일각에서는 그의 폭군적인 행동을 부정적인 시각으로 보는 경향이 있다.

은 아첨에 의해 기쁨을 얻고 온갖 종류의 불명예스런 일에 빠져 들지 않았는가?

아첨꾼은 총명한 사람들에 대해서는 정면에서 칭찬하지 않고 그럴싸한 논쟁들을 통해 혹은 가상의 인물들을 설정함으로써 우회적으로 칭찬하면서 아첨하려고 하니, 이에 대한 경계 태세를 취해야 한다.

13 이런 이유 때문에 우리는 특별히 아첨꾼이 칭찬을 할 때 아첨꾼을 경계해야 하네. 그러나 아첨꾼 자신이 이를 의식하지 못하는 것은 아니네. 그는 의심의 숨결을 알아채는 데 명수라네. 예를 들면, 값싸고 번지르르한 옷을 입은 멋쟁이나 두터운 가죽 외투를 입은 시골뜨기를 만나면, 그는 한없이 농을 건다네. 연극[69]에서 스트로우티아스는 비아스에게 그의 어리석음을 이런 찬탄사로 적당히 둘러대 놀리며 재미있어 한다네. 57A

주인님은 만취했었지요.
알렉산드로스 대왕보다도 더.[70]

그리고

69 메난드로스, 『아첨꾼』 *Kolax*. 여기에는 군인인 비아스와 그의 종자 스트로우티아스가 함께 거닐면서 종자가 주인에게 감탄의 아첨하는 말들을 하는 장면이 나온다.

70 코크, 『아티카 희극 단편 선집, 메난드로스 편』, iii. No. 293, p. 83.

하아! 주인님은 아프로디테 여신을 숭배하는 퀴프로스 여인[즉, 매춘부]하고나 어울리겠다는 생각을 하고 웃었는걸요![71]

그러나 한층 더 총명한 사람들에 대해서는, 아첨꾼은 그들이 그를 주시하고 때와 장소에 따라 알맞게 경계 태세를 취하고 있다는 것을 알아차리지. 그래서 그는 정면 돌파의 칭찬을 하지 않고 우회적으로 칭찬을 한다네. 그리고

B 짐승을 잡듯이 소리 없이 다가가,[72]

그를 접촉하고 조종하지. 이쯤 해서 아첨꾼은 우선 자기 자신에 대한 타인들의 칭찬을 늘어놓네. 대중 연설가가 하듯이 다른 사람의 말들을 인용하면서 말일세. 시장 바닥에서 자기를 훌륭하다고 하면서 감탄해 마지않는 낯선 사람이나 나이 든 사람을 만나 얼마나 기뻤는가를 말이네. 그러고 나서는 슬그머니 다른 사람들에게서 들었다고 하면서 자신에 대한 사소한 허위 비난을 꾸며내어 상대방에게 자기가 언제 이런 말을 했고 언제 그런 일을 했는지 아느냐고 다급하게 물어보겠지. 만약 상대가 그 일을
C 부인하면 — 물론 부인하겠지만 —, 그 즉시 아첨꾼은 그 상대를 붙잡고 칭찬의 말들을 쏟아내지.

나는 그대가 그대의 선한 친구 누구에게도 악평을 하지 않음에

71 코크, 『아티카 희극 단편 선집, 메난드로스 편』, iii. No. 297, p. 84.
72 출처 미상.

놀랐소. 그대는 천성적으로 적들에 대해서조차 악평을 하지 않기 때문이오, 또는 그대는 남의 재산을 탐낼 사람이 아니오, 그처럼 많은 그대의 재산을 남에게 주고 있기 때문이오.

라고.

아첨꾼들은 악을 칭찬함으로써 그의 희생자들이 덕을 비웃는 습성을 지니게 한다. 아첨꾼에 대해 어떻게 말할 수 있을까?
❹ 아첨꾼은 그의 희생자가 기고만장하게 하도록 저자세를 취하면서 만사에 다 동의하는 태도를 취한다.

14 또 다른 아첨꾼들은, 화가가 밝고 빛나는 색들 주변에 어둡고 칙칙한 색조를 띠게 하여 명암을 선명하게 부각하듯이, 악을 은근히 칭찬하고 부추긴다네. 이에 희생자들은 정 반대의 자질들에 물들어 덕을 비난하고 매도하고, 또는 깔보고 비웃게 되지. 낭비하는 사람들과 어울려서는 그들은 검약을 '촌스런' 것으로 비난하고, 수치스럽고 철면피의 행동으로 부를 축적한 탐욕스런 악행자들과 어울려서는 분수에 맞게 살려는 독립심과 정직성을 '왕성한 삶을 위해 필요한 용기와 활력의 부족'으로 비난하지. 그러나 번잡한 도시의 중심가를 피해 편안하고 조용하게 살려는 사람들과 사귈 때엔, 그들은 서슴없이 공적 생활을 '다른 사람들의 일을 간섭하는 골칫덩어리'로, 야망을 '실속 없는 허세'로 부르네. 대중 연설가에게 아첨하는 흔한 방법의 한 가지는 철학자를 비방하는 것이네. 음탕한 여인네들에게는 정숙하고 사랑스러운 부인들을 '불감증의' '촌티'나는 여 D

자로 낙인찍는 자들이 큰 명성을 얻네. 그러나 아첨꾼들이 자신을 주저 없이 비하(卑下)시킨다는 바로 여기에 가장 큰 악행이 도사리고 있지. 레슬링 선수들이 상대방을 던져 버리기 위해 자세를 낮추듯이, 아첨꾼들은 자신을 질책함으로써 이웃들을 은근히 찬양하네.

E 나는 물속에서는 비참한 겁쟁이요, 고초를 헤쳐 나갈 배짱도 없으며, 누군가가 나를 악평할 때엔 그에게 미친 듯이 화를 내는 그런 사람이네. 그러나 여기 있는 이분은 어떠신가? 이분은 무서울게 하나도 없고, 겪는 고초도 전혀 없지. 이분은 비범한 인물일세. 이분은 유머 감각으로 근심 걱정 없이 만사를 참고 견딘다네.

라고 그는 말하지. 그러나 대단한 분별력의 소유자라 자부하면서 솔직하고 타협을 모르는 그런 사람이, 자기는 곧은 사람이기 때문에 정말 언제나

튀데우스의 아들[디오메데스]이여,
너무 많이 나를 칭찬하지도 말고,
꾸짖지도 말게.[73]

F 라는 이런 시 구절을 방어용 방패로 사용한다면, 능숙한 아첨꾼은 이 길로 그에게 접근하지 않는다네. 이런 부류의 사람에게 적용할 다른 방안이 있기 때문이네. 따라서 아첨꾼은 그에게 다

73 호메로스, 『일리아스』 10권, 249행.

가가, 지혜가 출중한 윗사람과 상의하듯이 자기 자신의 일을 그와 상의하면서, 자기에게는 친밀한 다른 친구가 여럿 있지만 그에게 폐를 끼치는 것이 낫다는 걸 알게 되었노라고 말하지.

> 우리는 상담이 필요한데 어디로 가야 하고,
> 또 우리는 누구를 믿을 수 있단 말인가?

라고 들먹이면서 말이네. 그런 다음, 상대가 무엇을 말하든지
다 듣고 나서 그는 상담한 것이 아니라 권위 있는 말을 들었다
고 단언하며 그 자리를 떠나지. 만일 상대가 글재주가 있음을 58A
알아채면, 아첨꾼은 그에게 자기가 쓴 글 일부를 주며 읽고 고
쳐 달라고 요청하네. 미트리다테스[74]는 왕이었는데, 그는 아마
추어 의사로 자처했지. 그의 친구 중 몇이 그에게 수술받고 수
술 부위를 불로 지져 고쳐 줄 것을 자청하여, 말이 아니라 행동
으로 그에게 아첨했네. 왜냐하면 왕은 자기에 대한 그들의 신뢰
가 곧 그의 의술에 대한 증거라고 느꼈기 때문이지.

> 여러 모습으로 신들은 나타나네.[75]

더욱 약삭빠르고 주의를 필요로 하는 이런 부류의 거짓 칭

---

74 Mithridates VI(134~63 BC): 기원전 120년에서 63년까지 북부 아나톨리아(지금의 터키)의 폰투스와 소 아르메니아 왕. 그는 로마의 술라와 폼페이우스 등 3명의 장군과 상대한 가장 무서운 적이었다.

75 에우리피데스의 *Alcestis*, *Andromache*, *Bacchae*, *Helena*의 종극에 나오는 대사에서.

찬은 의도적으로 만든 어처구니없는 조언과 제안들, 그리고 의식적인 교정들에 의해 밝혀지게 되어 있네. 왜냐하면 만약 그가
B 어떤 것이든지 반박을 못하고, 만사에 다 동의하고 그걸 받아들이면서 모든 제언에 "좋소", "탁월해" 하고 외친다면, 그는 다음과 같은 사실을 더할 나위 없이 분명하게 하는 격이기 때문이네.

> 지나가는 말로 묻네만,
> 다른 어떤 목적을 이루기 위한 건지.[76]

그가 실제로 바라는 것은 그의 희생자를 칭찬하여, 그가 더욱더 기고만장하게 하는 것이라네.

> 아첨꾼은 권세가나 명망가 또는 부자에게 자기 자리를 양보함으로써 일종의 칭찬 형태인 말 없는 아첨을 한다.

15 더욱이, 일부 사람들이 그림을 말 없는 시라고 정의를 내렸던 것처럼,[77] 말 없는 아첨인 일종의 칭찬이 있네. 사냥꾼이 사냥감을 사냥으로 끌어들이기 위해 사냥감들이 미처 눈치채지 못하게 사냥하지 않는 척 길을 따라 걷는다거나 양 떼를 돌보거나 밭을 가는 것처럼 해 속이듯이, 아첨꾼들이 칭찬하는 것이 아니라 다른 어떤 일을 하는 것처럼

76 나우크, 『헬라스 비극 단편 선집, 작자 미상 편』, No. 365, p. 908.
77 Simonides of Ceos(circa 556~468 BC)의 언급.

가장할 때, 그들은 칭찬의 최대 효과를 올리네. 예를 하나 들지. C
새로 온 사람에게 자기 좌석이나 탁자의 자기 자리를 양보하는
사람, 혹은 민회나 원로원에서 발언하는 중에 어떤 부자가 말하
고자 하는 것을 알아차리게 되면 갑자기 침묵하면서 자기 발언
권을 그에게 양보하는 사람이 있지. 이런 사람은 크게 환호성을
지르는 것보다 침묵으로 훨씬 더 분명하게 자신이 그 부자를 지
능 면에서 자기보다 더 낫고 더 우위에 있는 자로 간주한다는
것을 보여주는 것이네. 이것이 바로 이런 사람들이 여흥 장소나
극장에서 앞자리를 차지하려는 이유라네. 그럴 권리가 있다고
본인들이 생각해서 그렇게 하는 것이 아니라 자기 좌석을 양보 D
함으로써 부자들에게 아첨하려는 것이지. 그래서 어떤 집회나
공식 회합에서 또한 그들은 처음에는 어떤 토의의 주제를 갖고
논의를 시작하다가 후에는 마치 앞서도 그랬듯이 자기보다 나
은 사람들에게 말을 시킨다네. 그러다가 갑자기 권세가나 부자
또는 명성이 자자한 사람이 반대편에 나타나게 되면 얼른 그쪽
에 가서 붙지. 여기에 우리가 간파해야 할 굽실거리고 아부하는
가장 좋은 시험의 잣대가 들어 있는데, 아첨꾼들은 경험가나 덕
있는 사람이나 나이 든 사람에게 경의를 표하는 것이 아니라 부
자와 명성을 날리고 있는 자에게 존경심을 표시한다는 차이이
지.

화가인 아펠레스[78]와 그림에서의 선과 명암법에 관해 토론하

78 Apelles of Kos(기원전 4세기에 활약): 고대 헬라스의 유명한 화가. 알렉산드로스 대왕의 초상화를 그렸다고 한다.

기를 열망하던 페르시아 귀족인 메가뷔조스[79]가 옆자리에 앉아 있다가 말문을 열었네. 그러자 아펠레스가 그에게

> 여기 수습생들이 내가 말한 색채를 내기 위해 물감을 갈고 있는 게 보이지요? 당신이 침묵하고 있는 동안 그들은 열중해서 당신이 입은 진홍색 예복과 금빛 나는 장식품을 보고 감탄했지요. 그러나 지금은 당신을 보고 웃고 있습니다. 왜냐고요, 당신이 전혀 알지 못하는 문제를 거론하기 시작했기 때문이지요.

E 라고 말했네. 다른 얘기네만, 솔론은 크로이소스[80]가 행복이 뭐냐고 묻자, 이렇게 공언했네.

> 아테나이에서 사람들의 이목을 끌지 못했던 텔로스, 그리고 클레오비스와 비톤이 나보다 행운의 여신 축복을 더 받았소.[81]

라고 말이네. 그러나 아첨꾼들은 왕, 부자, 지배자들이 운 좋고

---

79 Megabyzos: 페르시아의 귀족으로서 화가였던 것 같음. 『모랄리아』, 472A 참조.

80 Croisos(595~circa 547? BC): 기원전 560년에서 547년까지 뤼디아의 왕. 그는 부자로 유명한 자기가 행복하다는 답변을 들을 것이라고 예상하면서 솔론에게 "어떤 사람이 행복한가?"라고 물었다. 솔론은 폐하보다 세 사람이 더 유명하다고 말하면서, 조국을 위해 싸우다 전사한 텔로스, 축제에 시간 맞추어 참석하기를 원하는 노모를 위해 황소 대신 우마차를 끌고 가 결국 지쳐 죽은 클레오비스와 비톤의 형제를 들었다는 것으로 전해 오고 있다.

81 Herodotus, i. 30~33. 플루타르코스, *Life of Solon*, xxvii(93B) 참조.

축복받았을 뿐만 아니라 이해력, 전문 기술, 모든 형태의 덕에 있어서도 역시 으뜸이라고 단언하네.

{ 아첨꾼들은 부자들에 대해 만능의 천재라고 거짓 칭찬하고 레슬링 경기나 달리기 경기에서 일부러 져 줌으로써 그들에게 아첨한다. 그러나 말은 아첨할 줄을 몰라 왕자이건 부잣집 아들이건 말을 탈 줄 모르면 무조건 곤두박아 버린다. }

16 또 어떤 사람들은 스토아 학파의 철학자들이 현자를 부자이고 동시에 미남이며 좋은 가문의 출신자, 왕이라고 부를 때에는 심시어 그들의 말을 경청조차 하려고 하지 않지.[82] 그러나 아첨꾼들은 부자에 대해서 그가 연설가이고 동시에 시인이라고 선언하며, 만약 본인이 원한다면 화가이고, 음악가이며, 걸음은 재빠르고, 몸은 튼튼한 자라고 선언하지. 그래서 그들은 레슬링 경기에서 일부러 져 주고, 달리기 경주에서도 일부러 져 주네. 히메라의 크리손[83]이 알렉산드로스 대왕과 도보 경주에서 일부러 져 준 것처럼 말이네. F
그러나 알렉산드로스 대왕은 속임수라는 것을 알아차리고 화를 버럭 냈네.[84] 부잣집 아이들과 왕자들은 말 등에 올라타는 것은 배워 알지만 그 밖의 것은 제대로 잘 배우는 게 하나도 없다고

82 플루타르코스는 이 글을 에픽테토스, 『논설집』, 1. 4와 세네카, 『서한집』 75. 8에 나오는 내용을 연상하며 비판적으로 썼을 것이다.

83 Krison: 시켈리아 히메라 출신으로 한번은 알렉산드로스 대왕과 경주를 했으나 일부러 져 주어 대왕의 분노를 샀다고 전한다.

84 『모랄리아』, 471F 참조.

카르네아데스[85]는 말하곤 했지. 가르칠 때 교사는 그들을 칭찬함으로써 아첨하고, 레슬링을 할 때는 상대에게 일부러 져 줌으로써 아첨하기 때문이지. 반면에 타는 말은 어떤가? 말은 말 타는 사람이 시민인지 지배자인지, 부자인지 빈자인지 알지도 못하고 또 심지어 관심조차도 두지 않네. 그래서 말을 타지 못하는 사람들을 곤두박아 버리네. 그러므로 비온이 다음과 같이 말
59A 한 것은 바보 천치 같은 짓이지.

> 만약 농부가 자기 밭을 칭찬함으로써 밭이 곡식을 생산하고 풍작을 거둔다고 확신한다면, 몸소 땅을 깊게 파헤치는 수고를 하지 않는 것보다는 오히려 칭찬을 해 주지 않는 것이 더 큰 잘못을 저지르는 게 아닌가? 그래서 또한 칭찬하는 것만이 그가 이득을 보고 풍족하게 소출을 낸다면, 인간을 칭찬하는 것은 부적절한 것이 아니네.[86]

그러나 진실은 다음과 같지. 밭은 칭찬을 받는다고 해서 더 나빠지지 않지만, 반면에 인간은 거짓과 분에 넘친 남들의 칭찬을 받아 헛바람이 들어 파멸하게 된다네.

---

85 Carneades of Cyrene(214/3~129/8 BC): 아카데미아 학파의 회의론자. 기원전 159년 그는 이전의 모든 독단적 논리를 부정하는 데에서 출발했는데, 특히 스토아 학파의 논리와 심지어는 에피쿠로스 학파의 것까지 부정했다고 한다.

86 Bion of Borysthenes(circa 325~250 BC): 헬라스 철학자. 노예로 팔렸다가 해방되어 아테나이에 온 그는 거의 모든 학파의 철학을 연구했다. 그렇지만 그는 사람들의 우둔함을 풍자하고 종교를 공격하며 철학을 찬미하여 견유 학파적인 비방으로 유명했다.

아첨꾼은 타인을 대할 때 거칠고 표독스러우며 냉혹한 태도를 보이고, 또 남의 중대 악행은 알지 못한 척하나 지극히 사소한 결점을 발견하면 야단법석을 떪으로써 자기의 솔직함을 드러낸다.

17 이 주제에 대해서는 충분히 논의했으니 다음 단계로 넘어가 '솔직함'(*παρρησία*, parresia)의 주제를 살피기로 하겠네. 파 B
트로클로스가 아킬레우스의 갑옷을 차려입고 말들을 몰아 싸움터로 갔을 때 펠리온의 창[87]만은 감히 손대지 못하고 남겨두었듯이, 아첨꾼도 친구의 견장과 훈장을 자기 옷에 달고 가면무도회에 갈 때 솔직함만은 남겨두어야 하네. 그것은 마치 선택된

무겁고, 크고, 단단한[88]

무장의 한 부분인 것처럼 건드려서도 모방해서도 안 될, 오직 우정에 속한 것이기 때문이네. 그러나 그들은 그들의 진짜 모습이 노출되는 것을 웃음소리와 술, 농담과 환락으로 피하려고 하
지. 그다음에는 아첨에 근엄한 얼굴을 입히고 조금은 질책과 훈 C
계를 곁들여 그들의 일을 중대한 수준[89]까지 끌어올리는 노력을

87 펠리온의 창: 장차 아킬레우스의 부모가 될 펠레우스와 테티스의 결혼을 축하하기 위해 신들이 펠리온 산에 모였는데, 그때 케이론 신이 펠레우스에게 준 선물이 헤파이스토스 신이 만들었다고 하는 창이다. 아킬레우스에게 상속된 이 창은 창의 녹을 긁어내어 약간의 물에 타 발라 부상 부위를 치료했다는 것으로 유명한데, 텔레포스는 즉각 효력을 보았다고 한다.

88 호메로스, 『일리아스』 16권 143행.

89 교양 있는.

한다네. 그러기 때문에 이 점 역시 살펴보는 것을 게을리해서는 안 되지. 내 심정은 이러네. 메난드로스의 희극[90]에서 가짜 헤라클레스가 단단하지도 강하지도 않은 가볍고 속이 빈 가짜 곤봉을 손에 쥐고 나타나듯이, 아첨꾼의 솔직함도 그것을 잘 살펴보면 부드럽고 무겁거나 견고함이 없이 꼭 여인네들의 베개와 같지. 처음에는 머리를 받쳐 주는 받침대 역할을 하는 듯 보이지만, 나중엔 오히려 머리에 눌려 버리고 마네. 같은 맥락으로 이 아첨꾼의 겉치레 솔직함은 속 비고, 거짓되고, 건전치 못한 하나의 외형을 갖추게 됨으로써 부풀려 커지고 늘어나게 되지. 그랬다가 후에 그것이 수축하고 찌부러져 못 쓰게 되면 거기에 몸을 던졌던 사람은 옴짝달싹 못하고 거기서 빠져나오지 못해 그
D 냥 질질 끌려가게 되네. 왜냐하면 친구가 보여주는 것과 같은 참된 솔직함 그 자체가 저질러지고 있는 상대방의 잘못들에 적용되기 때문이지. 솔직함이 주는 고통은 건전하고 이롭다네. 그래서 그것은 벌꿀처럼 아픈 부위들을 쓰리게 하다 깨끗이 낫게 하지.[91] 그러나 솔직함을 달리 쓰면, 유익하고 달콤하다네. 이 부분은 차후에 별도로 후속 장[92]에서 다루겠네.

E 그러나 아첨꾼은, 첫째, 타인들을 대할 때 거칠고 표독스러우며 냉혹한 태도를 잇달아 보여주네. 그는 자기 아랫사람들을 거칠게 다루고, 가족과 친척의 잘못을 아주 재빨리 훌닦아 세우

90 미상의 단편에 나오는 글.

91 꿀에 대한 고대 작가들의 많은 언급이 있다. 플루타르코스, *Life of Phocion*, ii(742B) 참조. 꿀이 장티푸스의 병균을 궤멸시킨다는 사실은 최근 과학적으로 입증되었다.

92 이 책의 322쪽 이하 26장 참조.

며, 어떤 외부인도 존경하고 칭찬하기를 마다하고 거꾸로 이러한 사람들을 경멸한다네. 그는 온갖 노력을 기울여 중상함으로써 남을 격분시키지. 그의 목적은 부정과 비리의 증오자라는 이름을 얻는 것이요, 타인을 즐겁게 하는 일이라면 기꺼이 솔직하게 다 털어놓으려 할 뿐 아니라 남의 비위를 맞추는 언행은 일절 하지 않는다는 인상을 풍기는 데 있네.

둘째, 아첨꾼은 단 하나의 실제로 중요한 악행은 알지도 못 F
하고 알아차리지도 못한 체하지. 그러나 사소하고도 하찮은 결점을 발견하면 아주 재빨리 야단법석을 떤다네. 가구가 조금이라도 잘못 놓여 있다거나 관재인(管財人)이 무능하다는 것을 알게 되면, 또 누군가가 멋대로 이발하거나 옷을 입거나 개나 말을 제대로 돌보지 않는다면, 아첨꾼은 열띠고 격렬한 장광설을 마음껏 퍼붓지. 그러나 어떤 사람이 부모에게 불효하고, 자녀를 돌보지 않고, 부인을 모욕하고, 가족을 멸시하며, 돈을 낭비하면, 이 모든 것이 그에게는 아무 관계도 없긴 하지만, 그러나 이런 모든 일의 와중에서 그는 벙어리가 되고 비겁자가 되네. 마치 훈육관이, 운동선수가 술 취하고 느슨하게 생활하도록 내버려 두다가 기름 든 병과 살코기 긁개에 대해서는 엄격하게 구는 것과 같은 것이네. 아니면 학생의 철필과 서판에 대해서 잔소리하지만 학생의 문법과 말씨의 잘못에 대해서는 모르는 척하는 학교 선생님과 같다고나 할까.

아첨꾼은 웃기는 값싼 삼류 교수의 실제 담론에 대해서는 단 60A
한마디의 말도 하지 못하지만, 교수의 목소리를 흠잡고 찬물을 들이켜 목이 상했다고 그를 심하게 비난하는 그런 유의 사람이네. 그는 한 편의 형편없는 글을 읽어 봐 달라고 요청받으면, 종이가 고르지 못하다고 흠잡으며 글씨를 지독하게 흘려 썼다고 비난하지. 학문을 사랑하는 사람으로 자처했던 프톨레마이오스[93]의 아첨꾼들이 그러했네. 그의 아첨꾼들은 애매한 단어나 사소한 시 구절 또는 역사적 관점에 관해서는 자정까지 그와 논쟁을 계속했지. 그러나 프톨레마이오스가 신바람이 나 잔인한 행위와 폭력을 행사하고 북을 치고, 의례를 거행했을 때, 이 모든 아첨꾼 중에 한 사람도 그의 진행에 반대하지 못하고 수수방관했네.
B 상상해 보게. 외과 의사의 수술용 칼을 사용해 종창과 종기로 고통받는 사람의 머리카락과 손톱, 발톱을 자르는 그런 사람을! 하지만 이것이 아첨꾼들이 하는 일의 종류라네. 아픔이나 고통을 전혀 느끼지 못하는 부분들에 자기들의 솔직함을 드러내는 자들 말이네.

{ 악랄한 아첨꾼들은 상대에게 즐거움을 주기 위해 솔직한 말로 비난을 한다. }

18 그런데 심지어 이들보다도 더 악랄한 부류의 또 다른 아첨꾼들이 있네. 자기들 말의 솔직함과 비난을 이용해 상대에게 즐거움을 주려고 하는 자들인데, 예를 들면 아르고스인인 아기스[94]가 그러했네. 그는 알렉산드로

93 Ptolemaios VIII Euergetes II(circa 182~June 26, 116 BC): 아이귑토스의 파라오로 뚱뚱보라는 Physcon으로 불리기도 했다. 아테나이오스, 『현자들의 저녁 식사』 12권 73(549D) 참조.

94 Agis: 아르고스 출신의 헬라스 시인. 알렉산드로스 대왕의 아시아 원정에 동반했는데, 그는 저질의 아첨꾼이었다고 한다.

스 대왕이 어떤 행사에서 한 광대에게 큰 선물을 하사하자, 시샘과 섭섭한 마음이 들끓어 이렇게 외쳤네.

이런! 얼마나 어리석은 짓인고!

대왕은 화가 나서 그를 향해 말했네.

그게 무슨 말인가?

이에 그가 대답하기를,

제가 고하나이다. 제우스 신의 아들들인 당신들 모두가 한결같이 아첨꾼들과 광대들에게 은총의 선물을 내리시는 것을 보니 마음 아프고 화가 납니다. 왜냐하면 헤라클레스 신은 케르코스페스 형제[95]에게서 즐거움을 맛보았고, 디오뉘소스 신은 실레노스[96]들에게서 즐거움을 맛보셨기 때문입니다. 그래서 누구나 이런 아첨꾼 C

95 Cercospes: 원숭이 얼굴에 꼬리가 달린 장난기 넘치는 케르코스페스 형제. 그들은 테르모퓔라이나 에우보이아의 숲 속에 살면서 나쁜 짓을 행하던 중 한번은 헤라클레스가 옴팔레 밑에서 광기를 치유하고 있는 동안에 그의 무기를 훔친 적이 있었다. 후에 헤라클레스는 그들을 붙잡아 막대 양쪽에 거꾸로 매달아 어깨에 메고 다녔다. 형제는 헤라클레스의 엉덩이가 검은 털로 덮여 있는 것을 보고 웃음보를 터뜨렸는데, 그 이유를 안 헤라클레스도 함께 폭소를 터뜨리며 그들을 풀어 주었다고 한다.

96 Silenos: 포도주 신인 디오뉘소스 신의 교사이며 충직한 추종자들. 그들은 항상 술에 취해 있고, 말의 귀와 꼬리, 두꺼운 입술과 펑퍼짐한 코, 대머리, 뚱뚱보인 몸에 털이 많이 나 있었다고 한다.

들과 광대들이 대왕의 주위에 몰려 있음을 보게 됩니다.

그리고 언젠가 한번은 티베리우스 카이사르 황제[97]가 원로원에 왔던 일이 있었지. 그때 아첨꾼 중의 한 사람이 일어나서 말하기를, 원로원 의원들은 자유인이기 때문에 솔직하게 말해야 하며, 공동 이익이 되는 사항에 대해 토의할 때 머뭇거리거나 억제해서는 안 된다고 했지. 이렇게 주의를 집중시키고 나서 잠시 침묵이 흐른 뒤에 카이사르가 귀 기울이자 그는 다음과 같이 말했네.

카이사르여, 감히 아무도 말 못 하는, 우리 모두가 폐하에게 드리는 쓴소리를 들으십시오. 폐하는 자기 몸을 제대로 관리하지 못하고 계십니다. 폐하는 체력을 낭비하십니다. 폐하는 우리를 위해 계속 근심하고 일을 하시는 가운데 몹시 지치셨습니다. 폐하는 주야로 휴식을 취하시지 않습니다.

D 이렇게 장광설을 늘어놓자, 연설가인 카시우스 세베루스[98]는 이렇게 언급했다고 사람들이 말하고 있네.

이 같은 솔직함이 이 사람의 죽음을 불러오겠군!

---

97 Tiberius Julius Caesar Augustus(November 16, 42 BC~March 16, AD 37): 로마 황제(14~37 AD).

98 Titus Cassius Severus(32년에 죽다): 고대 로마의 연설가. 그는 언론의 자유를 위해 싸우는 겁 없는 투사로서 로마 제정의 신 질서를 날카롭게 비판하다가 결국 파멸의 길을 재촉하게 된다.

> 아첨꾼은 안토니우스의 경우처럼 그의 희생자인 상대를 솔직하게 비난함으로써 상대에게 더 큰 즐거움을 준다.

19 이 모두가 실은 사소한 일이네. 그러나 우리는 지금 한 중대한 문제에 부딪히고 있는데, 아첨꾼의 비난들이 어떤 개인이 실제로 가진 것들과는 정반대로 정서와 약점에 빗대어 직접 건드릴 때 그 바보 같은 사람에게 심한 손상을 끼친다는 것이네. 예를 들면, 아첨꾼인 히메리오스[99]는 그의 식객인 주제에 아테나이에서 가장 인색하고 탐욕스런 부자 한 사람을 무절제한 낭비가라서 아이들과 함께 비참하게 굶어 죽을 팔자라고 비방하곤 했네. 이와 반대로, 아첨꾼들은 E
티투스 페트로니우스[100]가 네로에게 했듯이 실제로는 씀씀이 크고 헤픈 사람에게 인색하고 쩨쩨한 인간이라고 비난했던 것이네. 또 아첨꾼들은, 피지배자들을 야만적으로 혹독하게 다루는 지배자들에게 지나친 관용과 부적절하고 무익한 동정심은 베풀지 말라고 권했네. 이들과 역시 아주 비슷한 사람이 있지. 아주 단순하고 어리석은 바보에 대해 경계하는 체하고, 그를 영리한 악당이라고 두려워하는 척하는 사람이네. 또 이런 사람들도 있지. 악의에 찬 어떤 사람, 다시 말해 항상 악한 말만 하고 남의 흠이나 찾아내 꼬집는 일을 즐기는 사람이 누군가를 유명 인사에게 추천하는 기회를 준다면, 이런 낙인이 찍힌 아첨꾼은 어떤 행동을 취하는지 아는가? 이자는 곧장 그의 손을 잡고, 그가 옳 F

99 Himerios: 연대 미상의 인물. 소피스트인 그는 아첨꾼으로 알려져 있다.

100 Gaius Petronius Arbiter(circa 27~66 AD): 네로 황제 시대의 로마의 궁정인.

지 않다고 반박하며, 심지어 그가 무슨 하찮은 인간까지 추천하는 것이 그의 약점이라고 밝힌다네.

> 이 친구가 누구인가? 또는 그가 얼마나 훌륭한 일을 말한 적이 있거나 행한 적이 있는가?

라고. 특히 정사(情事)에 관해서는 그들은 사랑의 희생자를 괴롭히고 그들의 불에 기름을 붓네. 마찬가지로 형제간에 불화하거나 자식이 부모에게 불효하거나 남편이 아내를 모멸하거나 하는 일들을 알게 된다면, 아첨꾼들은 그들에게 훈계하거나 법정에 고발하지 않고, 대신 이런 감정을 부추겨 더 강도 높게 하게 한다네.

> 당신은 아직도 자신을 제대로 이해하지 못하고 있군.

그리고 덧붙여 말하지.

> 이게 다 당신 탓이야. 항상 양보만 하고 고분고분 저자세를 취하기 때문이지.

61A 그리고 아내가 남편이 정사(情事)를 벌인 첩이나 정부(情婦)에게 질투심에 못 이겨 성질을 부리면서 극도의 화풀이를 하는 것을 보게 되면, 즉각 아첨에 장광설의 솔직함인 아첨이 덧붙여지지. 불난 집에 부채질하기지. 그래서 법에 호소하고, 사랑하는 아내에게 사랑은커녕 냉혹하고도 괘씸한 행위를 했다고 비난하

게 하네.

> 오, 배은망덕한 자여!
> 입술에 입술을 수없이 맞춘 후에도![101]

그래서 아이겁토스의 여인[102]과 사랑에 빠진 안토니우스의
친구들은, 바로 그 클레오파트라 여왕이 그에게 반했다고 그가
믿도록 애썼다네. 그리고 친구들은 그를 비난하면서도 그가 냉 B
정하고 오만하다고 이렇게 말했지.

> 그 여인은, 그처럼 위대한 왕국과 그처럼 많은 행복을 포기하고, 첩의 옷차림을 한 채 장군이 진군할 때 함께 따르는 그런 삶을 보내고 있지요.

> 그러나 가슴속의 장군의 마음은
> 황홀경과는 거리가 멀지요.[103]

> 그래서 장군은 그녀의 심통(心痛)에 냉담하신 겁니다.

라고 말이네. 안토니우스는 이런 잘못된 일에 끌려다니는 것을

---

101 아이스퀼로스의 *Myrmidons*에서. 나우크, 『헬라스 비극 단편 선집, 아이스퀼로스 편』, No. 135, p. 44. 플루타르코스, 『모랄리아』, 715C 참조.

102 플루타르코스, *Life of Antony*, liii(p. 940) 참조.

103 호메로스, 『오뒷세이아』 10권 329행.

즐겼고, 심지어 자신을 칭찬하는 그 누구보다도 자신을 비난하는 자들에게서 더 즐거움을 취했네. 그러다 보니 그는 속이 빈 허울 좋은 훈계 때문에 여왕에게 잘못 빠져들게 되는 것을 간과하게 되었지. 이러한 솔직함은 음탕한 여인들의 애인 깨물기와 같네. 그것은 아픈 것 같지만 쾌락의 감각을 자극하고 간질이네. 그래서 물에 타지 않은 술 원액은 독당근의 독을 치유하는 데 도움이 되지만, 만약 원액의 술을 두 배로 하면 약효는 치료 범위를 훨씬 넘어서게 되지. 그것이 열 때문에 재빨리 심장으로
C 운반되기 때문이네. 이와 같이 악랄한 사람들은, 솔직함이 아첨에 대한 큰 치유책임을 잘 알기 때문에, 솔직함 그 자체를 수단으로 삼아 아첨한다네. 그것이[프리에네 출신의] 비아스가 다음과 같은 우문에 현답을 못한 이유네.

> 가장 사나운 동물이 뭐요?

이에 그는

> 야생동물 중에서는 참주(僭主)이고, 길들인 동물 중에서는 아첨꾼이네.

D 라고 했지. 왜냐하면 다음과 같이 얘기하는 것이 진실에 더 가까운 것이기 때문이네. 아첨꾼 중에서 목욕탕과 식탁 곁에서 맴도는 자들은 길든 사람인 반면, 침실과 여인네들의 사생활까지 촉수를 뻗쳐 참견하고 중상비방하고 악의로 대하는 자는 배우지 못한 짐승 같은 놈으로서 다루기가 매우 어렵다네.

> 아첨꾼에 대해
> 어떻게 말할 수 있을까?
> ❺ 아첨꾼은 우리 영혼 한쪽에
> 있는 불합리성과 거짓을 자극하고
> 부추겨 이성의 힘을 마비시킴으로써
> 저속한 쾌락, 탐욕, 파렴치, 비겁의
> 혼란된 형태를 이끌어 내려고 한다.

20 겉보기에 우리 영혼은 양면이 있음을 인식하고 항상 명심하는 것이 하나의 보호 방법이네. 한쪽에는 진실성과 명예를 사랑하는 마음과 이성적인 판별력이 있고, 다른 한쪽에는 불합리성과 거짓을 사랑하는 마음과 감성적 요소가 있네. 친구는 항상 조언자와 옹호자로서 더 나은 쪽에서 발견되는데, 그는 의사가 행하는 방법을 좇아 건전
함을 키우고 보존하도록 애쓰지. 그러나 아첨꾼은 다르네. 그는 E
감성과 비합리성 쪽에 자리를 잡고 여러 가지 저속한 쾌락을 누리는 형태를 고안해 냄으로써 이쪽을 자극하고 부추겨 이성의 힘을 마비시키려고 하지. 예를 들면, 혈액이나 호흡기관에 맞지 않는 음식들이 있는데, 이런 음식들은 신경이나 골수에 아무런 활력도 보태 주지 못하면서 단지 저속한 욕정을 자극하고 식욕만 돋우며 속으로는 곪아 터지는 불건강한 육체만 만들어 내네. 이처럼 아첨꾼의 얘기는 사고력과 추리력에 아무런 보탬도 되지 않네. 단지 육체적인 쾌락에 빠지게 하고, 우스꽝스러운 성깔이나 부리게 하는가 하면, 남을 시샘이나 하고, 자신을 과대평가해서 공격적이고 허세를 부리는 태도를 취하게 하고, 고민거리가 많은 척해 남들에게 연민의 정을 품도록 하지. 여기서 끝나지 않고 그는 중상모략을 하고 불길한 말들을 조작함으로써 악의와 편협, 불신의 씨를 뿌려 마음을 모질고 소심케 하며 의심이 자라게 하지. 이러한 것들은 모두 관찰자의 눈에서 벗어
날 수 없는 것들이네. 이 때문에 아첨꾼은 항상 남몰래 남의 감 F

정을 예의주시하다가 잡아채 포식한다네. 그래서 아첨꾼의 존재는 종양의 존재와 같은 것이지. 영혼의 상태가 약간 병들거나 이상 징후가 생기면, 그가 즉각 나타나니까 말이네.

> 화나나?
> 그럼 벌하게.
>
> 그 물건 갖고 싶나?
> 그럼 사게.
>
> 두렵나?
> 도망가게.
>
> 의심이 드나?
> 믿도록 해 봐.

그러나 만일 아첨꾼이 우리의 분별력으로는 그 강도나 크기를 포착하기 어려운 이런 정서적인 문제들을 들고 나올 때는,
62A 이자가 정말 아첨꾼인지 아닌지를 간파하기가 어렵네. 하지만 좀 작은 문제들에 관한 한, 아첨꾼인지를 판별해 내기란 그리 어렵지 않은데, 왜냐하면 그의 행위는 여기서도 똑같을 테니 말이네. 예를 들어 보겠네. 어떤 사람이 두통이 생기거나 과음 과식으로 인한 소화 장애 때문에 목욕하고 식사하는 것을 주저한다면, 친구는 그를 위로하며 주의하고 조심하도록 권고하겠지. 그러나 아첨꾼은 달라, 그를 욕조까지 끌고 가고, 좀 색다른 음

식을 주문하도록 하고, 강제로 절식해서 몸이 축나지 않도록 하라고 권한다네. 그리고 만일 아첨꾼이 상대편이 여행이나 항해 또는 사업 쪽에 마음이 약간 기울어져 있다는 것을 알게 된다면, 그는 이번 경우는 그리 긴박한 일도 아니니까 다음으로 미루거나 다른 사람을 대신 보내 처리하라고 말하지. 만일 약간 B
개인적으로 아는 친구에게 대출이나 선물로써 돈을 주겠다고 약속한 사람이, 후에 마음을 바꾸기를 원하나 그런 행동을 하기를 부끄러워한다면, 아첨꾼은 무게 중심을 더 나쁜 쪽으로 몰고 간다네. 돈주머니를 생각하라, 수치심을 품을 필요가 없다, 돈 쓸 데도 많고 먹여 살려야 할 식구들도 많으니 경제적으로 살라는 등 별별 소리를 다 하면서 말이네. 그러므로 우리 자신의 탐욕과 파렴치, 비겁한 감정을 제대로 파악한다면, 우리는 아첨꾼을 알아볼 수 있네. 왜냐하면 아첨꾼은 항상 이런 감정들의 옹호자로 행동하고, 이런 감정들이 이끄는 결과들을 토의할 때 솔직하기 때문이네.

이 주제는 충분히 논의했다고 생각되네.

> 아첨꾼에 대해 어떻게 말할 수 있을까?
> ❻ 아첨꾼은 봉사(奉仕)와 도와주기에서 상대인 그의 희생자에게 친구처럼 보이려고 지나친 호의를 보이고 그의 신임을 얻기 위해 저돌적으로 달려들지만, 전혀 속내를 드러내지 않고 순종적인 자세를 취한다.

21 이제 더 고심하지 않고 봉사와 도움의 화제로 들어서게 되었네.
아첨꾼이 자신과 친구 간의 C
차이에 관해서 큰 혼란과 불확실성을 야기하는 것이 바로 봉사와 도와주기에서인데, 그는 매사에 활기차고 열성적인 것같이 보이지만 절대로 속내를 드러내지 않기 때문이지. 친구의 특징은 무엇인가? 에우리피데스가 말하듯이, 그것은 '진리의 언어'처럼, '단순하고' 분명하며 가식이 없다네. 반면에 아첨꾼의 특징은 바로 그 진실이란 면에서

> 부패하고 병들어 있기 때문에,
> 좋은 비상 치유책이 많이 필요한[104]

것으로 나타난다고 나는 과감히 주장하는 바이네. 아는 사람을 만나서 인사하는 예를 들어 보겠네. 친구는 때로는 말은 한마디도 주고받지 않으면서 단순히 힐긋 쳐다보고 미소 지으며 눈을 통해 마음속에 담겨 있는 호의와 친밀감을 넌지시 주고받고 지나치지. 그러나 아첨꾼은 어떻게 하는지 아는가? 그는 달려가 멀리서부터 손을 내밀고 따라가면서 인사한다네. 그리고 상대가 그를 먼저 보고 말을 걸어오면, 먼저 못 봐서 미안하다고 온갖 증거를 대고 맹세까지 해대며 야단법석을 떠는데 행동도 똑같다네.
D 친구들은 사소한 형식 같은 것은 많이 생략하지. 그래서 친구지간의 일 처리에서 너무 사무적이거나 꼼꼼히 따지지도 않고 할 일에 대해서도 일일이 간섭하지 않지. 그러나 아첨꾼은 크게 다르다네. 그는 일들을 처리할 때 상대방에 대해 순종의 자세를 취하네. 고집스럽게, 주도면밀하며, 지치지도 않은 채 일을 하면서 자기 외의 누구에게 자리를 양보하거나 일 처리에 여유를 주지

104 에우리피데스, *Phoenissae*, 469, 472.

않네. 그러나 그는 상대의 명령이 떨어지기를 열심히 기다리지. 그러다가 아무 명령이 없으면 안절부절 못하다가 의기소침해 이 세상에서 가장 불행한 사람이라면서 큰 슬픔에 빠진다네.

아첨꾼과 친구는 어떻게 다른가?
❻ 아첨꾼은 매춘부의 포옹 이상의 우정을 과시하면서 상대방의 일거수일투족에 야단법석을 떨면서 항상 찬의만을 표한다. 반면에 친구는 생색은 전혀 내지 않고 우아한 행동으로 자기 친구를 도와준다.

22 그런데 지각 있는 E
사람들에게 이런 것들은, 순수하거나 고상한 우정의 표현이 아니라 창녀가 남자를 유혹하고 포옹하는 것 이상의 철면피한 우정의 표현이네.

그렇지만 우리는 첫째, 봉사하는 두 사람이 보여준 차이점을 고려해 볼 필요가 있네. 옛부터 작가들이 말하는 친구가 제공하는 봉사의 형태는 이런 것들이지.

> 물론 내 힘이 닿고 할 수 있는 일이라면,
> 내 기꺼이 그 부탁을 들어 주겠네.[105]

반면에 아첨꾼은 이렇다네.

> 마음에 품고 있는 것을 속 시원히 다 말해 보게.

---

105 호메로스, 『일리아스』 14권 196행, 18권 427행, 『오뒷세이아』 5권 90행.

그 부탁을 꼭 들어 주겠네.[106]

사실 희극 시인들은 무대에 이런 종류의 인물들을 등장시키지.

니코마코스여, 저 짐승 같은 놈과 싸우게 해 주시오.
내가 회초리로 그놈의 몸뚱이를
늘씬하게 때리지 않는다 하더라도
그의 낯짝은 해면보다 더 흐무러지게 만들어 주고 싶소.[107]

F 둘째로, 친구라면 그 누구도 일을 먼저 의논부터 하지 않고는 협력하려고 들지 않네. 그 일이 어떤 일인가 검토를 한 후, 그 일에 착수하는 게 적절한지 시기에 합당한지 합의한 다음에야 친구는 협력하게 되지. 그러나 만약 누군가가 아첨꾼에게 어떤 일에 대해 검토하고 발언할 기회를 준다면, 아첨꾼은 아주 만족하다는 인상을 주려 할 뿐만 아니라 뒤로 물러나서 그 일을 맡지 않으려 한다는 의혹을 사는 것이 두려워, 상대가 원하는 것들을 고분고분 받아들이고 또 긴급히 처리해야 한다고 부언까지 한다네. 왜냐하면

63A 내게 가난뱅이를 보내주게,
원한다면 그보다 더 못해도 좋겠네.
나에 대한 사랑을 통해

106 호메로스, 『일리아스』 14권 195행, 18권 426행, 『오뒷세이아』 5권 89행.
107 코크, 『아티카 희극 단편 선집, 작자 미상 편』, iii. No. 125, p. 432.

두려움도 없애고

마음의 신뢰도 말해 줄.[108]

이라고 말할 부자나 왕을 찾기란 쉽지 않기 때문이지. 그런데 이런 사람들은 비극 배우들처럼 같은 곡조로 노래 부르는 친구들의 합창단이나 자기들에게 손뼉치며 열광하는 청중이 있기를 원하지. 이것이 바로 메로페가 왜 비극에서 이 조언을 하는지 그 이유라네.

말할 때마다 굽실거리지 않는 친구들을 두게,

그러나 악인들은 집에 얼씬도 못하게 하게.

그대의 관심을 사 즐겁게 하려고만 드는 자들이니.[109]

그러나 이런 사람들은 보통 정반대로 행동하지. 그들은 자신들 B
의 이익을 위해 그들에 맞서 간언하는 '굽실거리지 않는' 사람들을 싫어한다네. 반면에 그들은 '상대의 관심을 사 이익을 취하려는 악인들', 즉 비굴한 협잡꾼들을 '빗장을 건 집' 안으로 들어오게 할 뿐만 아니라, 심지어 자기들의 비밀스러운 감정과 관심사를 털어놓기까지 한다네. 솔직함으로 가장한 아첨꾼 중에는 좀 단순한 생각을 지닌 아첨꾼은 이런 종류의 문제들에 관

108 에우리피데스의 *Ion*에서 인용. 나우크, 『헬라스 비극 단편 선집, 에우리피데스 편』, No. 412, p. 486.

109 에우리피데스의 *Erechtheus*에서 인용한 보다 긴 단편 일부임. 나우크, 『헬라스 비극 단편 선집, 에우리피데스 편』, No. 362, pp. 470~472.

한 상담에 응하는 것이 필요하거나 적절하다고 생각하지 않고 단지 보좌역과 봉사자의 역할만 하면 충분하다고 생각하네. 반면에 좀 악랄한 아첨꾼은 단지 심의에 참여하려고만 하지. 그러고 나선 눈살을 찌푸리고 동의의 표정은 짓지만 말은 한마디도 하지 않다가 상대방이 자기 견해를 말하면 그제야 그는

> 아이고! 저보다 한발 앞서셨군요.
> 제가 방금 그걸 얘기하려 했는데요.

C 라고 말하지. 그런데 수학자들은 우리에게 다음과 같이 말한다네. 면과 선은, 물질적 실체가 없는 상상적인 개념이므로, 그 자체가 휘거나 확장하거나 움직이지 않지만, 이것들이 경계하고 있는 물체와 함께하면 위치가 휘고 확장되고 변화된다고 말이네. 악랄한 아첨꾼의 경우가 바로 이러하네. 그러니 자네는 아첨꾼을, 그가 봉이라고 생각하는 상대방의 말, 표현 — 물론 즐거움과 분노까지 모두 — 에 항상 찬의만을 표하는 데서 간파해야 하네. 그래서 하는 말인데, 적어도 이런 문제들에서 아주 쉽게 친구와 아첨꾼의 차이를 간파할 수 있네. 한층 더 이 점이 명백한 것은 그가 도와주는 태도에서지. 왜냐하면 친구의 우아한 행동은 살아 움직이는 것과 같은 것이기 때문이네. 그것은 그 안 내부 깊숙이 가장 강한 잠재적 자질로 자리 잡고 있고 또 겉
D 으로는 보여주거나 드러내는 기색도 전혀 없지. 그러나 환자가 무슨 병인지도 모르는 상태에서 의사가 그 환자를 치료하는 것과 같이, 친구는 종종 상대방이 자신의 근심 걱정 거리가 무엇인지도 모르는 사이에 중재하거나 해결을 해서 좋은 방향으로

돌려놓는다네. 이런 분이 바로 아르케실라오스[110]였네. 모든 행동에서 그랬지만 특히 그가 가난한데다 병까지 든 키오스 출신의 제자 아펠레스[111]에게 보여준 행동은 유별했네. 그는 20드라크마를 갖고 찾아 가서 침대 옆에 앉아 이렇게 귀띔을 했지. "여기에는 엠페도클레스의 4원소,

> 불, 물, 흙, 따뜻한 공기.[112]

이외에는 아무것도 없네. 그런데 자네는 똑바로 편안히 누워 있지 않군."

그러면서 그의 베개를 움직여 몰래 돈을 밑에 놓았지. 나이 든 하녀가 그것을 발견하고 놀라 아펠레스에게 고했더니, 그는 이렇게 말했네. E

> 아르케실라오스 선생님께서 몰래 장난치셨군.

더군다나, "아이들은 부모를 닮는다"[113]는 격언은 철학에도 적

---

110 Arcesilaos(316/5~241/0 BC): 헬라스 철학자로서 제2차 또는 중기 아카데미아 창시자.

111 Apelles of Chios: 철학자로서 아르케실라오스의 제자.

112 훨씬 긴 인용문에서 따옴. Diels, *Fragmente der Vorsokratiker*, I. 230, i. 18 참조.

113 헤시오도스, 『일과 날』, 235 참조.

용된다네. 어떻든 아르케실라오스의 동료인 라퀴데스[114]는 케피
소크라테스가 고발당했을 때[115] 다른 친구들이 그랬듯이 그의
옆에 서 있었지. 그런데 고발자가 그의 반지를 내놓으라고 요구
했을 때, 케피소크라테스는 조용히 그의 옆에 반지를 떨어뜨렸
네. 그러자 이를 알아차린 라퀴데스가 그걸 발로 밟아 숨겼지.
F 단서가 되는 증거가 반지 속에 있었기 때문인데, 판결 뒤에 케
피소크라테스가 배심원들과 악수하고 흔들고 있을 때 자초지종
을 다 본 누군가가 그에게 라퀴데스에게 감사의 표시를 하라고
명했네. 모든 걸 다 얘기해 주면서 말이지. 그러나 라퀴데스는
64A 그 일을 아무에게도 얘기하지 않았네. 그래서 역시 신들은 대부
분 우리가 알지 못하는 가운데 우리에게 은총을 베푼다고 나는
상상하네. 왜냐하면 은총을 베풀고 선행을 하는 따위의 단순한
행동에서 즐거움을 취하는 것이 신들의 본성이기 때문이지. 그
러나 아첨꾼의 행동은 전혀 달라 정직, 진실, 솔직 또는 관대와
는 거리가 멀고, 단지 보여주는 것이란 땀을 뻘뻘 흘리면서 시
끄럽게 이리저리 뛰어다니는 것이라네. 마치 번거롭고 긴급한
일은 자기 혼자 다 처리한다는 긴장한 얼굴을 한 채 말이네. 이
는 엄청난 돈을 들여 만든 그림과 같지. 번지르르한 물감들, 의
상 속의 고르지 못한 주름들, 구김살, 그리고 예리한 각도를 이
용해 생동감이 있다는 인상을 주려고 애쓴 그림말이네. 그는 또

114 Lacydes of Cyrene: 헬라스 철학자. 기원전 241년에 아르케실라오스의 뒤를 이어 아테나이의 아카데미아 학당의 교장이 되었다. 기원전 215년경 지병으로 사직하고 10년 후에 죽었는데, 저서는 남아 있지 않다.

115 자세한 고발 내용은 알 수가 없다.

공세의 태도를 취하지. 자기가 얼마나 일 때문에 애가 타 동분서주했는지 자초지종을 얘기하고 나서, 일 처리 중에 조성된 모든 불화 반목, 수없는 고난과 큰 시련을 말하지. 그러고 나서 결론으로 그는 그런 일은 모두가 부질없는 일이라고 선언한다네. 호의를 받는 사람이 호의를 베푸는 사람에게 질책을 가하는 그런 호의는 어떤 것이라도 공세적이어서 혐오감을 불러일으켜 참을 수 없는 것이지. 아첨꾼의 호의에는 바로 이런 질책과 치욕이 들어 있네. 그런데 이런 것들은 한참 시간이 흐른 뒤가 아니라 호의가 베풀어지는 바로 그 시각에 느껴지네. 그러나 친구 B
의 경우는 다르지. 친구는 자기가 한 일을 말해야 한다면 생색내는 말은 전혀 하지 않으면서 겸허히 그 일을 보고하네. 스파르테의 라케다이몬인들이 곤궁한 처지에 있던 스뮈르나 백성에게 식량을 보냈던 것은 바로 이런 정신에서였지. 고결한 행동에 감탄하면서 그들이 감사의 뜻을 표하자, 라케다이몬인들은 이렇게 말했네.

> 뭐 그리 대단한 일도 아니었지요. 우리와 우리 가축이 단지 하루 저녁 한 끼를 굶자고 투표해서 결정하고 그 양곡을 모았던 것뿐인데요.

이런 은근하고도 우아한 말은 관대한 정신의 표현일 뿐만 아니라 받는 사람의 기쁨을 배가하는 것이네. 왜냐하면 그들은 자기들을 도와주는 사람들이 그리 큰 손실을 당하지 않았다고 느끼기 때문이네.

C

아첨꾼에 대해
어떻게 말할 수 있을까?
❼ 아첨꾼은 덕을 멀리하고 악을
가까이하고 있기 때문에,
상대방의 이익을 위해서는 온갖
비열하고 못된 짓을 서슴없이
저지를 각오가 되어 있다.

23 누구나 아첨꾼의 본성을 가장 잘 알 수 있게 되는 것은, 그가 돕는 일에서 보여준 공격성으로나 능숙한 방법으로 봉사를 해서가 아니네. 그의 봉사가 명예롭든 불명예롭든, 또는 기쁨을 주는 목적이든 도움을 주는 목적이든, 그가 하는 봉사의 성격에서 차이점이 쉽게 찾아진다네. 친구라면, 고르기아스가 버릇처럼 말했듯이, 자기 친구가 자신의 훌륭한 계획들을 지원해 주기를 기대하지도 않을 것이고, 또 그 자신은 다른 많은 사람의 옳지 못한 사업들을 도와주려고도 하지 않을 것일세. 왜냐하면 그는

덕은 가까이, 악은 멀리[116]

하기 때문이지. 그러므로 오히려 친구가 부정한 것에서 빠져나오도록 더 힘써 줄 것이고, 만약 설득에 실패하면 포키온[117]이 안티파트로스[118]에게 한 말로 쏘아붙일 수 있을 것일세.

---

116 에우리피데스, *Iphigenia at Aulis*, 407.

117 Phocion(circa 402~318 BC): 별명은 선한 자. 아테나이의 정치가이자 스트라테고스. 플루타르코스의 『영웅전』의 한 주인공으로 나온다.

118 Antipatros(circa 397~319 BC): 마케돈 장군으로서 필립포스 대왕과 알렉산드로스 대왕의 지지자. 그는 기원전 320년에 전 알렉산드로스 제국의 섭정이 되었다. 이때 아테나이도 안티파트로스의 지배하에 들어가게 된다.

> 당신은 나를 친구이면서 동시에 아첨꾼으로 이용할 수 없네.[119]

라고 말일세. 이 말은 나를 친구로서 대하지 친구 아닌 사람으
로 대하지 말라는 뜻이지. 그런고로 누구든지 친구가 일을 할 D
때는 정직하게 일을 하도록 도와야 하고, 조언함에 있어서도 나쁜 일을 꾸미지 않게 하고, 결과를 지지하더라도 망상에 빠지지 않게 하고, 그와 재난을 함께하더라도 그가 비행을 저지르지 않게 해야 하네. 아니, 우리는 친구들의 불명예스러운 행동을 사전에 알려고 해서도 안 되네. 어떻게 우리가 그런 불명예스러운 행동에 협력하고 불미스러운 행위에 동참할 수 있겠는가? 라케다이몬인들이 전투에서 안티파트로스에게 패해 평화 조약을 맺는 자리에서 그에게 청한 것이 무엇인지 아는가?[120] 그가 내리는 어떠한 벌이라도 달게 받겠으니, 불명예스러운 짓만은 하지 않게 해 달라는 것이었네. 그러므로 친구라면 경비가 든다든가, 위험이 따른다든가, 또는 노동이 필요할 때처럼 도울 일이 생기면, 변명하거나 주저하지 말고 제일 먼저 자기를 불러 달라 하고 자기 할 몫을 알려 달라고 하지. 그러나 도처에 불명예가 개입되어 있을 때엔 그는 제일 먼저 제발 혼자 있게 해 달라면서
관여하기를 꺼린다네. 그러나 아첨은 정반대로 고되고 위험한 E
도움으로 친구를 기진맥진하게 하지. 그래서 만약 아첨인지 아

119 플루타르코스가 『모랄리아』, 142B, 188F, *Life of Phocion*, xxx(755B), and *Life of Agis*, ii(795E)에서 재언급.

120 기원전 331년에 스파르테의 왕 아기스 3세가 마케돈에 대해 반란을 일으키자 안티파트로스가 진압해 평화조약을 맺게 된다.

닌지를 소리로 시험한다면, 분명한 소리가 나지 않고 변명만 늘어놓아 귀에 거슬리는 잡음만 날 걸세. 그러나 어떤 수치스럽고 천박하고 또는 평판이 나쁜 일을 위해, 자네 마음대로 아첨꾼을 부려 먹고 자네 발밑에 있는 먼지처럼 취급해도 그는 전혀 불쾌해하거나 모욕을 주는 것으로 생각하지 않네.

자네는 원숭이를 본 적이 있겠지. 원숭이는 개처럼 집을 지킬 수도 없고, 말처럼 짐을 나를 수도 없고, 소처럼 밭을 갈 수도 없지. 원숭이는 학대와 욕도 감내하고 짓궂은 장난도 참아
F 가면서 웃음의 노리개가 되네. 아첨꾼도 마찬가지, 그는 말이나 돈으로 남을 도울 수 없고 싸움에서 남을 지원할 수 없고, 힘들거나 중대한 일을 맡기에는 적임자가 아니지. 하지만 그는 비열한 행동을 할 때에는 아무 군소리도 없고, 정사(情事)에는 충실한 조력자이며, 창녀에게 지급할 금액은 정확히 알고 있고, 술이 곁들인 저녁 식사 값을 계산할 때는 실수가 없으며, 여자들과는 좋은 관계를 유지하려고 애쓴다네. 그러나 부인의 친척들을 냉대하라거나 부인을 집 밖으로 내쫓을 때 도우라는 부탁을
65A 받으면, 아첨꾼은 가차 없이 태연스럽게 수행하지. 결론으로 말하자면, 역시 아첨꾼은 이런 방법으로 찾아내기가 어렵지 않네. 왜냐하면 만약 자네가 하고자 하는 어떤 수치스럽고 불명예스러운 일을 하도록 아첨꾼에게 부탁한다면, 그는 그 일을 맡긴 사람을 만족시키려고 자기 몸을 아끼지 않을 각오가 되어 있기 때문이지.

> 아첨꾼에 대해
> 어떻게 말할 수 있을까?
> ❽ 아첨꾼은 친구의 진짜 친구들을 쫓아내려고 하는데, 이것이 여의치 않을 때에는 암암리에 중상모략을 한다. 알렉산드로스 대왕도 이러한 아첨꾼들의 희생자였다.

24 아첨꾼과 친구 사이의 큰 차이점은 친구의 친구를 대하는 그의 성향에서 아주 분명하게 감지할 수 있네. 친구는 수많은 친구[121]와 사랑하고 사랑받는 데서 가장 큰 즐거움을 찾기 때문이지. 그의 친구도 다른 많은 친구를 사귀게 하고 명예롭게 되도록 언제나 끊임없이 노력한다네.

친구들은 모든 것을 공유한다.[122] B

고 믿기 때문에 친구들만큼 공유되는 것도 이 세상에 없다고 생각하지. 그러나 아첨꾼은 거짓으로 차 있고 그럴듯하게 꾸미는 저질이네. 그도 그럴 것이 우정을 해치는 나쁜 짓을 저지른다는 것을 자신도 충분히 알기 때문이라네. 우정이 그의 손에 들어가면, 이를테면 위조 동전으로 변한다는 것뿐이지. 아첨꾼은 천성적으로 질투심이 많네. 그래서 자기 본분을 망각하면서까지 나불나불 수다를 떨거나 익살을 부리면서 험담을 늘어놓아 남들을 능가하려고 끊임없이 애쓴다네. 그러나 아첨꾼은 자기보다 낫다고 생각하는 사람들에게는 두려운 경외심을 품고 있지.

---

121 플루타르코스는 이 주제에 관해 별개의 글(*De amicorum multitudine*)을 『모랄리아』(93B~79B)에서 썼다.

122 에우리피데스, *Orestes*, 735.

그 이유가 무엇인지 아는가? 정말로 그는,

> 뤼디아인의 전차(戰車)와 경주하며 허덕이는 보병이기[123]

때문이 아니라, 시모니데스가 표현한 것처럼, 그는

> 정제된 순금과 비교되기 때문이지.[124]

C 그런데 아첨꾼은 가벼운 가짜 도자기에 지나지 않기 때문에 순수하고 돈독한 우정과 비교되거나 면밀히 검사받을 때는 언제나 들통이 나 불합격 통지를 받게 되지. 그래서 그는 발각되면 수탉들을 엉망진창으로 그리는 화가처럼 똑같이 행동한다네. 화가는 하인에게 명하여 모든 진짜 수탉들을 겁을 주어 가능하면 아주 멀리 화포/그림에서 쫓아 버리게 하기 때문이네. 그리고 아첨꾼들도 그렇게 진짜 모든 친구를 겁주어 다 쫓아 버리고, 근처에 얼씬도 못하게 하지. 그런데 만약 아첨꾼이 이런 짓을 할 수 없다면 어떤 태도를 보이는지 아는가? 친구들에게 그는 대놓고 굽실거리고, 상냥하게 대하며, 상급자처럼 아주 존경하는 척 거대한 겉치레를 부린다네. 그렇지만 이걸 알아 두게. 그는 암암리에 친구들을 중상 모략하는 말을 넌지시 암시하

---

123 플루타르코스의 *Life of Nicias*, i(523B)에 나오는 핀다로스의 글 인용. 베르크, 『헬라스 서정시인들』, i. 469(단편, 206) 참조.

124 베르크, 『헬라스 서정시인들』, iii. No. 64[105], p. 417의 글을 다르게 번안 각색한 것이다.

거나 퍼뜨린다는 걸 말이네. 비록 아첨꾼은 시작 초에 완전히 성공을 거두지 못한다 하더라도, 비밀리에 말하는 것이 언젠가는 아픈 염증을 유발하기 마련이므로 메디오스[125]의 교훈을 되새기며 결과를 지켜본다네. 굳이 그 작자를 거명하자면, 이 메디오스란 자는 알렉산드로스 대왕의 비위를 맞추면서 선한 모든 사람의 접근을 막았던 아첨꾼 패거리의 수완 좋은 우두머리 격이었지. 이 메디오스란 자가 자기 수하들에게 무슨 말을 했는지 아는가? D

> 중상모략으로 공격하고 고통을 안기는 것을 두려워하지 말게.
> 대왕의 상처는 다 아물어도 중상모략의 상처 자국은 여전히 남는 법이니까.

사실, 알렉산드로스 대왕의 진을 뺀 것은 바로 이런 상처 자국들, 아니 오히려 이런 괴저(壞疽)들과 암들이었지. 그래서 대왕은 칼리스테네스[126], 파르메니온[127], 그리고 필로타스[128]를 죽

---

125 Medios(기원전 4세기에 살다): 테살리아의 라리사 출신으로서 알렉산드로스 대왕의 친구. 미확인 기록이지만, 그에 의해 알렉산드로스 대왕이 독살당했다는 이야기도 있다.

126 Callisthenes(기원전 327년에 죽다): 올륀토스 출신의 역사가. 아리스토텔레스의 젊은 친척이었다. 알렉산드로스 대왕은 동방 원정을 떠날 때 그를 방문하여 공식 역사 기록자로 초청했다. 대왕이 새 땅을 정복할 때마다 그는 대왕을 찬양하는 글을 썼는데, 그를 제우스 신이나 아킬레우스와 비교했다고 한다. 그러나 대왕이 그에게 무릎을 꿇게 하자 저항했다. 그는 결국 대왕을 저해하는 음모에 가담했다고 하여 기원전 327년 반역자로 처형되었다. 그래서 테오프라스토스와 소요 학파는 이후 대왕에 대해 적의를 품게 되었고, 그를 무자비한 참주라고 서술

인다네. 그뿐인가. 그는 거리낌없이 하그논[129], 바고아스[130], 아게시아스[131], 그리고 데메트리오스[132] 같은 사람들의 손에 자신을
E 내맡겨 추락하게 되지. 아첨꾼들이 이방인이 우상을 모시듯이 대왕을 숭배하고, 현란한 장식으로 꾸미고 환상적으로 속이면서 대왕에게 몸을 바짝 엎드렸기 때문이네. 욕구 충족으로 인한 희열 때문에 휘둘러지는 권력의 힘은 아주 크다네. 가장 위대한 인물이라고 생각되는 자들에게 그건 분명히 가장 큰 것일세. 가장 고귀한 자질들을 지니고 있다는 자기 과대평가는, 그것들을 갖고 싶어 하는 소망과 짝하여 아첨꾼에게 자신감과 대담한 용

하게 되었다.

127 Parmenion(circa 400~330 BC): 마케돈의 장군으로서 필립포스 2세와 알렉산드로스 대왕을 모셨다. 그러나 아들에 연루되어 반역죄를 지었다는 허위고발로 살해된다.

128 Philotas(기원전 330년 10월에 죽다): 파르메니온의 큰아들로서 가장 실전 경험이 많고 유능한 알렉산드로스 대왕의 장군. 그러나 그는 알렉산드로스 대왕에 대한 음모에 가담했다 하여 모진 고문 끝에 처형된다.

129 Hagnon of Teos: 기원전 325년 말에 수장 격인 메디오스를 둘러싼 아첨꾼 패거리 중의 한 사람. 알렉산드로스 대왕의 해군 장교로서 부와 권력에서 뭇사람들의 선망의 대상이 되었던, 사치를 사랑한 세력 있는 궁정인이 된다.

130 Bagoas: 기원전 325년 말에 수장 격인 메디오스를 둘러싼 아첨꾼 패거리 중의 한 사람. 원래 다레이오스 왕의 후궁을 관장하던 페르시아의 환관으로서 알렉산드로스 대왕의 입맞춤을 받았다고 한다.

131 Agesias: 기원전 325년 말에 수장 격인 메디오스를 둘러싼 아첨꾼 패거리 중의 한 사람. 알렉산드로스 대왕의 사망 시 아테나이의 아르콘 직에 있었다고 한다.

132 Demetrios: 기원전 325년 말에 수장 격인 메디오스를 둘러싼 아첨꾼 패거리 중의 한 사람. 안티고노스의 아들로서 원래는 알렉산드로스 대왕의 휘하 장군이었는데, 대왕의 사망 후 적의 성을 포위하여 공격을 잘한다고 하여 '포위자'(Poliocretes)라는 별명을 얻게 된다.

기를 주게 하지.[133] 고지(高地)들은 그곳을 점령하라고 제안하는 전략가들에게도 접근해 다가가기가 사실 어려운 곳이라네. 그러나 부(富)라든지 출신 같은 행운이나 천생의 도움으로 생각이 모자라는 여린 마음속에 있는 거만함 또는 자부심은 대수롭지 않은 저질의 친절 행위에 쉽게 걸려든다네.

아첨꾼에 대해 어떻게 말할 수 있을까?
⑨ 아첨꾼들의 해악에 대해 가장 안전한 예방약은 그들의 접근을 막기 위해 자기애와 자만심을 억누르고 자신의 공정한 의견을 견지하는 것이다. 친구와 아첨꾼을 구별하는 9개의 규칙을 제시한 후, 이 에세이의 나머지 부분(26장 이후)은 친구들이 누리는 말에 관한 솔직함의 적절한 사용법을 취급한다.

25 이 글의 시작에서 권유했듯이 지금 우리는 자기애와 자만심을 뿌리째 뽑아 버려야 한다고 촉구하는 바이네. 왜냐하면 이것들이 미리 앞질러 우리 자신에게 아첨하게 함으로써 실제로 외부로부터 오는 아첨꾼들에 대한 저항력을 감소시키기 때문이네. 우리가 아첨꾼들을 받아들일 완전한 자세가 되어 있어서네. F

그러나 만약 신에게 복종하는 가운데 '너 자신을 알라'는 교훈이 우리 각자에게 매우 귀중하다는 것을 알게 되고, 그리고 동시에 우리가 주의 깊게 우리 자신의 본성과 훈육, 그리고 교육을 되짚어, 자기애와 자만심이 정말 덕을 쌓는 데 갖가지 방법으로 얼마나 부족되게 하는지, 뿐만 아니라 떼려야 뗄 수 없

133 이 글의 49A, p. 247 참조.

을 정도로 슬프고도 경솔하게 말하고 행동하고, 느끼는 데서 얼마나 많은 실수를 저질렀는지를 성찰해 본다면, 아첨꾼들이 그렇게 쉽게 우리를 깔아뭉개려 하지 못하게 할 수 있을 것이네.

66A 그런데 실은 알렉산드로스 대왕이, 자신을 신으로 선포했던 자들을 불신하도록 그의 마음을 움직이게 한 것은 두 가지였다고 말했네. 그 두 가지는 숙면을 취하는 것과 여인과 잠자리를 하고픈 욕망을 자제하는 것이었지.[134] 사실상 그는 이런 일들에서 자신의 감추어진 정에 무른 면이 더 드러난다고 느꼈기 때문이네. 우리의 경우도 이와 마찬가지여서, 만약 우리가 직무 소홀과 직무 수행 모든 면에서 많고 많은 우리 자신의 잘못을 주의 깊게 관찰해 본다면 부끄럽고 슬퍼서, 우리는 끊임없이 우리 자신의 부족한 점을 찾을 것이네. 우리를 좋게 봐 주고 격찬하는 친구가 아니라 우리에게 일을 맡기고, 솔직하게 대하며, 진정 우리의 행동이 잘못될 때 꾸짖는 친구에게서 말이네. 친구들에게 호의를 보여주기보다는 오히려 솔직성을 보여주는 용기를 가진 사람은 많은 자 가운데 정말 몇이 안 되는 극소수이기 때문이네. 그런데 극소수 가운데서도 이렇게 하는 방법을 아는 사람을 찾아내기란 쉽지 않다네. 오히려 남이 잘못하거나 잘못한 것을 알아챘을 때 솔직하게 질책해야 한다고 생각하는 사람들

B 을 찾을 수 있을 것이네. 하지만 솔직함이란, 약효가 다른 의약품과 같아서, 적시에 써먹지 않으면 무익하고 고통과 혼란만 야기시키지. 그래서 사람들은 솔직함은 고통스러우나 아첨은 즐거움을 가져온다고 말하기도 하지. 사람들은 때가 아닌 때에 칭

---

134 플루타르코스, *Life of Alexander*, xxii(677B) 및 『모랄리아』, 717B 참조.

찬을 받는 것뿐만 아니라 때가 아닌 때에 책망을 받게 되면 상처를 입게 되기 때문이네. 바로 이것이 친구들이 아첨꾼들에게 몰려가 그들의 쉬운 먹잇감이 되는 특별한 이유네. 물이 너무 험준한 언덕들을 피해 편편한 골짜기를 찾아 낮은 곳으로 흘러가는 것과 같지.

솔직함은 따라서 좋은 태도가 수반되어야 하네. 그리고 거기에 솔직함이 지나쳐서도 또 너무 강해서도 안 되는 이유가 있네. 이것은 빛의 노출도와 비교해 볼 수 있는데, 과도하게 노출되면 누구나, 매사에 결함을 찾아 매도하려고 혈안이 되어 있는 자로 인해 곤란을 겪고 고통을 낭하기 때문에, 아첨꾼의 그늘로 도피하게 되지. 그래서 고통을 야기하지 않는 데로 방향 전환을 하게 되는 것이네.

나의 사랑하는 친구, 필로파푸스여! C

이제는 덕을 통해 모든 형태의 악을 피해야지, 일부 사람들이 하듯이 덕의 정반대물[135]인 악을 통해서는 안 되네. 예를 들어 보세. 사람 중에는 부끄러운 일을 뻔뻔스러움을 통해 모면하고, 촌티를 상스런 말투로 벗어나려고 생각하지. 또 그들은 아주 뻔뻔스럽고 배짱 두둑한 사람으로 보이기만 한다면, 비겁함과 나약함과는 가장 거리가 먼 사람으로 둔갑하려는 태도를 취하려고 하지. 그러면 또 다른 사람들은 어떠한가? 이들은 미신을 믿지 않는다는 사실을 입증하기 위해 무신론을 택하고, 자기가 바보가 아님을 보여주기 위해 악한 노릇을 하고, 비뚤어진 형태의 나무 조각을 또 다른 반대 모양으로 구부리듯 자기 성

135 아리스토텔레스, 『윤리학』, ii. 7 및 호라티우스, 『풍자시』, i. 2. 24 참조.

격을 삐딱하게 만든다네. 그것을 똑바로 펼 줄을 모르기 때문이
D 지. 그러나 매우 유감스럽게도 아첨꾼이란 이름에서 벗어나는 방법은 이익 없이 고통만을 야기한다네. 우정에서 비하와 비굴을 피하기 위해 불쾌하고 껄껄한 사이가 되는 것은, 친구들과의 관계에서 선의를 무시하는 아주 조잡하고 서투름을 보여주는 것이지. 이러한 사람은 희극 무대에서 연기하는 노예에서 해방된 자유인과 같아, 욕설하는 것이 말투를 대등하게 하는 공평한 사용이라고 생각하니 말일세.

그러므로 즐거움을 겨냥해 아첨에 빠지는 것은 부끄러운 일이고, 또 아첨을 피하려고 노력하는 가운데 무절제한 언어의 남발로 말미암아 다른 사람과의 사려 깊은 우정 관계에 해를 끼치는 것 역시 부끄러운 일인 이상, 우리는 양극단에서 벗어나 다른 것에서처럼 솔직함 속에서 중용의 바른길을 취해야 할 것이
E 네. 이 주제 자체는 실제로 차후 자세한 논의의 매듭이 필요하므로 다음 글로 최종 보충하도록 하겠네.

친구에게는 첫째로, 개인 감정을 배제하고 솔직히 질책을 한다. 오뒷세우스와 아가멤논, 아킬레우스와 파트로클로스, 플라톤과 디오뉘시오스에서 실례를 찾을 수 있다.

26 솔직함에는 수반하는 치명적 결점들이 있으니까, 따라서 우리는 첫째, 아주 바짝 정신을 차려서 모든 자존심을 버려야 하네. 그래야 개인적인 잘못이나 불평불만 같은 사적인 이유로 책망한다는 인상을 주지 않게 되네. 사람들은 보통 선의는 그렇지 않지만, 분노는 그

동기가 자기 자신을 위해 말하는 사람에 있는 것이며, 훈계가 아니라 흠집을 찾아 나무람하는 것으로 생각하기 때문이네. 솔직함은 우의가 넘치고 고결하지만, 흠집을 찾아 나무라는 것은 이기적이고 천박하지. 이 때문에 솔직하게 말하는 사람들은 존경받고 찬양받지만, 다른 한편 흠집을 찾아 나무라는 자들은 비
난과 경멸의 맞대응 대상이 되지. 예를 들어 보세. 아가멤논은 F
늘 아주 솔직하게만 말하는 것처럼 보이는 아킬레우스에게는 더는 참을 수가 없었지. 그러나 오뒷세우스가 아가멤논을 신랄하게 공격하면서,

> 희망도 없고 도움도 안 되는 자여!
> 그대는 다른 소인배 집단이나 통치했어야 하는 것을.
> 우리의 이 군대가 아닌,[136]

이라고 말할 때는, 아가멤논은 참고 경청하는 태도를 취하면서 그의 다른 말들의 우정 어린 관심사와 양식(良識)에 대해 입을
다물게 되었네. 오뒷세우스는 개인적으로 분노할 이유가 없었 67A
기 때문에 헬라스를 위해 아가멤논에게 대담하게 말했지. 그러나 아킬레우스는 주로 사사로운 감정 때문에 분노한 것처럼 보였네. 사실 아킬레우스 그는 '달콤하거나 유순한 성질의 사람이 아니라'[137]

136 호메로스, 『일리아스』 14권 84행.
137 호메로스, 『일리아스』 20권 467행.

무서운 사람, 결백한 사람까지도 질책하는,[138]

바로 그런 사람이었네. 그렇지만 그는 침묵하면서 파트로클로스의 말은 경청했지. 그가 종종 다음과 같이 자기를 혹평했는데도 말이네.

무자비한 자여,
그대의 아버지는 전차를 타고 싸우는 펠레우스도 아니었고,
테티스도 그대의 어머니가 아니었소.
단지 그대는 성난 회색빛 대양과
높고 울퉁불퉁한 암석들에서 태어나
그대의 마음은 그처럼 굳어 있는 것이오.[139]

B 연설가 휘페레이데스[140]는 아테나이인들에게 다음과 같이 말하곤 했네. 파트로클로스의 말을 그저 아테나이인들은 그의 이런 말 배경에 무슨 사연이 있지는 않은지 깊이 생각해 봐야 한다고 말일세. 이와 같이 친구의 훈계가 개인감정을 깨끗이 배제하게 되는 때는 곤란한 처지에 빠지지 않고 존경과 경의를 받게

---

138 호메로스, 『일리아스』 11권 653~654행과 13권 775행에 포함되어 있는 단어들을 조합한 시 구절이다.

139 호메로스, 『일리아스』 16권 33행.

140 Hypereides(circa 390~322 BC): 고대 헬라스의 연설문 작가. 그는 기원전 3세기에 뷔잔티움의 아리스토파네스와 사모트라케의 아리스타르코스에 의해 편찬된 『알렉산드리아의 정전(正典)』에 포함된 10인의 아테나이 연설가 중의 한 사람이었다. 플루타르코스, *Life of Phocion*, x(746D) 참조.

되지. 그런데 솔직하게 말하며 친구의 실수들을 설명하거나 참작함에 있어서 모든 것은 친구 개인의 문제에서 떠나 다른 사람들의 결함들을 고치는 데 타산지석(他山之石)으로 쓰고자 한다는 점, 그리고 직접 찾아가서 아주 기탄없이 신랄한 질책을 하는 것도 다 다른 사람들의 이익을 도모하기 위해서라는 점을 분명히 한다면, 이러한 솔직함의 힘은 저항할 수가 없는 것이고, 말하는 자의 관대한 태도는 오로지 그의 매섭고 격렬한 훈계를 더욱 강하게 하는 데 도움을 준다네. 그러므로 친구들에게 분노 C
하거나 그들과 불화할 때 우리는 온 힘을 다해 친구들에게 이득이 되는 것이 무엇인지를 계획을 세워 실행해야 한다고 세상 사람들은 말해 오고 있지. 하지만 우리 자신이 경시당하거나 무시당한다는 생각이 들 때, 그리고 무시당하고 있는 다른 사람들을 위해서도 또한 솔직하게 말을 하고, 우리 친구들에게 그런 것들을 상기시켜 주는 것 역시 우정에서 못지않게 중요한 것이네. 예를 들어 보겠네. 플라톤이 참주 디오뉘시오스의 의심을 사고 있고 또 불화하고 있는 와중에 그에게 면담을 요청했네. 디오뉘 D
시오스는 면담을 받아들이면서 플라톤이 유리한 고지를 점령하기 위해 자기에게서 흠집 찾기의 긴 얘기를 할 것이라 예상했지. 그러나 플라톤은,

> 디오뉘시오스 왕이시여, 성질 고약한 어떤 사람이 항해를 떠나 시켈리아 섬으로
> 와서 폐하를 해하려는 생각을 품고 있지만 그럴 기회를 잡지 못하고 있다는 사실을
> 폐하께서 알게 된다면, 폐하는 그를 항해하게 내버려 두시겠습니

까?

아니면 그를 벌주지 않고 그냥 놔 두겠습니까?

이런 식으로 얘기하자 디오뉘시오스가 말했네.

당치도 않습니다. 플라톤 선생이여, 왜냐하면 적들의 행위뿐만 아니라 그들의 의도도 혐오의 대상이 되어야 하고 또 벌을 받아야 하기 때문입니다.

플라톤이 말을 계속했네.

이제 어떤 사람이 호의를 갖고 여기 폐하께 와서 좋은 일을 하기 원하지만 폐하께서 당사자에게 기회를 주시지 않고, 그런 사람에게 아무런 감사나 관심의 표시도 하지 않고 가게 하는 것은 적합한가요?

E 그 사람이 누구였냐고 디오뉘시오스가 물었을 때 플라톤은 대답하기를,

아이스키네스[141]였습니다. 소크라테스 문하생 중 누구 못지않게 성격이 공정하고 그와 사귀면 그의 말은 교육적이어서 사람들을 교화시킵니다. 그런데 폐하와 철학을 논하려고 이 먼바다를 건너

141 Aeschines(기원전 5세기): 아테나이의 철학자. 소크라테스의 절친한 친구이며 제자.

온 후에 그가 무시당했다는 것을 알았을 때 그의 심정은 어떠했겠습니까?

플라톤의 이 말을 듣고 디오뉘시오스는 감동하여 곧장 플라톤을 뜨겁게 포옹하고 그의 친절함과 고결한 마음을 보고 놀라면서, 후에 아이스키네스에게 명예스럽고 각별한 예우를 했네.

둘째, 솔직하게 친구를 질책할 때 언어 순화를 기해, 비웃음과 독설적인 언어는 피해야 한다. 특히 술을 마실 때 조심해야 한다.

27 둘째로, 언어 순화를 해야 하네. 말하자면, 솔직하게 말할 때 거만하고, 비웃고, 냉소하고, 상스러운 욕을 하는 것들을 모두 자제해야 하는 것이지. 왜냐하 F
면 이런 것들은 모두가 스스럼없이 말할 때 유해한 양념과 같은 것이니까 말이네. 외과 의사가 수술할 때 수술실의 환경은 청결하고 정리정돈이 잘 되어 있어야 하나, 춤추듯이 손을 제멋대로 움직이거나, 필요 이상의 지나친 몸동작을 하는 것은 일체 자제해야 하네. 솔직함도 재치와 세련미의 여지가 많다네. 만약 이런 우아함이 솔직함의 주 임무를 해치지 않는다면 말이네.

그러나 솔직함에 뻔뻔스러움, 공격성, 거만함 등이 결부되면,
이런 것들이 솔직함을 완전히 무력화시킨다네. 필립포스 대왕 68A
이 하프 연주자의 악기로 연주하겠다고 하자, 그 연주자는 다음과 같이 응수해 대왕의 입을 다물게 했네.

아니 되옵니다. 폐하! 이런 것에 저보다 더 나은 지식을 가지시려

고 옥체를 낮추시다니요.[142]

여기엔 가시 돋친 의미와 품위 있는 말이 동시에 들어 있지. 그러나 에피카르모스[143]의 히에론[144]에 대한 응수는 옳지 않았네. 히에론이 그의 절친한 친구 몇 명을 죽이고 이삼일이 지난 후에 에피카르모스를 만찬에 초대했지. 그때 에피카르모스가 한 말,

> 폐하께서는 지난날에 저를 초대하시지도 않고 친구들을 희생시키셨더군요.

나쁜 답변의 예는 또 있네. 안티폰[145]의 경우지. 그는 디오뉘시오스와 "최상의 청동 제품은 무엇인가?"의 문제를 놓고 토론할 때, 이렇게 말했네.

---

142 이 이야기는 플루타르코스, 『모랄리아』 179B, 334D와 634D에서 반복됨.

143 Epicharmos of Kos(circa 540~450 BC): 헬라스의 최초의 희극 작가. 기원전 484년 이후 그는 쉬라쿠사이의 참주 겔론과 히에론 1세를 위한 시인으로서 활동했다.

144 Hieron I: 기원전 478년에서 467년까지 시켈리아의 쉬라쿠사이 참주. 그는 헬라스 역사에 최초의 비밀경찰의 창설자로 알려져 있지만, 문인의 애호가이기도 하다. 시모니데스, 핀다로스, 바퀼리데스, 아이스퀼로스, 에피카르모스 등의 시인들과 철학자 크세노파네스가 그의 궁정에서 활동했다. 그는 실제로 범(凡)헬라스인의 운동경기에 출전하여 경마나 전차경주에서 수차례 우승했다.

145 Antiphon: 기원전 400년경에 활약했던 헬라스의 비극 시인. 그는 쉬라쿠사이의 디오뉘시오스 1세의 궁정에서 살다가 후에 참주에 의해 살해되었는데, 그의 작품은 아리스토텔레스에 의해 인용되고 있다.

그건 아테나이에 있는 하르모디오스와 아리스토게이톤[146]의 동상입니다.

라고 말일세. 이러한 말대꾸의 공격성과 신랄함은 아무런 이득도 없고, 말대꾸의 무례함과 경솔함은 아무런 즐거움도 주지 못하지. 뿐만 아니라 이러한 유의 말대꾸는 적의가 없는 것은 아니지만 악의와 거만과 결부된 세 치 혓바닥의 마구 놀림을 보여주는 것이네. 혀를 잘못 놀림으로써 사람들은 결국 파멸을 자초하지. 왜냐하면 그들은 단순히 '벼랑 끝에서 줄타기'를 하고 있기 때문이네. 안티폰은 디오뉘시오스의 명령에 따라 저형되었지. 그리고 티마게네스[147]는 카이사르인 아우구스투스[148]의 우정을 잃었다네. 왜냐고? 그는 고상한 발언을 한 적이 한 번도 없었지만, 사회적 모임이나 토론장에서는 전혀 진지한 목적 없이, 오직 B

무엇이든 아르고스인들을 웃길 수 있다고 생각되면,[149]

146 Harmodios와 Aristogeiton(기원전 514년에 죽다): 두 사람 모두 아테나이의 참주 히파르코스를 살해했기 때문에 고대 아테나이의 민주정의 심벌로 간주하고 있다.

147 Timagenes: 헬라스의 작가, 역사가이며 수사학 교사. 그는 아우구스투스 황제와 사이가 틀어지자 자신의 저작물들을 파손하고 로마를 탈출했다고 전해지고 있다.

148 Gaius Julius Caesar Augustus(23 September 63 BC~19 August AD 14) 로마제국의 초대 황제.

149 호메로스, 『일리아스』 2권 215행.

가능한 한 모든 경우에 교활하게도 욕설과 폭언의 구실로써 우정의 대의를 내세우곤 했기 때문이네.

C 희극 작가들[150]이 청중에게 시민의 가치에 대해 엄격한 힐책들을 많이 하고 있는 것은 사실이네. 그러나 그 힐책들 속에 해학과 속된 욕설이 섞여 있어, 음식물에 친 고약한 소스/양념처럼, 그것들의 솔직함을 무효로하고 무용지물로 만들었네. 그래서 그 작가들에겐 야비함과 추잡함의 이름 외에 남겨진 게 아무것도 없었고, 듣는 자들은 그들의 말에서 아무 이득도 취하지 못했지. 다른 경우들을 보세. 농담과 웃음은 친구들 간에 많을수록 좋지만, 말의 솔직함에는 진지함과 품격이 들어 있어야 하네. 그리고 만일 그것이 좀 더 중요한 문제와 관련이 있다면, 느낌은 아주 분명하게 하고, 표정은 아주 진지하게 하고, 목소리는 아주 성실하게 들리게 하고, 솔직한 말로서 신뢰를 구하고 심금을 울려야 하네.

D 적당한 때를 잡지 못하면 어느 경우에나 지나치게 해롭지만, 특히 솔직함과 관련될 때 그것의 유익함은 수포로 돌아가지. 특히 술을 마실 때 아주 조심해야 한다는 것은 잘 알고들 있네. 농담이 오가고 떠들썩한 가운데 누군가가 심각한 토론을 시작해서 사람들의 눈살을 찌푸리게 하고 얼굴을 굳게 만든다고 생각해 보세. 그것은 화창한 날씨에 폭풍을 동반하는 구름이 몰려온다는 예보 같은 것이라네. 핀다로스[151]의 표현을 빌리자면 '세상

150 예를 들어, 아리스토파네스의 *Frogs* 686 이하에 나옴.

151 Pindaros(circa 522~443 BC): 고대 헬라스의 서정시인. 9인의 서정시인 중 그의 작품이 가장 잘 보존되고 있으며, 또 최고의 찬사를 받고 있

만사 근심 걱정을 싹 날려 버리는' 이완(弛緩)의 '뤼아이오스 신'(*Λυαίος*, Lyaios)[152]과 한판 붙자는 것을 의미하기 때문이지. 이렇게 때와 장소를 가리지 못함은 역시 큰 위험을 안고 있게 되네. 사람의 마음은 술 때문에 위험할 정도로 분노하기 쉽고, 또 종종 과음하면 헛소리를 해대며 적의를 내뿜게 되기 때문이지. 일반적으로 그것은 고결한 마음이나 단호한 결심을 보여주는 것이 아니라 오히려 남자답지 못한 것을 나타내는 것이네. 왜냐하면 정신을 차리고 똑바로 앉아 담대하게 자기 소신을 표명하지 못하는 사람은 겁에 질려 마구 짖어대는 똥개와 다를 바가 없기 때문이네. 그러니까 이 주제에 관해 더 말할 필요가 없겠네.

행운의 친구들에게는 장차 닥칠 불운에 대한 솔직한 대비책을, 불운에 빠진 친구들에게는 상냥한 위로의 말을 해야 한다.

28 자, 많은 사람은 친구들이 출세해 E
잘 나갈 때는 그들이 잘못을 저질러도 그들에게 훈계할 자신과 용기가 없는데다가, 도리어 행운이 그들을 도와 그들이 책망할 수 없고 접촉이 불가한 위치에 있다고 생각하네. 그러나 반면에 친구 중 하나가 쓰러져 불운을 당할 때면 사람들은 그를 공격하고 짓밟지. 그의 처지가 곤경에 처해서 일어날 수가 없다고 생각하기 때문이네. 홍수의 강물이 제방을 넘어 흐르듯 그들

다. 베르크, 『헬라스 서정시인들』, I. 480(*Frag*. 248).

152 Lyaios: 포도주 신인 디오뉘소스의 별명. 술을 마시면 심신이 풀어진다는 동사 '*λύω*'에 기원을 두고 있다.

의 솔직한 비난의 말이 마구 그에게 쏟아지지. 그 친구가 전에는 얼마나 자기들을 경멸하고 약자 취급했던가. 이제는 처지가 뒤바뀌었지 하면서 내심 크게 반겨 한다네. 그래서 이 문제를 논의해 보는 것도 좋겠네. 에우리피데스가 이런 말을 했지.

> 하늘이 행운을 내렸거늘,
> 친구 따위가 왜 필요한가?[153]

F 답변은 이랬지. 행운 속에 파묻혀 있을 때 사람들은, 솔직하게 말해 주고 지나친 자만심을 억제해 주는 친구들이 가장 필요한 법이라고 말일세. 왜냐하면 행운 속에 파묻혀 있을 때 온전한 평상심을 지니고 있는 사람은 극히 드물기 때문이지. 그래서 행운 다음에 역경에 처하게 될 때 외부로부터 역경을 헤쳐 나갈 신중성과 분별력을 얻을 필요가 있네. 그러나 하늘이 아예 저버려 중요성을 상실한 사람들은 비운 속에서 회개하는 데 단지 훈계만으로도 충분하다네. 이런 때에는 친구의 솔직함이나 엄하고 신랄한 책망의 말은 소용이 없네. 정말, 그 반대이지. 위로와 격려를 해 줄 때,

> 정감 어린 남자의 두 눈을 응시하는 것이 얼마나 달콤한가.[154]

---

153 *Orestes*, 667.

154 에우리피데스, *Ion*, 732.

그리고 이것이 클레아르코스[155]의 얼굴에 나타난 진정한 표정이었네. 크세노폰[156]도 말하듯이, '전투와 위험' 가운데서도 클레아르코스가 웃음이 가득한 얼굴을 보여주자 위험에 직면한 병사들의 사기가 올라갔다고 하네. 그러나 불운에 우는 사람에게 솔직한 훈계와 신랄한 책망만 하는 자는 충혈되어 아픈 눈에 자극제를 넣는 것과 같지. 아픈 데를 치료하거나 고통을 경감시키기는커녕 오로지 아픈 곳을 들쑤셔 놓아 환자를 격노시킨다네. 69A

예를 들어 보세. 건강할 때는 그 누구도, 주색에 빠졌다고, 운동을 게을리하거나 안 한다고, 밤낮 목욕이나 한다고, 제철이 아닌 비식을 즐기거나 한다고 책망하는 친구에 대해서 전혀 가혹하거나 모질다고 생각하지 않네. 그러나 B

> 여보게, 자네의 그 방종, 안이한 생활, 폭음 폭식, 계집질의 결과가 어떻게 되는지 알기나 하나?

라고 병든 자에게 말하면, 그것은 참을 수 없고, 아니, 병을 더 악화시키는 꼴이 되네.

> 맙소사! 이 친구. 지금 와서 그런 얘기를 하다니. 난 유서를 쓰는

155 Clearchos: 스파르테 장군이었으나 추방되자 페르시아의 퀴로스 대왕의 용병이 된다.

156 Xenophon of Athens(circa 430~354 BC): 헬라스의 역사가, 군인, 용병. 소크라테스의 동시대인으로서 그를 찬양한 자이다. 저서로는 *Anabasis*, *Cyropaedia*, *Hellenica*, *Agesilaus* 등이 있다. 『아나바시스』 *Anabasis*, ii. 6. 11.

중이고, 의사들은 나한테 마지막 처방인 해리향이나 스카모니아 하제(下劑)를 조제해 줄 준비를 하고 있네. 그런 판에 자네가 나한테 훈시와 설교를 하다니!

C 이러한 여건, 즉 불운한 자들이 솔직한 말과 케케묵은 교훈적인 말을 받아들일 여지가 없는 바로 그 상황에서는, 단지 그들에게는 부드러운 어투의 말과 도움이 필요하다네. 아이들이 넘어지면 유모들은 야단치려고 달려가지 않지. 일으켜 주고 몸을 물로 씻기고 옷을 바로 입혀 주고, 이런 일이 끝난 다음 아이를 나무라고 벌하네.

이와 관련해서 팔레론의 데메트리오스[157]라는 사람에 관한 이야기가 있네. 이 사람이 자기 고향에서 추방당해 테바이 지역 근처의 이름 없는 초라한 곳에서 살고 있을 때, 크라테스[158]가 다가오는 것을 보고 그의 냉소적인 솔직함과 가혹한 책망의 언
D 사를 예상하며 언짢은 생각을 하고 있었지. 그러나 크라테스는 그를 매우 친절하게 대하고 그와 추방당한 일에 관해 대화를 나

157 Demetrios of Phalerum(circa 350~280 BC): 팔레론 출신의 아테나이의 연설가. 테오프라스토스의 제자로서 소요 학파의 1세대에 속한다. 그는 10년간 아테나이를 단독으로 통치했던 뛰어난 정치가였지만 기원전 307년에 정적들에 의해 추방되어 처음에는 테바이에서, 그리고 기원전 297년 이후에는 알렉산드리아 궁정에서 생을 보냈다. 그는 역사, 연설학, 문학 비평 등 광범위한 주제에 대해 글을 썼다.

158 Crates of Thebai(circa 365~285 BC): 견유 학파 철학자. 그는 아테나이 길거리에서 가난하게 사는 사람들을 위해 돈을 뿌렸다고 하며, 같은 방식으로 사는 여자와 결혼했다고 한다. 아테나이인들의 존경을 받은 그는 스토아 철학의 창시자인 제논의 교사로 기억되고 있으며, 이상적인 견유 국가를 묘사하고 있는 여러 단편이 남아 있다.

누면서, 추방당한 것이 얼마나 잘된 것인지, 그러니까 심적 고통을 느낄 이유가 하나도 없다든지라고 말했는데, 그가 추방당함으로써 위험하고 불안한 직무에서 벗어났기 때문이라고 했네. 동시에 크라테스는 그에게 자신과 현재 여건에 낙담하지 말고 용기를 지니라고 권고했지. 이에 데메트리오스는 더욱 힘과 생기를 얻고 마음을 가다듬어 친구들에게 이렇게 말했네.

> 내 일 때문에 이처럼 훌륭하신 분을 그토록 오랫동안 몰라보고 지냈다니, 얼마나 애석한 일인가!

> 슬픔에 빠진 자에게는 친구들의 상냥한 말을,
> 바보짓을 하는 자에게는 따끔한 훈계를.[159]

이것이 숭고한 친구들의 도리이지. 그러나 행운아의 주위에 몰려드는 저질의 비천한 아첨꾼들은, 데모스테네스가 말하듯이, E

> 몸이 아파 고통을 느낄 때마다 자꾸 쑤셔대는, 오래전에 생긴 골절과 삔 데와 같다

네. 그래서 이 사람들은 끈질기게 남이 불운에 빠지기를 좋아하지. 마치 불운을 즐겨 거기에서 파생된 기쁨을 찾듯이 말일세. 사람이 잘못된 상담을 받아서 큰 슬픔에 빠졌던 기억을 상기하

159 나우크, 『헬라스 비극 단편 선집, 에우리피데스 편』, No. 962, p. 671. 플루타르코스가 『모랄리아』, 102B에서 재인용.

려면, 다음 말로 충분하지.

> 절대로 나는 [아킬레우스의 여인을 빼앗아 온 아가멤논의] 그 행위를 찬성하지 않았네.
> 정말, 나는 자주 그것에 반대하는 말까지 했었지.[160]

친구가 정도에서 벗어났을 때는 엄하고 솔직한 언사로 단호하게 질책해야 한다.

29 그러면 어떤 상태에서 친구는 엄해야 하고, 또 어느 때 친구는 솔직한 언사를 사용하면서 단호하게 말해야 하는가? 그것
F 은 다음과 같은 경우라네. 지나치게 쾌락을 추구하거나 너무 분노할 때 또는 너무 거만하게 굴 때 친구는 질책해야 하네. 지나친 욕심을 버리라거나 무분별한 사치를 억제하라고 할 때에도 친구는 따끔한 말을 하지. 이러한 것이 바로 솔론[161]이 크로이소스를 솔직하게 다룬 경우였네. 크로이소스가 변덕스러운 행운에 놀아나 버릇없고 방자하게 굴자, 솔론은 그에게 그것의 끝을 조심하라고 명하였네. 이 같은 방법을 쓴 사람이 또 있지. 소크라테스[162]가 알키비아데스[163]의 잘못을 들추어 냈을 때인데, 알

160 호메로스, 『일리아스』 9권 108행.

161 Herodotus, I. 30~32. 플루타르코스, *Life of Solon*, xx. 94D.

162 플라톤, *Symposion*, 215E.

163 Alcibiades Cleiniou Scambonides(circa 450~404 BC): 저명한 아테나이의 정치가, 연설가, 장군.

키비아데스는 눈물을 줄줄 흘리면서 마음을 바꾸었지. 이러한 실례는 많다네. 퀴로스[164]가 퀴아크사레스[165]에 대해 취한 행동, 그리고 플라톤이 디온[166]에 대해 취한 행동이 그러했네. 뒤의 얘기를 더 해 보면, 디온이 최고의 명성을 날릴 때의 일인데, 그의 눈부신 업적으로 만인의 주목을 받고 있었지. 그때 플라톤이 그 70A
에게 권고한 말이 무엇인지 아는가? "제멋대로의 아집"을 경계하고 두려워하라였네. "왜냐하면 그것이 외로움의 동반자이기 때문"이라는 이유였지.[167] 스페우십포스[168]라는 사람 역시 디온에게 다음과 같은 글을 썼다네. 어린애들과 경박한 여인들 입에서 칭찬이 자자할 때 거기에 너무 사반하지 말고, 오로지 시켈

164 Cyros the Great(circa 600 BC or 576~530 BC): 퀴로스 2세 또는 페르시아의 퀴로스로 알려져 있다. 페르시아 제국의 창건자. 크세노폰, 『퀴로스의 교육』, v. 5. 5 이하.

165 Cyaxares(625~585 BC): 메디아의 초대 왕. 그는 퀴로스 대왕의 외증조부였다.

166 Dion(408~354 BC): 시켈리아의 쉬라쿠사이 참주인 디오뉘시오스 1세의 의형제. 일찍이 플라톤의 정치철학에 매료되어 그의 제자가 되었다. 참주 1세를 도와 정치를 했고, 디오뉘시오스 2세 참주 때에는 그에게 간청하여 플라톤 선생을 쉬라쿠사이에 초청하여 한때 철학 정치를 실현하기도 했다. 우여곡절 끝에 참주 2세를 제거하고 자신이 쉬라쿠사이 참주가 되어 통치하기도 하지만 암살당했다.

167 플라톤, *Letters*, iv. 321C. 플루타르코스가 *Life of Dion*, viii(961C). lii(981B), 그리고 *Life of Coriolanus*, xv(220D)에서 재인용. 또 220D 참조.

168 Speusippos(circa 408~339/8 BC): 고대 헬라스 철학자로서 플라톤의 조카. 그는 플라톤이 세 번째 쉬라쿠사이 여행을 했을 때 그와 동행했고, 디온과 협력하여 디오뉘시오스 2세 참주를 축출했다는 이야기도 나온다. 플라톤 사후 8년간 아카데미아 학당의 교장으로 있다가 중병으로 그 자리를 크세노크라테스에게 물려주었다.

리아를 성스러움과 정의와 최선의 법률로 아름답게 장식하여 역사[169]에 "이름을 남기라"고 말일세.[170] 그러나 다른 한편, 페르세우스 왕[171]의 친구인 에욱토스와 에울라이오스[172]라는 사람도 있는데, 행운이 왕의 편에 있을 때는 항상 왕을 즐겁게 하는 행동을 취했고 왕의 유머와 농담에도 잘 응했지. 이들은 만사 제치고 왕이 가는 대로 따라다녔네. 그러나 로마와의 퓌드나 전투[173]에서 왕이 패주하고 말았을 때 이 두 사람은 왕에게 심한 질책을 하고, 계속해서 왕의 잘못과 태만을 상기시키면서 왕이 한 모든
B 일에 대해서 욕설을 퍼부었지. 마침내 왕은 슬픔과 분노가 극에 달해 두 친구를 단도로 찔러 죽였네.

{ 우정 어린 솔직한 질책들의 예 }

30 여기서 전반적으로 적절한 경우를 밝혀 많은 도움이 되도록 하겠네. 자신의 친구들에게 관

169 에우리피데스, *Phoenissae*, 1742에서 개작.

170 Diogenes Laërtius, 『훌륭한 철학자들의 생애와 의견에 대하여』 *Bίοι καὶ γνῶμαι τῶν ἐν φιλοσοφίᾳ εὐδοκιμησάντων*, *Lives and Opinions of Eminent Philosophers*, 4권 5장 참조.

171 Perseus(circa 212~166 BC): 마케돈의 안티고노스 왕조의 마지막 왕. 그는 기원전 168년 6월 22일의 퓌드나 전투에서 로마에 대패한 것으로 유명하다.

172 Euctus와 Eulaios: 두 사람 모두 페르세우스 왕의 재정 담당 장관이었음.

173 로마의 장군은 Lucius Aemilius Paullus였다.

심을 두고 배려하는 사람은 친구들이 직접 자주 내놓는 경우들을 흘려들어서는 안 되고, 반드시 마음에 새겨 둬야 하네. 왜냐하면 어떤 때는 하나의 질문, 이야기하기, 같은 일을 한 타인들의 비난과 칭찬이 솔직한 언사의 말문을 여는 데 도움이 될 수 있기 때문이네. 예를 들면, 데마라토스[174]가 마케돈 왕국에 왔을 때 얘기인데, 마침 필립포스 대왕이 왕비, 왕자와 불화 관계에 있었지. 필립포스 대왕은 인사를 나눈 후 그에게 헬레네스들이 C
모두 화목하게 잘 지내느냐고 물었네. 그러자 데마라토스는 왕을 잘 알고 있었고 또 왕이 잘되기를 빌면서 이렇게 말했네.

> 필립포스 대왕이시여, 아테나이인들과 펠로폰네소스 반도인들과의 화합에 관해 하문하시는 폐하에게 영광이 있기를 빕니다. 그런데 어인 일로 폐하의 궁성 안에 이처럼 말다툼과 불화가 넘치도록 내버려 두고 계시는지요!

또 탁월한 말대꾸의 본보기가 있네. 디오게네스[175]가 필립포

---

174 Demaratos: 코린토스의 뛰어난 자로서 친마케돈주의자. 필립포스 왕가와 밀접한 관계를 맺고 있었다. 『모랄리아』, 179C에서 플루타르코스가 기록한 내용이다. 데마라토스가 솔직하게 필립포스 대왕을 꼬집어서 성공적인 결과를 보였다.

175 견유 학파의 창시자인 디오게네스와 필립포스 왕에 대해서는 이런 말도 전해진다. 왕 자신의 끝없는 탐욕에 대해서는 첩자라는 디오게네스의 답변을 듣고 존경하게 된 나머지 그를 석방했으며, 또 식사할 때에 아리스토텔레스는 왕의 구미에 맞게 음식을 들었는데, 디오게네스는 먹고 싶을 때는 아무때나 먹었다고 한다. 플루타르코스, 『모랄리아』, 606B에서 같은 이야기가 반복됨.

스 대왕의 진영에 들어가 왕 앞에 불려 나갔을 때이네. 이때 왕은 헬레네스 군대와 전투하러 나가는 중이었지. 디오게네스가 누구인지 모르는 필립포스 대왕은 그가 첩자냐고 물었네.

> 예, 그렇습니다. 정말입니다. 필립포스 대왕 폐하,

그는 대답했지.

D

> 저는 여기 분별력의 부족으로 바보스러운 행동을 취하는 폐하를 염탐하러 왔습니다. 보아하니 폐하께서는 아무 강제적인 원인도 없는데 단판 승부에 왕국과 폐하의 목숨을 걸고 계시군요.

이것은 아마 꽤 통렬한 것이었겠지.

{ 친구에게 질책할 때는 제삼자의 잘못을 타산지석으로 삼는 게 좋다. }

31 그러나 훈계를 해야 할 또 다른 기회가 생기는데, 잘못을 저질러 타인에게서 욕을 얻어먹고 풀이 죽어 기가 꺾이게 될 때이네. 재치 있는 사람은 이때 훈계를 능수능란하게 잘 이용하지. 욕한 자들을 퇴짜 놓아 쫓아버리고 나서, 개인적으로 친구를 붙잡아 놓고 그에게 다음과 같이 상기시키지. 심사숙고할 별다른 이유가 없다면, 욕하는 자들이 적어도 더 이상 무례한 짓을 못하도록 하라고 말일세.

만약 자네가 악명을 얻게 되는 모든 것을 뽑아 내팽개쳐 버린다면, 욕하는 녀석들이 어디서 입을 열 기회를 포착할 것이며 또 자네를 해코지하는 무슨 말을 할 수 있겠는가?

이래서 욕하는 자는 남에게 상처를 입힌다는 비난을 받고, 훈계하는 사람은 남을 돕는다는 신임을 얻는 것이네. E

어떤 사람들은 더 영리하게 훈계를 이용하네. 모르는 제삼자의 잘못을 빗대어 꼬집어 자신의 절친한 친구들의 잘못을 뉘우치게 하는 방법이지. 그들은 친지들이 잘못하는 것을 알고는 이를 빗대어 타산지석(他山之石)으로 삼게 하려고 제삼자를 비난한다네. 나의 은사인 암모니오스[176]는 어느 날 오후 강의 시간에 학생 몇 명이 점심시간에 포도주도 없이 아주 간소한 점심 식사를 했다는 것을 알아차렸네. 그래서 스승께서는 시종인 피해방 자유민에게 자신의 하인을 벌하도록 명령한 후, 설명조로

저 소년[자기 아들]은 포도주가 없으면 점심을 먹지를 못하네.

라고 했지. 그러면서 동시에 그는 우리를 향해 힐끗 쳐다봤는데, 그렇게 함으로써 스승께서는 우리의 잘못을 질책한 것이네.

---

176 Ammonios of Athens: 기원후 1세기에 아테나이에서 가르치고 있던 철학자. 그는 플루타르코스의 은사였다. 그는 별명 그대로 소요 학자 암모니오스로서 아리스토텔레스의 저서에 정통했으나 그럼에도 불구하고 소요 학파라기보다는 오히려 플라톤주의자였다고 한다.

친구에게 훈계는 개인적으로 비밀스럽게 겸허하게 한다. 특히 부인, 자식, 애인, 학생의 면전에서 각각의 상대방을 질책해선 안 된다.

32 한 가지 더 중요한 사항이 있네. 우리는 여러 사람이 있는 앞에서 친구에게 솔직하게 말
F 하는 것을 아주 조심해야 하네. 플라톤과 연계된 사건을 명심하게. 우연히 일어난 일이었는데, 한번은 소크라테스가 환전상(換錢商)이 여러 명 있는 옆에서 친구 한 명과 대화를 나누는 가운데 심한 말다툼을 한 적이 있지. 이를 보고 플라톤은,

선생님! 이 말을 사적으로 하셨더라면 더 낫지 않았을까요?

하고 물었더니, 소크라테스가 말을 받아

자네가 나한테 이 얘기를 사적으로 했다면 더 낫지 않았을까?

라고 쏘아붙였네. 다시 다른 얘기를 해 보지. 퓌타고라스가 한번은 성실한 한 학생을 여러 사람 앞에서 심하게 공박한 적이 있는데, 계속되는 얘기에 의하면, 그 학생은 목매달아 자살했다고 하네. 그 이후로 퓌타고라스는 누군가가 옆에 있을 때엔 절
71A 대로 아무에게도 훈계하지 않았다는 거지. 실수는 못된 병처럼 취급되어야 하고, 모든 훈계와 폭로는 비밀리에 행해야 하니, 증인이나 관객의 무리가 모여 있는 가운데서는 아무것도 보여서도 펼쳐서도 안 되네. 남의 결함에서 영광을 추구하고, 관객들 앞에서 그럴듯한 연기를 하려는 것은 우정이 아니라 지식의 과시라네. 마치 의사들이 환자들을 끌어들이기 위한 목적으로

극장 무대에서 수술하는 것과 같은 것이지. 연루된 모욕은 별문제로 치더라도—낫게 하는 어떤 치료 과정에서 절대로 용납되어서는 안 되는 것이지만—악에 속하는 논쟁과 아집은 유의해 멀리해야 하네. 에우리피데스가 이렇게 언급했듯이,

> 사랑은 말릴수록
> 더 절박하게 싹트는 법.[177]

이라고 말하는 것으로는 충분하지 않기 때문이네. 그러나 훈계가 공개리에 인정사정없이 행해진다면, 그것은 단지 매번 모든 파렴치의 병적 감정만을 표출하는 꼴이라네. 플라톤이 젊은이들 간에 존중심을 함양시키려고 애쓰는 웃어른들이 제일 먼저 해야 할 일은 젊은이들을 존중한다는 것을 보여주는 것이라고 주장한 것처럼, 친구들 사이에서 겸손하게 훈계하는 솔직성은 상대에게도 겸손으로 보답하게 한다네. 실수하는 사람에게 아주 조심스럽게 다가가 치료하면 그의 악의 근본을 약화시키고 섬멸시키지. 그도 그럴 것이 악에 보여준 깊은 배려에 대한 배려라는 보답의 생각으로 점점 가득 차기 때문이네. 그래서 당연히 최선의 방법은, B

> 타인이 듣지 못하도록
> 머리 가까이 귀에 대고

177 *Stheneboea*에서. 나우크, 『헬라스 비극 단편 선집, 에우리피데스 편』, No. 665, p. 570 참조.

속삭이라.[178]

C 는 것이네. 인간의 가장 품위 없는 행동은 이런 것들이지. 부인이 듣는 앞에서 그녀 남편의 허물을 얘기하는 것, 자녀가 보는 앞에서 그들 아버지의 실수를 들추고, 사랑하는 사람 앞에서 애인인 그의 잘못을 폭로하며, 학생들 앞에서 교사의 잘못을 노출시키는 짓들 말이네. 왜냐하면 이런 사람들은 사이좋게 지내야 한다고 느끼고 있는 사람들 앞에서 질책을 당하게 되면 너무나 슬프고 화가 나 거의 미칠 지경이 되기 때문이지. 내가 상상컨대 역시 클레이토스[179]가 알렉산드로스 대왕의 분통을 터지게 만든 것은 술 때문이라기보다는 많은 동석자들 앞에서 그가 왕을 제지하려 질책하는 인상을 주었기 때문으로 보이네.

178 호메로스, 『오뒷세이아』 1권 157행.

179 Cleitos the Black(circa 375~328 BC): 알렉산드로스 대왕의 마케돈 군대의 장교. 기원전 334년 그라니쿠스 전투 때 대왕의 목숨을 구해 준다. 대왕이 점점 페르시아의 풍습을 받아들이는 것에 격분하고 있던 그는 기원전 328년 취중에 설전을 벌이는데, 알렉산드로스 대왕이 자신의 업적이 부왕의 것보다 훨씬 크다고 말하자 알렉산드로스는 마케돈인들의 합법적인 왕이 아닐 뿐더러 그의 모든 공적은 부왕에 기인한 것이라고 응수했다. 왕은 처음에 그의 머리에 사과를 던졌고 단도를 가져오라고 했지만 친구들이 그를 방안에서 밀쳐 냈다. 그러나 그가 방으로 돌아와서 계속 왕을 모욕하자 왕은 그 자리에서 창으로 그를 찔러 죽였다. 왕은 후에 친구를 죽인 것을 몹시 후회했다고 한다. 플루타르코스, *Life of Alexander*, l, li(693C)에서 상세히 이야기되고 있다.

프톨레마이오스 왕[180]의 개인교사 아리스토메네스[181]는, 왕이 사절단을 접견하는 자리에서 꾸벅꾸벅 졸자, 깨우려고 몸을 탁 쳤다네. 이것이 아첨꾼들에게 빌미를 주어 왕을 분개시키는 진언을 하게 되지.

> 폐하! 고된 임무를 수행하시고 잠을 잘 못 주무셔서 잠시 꾸벅꾸벅 조셨는데, 그렇다면 소신들은 그처럼 많은 사람 앞에서 폐하의 옥체에 손을 못 대도록 해야 한다고 사적으로 한 말씀 올리는 바입니다. D

라고 말이네. 그러자 프톨레마이오스 왕은 그에게 사약을 내려 마시게 했네. 이런 예는 아리스토파네스가 말한 것에서도 볼 수 있네. 그는 클레온[182]이 자기를 비난했다고 하는데, 그 이유로

180 Ptolemaios V Epiphanes(통치 기간은 204~181 BC): 아이컵토스의 파라오. 그는 5세에 왕이 되었는데, 여러 섭정을 거치는 사이에 왕국은 마비된다. Polybius, xv. 31 참조.

181 Aristomenes of Alyzia 혹은 Aristomenes the Acarnanian(생존 연대는 기원전 3세기에서 2세기 사이로 추정): 프톨레마이오스 5세 소년 파라오의 섭정이며 주무장관. 헬라스인인 그는 기원전 216년 후에 아이컵토스로 이주해 기원전 201년에 파라오의 섭정이 되었고, 파라오가 12세가 되는 기원전 197/6년에 주무장관이 된다. 기원전 192년에 그는 사약을 받아 죽게 된다.

182 Cleon(422 BC에 죽다): 펠로폰네소스 전쟁 때에 아테나이의 정치가이자 장군으로서 스트라테고스 회의 구성원이었다. 그 자신은 귀족이었지만 아테나이 정치에서 최초의 상인 계층의 대변자로서, 특히 전쟁광과 선동 정치가로서 당대의 투퀴디데스와 아리스토파네스의 혹독한 비난을 받았다.

자기[아리스토파네스]가 이방인들이 관람하는 자리에서

[아테나이] 폴리스를 욕보였기 때문[183]

이었다 하였네. 이렇게 함으로써 그[아리스토파네스]는 아테나이인들이 그[클레온]에 대해 분노를 품도록 했던 것이지. 그러므로 이러한 큰 실수는, 다른 실수들도 마찬가지지만, 허세를 부리거나 인기를 얻으려는 목적이 아니라 오로지 유익하고 건전한 방식으로 솔직하게 말하고자 하는 사람들이 저지르지 않도록 지켜

E 주어야 하네. 사실, 솔직한 말을 하는 사람들은 투퀴디데스의 표현법을 알아야 하지. 그는 코린토스인들을 대변하여 그들이

자기네들은 타인을 질책하고 훈계할 권리가 있다.[184]

183 이 대사는 아리스토파네스의 『아카르나이인들』 *Ἀχαρνεῖς* / Akharneīs, 378행 이하에 나온다. 평화론자인 아리스토파네스는 기원전 426년에 상연한 희극 『바빌로니아인들』에서 펠로폰네소스 전쟁을 일으킨 선동정치가 클레온을 신랄하게 공격했을 뿐만 아니라 실질적으로 아테나이의 동맹국인 위성국가들의 시민을 아테나이의 노예들로 풍자했다. 이에 맞서 클레온은 아리스토파네스가 아테나이의 동맹국의 사절들이 다 보는 앞에서 그 희극을 상연해 나라 망신을 시켰다고 법정에 기소했다. 이에 대항하여 아리스토파네스는 1년 후인 기원전 425년에 상연된 『아카르나이인들』에서 클레온이 모욕의 극치요 거짓말의 홍수로서 마치 이전투구(泥田鬪狗)인 양 자기를 물고 늘어져 자기는 파멸 직전에 이르렀다고 풍자함으로써 클레온에 대한 아테나이 시민의 증오심을 북돋는다는 내용이다.

184 *Thucydides*, I. 70.

고 말했다고 하는데, 이 말은 그리 나쁜 표현은 아니네. 우리가 듣기로는, 뤼산드로스가 동맹국 협의회에서 헬라스를 위해 대담하게 발언하려고 한 메가라 출신의 그 사람을 보고,

> 그의 발언들은 지지하는 국가가 필요하다.[185]

고 말했다고 하네. 마찬가지로 그렇게 잘하려면 솔직한 언사를 하려는 각자의 인품이 뒷받침되어야만 하네. 그런데 이 말은 타인을 훈계하고 제정신을 차리도록 애써 주는 사람들의 경우에 특별히 맞는 말이지. 플라톤은 어쨌든 자신의 삶 자체가 스페우십포스[186]에게 훈계가 되었다고 말하곤 했네.[187] 확실히 단지 강의실에서 크세노크라테스[188]를 보기만 해도, 또 그가 자기를 한 번 흘깃 쳐다보기만 해도, 폴레몬[189]은 달라져 완전히 바뀐 사람

---

185 Lysandros(died 395 BC): 기원전 405년에 아이고스포타미에서 아테나이 군대를 패배시킨 헬레스폰토스의 스파르테 함대 사령관이었다. 다음 해 그는 아테나이인들을 압박하여 펠로폰네소스 전쟁을 종결시킨다. 플루타르코스, *Lysander*, xxii(445D). 이 이야기는 플루타르코스, 『모랄리아』, 190E 및 229C에서 되풀이됨.

186 Speusippos(circa 408~339/8 BC): 고대 헬라스 철학자로서 플라톤의 조카. 그는 플라톤이 세 번째 쉬라쿠사이 여행을 했을 때 그와 동행했고, 디온과 협력하여 디오뉘시오스 2세 참주를 축출했다는 이야기도 나온다. 플라톤 사후 8년간 아카데미아 학당의 교장으로 있다가 중병으로 그 자리를 크세노크라테스에게 물려주었다.

187 플루타르코스, 『모랄리아』, 491F 참조.

188 Xenocrates of Chalcedon(circa 396/5~314/3 BC): 헬라스의 철학자, 수학자. 그는 기원전 339/8년에서 314/3년까지 플라톤 아카데미아의 교장을 지냈다. 플루타르코스가 『모랄리아』, 706C에 재언급.

189 Polemon of Athens(기원전 270/269년에 죽다): 뛰어난 플라톤 학파,

F 이 되었지. 그러나 성격이 경솔하고 천박한 사람의 말투는 솔직한 훈계를 하려 할 때 상대의 비꼬는 응수만 낳는 결과가 되네.

어떻게 남을 고칠 수 있겠소.
온몸이 아픈 당신이![190]

친구에게 솔직하게 질책하고 싶을 때는, 아테나이 젊은이들의 무지를 폭로하는 데 자기 자신의 무지를 사용했던 소크라테스처럼 자신의 실패를 인정하는 것이 좋다.

33 사람들은 타인들을 훈계할 때에 자기들보다 못한 아주 선하지 않은 사람을 일행 중에서 불러내는 경우가 종종 있는데, 그럴 때 가장 좋은 방법은 말하는 사람 자신을 질책 속에 연루, 포함해서 관여시키는 것이라네. 이것이 질책의 원칙이지—

튀데우스의 아들[디오메데스]이여!
어찌하여 우리는 날랜 무용(武勇)을 잊고 있는 것이오?[191]

철학자. 그는 크세노크라테스의 제자로서 기원전 314/313년에서 270/269년까지 플라톤 아카데미아 학당의 제3대 교장을 역임했다. 호메로스가 서사시인 소포클레스이고, 소포클레스가 비극시인 호메로스라고 찬양한 것으로 유명하다.

190 출처 에우리피데스. 나우크, 『헬라스 비극 단편 선집, 에우리피데스 편』, No. 1086, pp. 703~704. 『모랄리아』, 88D, 481E, 1110E에서도 인용.

191 호메로스, 『일리아스』 11권 313행.

그리고 72A

우리는 지금 헥토르의 상대도 되지 못하고 있으니,

그는 그저 한 사람일 뿐인데.[192]

이와 궤를 같이한 사람이 있으니 소크라테스이다. 그는 자기 자신이 무지에서 벗어났다고 생각하지 않고 젊은이들과 마찬가지로 덕을 공부하고 진리를 탐구해야겠다고 느끼고 나섬으로써, 재빨리 젊은이들을 자기편으로 끌어들여 학업에 열중케 했네. 사람들은 같은 잘못을 저지르지만, 자기 자신을 교정한 것처럼 정확하게 친구들을 교정하고 있다는 인상을 풍기는 사람에게 호의와 신뢰감을 품기 마련이기 때문이지. 그러나 자기 자신은 순수하고 아무 욕심도 없는 것처럼 점잔을 빼며 타인을 훈계하는 사람이, 여러 해 동안 별로 잘한 일도 없고 덕이나 명성에서 그 위치가 잘 알려지지 않은 경우, 훈계는 귀찮고 따분하게만 보이므로 전혀 이득이 없다네. 그러므로 포이닉스가 자기의 불운한 이야기, 홧김에 욱하고 아버지를 살해하려고 했던 일, 그리고 갑작스러운 자기의 변심을 중간에 끼워 집어넣은 것은 그럴 만한 목적이 있었네. B

내가 아카이아인들 사이에 내 아버지 살인자로 알려지지 않았으면,[193]

192 호메로스, 『일리아스』 8권 234행.
193 호메로스, 『일리아스』 9권 461행.

하는 것 말이네. 그가 이렇게 했던 것은 다 이유가 있었지. 그가 아킬레우스를 훈계할 때, 마치 자기는 아무 분노도 느끼지 않았고 아무 과실도 없었던 것처럼 보이고 싶지는 않았기 때문인데, 이런 일들은 깊은 도덕적 인상을 남기게 되고, 사람들은 경멸의 감정은 없고 단지 공감대를 가져 이들에게 더 순종하는 버릇이 있기 때문이네.

C 너무 밝은 빛을 충혈된 눈에 가까이 쬐어서는 안 되기 때문에, 정신이 산란하게 되면 솔직한 말과 순수한 꾸지람도 견디어 내지 못하기 때문에, 가장 유용한 도움 중 하나는 다음 인용문에서처럼 가볍게 칭찬을 하는 것이지.

> 날랜 무용을 발휘하지 못한다면
> 명예를 잃을 것이오.
> 아군에게 가장 뛰어난 그대들이여,
> 난 다투고 싶지도 않소.
> 전투에 태만한 누구와도.
> 비겁자라면, 단지 몹시 화만 날 뿐이오.[194]

그리고

> 판다로스여! 그대의 활과 날개 달린 화살은
> 지금 어디 있소?
> 우리 중에 아무도 그대와 대적할 수 없는

194 호메로스, 『일리아스』 13권 116행.

그대의 명성은 어디에 있소?[195]

다음 구절도 역시 사람들이 항복하기 직전에 귀환하라는 분명한 소환의 말이라네.

오이디푸스와 유명했던 모든 그 수수께끼들은
다 어디 있소?[196]

그리고

참을성이 많은 헤라클레스도 이렇게 말할 수 있을까?[197]

위의 구절들은 가혹하고 단호한 어조의 비난을 완화할 뿐만 아니라, 인간에게 개선된 자아를 지향하려는 욕망을 일깨워 주고 있네. 왜냐하면 명예로운 과거 행적을 상기시켜 현재의 수치스러운 행동을 부끄럽게 느끼도록 하게 하고, 자신을 보다 나은 본보기의 대상으로 보도록 고무하기 때문이네. 그러나 우리가 다른 사람들, 예컨대, 자기와 동년배거나 동료 시민, 친족들과 비교당할 때마다, 우리는 욱하고 치밀어오르는 투쟁 심리가 발동해 음울해지고 쓸쓸해진다네. 그래서 성질부리며 이렇게 말하게 될 것이네. D

195 호메로스, 『일리아스』 5권 171행.
196 에우리피데스, *Phoenissae*, 1688.
197 에우리피데스, *Hercules Furens*, 1250.

왜 당신은 나의 윗사람한테나 갈 것이지, 나를 번거롭게 만드는가?

그러므로 이런 부류의 사람들에게 솔직한 말을 할 때, 우리는 다른 부류의 사람들과 비교해서 칭찬하지 않도록 경계해야 할 것이네. 물론, 한 가지 예가 있긴 있는데, 그것은 부모에 대해서 말할 때이지. 예를 들면, 아가멤논도 다음과 같이 말할 수 있네.

E 정말 튀데우스의 아들[디오메데스]은 그의 아비를 많이 닮지 않았어.[198]

그리고 『스퀴리아인들』에 등장하는 오뒷세우스 역시 아킬레우스에게 마찬가지로 말하네.

그대여, 명예로운 인생을 망치려는 거요?
양털이나 빗질하면서,
그대의 아버지는 헬레네스 가운데 제일 고귀한 자였거늘.[199]

친구에게서 질책을 받는다면, 훈계자인 친구에게 같은 식으로 응수하지 말아야 한다.

34 훈계에 훈계로 응하고, 솔직한 언사는 솔직한 언사로 맞받아

---

198 호메로스, 『일리아스』 5권 800행.

199 출처는 미상의 시인. 나우크, 『헬라스 비극 단편 선집, 작자 미상 편』, No. 9, p. 840.

치는 것은 가장 적절치 못하네. 이렇게 되면 즉시 상대를 열 받게 하고 소원하게 만들기 때문이지. 그리고 이런 언쟁은 보통 F
솔직함에 대해 솔직함으로 단순히 보답하는 사람이 아니라 솔직함을 너그러이 받아들일 수 없는 사람임을 드러내기도 하기 때문이지. 그러므로 훈계하려는 친구를 참을성 있게 대해 주는 것이 더 좋은데, 나중에 그가 잘못해서 훈계받을 필요가 있게 된다면, 바로 이 사실이 솔직하게 말해야 할 때 어떤 식으로든 솔직하게 말할 기회를 우리에게 주기 때문이네. 만약 그가 친구들의 잘못을 간과하려 한 것이 아니라 잘못을 깨닫게 하려 했다는 사실을 분노의 빛은 하나도 보이지 않고 친절하게 상기시킨다면, 그는 흠집을 찾거나 분노하는 대신 한층 더 친절하고 우아한 감정으로 대하면서 잘못을 시정하려는 마음이 들게 될 걸세.

{ 친구들의 사소한 잘못들에 대해서는 상투적인 잔소리를 하지 마라. }

35 다시 본 화제로 돌 73A
아가세. 투퀴디데스는,

> 누구건 간에 가장 중요한 문제들에 대해서 인기 없는 말을 하는 사람이 올바른 판단력을 보여준다.[200]

라고 말하고 있네. 중대사나 크게 관심을 끄는 문제가 생겨 훈계해야 할 때, 이때 상대방의 반발을 받아들이는 것이 친구의

200 Thucydides, ii. 64.

의무지. 그가 매사 말다툼이나 하려 하고 아는 사람에게 친구로서가 아니라 학교 선생님인 양 접근하면, 그의 훈계들은 가장 중요한 문제들이 걸렸을 때 칼날 같은 효력을 상실하게 되네. 그 이유는 이렇지. 수많은 가벼운 환자에게 필요 이상의 처방을 내려, 맵거나 쓰고 필요하기는 하나 값나가는 약을 쓰는 의사처럼 이 친구는 자신의 솔직성을 어떤 결실도 봄이 없이 계속 보
B 여주는 꼴이네. 그러므로 친구는 상대방을 계속 흠집 내면서 훈계하는 것을 스스로 경계해야 하네. 그런데 상대가 매사 좁게 보고 사소한 비난에도 계속 반응하는 성향이 있는 사람이라면, 이것은 그런 자에게, 이를테면, 더 중요한 과실들에 대한 공세를 취하는 열쇠를 주게 되는 격이지. 의사 필로티모스[201]는 어느 땐가 간염 환자가 그에게 생손 앓는 손가락을 보여주었을 때 말했네.

아니, 아픈 손가락을 걱정할 때가 아닌데요.[202]

마찬가지로 실제로 아무 중요성도 없는 사소한 일들을 가지고 비난을 일삼는 사람에게도 가끔은 올바른 말을 할 경우와 기회가 주어지지.

친구여, 왜 운동경기나 환락에 빠지고(사소한 일에) 허튼수작만

201 Philotimos(기원전 4~3세기): 헬라스의 유명한 의사. 여러 권의 의서를 썼다고 한다.

202 이 책의 43B, p. 222에 같은 이야기가 언급됨.

> 하고 있는가? 자네가(훈계를 제대로 하여) 이 사람을 주색잡기(酒色雜技)에서 멀리하게만 한다면, 자네나 나나 모든 면에서 존경할 만한 사람을 얻게 될 텐데 말이네.

왜냐하면 사소한 일에 연연하는 사람은 더 큰 일에 관해서 C
솔직하게 말할 수 있는 권리를 자기 친구에게 양도한 것과 같은 것이기 때문이네. 그러나 상습적인 잔소리꾼은, 어디서나 심술궂고 불쾌하며, 사사건건 자신에게 관심을 집중시키려 하고 위세를 부리기 때문에 자식과 형제들뿐만 아니라 심지어 노예들한테까지 참을 수 없는 사람이 되네.

훈계는 직언보다는 더 고상한 훈계의 어조로 완곡하게, 먼저 상대방의 장점을 칭찬하기부터 해야 한다.

36 그러나 노인에 관한 에우리피데스의 말,

> 노인이라도 장점과 단점이 있는 법.[203]

이라는 말을 빌리자면, 이 말은 어리석은 친구에게도 적용되기 때문에, 우리는 친구들이 잘못할 때뿐만 아니라 잘할 때에도 가까이서 계속 면밀하게 관찰해야 하네. 실로 첫 걸음은 유쾌하게 D
장점부터 칭찬하는 것이지. 쇠를 불로 달궈 연하게 만들어 담금질한 후 물속에 넣어 식혀서 강철을 만들듯이, 친구들이 칭찬

203 *Phoenissae*, 528.

으로 누그러지고 따뜻해졌을 때 우리는 따뜻한 목욕물처럼 솔직한 훈계의 담금질과 물에 식히는 절차를 밟아야 하네. 그러면 우리는 이때를 이용해 이렇게 말할 수 있지.

> 이 행위가 다른 행위와 비교할 만한 가치가 있는가? 명예가 어떤 결실을 보는지 자네는 아는가? 이것이 자네 친구인 우리가 요구하는 것이네. 이것이 자네의 품성에 맞는 행위라네.

그러나 다른 자극적인 저 언사들은

> 산으로 멀리 또는 대양의 포효하는
> 격랑의 파도 속으로.[204]

떨쳐 버려야 하네. 마음씨 착한 의사는 해리향(香)과 스카모니아 하제(下劑)를 처방하는 대신에 잠과 식이요법으로 환자의 병을 낫게 하는 것을 선호하듯이, 마음씨 착한 친구, 좋은 아버지, 그리고 교사는 사람 되라고 야단치기보다는 오히려 즐거이 칭찬하는 길을 택하지. 그 까닭은 솔직한 사람이 성질 부리지 않고 쾌활하고 친절하게 잘못을 저지른 자들에게 다가가 말로서 상대방의 마음을 쓰다듬어 주면서 기분 좋게 만드는 방법은 칭찬밖에 없기 때문이지. 이런 이유로 상대방이 지적 사항을 부정할 때 그들을 날카롭게 추궁해서는 안 되며, 자신을 변명할 때도 막아서는 안 되네. 우리는 이런저런 방법으로 상대방이 알맞은

E

204 호메로스, 『일리아스』 6권 347행.

변명을 할 구실을 찾도록 도와야 하네. 사태가 더 악화하는 것을 방지하기 위해서 우리는 참고 또 참아야 하지. 헥토르가 그의 동생 파리스에게 한 말에서 이 예를 볼 수 있네.

> 너 좀 이상하구나! 가슴에 분노를 품다니,
> 그것은 좋은 일이 아니야.[205]

마치 동생이 일대일 대결에서 물러선 것이 비겁한 탈영이 아니고 단지 좀 성깔을 부린 것처럼 형은 말하고 있네. 마찬가지로 네스토르 노인[206]이 아가멤논 총사령관에게(아킬레우스의 여자를 탈취한 것에 대하여) 충언한다네. F

> 그땐 들뜬 기분에 그랬던 거네.[207]

나는 직언보다는 고상한 훈계의 어조로 말하는 것이 더 정중하고 예의 바르다고 생각하네. "넌 잘못을 저질렀어"보다는 "너답지 않게 행동했더군", "넌 무식해"보다는 "넌 무심했던 거야", "네 형제를 시샘하지 마"보다는 "네 형제하고는 다투지 마", "그 여인과 놀아나지 마"보다는 "네 신세를 망칠 여자를 멀리하는 게 어때?"라는 식으로 말이지. 이러한 것이 솔직하 74A

205 호메로스, 『일리아스』 6권 326행.

206 Nestor of Gerenia: 퓔로스의 왕. 트로이아 전쟁에 참전했을 때 그의 나이는 110세였다고 한다. 그는 특히 아가멤논과 아킬레우스가 화해할 것을 조언한 것으로 유명하다.

207 호메로스, 『일리아스』 9권 109행.

게 잘못을 저지른 자를 교화시키려 할 때 쓰는 방법이네. 그러나 충격을 가해 행동을 하게끔 하기 위해서는 반대 방법도 시도해야 하지. 예를 들겠네. 잘못을 막 저지르려는 사람을 저지할 필요가 있을 때, 또는 강하게 나쁜 충동이 일어남을 억제하려고 애쓰는 사람에게 진지한 자극을 주려야 할 때, 또는 고귀한 일임에도 불구하고 이에 대한 열정과 애착심이 전혀 없는 사람에게 진솔한 충고를 하려 할 때가 있네. 그때마다 우리는 그들의 행동이 자연의 사리에 맞지 않는, 명예롭지 못한 동기의 결과임을 솔직하게 일깨워 주어야 하지. 이와 같은 것을 소포클레스가 비극에서 재현하고 있는데, 오뒷세우스는 아킬레우스의 마음에 충격을 가하기 위해 말하네. 아킬레우스가 분노한 것은 만찬 때 일어난 일 때문이 아니라

B 이미 그대는 잘 건조된 트로이아 성벽을 보고
겁먹고 있었소.[208]

라는 말이었네. 그리고 다시 아킬레우스가 이 말을 듣고 분기충천(憤氣沖天)하여 배를 타고 출항하여 귀국길에 오르겠다고 대답하자, 오뒷세우스는 다시 말하지.

이제야 알겠소. 그대가 도망치는 이유를.
나쁜 평판 때문이 아니라

208 나우크, 『헬라스 비극 단편 선집, 소포클레스 편』, No. 141, p. 162. Jebb-Pearson, *The Fragments of Sophocles*, ii. No. 566, p. 205 참조.

헥토르가 근처에 있기 때문이지요.
그래서 여기는 머물러 있기엔
안전한 장소가 아니란 말이지요.[209]

이처럼, 용기 있고 남자다운 사람, 아킬레우스를 비겁자로 낙인찍고, 순결하고 조용한 사람을 반항아로 비방하며, 도량이 넓고 위엄이 있는 사람을 소인배와 인색한 사람으로 몰아붙여 경악케 함으로써, 그들 시인은 이런 유의 사람들에게 고귀한 것이 무엇인가를 생각하도록 충격을 주고, 명예롭지 못한 것을 멀리하도록 하며, 교정할 수 없는 것들은 스스로 잘 조절할 것을 입증토록 하게 하고, 그들의 솔직한 대화에서 나무라기보다는 C 슬픔과 동정심을 더 갖도록 하고 있네. 그러나 잘못을 저지르지 않으려는 노력과 감정과의 싸움에서 그들은 엄하고, 냉혹하고, 끈질기지. 왜냐하면 이렇게 하는 것이 결연한 호의와 순수한 솔직함을 보여줄 바로 그때이기 때문이네.

과거 행위에 대한 나무람은 적들이 서로 대치했을 때 쓰는 무기네. 이 점에 대해서는 디오게네스의 어록[210]이 확인해 주고 있지. 그는 자기 보존의 문제로서 사람은 좋은 친구들이 있거나 아니면 격렬한 적들에 둘러싸여 있어야 한다고 했네. 왜냐하면 좋은 친구들은 훈계를 해 주고 격렬한 적들은 책망을 해 주기 때문이네. 그러나 질책 때문에 잘못을 뉘우치기보다는 친구

209 같은 책, 같은 곳.

210 『모랄리아』, 74C에서 재언급됨. 89B에서 그것은 안티스테네스가 한 말로 나와 있다.

D 들의 조언에 따라서 잘못을 저지르지 않는 것이 더 낫네. 이것이 바로 솔직함을 기술로 다루어야 할 이유지. 솔직함이 우정에서 가장 효력이 크고 가장 강력한 약이니까 말일세. 그러나 온갖 정성을 다해, 성질을 죽이고 온건한 태도로 적기(適期)에 투여해야 하네.

> 훈계는 질책과 함께 유익한 인상을 남기도록 하고, 위무로 마무리 지어야 한다.

37 이미 말했던 대로, 솔직함은 그 본질상 흔히 상대방을 고통스럽게 하기 때문에, 의사들의 모범을 따를 필요가 있네. 의사들은 외과 수술에서 수술할 때 고통스럽고 아팠던 자리를 그대로 남겨두지를 않네. 고통을 완화시키는 연고와 찜질 약을 발라 치료하지. 이처럼 훈계를 능숙하게 하는 사람들도 단순히 아프게 찔러 놓고 달아나지 않는다네. 그들은 더 대화를 하면서 따뜻한 말로 상처를 완화하지. 이는 마치 석수들이 망치와 끌로 가공된 석상 일부를 정교하게
E 세공 작업하는 것과 같네. 그러나 솔직한 언사로 심하게 얻어맞아 상처가 난 사람은, 찢어지고 부은 데를 그대로 내버려 두면, 분노가 끓어올라 다음번 부름에 쉽게 응하지 않거나 그를 위로하려는 시도에 따르지 않게 되지. 따라서 훈계를 하려는 사람들은 특별히 이런 점에 유의해야 하네. 상대를 훈계한 후 금방 자리를 떠서는 안 되며 또 친지들과 대화할 때 상대에게 고통을 주거나 화나게 하는 내용의 주제를 끝까지 꺼내서도 안 되네.

덕을 쌓는 사람은 어떻게 알아볼 수 있는가

Πῶς ἂν τις αἴσθοιτο ἑαυτοῦ προκόπτοντος ἐπ᾽ ἀρετῇ

이 에세이의 제목은 *Πῶς ἄν τις αἴσθοιτο ἑαυτοῦ προκόπτοντος ἐπ᾽ ἀρετῇ*, Pos an tis aisthoito heautou prokoptontos ep arete(라틴어로는 *Quomodo quis suos in virtute sentiat profectus* 또는 간략하게 *De profectibus in virtute*)로서 「덕을 쌓는 사람은 어떻게 알아볼 수 있는가」이다. 이 글은 플루타르코스가 친구인 퀸투스 소시우스 세네키오에게 보낸 서간문인데, 이 사람은 로마제국의 정치가로서 트라야누스 황제 통치기인 99년과 107년 두 차례에 걸쳐 콘술을 지낸 바 있다. 이로 보아 이 에세이의 저작 연대는 100년 전후가 아닐까 추정해 본다.

이 에세이는 플루타르코스가 스토아 학파의 윤리사상을 비판하는 논쟁의 글 중 하나로서 주로 스토아 철학의 두 개의 원리를 겨냥하고 있다(에픽테토스, 『논설집』 *Dissertationes*, 1. 4와 세네카, 『서한집』 *Epistulae*, 75. 8 참조). 첫 번째 원리는 완벽한 현자(賢者)만이 덕인이고, 지혜만 있으면 덕은 이에 따라 자연히 생긴다는 것이다. 두 번째 원리는 어떤 면에서 첫 번째 원리의 필연적인 결과로서, 사람은 현명하지 않으면 결코 덕인이 될 수 없다는 것이다.

이 두 개의 원리에 강하게 반발하면서, 플루타르코스는 인간의 윤리적인 면에서 덕 쌓기의 진전은 가능할 뿐만 아니라 그 진전을 인지할 수 있는 징후가 많이 나타남을 볼 수 있다고 주장한다. 그는 인격 형성을 위해 철학의 보조적인 것으로서 시와 역사를 다루기까지 한다. 요컨대, 악인도 덕을 쌓으면 선인이 될 수 있음은 물론, 심지어 선인도 완벽한 덕인의 경지에까지 이를 수가 있다면서, 그가 청소년이 덕 쌓기의 훈련을 통해 어떻게 계속 덕인의 면모를 갖출 수 있는가를 차곡차곡 서술하고 있는 것이 이 에세이의 특징이다.

수차례 로마를 외적의 침입에서 구한, 도덕적 모범의 예로 많이 드는 킨키나투스 입상(미국 오하이오주, 신시내티시 소재). 릭 다이크만의 2004년도 작품으로 다음과 같은 글이 새겨져 있다. "그는 오른손에 들고 있던 로마의 독재관의 권력의 상징인 파스케스를 내놓고, 평범한 시민과 농부로서의 생활을 즐기기 위해 왼손에 쟁기를 잡고 있노라."

서론: 소시우스 세네키오에게 보내는 서신. 덕 쌓기는 어느 누구도 인지할 수 없다는 스토아 학파의 주장과는 달리, 덕 쌓기에서도 모든 학문과 예술 분야에서 점차적인 진전이 인지되는 것과 마찬가지로 그 진전을 인지할 수 있다. 성전환하면 당사자 본인은 다 알듯이, 악인이 선인으로 변하면 자신이 곧 인지할 수 있다.

1 나의 사랑하는 친구 B
소시우스 세네키오여,
한 인간이 계속된 성장 단계를 거치는 동안 그의 어리석은 언행이 나아지기는 커녕 오히려 정반대로 악이 모든 성장을 방해하고 또,

> 마치 무거운 납덩어리들이 어부의 그물을
> 물밑으로 가라앉히듯,[1]

불가항력의 힘으로 그를 짓눌러 버리는 것이 사실이라면, 어
떤 형태의 논의를 해야 덕과 관련해서 인간의 내부에 덕이 점
차 쌓인다는 의식을 생생하게 심어 주게 될까? 이런 질문을 던
진 이유는, 만약 그 사람이 배우는 과정에서 어리석게도 이 주
제에 대한 자신의 지식의 수준을 조금도 높이지 못하고 학습 진
전이 지지부진하다면, 그는 음악이나 글공부에서도 마찬가지로
나아지는 게 있다고 인식하지 못하게 될 것이기 때문이네. 환자
의 경우에서도 역시 그렇다네. 처치 과정에서 병이 차도가 없으
면 좀 나아졌다는 낌새를 알아차릴 수가 없다네. 차도가 틀림없 C
이 있게 된다면 그때야 비로소 환자의 몸은 기력을 완전히 회복
할 것이네. 그러나 사람들은 오히려 이런 경우들에서 자신을 짓

1 소포클레스의 알려져 있지 않은 드라마 속에 나오는 대사. 나우크, 『헬라스 비극 단편 선집, 소포클레스 편』, No. 756, pp. 308~309.

누르는 중압감에서 점차로 뚜렷이 벗어나지 않는 한 진전을 이루지 못하고, 천칭이 반대로 기울어져 반대 방향으로 추켜올려지면, 그때에야 그들은 변화를 알게 되네. 철학 연구에서도 꼭 그와 같아서, 영혼이 우둔함을 멀리해 자체를 정화하지 않는다면, 그리고 만약 그것이 절대적이고 완전한 선(善)에 이르는 그 순간까지 역시 절대적인 악(惡)과도 밀접한 관계를 맺고 있다면, 그들 역시 아무런 진전이나 진전한다는 감을 느낄 수가 없다네.
D 사실이 이럴진대, 왜 현자는 일순간 또는 다시 한 번 최악의 구렁텅이에서 벗어나 최고의 덕의 경지까지 변하는가? 그리고 왜 그는 갑자기 오랜 세월 동안 조금도 털어 버리지 못했던 모든 악을 영원히 멀리할 수 있을까?

하지만 다른 한편으로는 이런 주장을 하는 작자들이 몸소 그리 명민하지 못한 자[2]에게 크게 고민이 되는 많은 난제를 떠넘긴다는 것을 자네는 분명 알고 있네. 즉, 어떤 사람에게인가 하면, 자신이 현명해졌다고 하는 사실, 즉 스스로 오랫동안, 그리고 차츰차츰 이런 자질을 버리고 저런 자질을 취하는 과정이 그의 향상에 영향을 끼쳤다는 사실을 아직 깨닫지 못하고 알지도 못하며 또 믿기를 주저하는 사람이네. 그런 사람은 걷다 보니까 목적지에 도착한 것처럼, 조용히, 그리고 부지불식간에 덕의 무
E 리에 합류하게 되었지. 그러나 만약 변화가 너무 빠르고 그 폭이 너무 커서 아침엔 가장 악하던 사람이 저녁엔 가장 선한 사람이 된다든가, 쓸모없는 바보 얼간이가 하룻밤 자고 나니 현자

2 플루타르코스가 이 주제를 「스토아 학파의 모순」 Inconsistencies of the Stoics의 글에서 더욱 철저히 다룬다. 『모랄리아』, 1042F 참조.

가 되어, 그의 영혼에서 둔한 어리석음과 어제의 잘못된 개념들을 떨쳐 버리고,

> 헛되고 헛된 꿈들이여, 안녕!
> 그대들은 단지 무(無)일 뿐,
> 이제야 나는 보고 말하느니.[3]

라고 외친다면, 이와 같은 큰 차이가 그 자신의 자아 속에서 발생했다는 것, 그리고 지혜의 빛이 돌연 한꺼번에 그에게 쏟아졌다는 것을 어느 누가 알아차리지 못하겠는가? 내 의견은 이러네. 겁쟁이고 우둔하고 방탕한 사람이 바뀌어 절제 있고 현명하 F
며 용감하게 된 사람, 짐승 같은 삶에서 신과 같은 삶으로 바뀐 사람이 자신에게 일어난 변화를 일순간이라도 전연 인지하지 못하는 경우는 없지. 오히려 카이네우스[4]처럼 소원 성취하여 여인에서 남성으로 성전환된 자가 그 변신을 더 쉽게 빨리 망각한다고 하면 모르지만 말일세.

---

3 에우리피데스, 『타우리스의 이피게네이아』 *Iphigenia in Tauris*, 569.

4 Caeneus: 오비디우스의 『변신』 *Metamorphoses*에 나오는 여성에서 남성으로 성전환된 남자. Ovidios, *Metamorphoses*, xii. 189 이하 참조.

유일하게 절대적으로 완전한 인간인 덕인을 제외한 모든 인간이 똑같이 악인이라는 스토아 교리는, 덕 쌓기의 진전은 인지할 수 없다는 논리적 결론에서 많은 오류를 범한다.

2 돌을 선(線)에다 맞추어야지
선을 돌에다 맞추려고 해선 안 되지.[5]

당연히 이렇게들 말하네. 그러나 자기네들의 주의 주장을 사실에다가 맞추지 않고 오히려 사실들을 자신들의 가정(假定)[6]에다 억지 춘향으로 끼워 맞추려는 자들이 모든 철학을 많은 난문
76A 제로 채웠다네. 그중 가장 큰 문제는 유일하게 절대적으로 완전한 인간을 예외로 하곤 모든 인간을 악의 일반적 범주에 넣었다는 것이지. 그 결과 소위 덕 쌓기의 진전은 이해하기 어려운 하나의 수수께끼로 되었다네. 그 이유는 그것이 아주 극도의 어리석음에 지나지 않고, 온갖 종류의 열정과 연약함에서 벗어난 사람들을, 가장 나쁜 악 중 하나를 못 버린 사람들과 똑같이 불행한 사람들로 취급하기 때문이네.

그래서 하는 말인데, 이 사람들은 실제로 강의를 할 때에 자기모순에 빠진다네. 아리스테이데스의 악행[7]을 팔라리스[8]의 악

5 속담. Leutsch & Schneidewin, *Paroeminographi Graeci*, ii. 625(88A) 참조.

6 스토아 학파의 것들을 말함.

7 Aristeides(530~468 BC): 아테나이의 정치가로, 별명은 '정의로운 인간'이다. 플루타르코스, 『아리스테이데스의 생애』 *Life of Aristeides*, vii(323A) 참조. 그는 테미스토클레스의 중상모략과 아테나이인의 시기로 도편추방당했는데, 이런 이야기가 전해 오고 있다. 아리스테이데스와 테미스토클레스 두 지도자 간의 분쟁은 결국 기원전 485년과 482년 사이의 아리스테이데스의 도편추방으로 끝나는데, 이때 글을 모르는 어떤 자가 그에

행과 동등하게 취급하고, 브라시다스[9]의 비겁을 돌론[10]의 것과 동등하게 취급하는가 하면, 플라톤의 강심장의 태도를 실제로는 멜레토스[11]의 것과 전혀 다르지 않은 것으로서 결부시키고 있네. 하지만 반대로 이들은 그들의 삶과 행실에서 뒤에 열거한 사람들에 대해서는 혐오감을 보이고 그들을 무자비한 사람들로 피하지만, 앞에 든 사람들은 아주 가치가 큰 사람으로 여기지. 이들은 확신을 갖고 아주 중요한 일에서 그들을 인용하기 때문이네. B

게 다가와 아리스테이데스의 이름을 써 달라고 부탁했다. 그래서 그는 그자가 당신에게 무슨 나쁜 짓을 한 일이 있느냐고 묻자, 그의 답변이 이러했다. "아니요, 나는 그자가 어떤 사람인지 전혀 모르오. 하지만 도처에서 그자가 정의로운 사람이라고 부를 때마다 나는 매우 화가 나기 때문이오."

8 Phalaris: 대략 기원전 570년에서 554년까지 시켈리아의 아크라가스(아그리겐툼)의 참주. 그는 아주 잔인한 것으로 유명했는데, 일설에는 그가 젖먹이 갓난아이들을 불에 구워 먹었다는 이야기가 전해 온다.

9 Brasidas(기원전 422년에 죽다): 펠로폰네소스 전쟁 때 그는 스파르테의 장교로서 큰 공을 세운다. 그는 기원전 422년에 아테나이와의 휴전 기간이 종료되자 기만전술을 써서 개인적으로 스파르테인들을 지휘하여 클레온과 아테나이군 600명을 살해하는데, 이때 스파르테 측의 사상자는 불과 7명이었고, 그 선봉에 섰던 브라시다스는 중상을 입어 전사했다고 한다.

10 Dolon: 트로이아 전쟁 때 트로이아를 위해 싸운다. 그는 적을 속이기 위해 늑대 가죽을 뒤집어쓰고 네 발로 기어 헬라스 군대에 접근하지만 오뒷세우스 등의 헬라스 군대에 잡히자 목숨을 구걸하며 모든 정보를 불었다 한다.

11 Meletos: 플라톤의 『소크라테스의 변론』을 보면, 소크라테스가 젊은이들을 타락시킨다고 고발하는 3명 중의 가장 젊은 주인공. 그는 매부리코에 곧은 장발에 부실하게 자란 턱수염의 시인에다 종교적 환상가였다고 한다.

악의 종류에 등급이 있음을 인정하는 플라톤 이론은 타당하다. 철학은 항해처럼 항로를 유지하고 계속 전진한다면 목적지인 항구에 도달한다. 마찬가지로 덕을 계속 추구한다면, 덕 쌓기는 나날이 진전한다.

3 그러나 우리로서는 모든 악의 종류에는 등급이 있고, 특히 영혼과 관계되는 결정할 수 없고 정의 내릴 수 없는 악의 종류에 등급이 있다는 것을 알고 있네. (마찬가지로 이성이 영혼을 점차로 계발하고 정화하기 때문에 점점 지는 그늘처럼 천박함의 감소에 의해 생기는 덕 쌓기 진전에는 여러 등급이 있지.) 그러므로 변화 의식이, 말하자면, 깊은 골짜기에서 위로 올라가는 길을 찾고 있는 사람들의 경우에는 없다고 우리는 생각
C 하지 않지만, 그러나 산정(算定)해 볼 수 있는 길들은 많다네. 이 중 우선 더 이상 군소리하지 않고 자네에게 권하고 싶은 말이 있네. 망망대해로 항해하는 사람들은, 바람의 세기와 관련해 시간을 측정하여 정확한 항해 시간과 거리를 계산하지. 마찬가지로 철학에서도 사람은, 자기 자신을 자기 진로의 일관성과 계속성의 기반을 마련하고 있다는 증거로서 취할 수도 있네. 그런데 그 진로란 전진하는 중엔 마구 달리고 뛰다가 빈번하게 쉬는 일도 없이, 순순히 규칙적으로 앞으로 천천히 나아가다가 무사히 철학적 이성의 과정을 밟게 되지. 다음과 같은 시행이 있네.

> 그대가 비록 조그만 것을 하나하나 쌓아 간다 하더라도
> 이를 자주 하다 보면,[12]

---

12 Hesiodos: 기원전 750~650년 사이에 활약했던 헬라스의 구술(口述) 시인. 헤로도토스는 헤시오도스와 호메로스를 동시대의 쌍벽을 이루는

이것은 돈벌이에만 관련된 것이 아니라, 만사에 적용되는 것이고, 특히 덕 쌓기에도 적용되는 것이라네. 그 경우 이성이 변함없이 효력이 있는 습성의 도움을 받기 때문이지. 그러나 철학도들에게서 흔히 나타나는 변화와 우둔함은 지식으로 가는 도중에 가다 서기를 반복할 뿐만 아니라 후퇴도 하게 하는데, 악이 항상 늑장부리는 근거를 마련하고 반대 방향으로 퇴보하려는 사람을 덮치기 때문이네. D

수학자들은 행성들이 앞으로 나아가는 움직임이 중지될 때 잠시 정지 상태에 있다고 말하지만, 철학 연구에서는 진전이 중단될 때는 중간 휴식기가 없고 정지 상태로 남아 있는 경우도 없네. 그러나 자연은 어떤 동작이든 간에 움직이는 속성이 있어 E
서 마치 저울추에 매달린 것처럼 위아래로 움직이지. 비록 균형이 잡히면 멈추기는 하나 다시 더 나은 동인에 의해 흔들리고, 또는 정반대의 동인의 영향하에 더 나쁜 쪽으로 빠르게 움직이네. 따라서 만약 자네가 신탁에 나오는 신의 조언을 받아들여 "밤낮을 가리지 않고 며칠간 키르하이아인들과 싸우고", 마찬가지로 자네가 낮에도 밤에도 언제나 악에 대항해서 무자비한 전쟁을 해 왔음을 의식하고, 또는 적어도 자네가 자주 경계를 늦추지 않았고, 또는 이를테면, 휴전 협정을 조인하기 위해 악이 사절로서 보낸 여러 가지 쾌락, 오락, 기분풀이를 한결같

시인으로 간주했지만, 아리스타르코스가 호메로스가 시대상으로 앞선다고 주장한 이래 그의 견해가 일반적으로 받아들여지고 있다. 『일과 날』 *Erga kai hemerai*, 『신들의 계보』 *Theogonia* 등 그의 저술은 신화, 농사 기술, 초기 경제사상, 천문학 등의 주요 사료로 이용되고 있다. 헤시오도스, 『일과 날』, 361. 이 책의 9E에서 더 상세히 인용됨.

이 용납하지 않았음을 의식한다면, 아마도 자네는 상당한 용기와 자신감을 갖고 아직도 마지막 남아 있는 목표를 향해서 갈 수 있을 가능성이 아주 높네.

> **덕 쌓기 징후**
> **❶ 철학 연구에 대한 열정은 더 강해져 덕 쌓기 진전의 날개를 달게 된다. ❷ 철학에서 발견하는 선함에서 얻는 즐거움에 비해 그것이 결여될 때 슬픔을 더 맛보게 된다.**

F 4 그렇지만 비록 철학을 연구하다가 중간에 휴식기가 생긴다 하더라도 만약 뒤의 연구 기간이 앞의 연구 기간보다 더 오래 지속적으로 충실하게 수행된다면, 이것은 근면과 실천을 통해 철학 연구에 몰두하고 있다는 작지 않은 징후네. 그러나 오래지 않아 자주 무언가 파괴적인 좋지 않은 상황에 빠져, 학문에 대한 열정이 식어 버리는 그
77A 런 때도 있지. 이를 우리는 갈대에 비유할 수 있네. 갈대는 성장 초기엔 매우 큰 힘을 내뿜어 오랫동안 장애나 저항 없이 지속적으로 균등하게 쑥쑥 잘 자라지. 그러나 성장 후기가 되면 높은 데 오르려면 숨이 가빠지듯이 갈대는 연약하고 지친 모습으로 자라고, 작은 마디마디로 움츠러들다가, 그때가 되면 활력소가 타격이나 충격을 받는다네. 철학도 마찬가지여서, 시작 초에 철학의 영역 속으로 유람삼아 긴 여행을 떠난 사람들은 후에 많은 진전이 있었음에도 알아차리지 못하고 계속 몰려드는 장애
B 와 심란함에 부딪혀 결국 녹초가 되어 포기하고 만다네. 그러나 또 다른 유형의 사람은 앞으로 나아가면서 얻는 도움 때문에,

"다시 날개를 달게 되지."[13] 그리고 성공적인 업적에 대한 타고난 힘과 열정으로 온갖 핑계를 그의 길을 막는 군중인 양 쓸어버린다네. 마찬가지로 사랑의 시작 징후가 나타나는 것은 애인을 보는 즐거움(보통은 그렇다네)에서가 아니라 헤어질 때 느끼는 고통의 극치감에서지. 철학에 매료되어 큰 뜻을 품고 공부하는 것같이 보이는 많은 사람은 이와 같네. 그러나 만약 그들이 다른 일과 직업 때문에 철학 연구에서 떠나게 된다면, 그들의 모든 흥분은 가라앉고 그들은 더 이상 관심을 두지 않네. 그러나

소년일 때 품은 사랑의 아픔을 마음에 담고 있는 그가[14]

철학 토론장에 있는 동안은 자네에게 온건하고 온순하게 보이겠지만, 일단 철학 토론장에서 벗어나 혼자 있을 때엔 철학을 향한 동경 때문에 그는 격정에 휩싸이고, 불안에 떨고, 모든 일과 직업에 불만을 품고, 단순한 추억을 간직하면서 이성이 없는 존재처럼 처신한다네. 하지만 우리가 향수 냄새를 맡고 좋아하는 것처럼 철학 토론장에 참석하는 것을 꼭 즐거워해야만 하는 것도 아니고, 철학 토론장에서 떨어져 있다고 하여 불안감을 느낄 필요까지는 없네. 떨어져 있는 동안은 어느 정도 배고픔과 목마름의 감정을 경험해 실제로 덕을 쌓아 나가는 데에 마음을 쏟아야 하네. 그것이 우연하게 결혼이 되든 부귀든 우정의 직무 C

13 호메로스, 『일리아스』 19권 386행.

14 나우크, 『헬라스 비극 단편 선집, 소포클레스 편』, No. 757, p. 309. 플루타르코스, 『모랄리아』, 619A 참조.

D 나 일시적 이별을 야기하는 군 복무가 되든지 간에 말일세. 왜냐하면 철학에서 얻는 것이 크면 클수록, 철학에서 단절될 때엔 더욱더 괴로움을 느끼기 때문이네.

덕 쌓기 징후
❸ 철학은 처음에는 당혹과 심적 동요로 난관에 봉착할 수 있으나, 이를 극복하면 아주 쉽고 편안하게 덕 쌓기의 진전을 이룰 수가 있다.

5 이와 꼭 같거나 거의 비슷하게, 바로 그 고대의 덕 쌓기의 진전에 대한 설명이 헤시오도스[15]에 의해 제시되고 있는데, 그가 제시한 길은 오르막길도 아니고 아주 가파르지도 않지. 그저 편안하고 평탄해 손쉽게 정상에 도달할 수 있다네. 비록 그 길은 실천이 따라야 평탄해지고, 또 그래야만 빛이 나는 것이긴 하지만
E 말일세. 그 길은 철학 연구에서 찾을 수 있네. 그러나 정든 땅을 뒤에 두고 떠나 아직은 항해의 목적지인 미지의 땅이 시야에 들어오지 않은 사람들처럼, 철학도들이 시작 초에는 당면하는 당혹감, 잘못된 생각, 많은 마음의 동요가 있으므로, 계속해서 빛을 비추어 주어야 하네. 왜냐하면 그들이 더 나은 것에 대한 지식과 소유를 획득하기 전에 흔히 있는 친숙한 일들을 포기하게 되면 자기도 모르는 사이에 갈팡질팡하며 종종 잘못된 방향으로 나아가기 때문이지.

로마인인 섹스티우스[16]에 관한 이야기를 실례로 들 수 있네.

---

15 『일과 날』, 289.

16 Quintus Sextius the Elder(기원전 50년경에 활약): 로마 철학자. 그는 퓌

그는 자신의 명예와 국가 관직을 포기하고 철학을 택했지. 그러나 처음부터 어려운 주제 때문에 조바심이 생겨 티베리스 강에 작은 배를 띄워 물속으로 투신할 생각마저 했네. 이 비슷한 이야기가 또 있지. 시노페 출신의 디오게네스[17]가 철학에 몰두 F
하기 시작할 때의 일화라네. 아테나이인들은 휴일을 보낼 때 극장에서 공공 연회나 쇼를 즐기고, 또는 상호 간의 친선 모임에서 노래하고 웃고 술을 마시며 떠들썩하게 밤새도록 노는데, 디오게네스는 집구석에 처박혀 잠을 자려고 했지. 하지만 잠이 올리가 있나. 어쩌다가 그만 이런 힘들고 낯선 생활 방식에 발을 들여놓게 되었는지, 그리고 자신의 이런 행동의 결과로 이 모든 재미를 조금도 보지 못하고 혼자 앉아 있는지에 대한 상념에 그는 매우 혼란스럽고 매우 낙심하게 되었다네. 잠시 후 생쥐 한 마리가 몰래 기어 와서 디오게네스가 먹던 빵 조각을 바삐 먹어
치웠네. 그러자, 그는 다시 한 번 정신을 차리고 비록 비겁자임 78A
을 자책하는 것이지만 자신에게 말했네.

> 넌 뭘 말하고 있지? 디오게네스, 네가 남긴 빵부스러기로 이 생쥐는 잔치를 베풀고 있는데, 출신 성분도 좋고 교육도 잘 받은 네가 왜 저 밖에서 술을 마실 수 없어서 부드럽고 화려한 침상에 기대앉아 신세 한탄이나 하고 있느냐?[18]

타고라스 학파와 스토아 학파의 철학을 결합했다. 세네카의 서한을 읽어 보면, 그는 명문 가문의 출신이었지만, 황제가 주는 원로원 의원직을 마다하고, 채식 위주의 식사를 하며 매일 자기반성을 했다고 한다.

17 견유 학파 창시자 디오게네스를 일컬음.

18 Claudius Aelianus, 『다양한 역사』 *Ποικίλαι Ἱστορίαι*(라틴어로는 *Varia*

목하 이러한 낙담의 감정이 드물게나마 폭발해 마치 일시적인 퇴각 후의 반격처럼, 마냥 실의에 차 있으면 안 되겠다는 생각에 도움이 되어 우리가 의기소침(意氣銷沈)한 마음을 싹 날려버릴 때, 우리의 덕 쌓기 진전은 확고한 반석 위에 있다고 믿어도 좋네.

B

덕 쌓기 징후
❹ 철학을 한다는 주변의 온갖 조롱과 비판에 유연하게 대처하고, 동년배의 출세 소식에 초연한 태도를 취함으로써 타인의 의견의 노예가 아니라는 것을 보여준다.

6 철학도들은 심약하여 그들 스스로 철학이 너무 어렵다고 낙담하거나 반발하기도 하지만, 조롱과 농담의 형태로 친구들이 주는 냉정한 충고와 비우호적인 자들의 신랄한 비판들이 목적을 왜곡시키고 약하게 하는 원인이 되어서, 개중에는 심지어 철학을 완전히 포기하기도 하네. 그 때문에 이러한 비판에 아랑곳하지 않는 온건한 태도를 보임으로써, 그리고 같은 연배의 지인들 이름을 들먹이며 누구는 법정에서 잘 나가고 있고 누구는 결혼 지참금을 크게 받고 누구는 관직에 입후보하거나 어떤 주의주장을 주창하기 위해 군중이 운집해 있는 광장에 내려간다든가 하는 주위 사람들의 이야기에 초조함이나 동요함이 없이 아주 초연한 태도를 취함으로써, 덕 쌓기 진전의 작지 않은 징후를 보여줄 수 있을 것이네. 왜냐하면 분명히 이러한 상황에서 당혹하지도 않고 심란해 하지 않

Historia), xiii. 26에도 이와 비슷한 이야기가 나온다.

은 사람은 철학이 중심을 꽉 잡고 있는 사람이기 때문일세. 덕을 터득한 사람들을 제외하면, 절대다수가 감복하는 것을 마다하기란 불가능한 일이지. 세상과 대담하게 맞서는 사람은 분노를 참지 못하거나 정신 착란이 일어난 몇몇 사람에게서나 볼 수 있을 듯한 일일세. 그러나 세상 사람들이 감복하는 행동들을 경멸하기란 참되고 견고한 지혜 없이는 아주 불가능하지. 이것이 바로 그들이 자기들의 조국과 타국을 비교하고, 조국을 자랑스러워하는 이유라네. 솔론이 자랑하는 것처럼 말일세. C

> 우리는 절대로 그들의 모든 부(富)와 우리의 덕(德)을
> 맞바꾸는 거래를 하지 않지.
> 덕은 영원히 변치 않는 것.
> 부란 잠시 잠깐 사람들 사이에서
> 왔다갔다 하는 것이기에.[19]

디오게네스[20] 역시 자기가 코린토스에서 아테나이로, 아테나 D

19 Solon(circa 638~558 BC): 아테나이 정치가, 입법가, 시인. 보통 클레이스테네스가 아테나이 민주정의 기틀을 마련했다고 알고 있으나, 실은 솔론이 아테나이의 민주정의 초석을 놓았다는 견해도 있다. 베르크, 『헬라스 서정시인들』, ii. 427, No. 15[6], pp. 46~47. 플루타르코스, 『모랄리아』, 92E, 472D 및 *Life of Solon*, iii(79F)에 재인용됨.

20 해적들에게 납치되어 노예로 팔린 후에, 디오게네스는 결국 코린토스에 정착하게 된다. 거기서 그는 견유 학파의 철학을 크라테스에게 전수해 주는데, 이 사람은 또 그것을 제논에게 가르침을 준다. 그래서 제논이 스토아 학파 철학 학당의 초대 교장이 되는 것이다.

이에서 다시 코린토스로 옮긴 일을 페르시아의 왕[21]이 봄에 수사에 체류하고, 겨울엔 바빌론에, 여름엔 메디아에 체류하는 데 비유하곤 했지. 아게실라오스[22] 역시, 위대한 왕[23]에 대해 언급하면서,

> 어떤 면에서 그 사람이 나보다도 더 위대하다는 거요?
> 어떤 면에서 그자가 나보다도 더 정의롭다는 말이오?

라고 했다네. 그리고 아리스토텔레스는 안티파트로스[24]에게 알렉산드로스 왕에 대해서 다음과 같이 써 보냈다네. 많은 사람을 지배했기 때문에 자랑할 만한 권리를 가졌던 것은 알렉산드로스 대왕만이 아닐세. 신[25]에 대한 올바른 생각들만 지니고 있다면, 어떤 인간이라도 다 똑같은 좋은 권리를 가진 셈이라고 말

21 Dareios I(550~486 BC): 다레이오스 대왕이라고도 불린다. 대왕은 페르시아 제국 전역에 건축 계획을 세워 수사, 페르세폴리스, 바빌론과 아이귑토스에 궁전을 짓는다.

22 Agesilaos II(444~360 BC): 대략 기원전 400년에서 360년까지 통치했던 스파르테 왕. 선한 왕이며 장군으로 알려져 있다. 기원전 396년에 아시아를 침입해 페르시아의 아르타크세르크세스 대왕과 대적한다.

23 Artaxerxes II Mnemon(circa 435 or 445~358 BC): 기원전 404년에서 사망할 때까지 페르시아의 대왕. 그는 스파르테의 아게실라오스 2세 왕이 아시아를 침입했을 때 그와 대적하여 싸운다.

24 Antipatros(circa 397~319 BC): 마케돈 장군으로서 필립포스 대왕과 알렉산드로스 대왕의 지지자. 그는 기원전 320년에 전 알렉산드로스 제국의 섭정이 되는데, 이때 아테나이도 그의 지배하에 들어간다.

25 Julian's *Letter to Themistius*, p. 265A(Loeb Classical Library. II, p. 231에 번역되어 있음) 및 플루타르코스, 『모랄리아』, 472E 참조.

이네. 제논[26]은 테오프라스토스[27]가 제자가 많아 존경받고 있는 것을 보고 말했지. E

사실 그의 합창단이 더 크지만, 내 합창단은 화음을 더 잘 낸다네.

덕 쌓기 징후
❺ 철학 연구의 모든 장애 요인을 극복한다. ❻ 지적 호기심이 외부 관심사보다는 오히려 영혼 문제를 취급한 내부 담론으로 전환한다.

7 그런데 자네가 덕의 이러한 일련의 이점들을 단순히 겉으로 나타나는 이점들과 대비시켜서, 모든 시샘과 질투, 그리고 철학을 연구하려는 많은 초보자를 짜증 나게 하고 풀이 죽게 하는 일들을 일소하는 성과를 올리면, 그때마다 자네는 재삼재사 덕 쌓기의 진전이 실현되는 중대한 국면에 있음을 자각하게 되네. 의미심장한 변화는 화자의 담론에서 생기는데, 실제로 모든 철학 초보자들은 명성을 얻는 저 담론 형태들을 추구하는 경향이 좀 더 강하기 때문이라네. 이들 중 일부 초보자들은 새들처럼 들뜬 기분과 야심에 이끌려 자연의 물질적 사물이나 비밀의

26 Zenon of Cition(circa 334~262 BC): 퀴프로스의 키티온 출신의 페니키아인. 그는 스토아 학당의 초대 교장으로서 기원전 300년경부터 철학을 가르친다. 견유 학파의 도덕관에 기초하여 자연/본성에 일치하는 덕의 생활을 할 때 선과 마음의 평화를 얻는다는 점을 강조했다. 그의 윤리관은 헬레니즘 시대에 특히 로마 시민의 정신세계를 크게 지배하게 된다.

27 Theophrastos(circa 371~287 BC): 레스보스 섬의 에레소스 출신으로 뤼케이온에 있는 소요 학교의 아리스토텔레스의 후계자로서 36년간 학당을 관리한다. 그의 많은 저서 가운데 『감각론』이 있다.

눈부신 고지(高地)에 내려앉으려 하지. 그런가 하면 또 다른 철
F 학도들은 플라톤이 표현한 것같이[28] "물고 잡아뜯기를 즐기는 강아지들처럼" 논쟁, 풀기 어려운 문제, 그리고 쓸데없는 반대에 몰두하지. 그렇지만 대다수는 탐구의 논리와 역사의 논증 과정에 들어 간다네. 거기서 그들은 곧장 지식 획득의 연마를 시작하지. 극소수는 격언과 일화를 수집하고, 아나카르시스[29]가 돈을 셀 줄만 알았지 돈 쓸 줄을 전혀 몰랐던 헬레네스들에 대해 말했던 것처럼, 이자들은 영원히 바보스럽게도 자기들의 서고에 쌓여 있는 책 목록이나 작성하고 정작 자기들에게 이익이 되는 것은 하나도 챙기지 못하고 말지. 여기에는 안티파네스[30]
79A 의 이야기가 안성맞춤이네. 누군가가 여러 번 말해 주었다는 것으로, 플라톤의 절친한 벗들에게 해당하는 이야기이지. 안티파네스는 익살을 떨며 이렇게 말했지. 어떤 도시에서 겨울에 사람들이 말을 하자마자 추워서 얼어붙었는데, 후에 여름이 되자 지난겨울에 대화한 말이 녹아서 다시 듣게 되었다고 말일세. 그가 단언한 것도 이런 식인데, 플라톤이 사람들에게 말했던 것도 그들이 아직 젊었을 때라는 것일세. 설사 그전에 일부 깨달았던

28 『국가』, 539B.

29 Anacharsis: 스퀴티아인 철학자. 그는 기원전 6세기 초에 흑해 북해안의 고향을 떠나 아테나이로 와서 솔직하고도 거리낌 없는 이방인으로 분명 견유 학파의 선구자로서 큰 영향을 끼친다. 하지만 그의 저서는 하나도 남아 있지 않다.

30 Antiphanes: 기원전 408년에서 334년까지 살았던 중기 아티카 희극 시대의 알렉시스 다음으로 중요한 작가. 그는 이방인으로서 기원전 387년부터 희극을 쓰기 시작해 200개가 넘는 작품을 썼는데, 대부분 식탁과 정서를 주제로 한 것이었다고 한다.

사람이 있었는지는 몰라도, 대부분의 사람은 오랜 세월이 지나 노인이 되어서야 뒤늦게 그 뜻을 깨닫게 된다는 것이네. 이런 것이 대체로 판단력이 건전한 안정성을 확보하고 품격과 넓은 마음에 어울리는 원칙들과 합치하고, 아이소포스 우화[31]에 나오는 것처럼, 우리에게서 멀어지는 것이 아니라 오히려 우리 내부를 향해 도움이 되는 담론의 발자취를 찾을 때까지의 철학에 대한 일반적 경험이라네. 아이스퀼로스가 자기 글의 과장된 부분을 처음에는 가볍게 다루고, 그다음에 비로소 문장을 문법에 맞게 뜯어고치면서 윤문을 하고, 마지막 3단계로 도덕적 성격과 선에 가장 관련이 깊은 성격의 언어로 바꾸었다고 소포클레스는 말했네. 이렇듯 철학도들이 과시적이고 인위적인 담론에서 품격과 감정을 다루는 유의 담론으로 넘어갈 때, 이들은 진정 가식 없는 덕 쌓기의 진전을 하기 시작하는 것이네. B

31 Aisopos(circa 620~564 BC): 전승에 의하면 노예로 태어났던 헬라스의 유명한 우화작가. 그는 추한 노예였지만 총명하여 노예에서 해방되어 각국의 왕들과 도시국가들의 조언자가 된다. 후대의 전승은 흑인인 이디오피아인라고 묘사하기도 한다. 그의 우화는 「사자와 여우」, No. 137에서처럼 동물들이 이야기하는 것으로 구성되어 있는데, 인간의 성품을 나타낸다는 것이 특징이다.

덕 쌓기 징후
❼ 철학적인 글과 담론에서 단순한 언어보다는 주제에서 유익함을 얻는다. ❽ 시가와 역사를 읽을 때에도 벌이 꿀을 만들듯이 거기서 유익함을 찾는다. ❾ 철학은 자기 과시용이 아니라 거기서 유익함을 찾는다.

C 8 철학자들의 글을 음미하고 그들의 담론에 귀를 기울일 때, 주제보다 단순한 언어에 더 관심을 두지는 않는지, 무언가 유용하고 실질적이고 유익한 것을 전하는 것들보다 오히려 무언가 어렵고 이상야릇한 문구들에 더 마음이 끌리지는 않는지 자성해 보아야 하네. 뿐만 아니라 한 걸음 더 나아가, 자네가 시와 역사에 몰두할 때는, 알맞게 표현되고 특성을 좋게 고치거나 감정을 완화하는 생각들 중에서 놓친 것은 없는지도 자문해 보아야 하네. 왜냐하면 시모니데스가 꽃들 가운데를 날아다니는 꿀벌에 대해 말한 대로,

꿀벌의 관심사는 오직 누런 꿀을 만드는 것[32]

이라서, 꽃이 자신을 뽐내는 꽃 세계의 나머지 부문인 색깔과
D 향기에는 아무런 관심도 갖지 않기 때문이네. 이처럼 어떤 한 사람이 자신의 주도하에 무언가 가치 있는 것을 찾고 수집한다면, 비록 나머지 세상 사람들은 시(詩) 속에서 쾌락이나 오락을 찾아 헤매더라도, 그는 드디어 아름답고 특유한 것이라면 맹목적으로 좋아하던 취미와 습관에서 벗어나 그것을 평가할 수 있는 능력을 갖추었다고 기대해도 되네. 예를 들어, 사람들이 플

32 베르크, 『헬라스 서정시인들』, iii. No. 47[76], pp. 410~411. 또한 『모랄리아』, 41F, 494A에서 재인용됨 .

라톤과 크세노폰을 공부하는 목적이 자신들의 언어 사용을 위한 것으로, 거기서 오직 이슬과 꽃처럼 자신들의 아티카 방언의 문체의 순수성만을 찾아 모으려 하는 것이라 하면, 자네는 그 경우에 대해 뭐라 말할 수 있겠는가? 그들은 약들의 달콤한 향수와 향내에 만족할 뿐, 진정시키고 정화해 주는 약들의 약효를 얻고 싶은 욕망도 없고, 그것들을 분별할 힘도 없는 그런 부류의 사람들이라는 것 말고는 말일세. 그러나 점점 더 덕 쌓기의 진전을 이루는 사람들은 항상 사람들 입에 자주 오르내리는 데서 뿐만 아니라, 보이고 행해진 데서 유익함을 취할 수 있고, 또 거기에서 적절하고 유용한 것을 모을 수 있네.

실례들은 아이스퀼로스와 그와 같은 부류의 사람들에 관한 E
이야기 속에서 찾아볼 수 있지. 아이스퀼로스가 코린토스로 들어가는 이스트모스 지협(地峽)에서 열린 이스트모스 경기[33]에서 권투 경기를 관람하고 있었는데, 그중 한 명이 얻어맞고 쓰러지자 극장 안에 있던 군중이 고함을 질러댔네. 아이스퀼로스는 키오스 출신의 이온[34]의 옆구리를 쿡 찌르며, 이렇게 말했지.

몸의 단련이란 게 무언지 알게 되네. 주먹으로 얻어맞은 사람은

---

33 Isthmia or The Isthmian Games: 고대 헬라스의 범헬레네스들의 게임 중의 하나. 코린토스의 이스트모스(지협)에서 열렸다 하여 그 이름이 붙었다.

34 Ion of Chios(circa 490/480~420 BC): 헬라스의 작가, 극작가, 서정시인이자 철학자. 아이스퀼로스, 에우리피데스, 소포클레스와 동시대인. 많은 작품 중에 소수 제목과 단편만 남아 있다.

아무 말 없고, 외치는 사람은 관객뿐이라네.[35]

브라시다스[36]는 말린 무화과들을 물어뜯고 있는 생쥐 한 마리를 잡았는데, 그놈을 놓아 주면서 혼잣말로 중얼거렸네.

세상에 원! 그렇게 작고 약해서야 자신을 지킬 용기가 있어도 자기 생명은 구할 수 없지.[37]

디오게네스는 두 손으로 물을 마시는 사람을 보자, 그자의
F 전대(纏帶)에서 잔을 꺼내 집어던졌지.[38] 이렇듯 상대방을 배려하여 애써 적용하면, 사람들은 덕의 원천이 무엇이든 간에 덕으로 안내하는 것은 어느 것이나 알아채고 받아들이게 된다네. 그러나 이 경우에, 사람들이 투퀴디데스[39]의 말대로 "위험을 무릅쓰고 실행에 옮길" 뿐만 아니라, 즐거운 일이나 논쟁에 직면했을 때, 법정 소송과 변론, 공무 수행으로 바쁠 때, 말하자면 이처럼 스스로 자신들의 소신을 시범으로 보여주거나 오히려 그것들을 실천적 시금석으로 삼아 소신을 갖게 되어 이론과 실천
80A 이 합치된다면, 더 바랄 것이 없겠네. 반면에 아직도 연구 과정

35 『모랄리아』, 29F에서 되풀이됨.

36 Brasidas(기원전 422년에 죽다): 펠로폰네소스 전쟁 초에 활약했던 스파르테의 장교.

37 『모랄리아』, 190B와 219C, 그리고 약간의 변형으로 208F에서 재언급됨.

38 Seneca, 『서간집』. XC. Diogenes Laertius, *Lives of the Eminent Philosophers*, vi. 37 참조.

39 Thucydides, I. 18.

에 있는 자들, 그리고 광장인 포룸이나 청년들의 회합, 또는 궁정의 만찬 연회에서 당장 자기 과시를 위해 끌어들일 수 있는 철학에서 무엇을 얻을까 하고 바삐 찾아다니는 자들, 이런 자들이 철학을 실천에 옮기는 자들이라고 생각해서는 안 되네. 이것은 마치 약제사들이 의술을 실행에 옮긴다고 생각해서는 안 되는 것과 같아, 오히려 이런 부류의 돌팔이 의사는 호메로스[40]가 묘사한 새와 전혀 다를 바가 없네. 그자가 얻은 게 무엇이든지 간에 그가 제자들에게 입으로 전수하는 것은 '아직 깃털도 제대로 안 난 새끼들'에게 하는 바와 진배 없지. 만약 그가 자기 자신의 유익함에 몰입하지 않거나 자신이 받은 그 어떤 것도 전혀 소화 흡수하지 못한다면 말일세.

그것이 그 자신에게 무슨 소용이란 말인가.

덕 쌓기 징후
⑩ 담론을 할 때 우리 자신의 개선을 위해 한다. 논쟁은 승패를 떠나 원만하게 치른다. 연설할 때에는 자신감을 갖고 기회와 주제를 잘 이용한다.

9 우리는, 우리 자신을 개선하기 위해 담론을 하는지, 담론이 타인들에게 영향을 주기 때문에 하는지, 또는 순간적인 명성을 얻기 위해서나 야심의 동기에서가 아니라 오히려 무언가 들어주고 알려주기를 원하기 때문에 하는지, 반드시 주의 깊게 고려해야 하네. 그러나 그중에서도 가장 고려해야 할 점은 다음과 B

40 『일리아스』 9권 323행. 『모랄리아』, 48A와 494D에서도 언급됨.

같은 것이네. 논쟁에 임하는 정신과 논쟁 중인 문제들의 논의 자체에 대한 열기가 가라앉았는지, 그리고 무언가를 배우고 가르쳐 주는 데에서보다는 오히려 일격을 가하거나 결정타를 날리는 데서 더 기쁨을 누리려고 권투경기를 할 때 장갑이나 격투할 때 손가락 관절에 쇳조각을 끼는 것처럼 논쟁에 대해 준비하
C 는 것을 그만두었는지를 말일세. 이럴 때에 보여주는 합리성과 온건함, 그리고 말다툼 없이 토의에 임하고 화냄이 없이 토의를 종결하며, 논쟁에 이겼다고 오만하거나 패했다고 격분하는 것을 피하는 능력은 덕 쌓기가 제대로 진전되고 있는 사람의 표시라네. 아리스팁포스[41]는 한번은 바보스럽고 변덕스럽지만 확신에 넘쳐 있는 사람과 논쟁을 벌이다가 진 적이 있는데, 이때 이 점을 잘 보여주고 있네. 그자가 기뻐 날뛰며 한껏 자만에 빠져 있는 것을 보자, 아리스팁포스는 이렇게 말했네.

> 내 비록 졌지만, 나를 이긴 자네보다 더 달콤한 잠을 자러 집으로 가고 있지.

만약 연설할 때라면 처신을 잘할 필요가 있네. 예상을 깨고 청중이 운집했을 때, 무대 공포감을 느껴서는 안 되네. 그렇다
D 고 사람이 적게 모였다 해서 의기소침해서도 안 되네. 그리고 민회나 정무관 앞에서 말할 필요가 있을 때에 시간이 부족하다

41 Aristippos of Cyrene(circa 435~356 BC): 퀴레네 학파 철학의 창시자. 소크라테스의 제자였지만, 인생의 목적은 환경을 자신에 적응시키고 역경과 불운을 잘 통제함으로써 쾌락을 추구하는 데 있다고 가르쳤다.

고 하여 자신의 의견을 질서정연하게 개진할 기회를 놓쳐서도 안 되네. 이를 성공적으로 잘 한 사람이, 예를 들면, 데모스테네스와 알키비아데스지. 물론 알키비아데스[42]에게는 문제가 있긴 했지만, 주제를 생각해 내는 데는 아주 명민했지. 연설 태도엔 자신감이 부족했기 때문에 그는 연설 도중에 말이 끊겼고 가끔 말하는 중에 알아듣기 어려운 단어나 문구를 써서 아주 낭패를 본 적도 있다네. 그러나 호메로스는 그의 시행의 첫 줄에 비운율(非韻律)[43]의 구절을 넣는 것을 마다치 않았는데, 이는 나머지를 잘 쓸 수 있다는 그의 자신감 때문이었네. 그러므로 덕과 명 E
예를 추구하는 사람들은 기회와 주제를 잘 이용해야 하며, 연설 자세 때문에 일어나는 야유 소리나 박수갈채에 대해서는 전혀 신경 쓰지 않아도 되네.

덕 쌓기 징후

⓫ 언행의 목적은 자기과시가 아니라 진리를 보여주는 것이라고 생각한다. 선행과 같은 덕의 실천은 아무도 모르게 행한다. ⓬ 이성을 경배하여 아집과 자만에서 벗어난다.

10 사람은 모두 제각각 예외 없이, 언행의 유용성이 허례허식의 요소보다 강한 것인지, 언행의 목적이 과시하기 위한 것이 아니라 진리를 보여주기

---

42 Alcibiades Cleiniou Scambonides(circa 450~404 BC): 저명한 아테나이의 정치가, 연설가, 장군.

43 전승적으로 펠레우스의 아들(*Πηληιάδεω*)이라는 언급을 말함. 『일리아스』 1권 1행.

위한 것인지를 알기 위해 자신이 하는 말뿐만 아니라 행동에 대해서도 신중히 주의를 요할 필요가 있네. 왜냐하면 만약 한 젊은이나 한 여인을 향한 참된 사랑이 비록 매파도 없이 몰래 불태운 정염일지라도 기쁨의 열매들을 즐긴 거라면, 명예와 지혜를 사랑하는 사람은 그의 행동을 통해 오는 덕과 친숙한 관계를 맺는 가운데서 찬미자와 방청자의 필요성을 전연 느끼지 않고 조용히 침묵을 지킨 채 자긍심을 지닐 수 있다고 한층 더 기대되기 때문이네.

F 예를 들어, 자기 집에서 하녀를 부르며 다음과 같이 외친 사람이 있다고 치세.

> 날 좀 봐, 디오뉘시아. 나 우쭐하지 않기로 했어.

이는 마치 이런 행동을 한 사람과 같다네. 우아하고 예의 바른 어떤 행동을 한 후에, 그것을 얘기하고 그 내용을 방방곡곡에 알림으로써, 자기는 아직도 자기 분수를 모르고 있고, 여전히 명성을 탐하고 있으며, 덕의 섬광조차도 대해 보지 못한, 아니 더 심하게 말한다면, 비몽사몽 간에 덕의 그림자와 환영 속에서 배회하고 있다가 마치 화가가 그린 그림을 나중에 보여주듯이 그가 한 짓을 나중에 보여주는 격이라고 광고하는 셈이지. 그러므로 다음과 같이 타인에게 말을 하지 않고 자제하는 경우가 말하는 사람이 덕 쌓기의 진전을 보이고 있다는 증좌이네.
81A 즉, 친구나 친지에게 친절을 베풀거나 부탁을 들어 줬을 때, 뿐만 아니라 부정직한 수많은 사람들 사이에서 정직한 판단을 내렸을 때, 어떤 부자나 관리와의 바람직하지 않은 만남을 정중하

게 사절했을 때, 뇌물을 경멸하고 멀리했을 때, 그리고 심지어 밤중에 술 한잔 하고 싶지만 마시지 않았을 때, 또는 아게실라오스[44]처럼 사랑스런 소녀나 소년의 입맞춤을 뿌리치고 이 모든 내용을 혼자만 알고 입을 꽉 다물었을 때 등과 같은 경우이지. 사실, 이런 사람은 도덕적 판단력이 이미 자아 속에 뿌리를 내려 성장하고 있고, 데모크리토스[45]의 말처럼 그가 "자신의 내부에서 즐거움의 근원을 찾는 데 익숙해 있다"는 증좌를 보여주는 것이지. 이는 그가 명예로운 행위의 적법한 증인이며 동시에 관찰자라는 생각만을 하는 데서 즐거움과 만족을 느끼는 것이지, 거기에는 모멸감을 전연 느끼지 않는 확고부동한 입지를 지니고 있다고 할 수 있네. B

농부들은 익으면 고개를 숙이는 곡식을 더 좋아하지만, 가볍게 머리를 쳐든 곡식을 보고는 속이 빈 쭉정이라고 생각하네. 철학을 공부하는 젊은이 가운데서도 마찬가지 현상이 일어나지. 속이 텅 비고 무게가 없는 젊은이들은 안중에 보이는 사람이 없지. 그래서 오만불손하기가 짝이 없어 걷는 걸음걸이며 행동에 안하무인격의 태도를 취하지. 그러나 강의를 듣고 책을 읽

---

44 Agesilaos II(444~360 BC): 대략 기원전 400년에서 360년까지 통치했던 스파르테 왕. 선한 왕이며 장군으로 알려져 있음. 크세노폰, 『아게실라오스』, 5. 4. 또한 플루타르코스, 『모랄리아』, 31C, 209D 및 *Life of Agesilaos*, xi(602A) 참조.

45 Democritos(circa 460~370 BC): 고대 헬라스 철학자. 그는 영향력 있는 소크라테스 이전의 철학자로서 레우키포스의 제자였는데, 우주는 원자로 구성되었다는 원자론의 창시자로서 '근대 과학의 아버지'라고도 불린다. Diels, *Fragmente der Vorsokratiker*, ii. 88. 『소크라테스 이전 철학자들의 단편 선집』(탈레스 외 지음, 김인곤 외 옮김, 아카넷, 2005), p. 639.

어 머리를 결실로 채우고 축적하기 시작하면, 그들은 우쭐대고
C 천박하게 굴었던 것을 그만두게 되네. 빈 그릇이 액체로 가득 찰 때 안의 공기가 압력에 의해 밀려나는 것처럼, 사람들이 정말 좋은 것들로 가득 찰 때는 자만심은 사라지고 고집부리는 것도 없어지네. 철학자의 가운을 입고 수염을 기르는 데서 자부심을 느끼던 것을 중단하면서 그들은 훈련 받은 것을 마음속에 깊이 간직하고, 무엇보다도 신랄하고도 혹독한 자아비판을 하며, 타인과의 교제에서 더 온순하게 행동한다네. 그들은 전처럼 철학의 이름을 사칭하지도 않고 철학을 연구한다는 명성도 탐하지 않으며, 심지어 자신들에게 철학자라는 이름도 붙이지 않네.
D 실제로 우량 젊은이는 다른 사람이 철학자 칭호를 자신에게 주어도 즉시 얼굴을 붉히며 재빠르게 이렇게 말할 것이네.

> 확실히 말하는데, 난 신이 아니네.
> 그런데 왜 나를 불멸의 존재로 보나?[46]

그런데 아이스퀼로스는 이를 이렇게 표현하고 있지.

> 그 타오르는 듯한 눈에 무심코 나타나네,
> 젊은 아가씨가 한때 맛보았던 사랑의 기쁨이.[47]

---

46 호메로스, 『오뒷세이아』 16권 187행. 플루타르코스가 『모랄리아』, 543D에서 재인용.

47 아이스퀼로스의 『톡소티데스』 *Toxotides*에 나오는 대사. 나우크, 『헬라스 비극 단편 선집, 아이스퀼로스 편』, No. 243, p. 78. 『모랄리아』, 767B에서 변형된 글로 인용됨.

그러나 철학에서 정말 덕 쌓기의 맛을 보았던 젊은이에게는 삽포[48]의 이 말이 항상 결부되네.

> 나의 혀는 굳어 버리고,
> 돌연 은밀한 불길이 내 온몸을 휘감는구나.[49]

그럼에도 불구하고, 자네는 고요하고도 해맑은 그의 눈을 보겠지. 그리고 그가 말하는 것을 듣기를 바라겠지. 비의(秘儀)에 입교하는 사람들이 처음엔 야단법석을 떨며 서로 밀치면서 떼지어 몰려들어 갔다가, 성스런 의식이 거행되고 나 알게 되었을 때는 즉각 경외심과 침묵으로 경청하듯이, 철학 공부를 시작할 때도 역시 그렇다네. 철학의 정문 입구 주변에서 사람들이 자유분방하게 야단법석을 떨며 얘기하는 것을 자네는 보게 되겠지. 더러는 야비하고 난폭하게 철학이 부여하는 명성을 향해 밀치고 나가지. 그러나 안으로 들어가는 데 성공하고 마치 성지(聖地)가 열린 것처럼 큰 빛을 본 사람은 침묵과 경탄의 또 다른 태도를 취하고, 신을 우러러 대하는 것처럼 이성(理性)을 우러러 "겸손하고 유순하게 마음을 쓰게 되지."[50] E

---

48 Sappho: 고대 헬라스 시인. 레스보스 섬에서 태어났다. 기원전 630~612년 사이에 태어나 570년경에 죽은 것으로 알려져 있지만 그녀의 생애에 관해서는 알려져 있는 것이 별로 없다. 시작품도 단편으로 전해져 오고 있다. 후대에 9대 서정시인의 명단에 오른다.

49 베르크, 『헬라스 서정시인들, 삽포 편』, iii. No. 2[2], pp. 88~89. 이 시는 『모랄리아』, 763A에서 재언급됨.

50 플라톤, 『법률』, 716A.

F 여기에는 메네데모스[51]의 세련되게 표현한 말이 잘 어울리는 것으로 보이네. 공부하러 아테나이로 몰려왔던 많은 사람이 시작 초에는 현명했지. 후에 그들은 지혜를 사랑하는 사람들이 되었고, 더 후에는 연설가가 되었지. 그리고 시간이 감에 따라 공정한 보통 사람들이 되었지. 그들이 이성(理性)을 꽉 잡으면 잡을수록 더욱더 아집과 자만을 버렸기 때문이네.

덕 쌓기 징후
⑬ 자신의 과거 잘못을 질책하는 사람의 말을 따르고, 자신을 힐책하며 훈계를 줄 누군가가 필요하다고 느낀다.

11 의사의 도움을 필요로 하는 사람 중에 치아나 손가락이 아픈 자는 곧바로 이런 병을 치료하는 의사를 찾아가고, 열이 있는 자는 의사를 집으로 불러서 그들의 도움을 간청하지. 그러나 우울증, 광란 또는 정신착란의 증상이 있는 자들은 병의 난폭성 때문에 자신이 병든 것도 모르는 채 의사의 방문을 참지 못해 의사를 쫓아 버리거나 그에게서 도망친다네. 잘못을 저지
82A 르는 것 역시 마찬가지라네. 치료 불능인 자들은 자신을 힐책하며 훈계하는 사람들에 대해서 바로 적의를 품고 야만적인 태도를 취한다네. 반면에 참을성 있게 훈계를 따르고 환영하는 사람들은 심한 곤경에 처하는 일이 더욱 적다네. 왜냐하면 잘못을

51 Menedemos of Eretria(345/4~261/0 BC): 헬라스 철학자로서 에레트리아 학파의 창시자. 처음에 그는 친구인 아스클레피아데스와 함께 아테나이에서 철학을 공부했고, 메가라에서는 낮에 철학을 공부하기 위해 밤에 밭을 갈았으며, 후에 스틸폰과 엘리스의 파이돈에게 수학했다.

저지른 사람이 자신을 힐책하고, 자신의 문제가 무언지 말하고, 자신의 비행을 들춰 내는 사람들의 말을 따르고, 자신의 과오를 숨기기 싫어하거나 오히려 자신의 과오를 고백하는 데서 만족을 구하며, 자신을 힐책하며 훈계를 줄 누군가가 필요함을 느끼는 것은 덕 쌓기 진전이 일어나는 작지 않은 증좌이기 때문이네. 그래서 디오게네스[52]는 어디선가 이렇게 말했지. 살아남기 위한 자기 보존의 문제로, 사람은 진정한 친구를 갖든가 열렬한 적을 찾든가 애써야 한다고, 그래서 아주 엄한 비난을 받든지, 아니면 친절한 보살핌을 받아야 악을 피할 수 있다고 말일세. 그러나 자기 옷이 얼룩지거나 신발이 찢어신 네를 보이면서 B
이런 사소한 문제에 대해서는 통 신경을 안 쓴다거나, 자기가 난쟁이같이 몸이 왜소하거나 꼽추같이 등이 굽은 것에 대해 농담하면서 마치 젊은이다운 기백의 정신을 보여준다고 착각하는 한, 반면에 동시에 그의 영혼의 내면적 추함, 그의 삶의 비열한 행위, 그의 소심함이나 쾌락이나 악의(惡意)나 시샘의 감정 표시는 마치 궤양성의 종양처럼 덮고 감추며, 그러한 것들로 인해 비난받을까 봐 두려워해서 아무도 그것들을 만지거나 심지어는 보는 것도 허용치 않는 한, 그런 사람은 덕 쌓기의 진전은 거의 없거나 더 정확히 말하면, 아니 오히려 전혀 없다고 봐야 하네. 그러나 특히 자기 잘못으로 인해 불행하고 비참하게 되었다는 C
것을 알고 개과천선(改過遷善)하려 하고, 그다음으로 머뭇거림이 없이 또 이런 질책을 받아 더 순화된 정신으로 다른 사람의 훈

52 『모랄리아』, 74C에서 재언급됨. 89B에서 그것은 안티스테네스가 한 말로 나와 있다.

계를 따르는 사람 — 이러한 사람은 정말로 천박함을 벗어버리는 노력을 하는 모습과 그것을 혐오하는 모습을 역력히 보여준다네. 말할 것도 없는 것이지만, 누구나 말이나 행동, 몸가짐 따위를 삼가 신중하게 하여 남에게 자기가 나쁘다는 인상을 주는 것조차도 피해야 하네. 그러나 어떤 악평보다도 실제 존재하는 천박함에 더 신경을 쓰는 사람은 자신에 대한 무례한 발언이 개과천선에 도움이 될 때는 이를 피하거나 맞대응하지 않으려고 애쓴다네. 주색에 놀아나던 젊은이[53]가 홍등가 안으로 도망치듯 들어가는 것을 보고 디오게네스[54]가 그에게 한 말은 아주 적절했네.

D 자네가 안으로 멀리 도망갈수록, 더욱더 홍등가에서 자넨 못 벗어나네.

악도 이와 마찬가지지. 인간 각자가 부인하면 할수록 그만큼 그는 더 악의 수렁 속으로 더 깊이 빠지게 되어 악에서 벗어나기가 어렵게 된다네. 가난한 사람 중에 부자인 양 허세 부리는 사람들은 그 허식 때문에 더욱더 가난해 보이지. 그러나 진정한 덕 쌓기에 매진한 사람으로는, 의학의 대가로서 두개봉합(頭蓋縫合)에 관한 사실을 파악하는 데 실패한 자신의 기록을 수록한

53 플루타르코스, 『모랄리아』, 847F와 Diogenes Laertius, *Lives of the Eminent Philosophers*, vi. 2. 34에 의하면 그 젊은이는 웅변가 데모스테네스로 나와 있다.

54 견유 학파 철학의 창시자.

저서를 발간했던 힙포크라테스를 모범으로 삼네, 왜냐하면 이런 사람은 그것을 두려운 사실로 설명하기 때문이지. 즉, 여기 E
에 힙포크라테스[55]가 있는데, 그는 자신의 과오를 천명함으로써 남들이 자기가 경험한 잘못을 반복하지 않도록 했다고 말일세. 하지만 힙포크라테스 자신도 자기의 영혼만을 살리려고 작정한 인간이었다면 질책을 쉽게 따르고 자신의 우둔함과 무지를 고백하는 용기를 지니지는 못했을 테지. 참으로 비온과 퓌론의 선언은 단지 덕 쌓기 진전의 증좌로 해석될 뿐만 아니라 오히려 더 고매한 마음의 상태, 그리고 이상(理想)에 더 접근한 마음의 상태를 지적한 것으로 해석될 수도 있네. 비온[56]은 절친한 친구들에게 말하기를, 자기들을 욕한 사람들의 말을 마치 다음과 같이 말한 것으로 들을 수 있을 때 진정 덕 쌓기의 진전을 이루고 있다고 생각해도 무방하다고 했지. 즉,

> 친구여, 그대는 천하거나 생각 없는 사람처럼 보이지 않으니,[57]
>
> 건강과 큰 기쁨은 그대의 것,

---

55 Hippocrates of Cos(circa 460~370 BC): 페리클레스 시대의 '힙포크라테스의 선서'로 유명한 고대 헬라스 의사. 힙포크라테스 학파의 창시자로서 서양 의학의 아버지로 추앙된다.

56 Bion of Borysthenes(circa 325~250 BC): 헬라스 철학자. 노예로 팔렸다가 해방되어 아테나이에 온 그는 거의 모든 학파의 철학을 연구했다. 그렇지만 사람들의 우둔함을 풍자하고 종교를 공격하며 철학을 예찬하여, 견유 학파적인 비방으로 유명했다.

57 호메로스, 『오뒷세이아』 6권 187행, 20권 227행 참조.

신은 그대가 영원히 번성토록 할지니.[58]

F 그리고 퓌론[59]이 이야기한 내용을 보면, 항해 중에 폭풍을 만나 위험에 처했을 때, 배에서 엎질러진 보리알들을 먹으면서 만족해하는 어린 돼지 한 마리를 가리키면서 그의 동료에게 이렇게 말했다고 하네. 자신에게 닥칠 어떤 고난에 대해서도 심란해하고 동요되지 않기를 바라는 사람은, 이성과 철학의 힘을 빌려 이러한 무아의 경지에 들어가야 한다고.

덕 쌓기 징후
⑭ 영혼 훈련을 통해 꿈속에서조차도 악몽에 시달리지 않는다.

12 또한 제논[60]이 말한 의미를 주목해야 하네. 왜냐하면 제논은, 만약 각자가 잠든 동안에 수치스러운 것에서는 어떤 기쁨도 느끼지 못하고, 또 끔찍하고 옳지 못한 행위를 참지 못하거나 저지르지 않고 마치 아주 깊고 적막한 고요 속에서 영혼 안에 있는 환상적이고 정념적인 요소

58 호메로스, 『오뒷세이아』 24권 402행.

59 Pyrrhon(circa 360~270 BC): 고전 고대의 헬라스 철학자. 최초의 회의학파 철학자. 기원전 1세기에는 아이네시데모스에 의해 퓌론주의라는 학파가 탄생된다.

60 Zenon of Cition(circa 334~262 BC): 퀴프로스의 키티온 출신의 페니키아인. 그는 스토아 학당의 초대 교장으로서 기원전 300년경부터 철학을 가르쳤다. 견유 학파의 도덕관에 기초하여 자연/본성에 일치하는 덕의 생활을 할 때 선과 마음의 평화를 얻는다는 점을 강조했다. 헬레니즘 시대에, 특히 로마 시민의 정신세계를 크게 지배하게 된다.

가 이성에 의해 일소되었다는 밝은 생각이 불현듯 떠올라 알게 된다면, 꿈속에서 덕 쌓기의 진전을 하고 있다는 의식을 명백히 이끌어 낼 수 있다고 말했기 때문이네. 플라톤[61]은 분명히 이것 83A
을 일찌감치 알아차리고, 잠자는 동안에 본래 참주[62]적인 영혼 내에 잠재하고 있는 공상적이고 비이성적인 요소의 작용들을 형상화해 언어로 표현해 주었네.

> 그것은 근친상간도 하려고 하지.

또 갑자기 공복을 느껴 많은 양의 다양한 음식을 먹고 싶어 하고, 무법 상태로 활동하기도 하고, 낮 동안에 법 때문에 부끄러움과 두려움으로 갇혀 있던 욕망의 고삐를 풀어 주기도 하지 라고 말일세.

자, 생각해 보세. 훈련이 잘된 짐 나르는 짐승들은 주인이 고 B
삐를 풀어 줘도 방향을 바꾸거나 길을 벗어나지 않고 길들은 습관으로 자기 위치를 지키면서 무사히 정해진 길을 가네. 이와 마찬가지로 비이성적인 충동이 이미 이성에 의해 통제되어 온순하게 된 사람과 완전히 순화된 사람들의 경우도 그렇다네. 잠

---

61 『국가』, 571D에 나오는 전체 문장을 참조.

62 *τύραννος*, *tyrannos*: 흔히 참주(僭主)라는 번역어를 쓰고 있다. 원래의 뜻은 폴리스에서 정권을 불법적으로 탈취하여 통치하는 자를 말한다. 헬라스에서는 중산 계층이 흥기하는 기원전 7/6세기에 귀족정을 몰아내고 등장한다. 아테나이의 최초의 참주인 페이시스트라토스처럼 문예 진흥을 하고 정치 안정을 기한 좋은 참주도 있었지만, 플라톤이 참주들을 폭군으로 간주한 이래 부정적인 측면이 강조되기도 했다.

자는 동안이라서, 병이 들었기 때문에, 욕망이 발동했다 하여 더 이상 쉽사리 오만이나 무법 상태에 빠지지 않지. 단지 익숙해진 습관에 따라 그것이 우리의 각성에 힘과 강도를 더 해 줄 뿐이라네.

만약 신체가 단련의 효력을 봐 실제로 몸과 사지를 자유자
C 재로 움직이게 할 수 있다고 생각해 보세. 눈은 애처로운 광경을 보고도 눈물을 흘리지 않고, 심장은 공포 속에서도 벌렁거리지 않고, 열정은 청년이나 미모의 처녀 앞에서도 흥분하거나 동요됨이 없이 솟구치지 않는다면, 그것이 진정 훈련 덕분이 아니겠는가? 훈련은 영혼 속의 정념적 요소를 제어함으로써, 이를테면, 불규칙적으로 불쑥불쑥 생기는 온갖 공상과 자극을 억제하여 잠잠하게 하는 것이니까 말일세. 이 점을 설명하는 철학자 스틸폰[63]에 관한 이야기가 있네. 그는 잠잘 때 꿈을 꾸었는데, 해신 포세이돈[64]이 나타나 왜 관행의 의식대로 황소 한 마리를 희생물로 바치지 않았느냐고 화를 냈지. 그러자 그는 꿈속에서도 전혀 당황하지 않고 이렇게 대답했다는군.

> 무슨 말씀을 하시는 겁니까? 포세이돈 신이시여! 제가 빚을 내 번제제물(燔祭祭物)의 냄새로 전 도시를 가득 채우지 않고 저의 집에 있던 흔한 제물을 바쳤다고 해서 어린애처럼 칭얼대시는 겁니까?

---

63 Stilpon(circa 360~280 BC): 메가라 학파의 헬라스 철학자. 그의 윤리관은 견유 학파와 스토아 학파의 것과 가까웠는데, 그의 유명한 제자가 스토아 학파의 창시자인 제논이었다.

64 Poseidon: 해신, 그리고 지진을 주관하는 신. 제우스 신과 하데스 신의 형제.

그러자 포세이돈 해신은 웃으면서 손을 내밀어 스틸폰을 위
해 메가라인들에게 많은 멸치를 보내겠다고 말했다고 하네. 아 D
주 유쾌하고 밝고 고요한 꿈으로 축복받은 사람들의 경우가 그
렇다네. 이들은 선잠 자는 시간에도 공포감이나 혐오감을 불러
일으키는 것을 전혀 경험하지 못하거나 악의적이거나 사악한
어떤 행동에 대해서도 전혀 경험을 못해 본 사람들이지. 제논[65]
과 같은 사람들은 이러한 현시(顯示)들이 그들의 덕 쌓기 진전의
밝은 반영이라고 단언하지. 그렇지만 악몽이나 비상한 꿈에서처
럼 고문받던 기억, 마음의 동요, 비열한 도주, 어린애 같은 희비
도취는 바다의 부서지는 파도와 같다네. 혼이 스스로를 다스릴
힘이 없기 때문에 외부의 의견과 법에 영향을 받게 되고, 잠자는
시간 동안 이것들에서 가장 멀리 떨어져 있을 때 그것은 다시 풀
려나 정념[66]의 다른 영향을 받게 되니까 말일세. 그러므로 자네
역시 이러한 것들이 덕 쌓기에 속하는지, 또는 이미 이성에 기초 E
한 항구성과 힘을 소유했기 때문에 여기서 나온 확고한 마음의
상태인지를 고려해 보라고 나는 부탁하는 바이네.

덕 쌓기 징후
⑮ 극도의 격렬한 감정을 누그러뜨린다.

13 완전한 무심(無心)의 상태는 위대하고 신적인 것인 데 반하여, 세상 사람들이 말하는 덕 쌓

65 스토아 학파의 창시자.

66 플라톤, 『국가』, 571C 및 플루타르코스, 『모랄리아』, 100F 참조.

기는 일종의 정념(情念) 감소 및 완화와 유사하므로, 우리가 해
야 할 일은 현재의 정념을 이전의 것과 또 상호 간의 것들과 비
F 교하여 차이점을 결정하는 것이네. 말하자면 이성의 힘이 정념
들을 불타오르게 하는 원인을 재빨리 제거하므로, 우리가 경험
하는 욕망과 두려움, 그리고 분노의 격정들이 평상시보다 강도
가 덜한 것인지 알기 위해서는 우리는 현재와 이전의 것들을 비
교해야만 하네. 또 지금 우리가 두려움보다는 수치심을 더 느끼
고, 시샘보다는 경쟁심을 더 품는 경향이 있는지, 돈보다는 좋
은 평판을 더 얻으려고 하는지 알기 위해 우리는 서로 비교해
보아야 하네. 그리고 일반적으로 극단으로 치달음으로써 정도
에서 벗어나는 경우, 우리가 음악가들의 연주 풍에 따라 우리
의 생활방식에서 이완보다는 엄격함을 보여주는 것처럼 뤼디아
인들의 음조의 부드러움보다는 도리아인들의 음조의 격렬함에
더 마음이 쏠리지는 않는지, 또 우리의 행동이 경거망동하지 않
고 신중한지, 교의(教義)와 인물들을 경멸하기보다는 과도한 감
탄을 하는 것은 아닌지 알기 위해서 우리는 서로서로 비교해 봐
84A 야 하네. 왜냐하면 병(病)이 우리 몸에 들어와도 오장육부를 빗
겨 가는 것이 고무적인 증상이듯이, 덕 쌓기를 하는 사람들의
악이 좀 더 온건한 정서로 바뀌어 갈 때 악이 차츰차츰 지워진
다고 가정하는 게 타당하기 때문이네. 프뤼니스[67]가 7현의 뤼라
에 두 개의 현을 추가했을 때, 스파르테의 에포로스[68]들은 그에

67 Phrynis of Mytilene(circa 450~420 BC 아테나이에서 활동). 뤼라 연주자.

68 ephoros(복수 ephoroi): 5명의 스파르테 행정관인 에포로이 중 그 대표자가 에크프레페스였다고 한다. 참고로, 에포로이의 임기는 1년으로 매

게 상단 또는 하단의 현[69] 두 개를 잘라내는 게 어떠냐고 문의했네. 그러나 우리의 경우 양 방향의 극(極) 사이에 중간의 상태를 만들려면 맨 위에 있는 현과 맨 아래에 있는 현 두 개를 절단하는 것이 필요하네. 그래서 덕 쌓기 진전의 첫 번째 결과 중의 하나는 우리의 극도의 과민한 감정을 누그러뜨리는 것일세.

광분한 사람들이 있는 곳이 가장 격렬하다네.[70] B

소포클레스가 그 이유를 잘 표현하고 있지.

> 덕 쌓기 징후
> ⑯ 존경하는 인물들을 닮으려고 열심히 애쓴다.

14 더군다나, 이미 언급했듯이, 우리의 판단을 행동으로 옮기고 우리의 말이 공염불이 안 되게 행동으로 옮기는 일이 무엇보다도 덕 쌓기 진전의 특별한 증표네. 이것의 징후는, 첫째, 우리가 권하는 것을 애써 본뜨려는 욕망, 우리가 감복하는 것을 행동으로 옮기려는 열망, 그리고 다

년 민회에서 환호로써 선출되었는데, 연초에 2명의 왕과 5명의 에포로이는 상호간에 에포로이는 왕권을 보존하고 왕은 법을 준수한다는 서약을 했는바, 여기서 에포로이는 '왕의 감독자들'이라는 말이 나왔다. 이들의 권한은 막강하여, 민회와 원로원 회의를 주재하고, 외국 사신을 영접하며, 야전군 사령관인 국왕에게 명령을 발하기도 하였다(허승일 지음, 『스파르타 교육과 시민생활』, 삼영사, 1998 참조 바람).

69 『모랄리아』, 220C에서 약간 변경되어 반복됨.

70 나우크, 『헬라스 비극 단편 선집, 소포클레스 편』, No. 758, p. 309.

른 한편으로는, 우리가 비난하는 것을 행동으로 옮기지 않거나 심지어는 너그럽게 보아 주려고도 하지 않는다는 걸세. 예를 들
C 면, 모든 아테나이인들이 밀티아데스[71]의 대담무쌍함과 용기를 칭찬할 것으로 기대됐었지. 하지만 밀티아데스의 전승기념비만 생각해도 잠을 이룰 수 없어 벌떡 일어났다는 테미스토클레스[72]의 발언은, 곧 그가 그를 칭찬하고 감복했을 뿐만 아니라 경쟁하고 본받으려 하고 있었다는 점을 분명히 나타내고 있는 셈이지. 그러므로 우리가 성공한 사람들에 대해서 느끼는 감탄이 그저 감탄만으로 끝나고, 이를 본받으려 우리 스스로 분발하지 않는 한, 우리는 덕 쌓기의 진전이 전혀 없다는 것을 믿어야 하네. 사실, 한 인간에 대한 사랑은 여기에 어느 정도의 질투심이 작용하지 않는 한 가열되지 않는 법이라네. 뿐만 아니라 덕에 대한 칭찬이 정열적이고 효과적이지 않으면 우리를 일깨우지도 자극하지도 않는다네. 또 우리에게 명예로운 것에 대한 시샘이나 경쟁심을 불러일으키지 못하면 그저 만족하려고 열심히 애
D 쓰는 꼴이네. 왜냐하면 알키비아데스[73]도 누차 말했듯이, 마음은 눈물 나게 하는 그 철학자의 말들에 이러한 고통을 느낄 뿐만 아니라 그 이상이기도 하므로 정말로 덕 쌓기의 진전을 보는

---

71 Miltiades the Younger(circa 550~489 BC): 트라키아의 케르소네세의 참주이며 마라톤 전투의 아테나이군 총사령관.

72 Themistocles(circa 524~459 BC): 아테나이의 정치가이자 장군. 마라톤 전투에 참전. 살라미스 해전의 영웅. 플라타이아 전투에서 결정적으로 승리했다. 플루타르코스, *Life of Themistocles*, iii(113B) 및 『모랄리아』, 92C 참조.

73 Alcibiades Cleiniou Scambonides(circa 450~404 BC): 저명한 아테나이의 정치가, 연설가, 장군. 플라톤, 『향연』 *Symposion*, 215E.

사람은, 그 자신과 어떤 훌륭하고 완벽한 사람의 행동과 행위를 비교하면서 자기 자신의 단점을 마음 깊이 아파하지만, 동시에 품게 된 희망과 동경 때문에 크게 기뻐하며, 결코 가만히 있을 수 없는 강한 충동으로 가득 차기 때문이네. 시모니데스의 말을 빌리자면, 그 사람은

> 어미 말 옆의 막 젖 뗀 망아지처럼 달릴,[74]

준비가 되어 있지. 그의 갈망은 자신이 그 훌륭한 사람과 똑같이 되는 것이어서 매우 크다네. 참으로 참된 덕 쌓기의 특별한 징후는 우리가 본받으려고 애쓰는 행위들을 하는 사람들이 보여주는 성향에 대한 사랑과 애정의 감정에서, 그리고 그들과 같이 되려는 우리의 노력이, 항상 그들에게 정당한 영예의 보상을 부여하는 호의에 수반된다는 사실에서 찾게 되네. 그러나 한편, 만약 어떤 사람이 자기보다 나은 사람들과 다투기 좋아하고 시샘하는 정신으로 물들어 있다면, 그는 단지 타인의 명성이나 권력에 시샘이 나서 안달하는 것이지, 덕을 존중하거나 심지어 덕에 감복해서 그러는 것이 아니라고 이해하면 되네. E

74 베르크, 『헬라스 서정시인들』, II. 738. 『시모니데스 편』 *Simonides of Amorgus*, No. 5. 6, p. 445. 『모랄리아』, 136A, 446E, 790F에서 반복됨.

덕 쌓기 징후
⑰ 불운하고 심지어 고난 속에서도
꿋꿋이 사는 덕인들을
귀감으로 삼아 모방한다.

15 그러므로 선인(善人)을 아주 사랑하게 될 때마다 우리가, 플라톤[75]이 말한 대로, 자제력을 갖춘 사람 자신을 축복받은 인간으로, "그리고 이러한 사람의 입술에서 나오는 말들을 듣는 동석인도 역시 축복받은 인간"으로 여길 뿐만 아니라 그의 습관, 걸음걸이, 얼굴 표정, 그리고 미소에 탄복하여 정을 느껴, 열심히 그와 동참하려 하고, 말하자면 그 관계를 굳건히 하려 하게 된다면, 그때는 우리가 정말
F 덕 쌓기에서 진전을 보았다고 믿어야 한다네. 더욱이 다음 경우도 마찬가지라네. 우리가 선인들을 찬미하기를 그들의 밝은 행운의 시절에만 국한하지 않는다면, 게다가 또 연인들이 서로 좋아해 상대가 말더듬이거나 창백한 얼굴의 소유자라도 상관치 않으며,[76] 또 슬픔과 비참이 가득한 속에서 실의에 차 눈물을 흘린 판테이아가 아라스페스의 마음을 사로잡았던 것처럼,[77] 아리

75 플라톤, 『법률』, 711E.

76 플라톤, 『국가』, 474E에서 나온 일종의 반향으로, 플루타르코스는 이를 『모랄리아』, 45A, 56C에서 한층 더 충실하게 인용한다.

77 판테이아(Pantheia)는 아시아에서 가장 아름다운 여인으로서 수사의 왕 아브라다타스의 왕비였다. 그녀는 퀴로스 왕의 포로가 되어 잠시 왕과는 어렸을 때부터 친구였던 메디아 사람인 아라스페스의 돌봄을 받게 된다. 그러나 남편을 생각하며 하도 서럽게 우는 그녀를 보면서 아라스페스는 그녀에게 연민의 정을 품게 되어 사랑에 빠지게 된다. 후일담이지만 아라스페스는 왕의 밀명을 받고 그녀를 떠나며, 그녀는 남편과 재회의 기쁨을 나누지만 남편이 전사하자 자결한다. 크세노폰, 『퀴로스의 교육』, V.1.2, VI.1.31 참조.

스테이데스의 [도편] 추방,[78] 아낙사고라스의 투옥,[79] 또는 소크라테스의 빈곤,[80]또는 포키온에게 언도된 [사형] 판결[81] 등등을 생각해도 조금도 위축되지 않고, 심지어 이런 역경이 닥쳐온다

---

78 Aristeides(530~468 BC): 아테나이의 정치가, 별명은 '의인(義人)'. 그는 클레이스테네스의 추종자로서 아테나이 정치의 귀족당파 편에 섰으며 마라톤 전투에서는 안티오키스 지역구의 병사들을 지휘하는 장군직을 맡기도 하였다. 기원전 489/8년의 아르콘으로 선출되어 아테나이를 육군 국가로 유지하려는 보수 정책을 추구하게 되자, 자연히 해군 중심의 정책을 주장하게 된 테미스토클레스와 정적 관계를 맺게 된다. 그리하여 기원전 485년에서 482년 사이 언젠가 그는 도편추방을 당하게 된다. 그때 일인데, 아리스테이데스를 본 적이 없어 알지 못하는 한 시민이 그에게 다가와 자기는 글을 쓸 줄 모르니, 자기 대신 아리스테이데스의 이름을 도편에 적어달라고 요청하였다. 그래서 아리스테이데스가 그자가 당신한테 뭐 잘못한 일이라도 있느냐고 묻자 그의 답변은 이러하였다 한다. "아니요. 난 그 사람을 알지도 못합니다. 그런데 어디를 가나 그자가 '의인'이라는 말을 듣게 되는데, 그것이 나를 화나게 하기 때문이오." 그때 그는 자기 이름을 도편에 적어 주었다고 한다. 사실 그는 기원전 480년 초에 페르시아군이 아테나이를 침입하자, 도편 추방에서 풀려나 살라미스 해전에서 테미스토클레스를 도왔으며, 플라타이아 전투에서도 주요 임무를 수행하여 승리하게 된다. 플루타르코스, *Life of Aristeides*, vii(323A) 참조.

79 Anaxagoras(circa 500~428 BC): 소크라테스 이전의 헬라스 철학자. 그는 원래 소아시아 출신의 부유한 집안의 태생이었으나, 기원전 464~461년경, 젊었을 때 아테나이로 와서 30여 년간을 살게 된다. 그는 최초로 이오니아에서 아테나이로 철학과 과학적 탐구 정신을 이식시킨 학자로 불리고 있다. 그는 월식과 일식, 무지개와 같은 달과 해의 천체를 비롯해 항성의 변화에 대해 많은 새로운 의견을 제시했다. 그래서 아낙사고라스가 태양은 붉고 뜨거운 금석 덩어리라고 선언했다고 하여 불경죄로 클레온에 의해 기소를 당했는데, 그의 제자 페리클레스가 그를 변호하여 5탈란트의 벌금을 물고 추방당했다고 소티온이라는 사람은 쓰고 있다. 달리 설명하고 있는 사람도 있는데, 사튀로스는 기소자는 페리클레스의 정적인 투퀴디데스였으며, 죄목도 불경죄 위에 페르시아를 위한 반역죄도 추가되어 궐석 재판으로 사형이 언도되었다고 한다.

하더라도 덕은 사랑을 받을 가치가 있다고 믿는다면, 이것은 우리가 덕에 가까이 가려고 애쓰고 있다는 연유이므로, 덕 쌓기의 진전이 있다고 믿어야 한다네. 이런 부류의 각 경험에 대해 에우리피데스는 이렇게 감정을 토로하고 있지.

85A 훌륭한 사람들은 어떤 것에서나 영예를 찾느니.[82]

왜냐하면 무서운 것에 대해서 아무런 불안 공포도 느끼지 못하고 오직 그것에 감복하여 본뜨려는 열정을 지닌 자는, 명예로운 것을 그냥 수수방관하고만 있을 수 없기 때문이네. 이런 부류의 사람들에게는 이미 어떤 사업을 하거나, 관직에 취임하거나, 행운을 잡거나 할 때 자기들 눈앞에 현재 또는 과거[83]의 선

---

80 소크라테스가 어떻게 생계를 유지했는지는 명확하지 않다. 고대의 텍스트들은 그가 일을 하지 않았다고 적고 있다. 유독 아리스토파네스가 『구름』에서 그를 젊은이들에게 보수를 받고 지식을 가르치는 소피스트로 희화화하고 있으나, 그가 철학을 본업으로 삼아 가르치기는 했지만 그 대가를 받기를 거절했다고 크세노폰과 플라톤은 강조하고 있다. 수차례 전쟁터에 나가기도 했던 소크라테스가 정말 어떻게 5인 가족의 생계를 꾸려 나갔는지 알 수 없지만 아마 그가 빈곤했을 것임은 틀림없다.

81 Phocion(circa 402~318 BC): 별명은 선자(善者). 아테나이의 정치가로서 스트라테고스 회의의 장군. 그는 84년을 살면서 1년 임기의 장군직을 54회나 역임했다. 그는 아테나이가 마케돈의 지배하에 있을 때, 마케돈의 지배자인 폴뤼페르콘의 명령으로 아테나이의 선동정치가 아그노니데스의 주도로 민회에서 사형선고를 받고 독배를 마시고 죽게 된다. 플루타르코스, *Life of Phocion*, xxxv(758B) 참조.

82 나우크, 『헬라스 비극 단편 선집, 에우리피데스 편』, No. 961, p. 671.

83 Seneca(『루킬리우스에게 보내는 도덕 서한』 i. ll. 8)는 이 생각이 에피쿠로스에서 왔다고 말함.

인들을 놓고 깊이 성찰하는 것이 한결같은 관습이 되었지. “이
경우 플라톤은 어떻게 행동했을까? 에파메이논다스는 뭐라고
말했을까? 뤼쿠르고스 자신이나 아게실라오스는 어떻게 행동
했을까?” 이와 같은 거울들 앞에서, 비유적으로 말하면, 그들 B
은 치장하고 습관을 고치며 천한 말을 자제하거나 정념의 발동
을 끈다네. 이다 산의 닥튈로스[84]들의 이름들을 외우는 사람들
은 공포감을 물리치는 주문으로 그 이름들을 사용하며, 확신을
품고 차분히 각 이름을 반복해서 말하는 것이 사실이네. 그러나
선인들을 생각하고 회고하면 그 즉시 마음에 와 닿아 덕 쌓기
의 진전을 하고 있는 사람들의 힘을 돋우고, 정념에 흔들리거나
곤경에 처했을 때 그들을 똑바로 세워 주고 넘어지지 않도록 해
주는 것 또한 사실이네. 그러므로 이것이 덕 쌓기 하는 사람의
증표로서 기여할 것이라는 점을 명심하기 바라네.

덕 쌓기 징후
⑱ 덕인(德人)과 명사(名士) 앞에서도 떳떳하게 마주한다. 조상이나 돌아가신 은사님을 회상하며 올바로 살아가려고 애쓴다.

16 더욱이, 높은 명
성과 덕이 있는
사람이 갑자기 나타났을 때
크게 당황하거나 얼굴을 붉
히지도 않고, 자신의 모습을 C
감추거나 꾸미지도 않고 당당하게 나가 만날 수 있는 사람은 자

84 *dactylos* δάκτυλος: 이다 산에 사는 10명의 금속 세공, 마술 등의 일을 한 대장장이들과 그 누이들. 이들에 관한 우화적인 격언들이 있었던 듯하다. 플루타르코스, 『모랄리아』, 706D 참조.

기가 현재 처해 있는 위상을 알고 있다는 확신을 드러내는 것이라네. 알렉산드로스 대왕은 소리를 질러대며 급히 달려와서 아주 기쁜 표정으로 손을 내미는 사자(使者)를 보고 말했네.

> 훌륭한 내 친구여, 내게 무엇을 보고하려 하는가? 호메로스가 다시 살아나기라도 했단 말인가?

왜냐하면 그는 자신의 대 위업이 후세가 보존할 기념물로 생
D 각하기에 조금도 손색이 없는 것으로 생각했기 때문이지.[85] 그렇지만 여전히 인격 도야에 매진하고 있는 젊은이에겐 훌륭하고 명예로운 인격자들을 만날 때 갖는 실제의 즐거움이 사람보다 그의 마음을 더 훈훈하게 덥혀 준다네. 인격자들을 통해 자기 집, 자기 식탁, 자기 부인, 자기 자녀, 자기가 추구하는 것들, 언급되거나 기록된 자기의 담론들을 자유로이 살펴볼 기회를 갖게 되니까 말일세. 그 결과 지금은 세상을 떠나 없는, 그래서 지금은 이러한 여건 속에서 살아가는 자기를 전혀 보지 못한 부친이나 스승을 회상하며 그는 번민을 느끼고, 그리고 그들이 다시 소생해서 그의 삶과 행동의 관찰자가 되도록 열심히 신께 기도하는 것보다 더 큰 축복이 없다고 생각한다네. 그러나 한편, 이들과 같은 사람들과 직접 대조해 자신을 돌보지 않음으로써 패가망신(敗家亡身)한 자들은 심지어 꿈속에서까지도 그들을 두려움과 떨림 없이는 바라볼 수 없다네.

---

85 키케로, 『아르키아스를 위한 변론』 *Pro Archia*, x 참조.

결론: 만사를 신중히 생각하고
꼼꼼히 챙기며,
마무리를 완벽하게 한다.

17 덕 쌓기 진전의 중요한 증표 하나가 더 남았네. 원한다면 앞서 언급한 데 추가해도 좋으니, 바로 이런 것이네. 인간은 자기가 저지른 죄가 사소한 것이라고 생각하지 않고 만사를 신중히 생각하고 꼼꼼히 챙긴다는 것이네. 부자가 되기를 아예 포기한 사람들은 티끌 모아 태산이라는 생각을 하지 않고 소소하게 낭비를 해 아무 재산도 만들지 못하지만,[86] 다른 한편 부자의 목표로 한 발 한 발 이끌리는 희망은 부를 향한 욕망이 커짐에 따라 부와 손잡고 부에 합류하기 때문이네. 덕과 관련된 행위들도 바로 이런 행위와 똑같다네. E

이게 무슨 차이를 있게 하지?

그리고

지금은 이래도, 다음엔 나아지겠지.

라는 감상에 순순히 따르지 않으나 각각 일 하나하나에는 세심한 배려를 하는 사람, 그리고 아주 사소한 잘못을 저질렀을지라도 거기에 악이 개입한 것을 알고서는 그것이 용서받아야 하는 이유를 대며 참지 못하고 남을 성가시게 하는 사람 — 이런 사 F
람은 이미 스스로 순진무구한 보물을 얻은 것으로, 무슨 방법으

86 헤시오도스, 『일과 날』, 361(9E 참조)에 관한 언급.

로 무엇이든지간에 자신을 더럽히는 일은 경멸한다는 점을 분명히 보여준 것이네.

다른 한편으로는, 큰 망신을 당할 일은 하나도 없다든지 심지어 큰 중요성을 지닌 것은 아무것도 없다고까지 생각하는 사람들은, 조그만 일에도 무사안일(無事安逸)한 행동을 하지. 이건 정말이라네. 사람들이 관석(冠石) 위에 벽을 쌓을 때, 그들은 땅에서 우연히 얻은 목재 한 조각이나 돌을 집어 밑에다 던져 넣든지, 또는 무덤에서 떨어진 평판을 낮은 벽돌 층에 놓든지 상관하지 않네. 도덕적으로 부주의한 사람들도 이와 비슷한 행동을 하네. 그들은 함께 성적으로 문란한 생활을 하고 온갖 종류
86A 의 나쁜 행위들을 늘려 간다네. 그러나 덕 쌓기의 진전을 보이고 있는 사람들은, 이미 그들의 삶이 성스런 신전이나 넓은 궁전의 것처럼

> 황금의 초석이 놓였도다.[87]

그래서 이 사람들은 신전이나 궁전을 짓기 위한 작업을 그저 한 가지 행위로 무분별하게 수용하는 게 아니라, 이성을 안내자로 삼아 각 부분 부분을 제자리인 곳에 가져다 제대로 맞게 하는 것이네. 그리고 폴뤼클레이토스[88]가 가장 힘든 일이 그들에

---

87 핀다로스, 『단편』, 206.

88 Polykleitos: 기원전 5세기와 4세기 초의 헬라스의 청동상 조각가. 페이디아스, 뮈론, 크레실라스 다음으로 유명한 조각가였다고 한다.

게 마지막 단계로 남아 있는데, 그것은 곧 손톱[89]으로 흙을 다듬어 마무리 짓는 일이라 말했는데, 이를 마음에 품고 한 아주 적절한 표현이라고 생각되네.

89 플루타르코스의 『모랄리아』, 636C에서 다시 이 금언이 언급됨.

찾아보기

허승일(許勝一)

1940년 평북 구성에서 태어나, 서울대학교 문리과대학 사학과를 졸업하고, 같은 대학 서양사학과에서 로마사로 문학박사 학위를 받았다. 건국대학교 교수를 거쳐 서울대학교 사범대학 역사교육과 재직 중 1982년 독일고고학연구소(DAI)와 독일학술교류처(DAAD)의 초청으로 본 대학과 베를린 고고학 연구소, 그리고 1997년에는 서울대학교 파견교수로 베를린에 거주하면서, 또 2000년대에 들어서는 10여 차례에 걸쳐 지중해 지역의 역사 유적들을 답사하는 연구 여행을 한 바 있다. 한국서양고전학회, 한국서양사학회, 한국서양고대역사문화학회 회장을 역임하였고, 현재는 서울대학교 명예교수로서 한국키케로학회 회장과 한국서양사연구회 회장으로 활약하고 있다.

저서로는 『증보 로마 공화정 연구』(서울대학교출판부, 1995) 『로마공화정』(서울대학교출판부, 1997) 『스파르타 교육과 시민 생활』(삼영사, 1998), 『로마 제정사 연구』(공저, 서울대학교출판부, 2000), 『인물로 본 서양고대사』(공저, 길, 2006), 『다시, 역사란 무엇인가?』(서울대학교출판문화원, 2009)가 있으며, 옮긴 책으로는 『로마사회사』(탐구당, 1979), 『키케로의 의무론』(1989; 개정판, 2006, 서광사), 『서양사학사』(공역, 한울, 1994), 『로마혁명사』 1, 2(공역, 한길사, 2006), 『펠로폰네소스 전쟁사』(공역, 까치, 2006) 등이 있다. 주요 논문으로는 「로마군대와 원로원의 정치: 카이사르 사후에서 옥타비아누스의 콘술 취임까지」(서울대학교 박사학위 논문)를 비롯하여 「가이우스 그라쿠스의 사법 개혁: 그의 반환법(lex Sempronia repetundarum)을 중심으로」 등 그라쿠스 형제의 개혁에 관련된 논문들, 그리고 「키케로의 공화정체론과 민주정체관」, 「쉬시티아(syssitia)는 과연 스파르타 군대의 최소 단위였는가?」와 「서양 고대 그리스 로마 세계의 인성 교육」 외 다수가 있다. 현재 그의 관심 분야는 로마의 역사와 윤리, 교육을 뛰어넘어 로마의 법과 건축 토목까지에도 확대되고 있다.

플루타르코스의 모랄리아
교육 · 윤리 편

펴낸곳 서울대학교출판문화원
펴낸이 오연천
옮긴이 허승일

초판 1쇄 인쇄 2012년 9월 15일
초판 1쇄 발행 2012년 9월 20일

출판등록 제15-3호
주소 서울시 관악구 관악로 1 우편번호 151-742
대표전화 02-880-5252
팩스 02-888-4148
마케팅팀 02-889-4424, 02-880-7995
이메일 snubook@snu.ac.kr
홈페이지 www.snupress.com
영문홈페이지 eng.snupress.com

ISBN 978-89-521-1349-8 93160

호메로스 시대의 헬라스와 트로이아
헬라스
프티아
아킬레우스
로크리스
소(小) 아이아스
아카이아
엘리스
펠로폰네소스
이타케
오뒷세우스
페넬로페
이오네오스 해
퓔로스
네스토르
살라미스
대(大) 아이아스
아르고스
디오메데스
뮈케네
아가멤논
클뤼타임네스트라
스파르테
메넬라오스

트로이아
헥토르
프리아모스
파리스
헤카베
헬레네
아룰리스
이피게니아 희생 장소
온 해
아테나이
카르파토스 해
크레테
이도메네오스